◎ 高等院校经济与管理核心课经典系列教材 ◎

国际经济与贸易专业

本教材第四版曾获首届全国教材建设奖

全国优秀教材二等奖

国际信贷

GUOJI XINDAI

（第五版）

主　编　◎　宋浩平
副主编　◎　王　晋
　　　　　　邓　彤

首都经济贸易大学出版社

Capital University of Economics and Business Press

·北京·

图书在版编目(CIP)数据

国际信贷/宋浩平主编.--5版--北京:首都经济贸易大学出版社,2021.5
ISBN 978-7-5638-3181-4

Ⅰ.①国…　Ⅱ.①宋…　Ⅲ.①国际信贷—高等学校—教材　Ⅳ.①F831.6

中国版本图书馆CIP数据核字(2021)第023098号

国际信贷(第五版)
主　编　宋浩平
副主编　王　晋　邓　彤

责任编辑	田玉春
封面设计	砚祥志远·激光照排　TEL:010-65976003
出版发行	首都经济贸易大学出版社
地　　址	北京市朝阳区红庙(邮编100026)
电　　话	(010)65976483　65065761　65071505(传真)
网　　址	http://www.sjmcb.com
E-mail	publish@cueb.edu.cn
经　　销	全国新华书店
照　　排	北京砚祥志远激光照排技术有限公司
印　　刷	唐山玺诚印务有限公司
成品尺寸	170毫米×240毫米　1/16
字　　数	490千字
印　　张	24.75
版　　次	2006年2月第1版　**2021年5月第5版**　2022年7月总第10次印刷
书　　号	ISBN 978-7-5638-3181-4
定　　价	49.00元

图书印装若有质量问题,本社负责调换
版权所有　侵权必究

第五版前言

近年来,西方主要国家民粹主义盛行,贸易保护主义抬头,经济全球化遭遇逆流。与此同时,新冠肺炎疫情影响广泛深远,逆全球化趋势更加明显,国际经济危机风险增加,国际信贷市场面临新的挑战和机遇。如何充分利用对外贸易信贷、出口信贷、国际银行信贷、外国政府贷款、国际金融组织贷款、国际金融租赁、国际债券等国际信贷方式和工具,通过积极参与国际资本流动和国际投资活动,进一步促进我国对外开放,推动"一带一路"倡议的实施,畅通国内国际双循环,是我们值得研究和探讨的重要课题。

国际信贷是一门研究跨国界的信贷活动及其规律的学科,是以当代国际经济、国际金融理论为基础,阐述有关国际信贷的基本理论、基本知识、基本技能,侧重实务操作的专业课程。本教材全面阐述了国际信贷的基本原理和实务,尤其对国际信贷的发展趋势、运行规律、特点、管理方法等做了较为详尽的论述。

本教材自 2006 年首次出版以来,深受全国高等院校师生的欢迎,许多企业或专业培训机构也在相关培训中选用了本书,大量读者阅读或使用此书后和我们联系,充分肯定了教材内容、体系结构和质量,同时也提出了许多有益的建议和宝贵的修改意见。2020 年本书获评"陕西省高等教育优秀教材(继续教育类)一等奖",2021 年本书获评首届全国教材建设奖"全国优秀教材二等奖",更是对我们进一步的鼓励和鞭策。值此第五版出版之际,向广大读者表示诚挚的谢意。

本次修订在保持《国际信贷》教材原版结构体系和风格特色不变的前提下,对部分章节的内容做了增添和删减,更新了一些图表和数据资料,增加了一些新的案例,校正了书中的一些错误。本次修订由主编宋浩平设计整体思路,教材原编写人员参与了修订。其中主编宋浩平修订第一章、第二章、第十一章,副主编王晋负责修订第三章、第四章、第十章,副主编邓彤负责修订第五章、第六章,邓岱如负责修订第七章、第八章,周宇负责修订第九章,张路通负责修订第十二章。

"问渠那得清如许,为有源头活水来",教材的生命力在于根据学科的发展趋势而不断调整更新,常做常新,真诚希望广大读者继续批评指正,以备今后再次修订时可以更上一层楼!

编者

2021 年

第一版前言

国际信贷是国际资本流动的重要途径，是经济全球化和资本国际化进程中的重要环节，是联系世界各国的纽带，对推动世界经济发展起着不可忽视的作用。与此同时，国际信贷也是我国利用外资的重要形式。改革开放以来，我国充分利用国际信贷形式，从国际金融市场吸引资金，为我国的经济建设服务。国际信贷对于弥补我国国内建设资金不足，促进经济发展发挥了重要作用。截至2005年6月末，我国外债余额已达2 661.76亿美元（不包括香港特区、澳门特区和台湾地区的对外负债）。其中，中长期外债（剩余期限）余额为1 248.29亿美元，占外债余额的46.9%；短期外债（剩余期限）余额为1 413.47亿美元，占外债余额的53.1%。由此可见，如何合理利用国际信贷，已显得日益重要。

国际信贷是国际经济、国际金融领域的重要研究方向和内容。国际信贷是一门研究跨国界的信贷活动及其规律的学科，是以当代国际经济、国际金融理论为基础，阐述有关国际信贷的基本理论、基本知识、基本技能，侧重实务操作的专业课程。它主要研究不同国家或地区、各种国际金融组织和机构、各类金融机构和企业在国际金融市场上如何利用对外贸易短期信贷、出口信贷、国际银行信贷、政府贷款、国际金融组织贷款和国际债券等国际信贷方式，通过国际资本流动，实现其经济增长或收益增加的目标。

本教材对国际信贷的发展趋势、运行规律、特点、管理方法等做了论述。在写作过程中,搜集整理了国内外有关国际信贷的最新文献和资料,参考了众多国际信贷方面的教材,在尽可能地丰富本教材写作内容的基础上,力求有所创新。本教材具有以下特点:①注重理论与实践的充分结合,在大部分章节后面都有案例及附录,能够使学生在掌握基本理论和基本知识的基础上,学习并具备对实际问题的分析能力。②注重知识的更新,密切联系当今国际信贷领域的最新动态,吸收国际信贷方面的最新研究成果。③注重结构体系的简洁、清晰,便于阅读学习。

本教材适用于高等院校国际贸易、金融、国际经济、工商管理等相关专业的教学,也可作为相关专业的干部培训教材或自学参考书籍。

本教材由宋浩平副教授担任主编,王晋、邓彤担任副主编,编写大纲由宋浩平、王晋、邓彤三位同志共同讨论研究确定,参加编写的人员还有张路通、周宇、邓岱如等老师。具体分工如下:宋浩平编写第一章、第二章、第十一章,王晋编写第三章、第四章、第十章,邓彤编写第五章、第六章,邓岱如编写第七章、第八章,周宇编写第九章,张路通编写第十二章,宋浩平对第六章、第七章、第八章还进行了补充和修改,并由宋浩平负责全书的最后审阅和总纂定稿。

本书在编写过程中参考和吸收了大量国内外专家学者的研究文献和相关教材,在此一并表示衷心的感谢。

由于编写时间紧迫,参与编写的教师同时还承担大量的教学科研任务,加之作者水平有限,错误与遗漏在所难免,恳请读者提出宝贵的意见和建议,以便再版时改进。

编 者

2006 年 1 月

目 录

第一章　国际信贷概述　　1
- 第一节　国际信贷的含义 …………………………………………… 2
- 第二节　国际信贷的产生与发展 …………………………………… 8
- 第三节　国际信贷的资金来源与形式 ……………………………… 14
- 第四节　我国国际信贷的利用和管理 ……………………………… 22

第二章　国际信贷的条件与决策　　33
- 第一节　国际信贷的利率 …………………………………………… 34
- 第二节　国际信贷中的费用及信贷期限 …………………………… 47
- 第三节　国际信贷的价格决定 ……………………………………… 51
- 第四节　国际信贷的决策 …………………………………………… 57
- 案例：国际信贷决策的基本原则——黄石大桥成功运用日本OECF贷款的启示 …………………………………………………………… 65

第三章　对外贸易短期信贷　　69
- 第一节　对外贸易短期信贷概述 …………………………………… 70
- 第二节　国际保理 …………………………………………………… 74
- 第三节　我国的对外贸易短期信贷 ………………………………… 83
- 案例：国际保理美元融资新模式 …………………………………… 90

第四章　出口信贷　　93
- 第一节　出口信贷的概念和特点 …………………………………… 94

第二节 出口信贷的主要类型 ·· 97
第三节 出口买方信贷 ·· 107
第四节 我国的出口信贷 ·· 111
案例：中国飞机租赁持续获得欧洲出口信贷机构支持 ············ 116

第五章　国际银行信贷　　119

第一节 国际银行信贷概述 ·· 120
第二节 国际银团贷款 ·· 126
第三节 国际银团贷款的程序及条件 ··································· 132
第四节 国际抵押贷款 ·· 140
案例：小米的豪华国际银团 ·· 147

第六章　国际项目融资　　151

第一节 国际项目融资概述 ·· 152
第二节 国际项目融资的可行性研究与风险管理 ··················· 158
第三节 国际项目融资的筹资方式 ······································ 163
第四节 国际项目融资的模式 ··· 167
案例："一带一路"2.8亿美元的PPP项目 ··························· 176

第七章　政府贷款　　181

第一节 政府贷款的性质及特点 ··· 182
第二节 政府贷款的类型、机构及条件 ································ 185
第三节 世界主要国家的政府贷款 ······································ 188
第四节 我国的政府贷款 ·· 203
案例：中以财金合作硕果累累——中以政府贷款合作20周年纪念研讨会
召开 ·· 209

第八章　国际金融组织贷款　　213

第一节 国际货币基金组织贷款 ··· 214
第二节 世界银行集团贷款 ·· 220

第三节	国际农业发展基金组织贷款	232
第四节	区域国际金融组织贷款	234
第五节	国际金融机构对我国的贷款	244
案例:浅析亚洲基础设施投资银行和世界银行的比较		247

第九章　国际租赁信贷　251

第一节	国际租赁的概念及形式	252
第二节	国际租赁业务合同	258
第三节	国际租赁的流程	264
第四节	国际租赁决策	270
第五节	我国的国际租赁	280
案例:工银租赁与英国BP航运公司签署租赁协议		283

第十章　国际债券融资　285

第一节	国际债券的概念和类型	286
第二节	国际债券的发行、偿还及收益率	291
第三节	国际债券发行的法律文件	296
第四节	国际债券市场	304
第五节	我国的国际债券融资	307
案例:40亿美元:中行"一带一路"债券成功发行		311

第十一章　我国的外汇信贷　315

第一节	外汇贷款的含义、特点和作用	316
第二节	外汇贷款的对象、条件和种类	322
第三节	外汇贷款的操作和管理	333
案例:让外汇贷款"全球通"		339

第十二章　国际信贷的风险管理　343

| 第一节 | 国际信贷风险管理概述 | 344 |
| 第二节 | 国际信贷风险的评估与评级 | 349 |

第三节　国际债务危机 …………………………………………… 359
第四节　国际信贷风险的控制和管理 …………………………… 364
案例：希腊债务危机 ……………………………………………… 370

| 附　录 | 专业名词中英文汇编 | 373 |

| 参考文献 | 380 |

Table of Contents

Chapter 1 Description of International Credit — 1

Section 1 The Meaning of International Credit ······ 2
Section 2 The Emergence and Development of International Credit ······ 8
Section 3 The Sources and Forms of Fund for International Credit ······ 14
Section 4 The Use and Management of International Credit
of China ······ 22

Chapter 2 The Condition and Policy-making of International Credit — 33

Section 1 The Interest Rate of International Credit ······ 34
Section 2 The Expense and Credit Period of International Credit ······ 47
Section 3 The Price Determination of International Credit ······ 51
Section 4 The Policy-making of International Credit ······ 57
Case: Basic Principles of International Credit Decision-making—
the Inspiration from the Successful Application of OECF Loan of
Japan to Huangshi Bridge ······ 65

Chapter 3 Short-term Credit for Foreign Trade — 69

Section 1 Description of Short-term Credit for Foreign Trade ······ 70
Section 2 International Factoring ······ 74
Section 3 Short-term Credit for Foreign Trade of China ······ 83
Case: The New Mode of International Factoring Dollar Financing ······ 90

Chapter 4　Export Credit　93

Section 1　The Concept and Features of Export Credit ················· 94
Section 2　Main Types of Export Credit ································ 97
Section 3　Buyer's Credit for Export ································· 107
Section 4　Export Credit of China ···································· 111
Case: China Aircraft Leasing Continually Win Support from European Export
　　　Credit Agencies ··· 116

Chapter 5　International Bank Credit　119

Section 1　Description of International Bank Credit ················· 120
Section 2　International Syndicated Loan ···························· 126
Section 3　Procedure and Conditions of International
　　　　　Syndicated Loan ·· 132
Section 4　International Mortgage Loan ····························· 140
Case: XiaoMi's Luxury International Syndicate ······················· 147

Chapter 6　International Project Financing　151

Section 1　Description of International Project Financing ··········· 152
Section 2　The Feasibility Study and Risk Management of International
　　　　　Project Financing ·· 158
Section 3　The Fund Raising Means of International Project
　　　　　Financing ··· 163
Section 4　Mode of International Project Financing ················· 167
Case:"The Belt and Road" $280 Million PPP Project Case ············ 176

Chapter 7　Government Loan　181

Section 1　The Nature and Features of Government Loan ············· 182
Section 2　The Types, Institution and Conditions of
　　　　　Government Loan ··· 185
Section 3　The Government Loan of Major Countries ················· 188
Section 4　The Government Loan of China ···························· 203

Case: Fruitful Financial Cooperation Between China and Israel—The Symposium Commemorating the 20th Anniversary of China-Israel Government Loan Cooperation Was Held ·············· 209

Chapter 8　The Loan from the International Finance Organizations　213

Section 1　The Loan from IMF ·············· 214
Section 2　The Loan from World Bank ·············· 220
Section 3　The Loan from International Fund for Agricultural Development ·············· 232
Section 4　The Loan from Regional International Finance Organizations ·············· 234
Section 5　The Loan Lent by International Finance Institution to China ·············· 244
Case: Brief Analysis of the Comparison Between the Asian Infrastructure Investment Bank and the World Bank ·············· 247

Chapter 9　International Lease Credit　251

Section 1　The Concept and Forms of International Lease ·············· 252
Section 2　The Business Contract of International Lease ·············· 258
Section 3　The Flow of International Lease ·············· 264
Section 4　The Policy-making of International Lease ·············· 270
Section 5　International Lease of China ·············· 280
Case: ICBC Leasing and the BP Shipping Signed a Lease Agreement ·············· 283

Chapter 10　International Bond Financing　285

Section 1　The Concept and Types of International Bond ·············· 286
Section 2　The Issue, Repayment and Yield Rate of International Bond ·············· 291
Section 3　The Legal Documents for the Issue of International Bond ·············· 296
Section 4　International Bond Market ·············· 304
Section 5　The International Bond Financing of China ·············· 307

Case: $4 Billion: Bank of China Successfully Launched "The Belt and Road" Bonds ········· 311

Chapter 11　The Foreign Exchange Loan of China　315

Section 1　The Meaning, Features and Role of Foreign Exchange Loan ········· 316
Section 2　The Target, Conditions and Types of Foreign Exchange Loan ········· 322
Section 3　The Operation and Management of Foreign Exchange Loan ········· 333
Case: To Globalize Foreign Currency Loans ········· 339

Chapter 12　Risk Management of International Credit　343

Section 1　Description of Risk Management of International Credit ········· 344
Section 2　The Evaluation and Rating of International Credit Risk ········· 349
Section 3　International Debt Crisis ········· 359
Section 4　Control and Management of International Credit Risk ········· 364
Case: The Greek Debt Crisis ········· 370

Appendix　Glossary　373

References　380

第一章 国际信贷概述

本章是全书的导论部分。本章要求掌握国际信贷的含义，认识国际信贷与国际投资的相互关系，了解国际信贷产生与发展的过程，熟悉国际信贷的资金来源、类型和形式。

学习要点

This chapter is an introduction to the book. By learning, we should master the meaning of international credit and the mutual relationship between international credit and international investment, know the emergence and development of international credit, familiarize the fund sources, types and forms of it.

第一节　国际信贷的含义

一、国际信贷的含义

在英文中,信贷与信用是同一个词:"Credit"。"信用"一词,最早出现在古罗马法中。拉丁文"fides"便包含有诚实信用的意思。《牛津法律大辞典》对信用的解释是:"信用(Credit),指在得到或提供货物或服务后并不立即而是允诺在将来付给报酬的做法。"《新帕格雷夫经济大辞典》对信用的解释是:"提供信贷(Credit)意味着把对某物(如一笔钱)的财产权给以让渡,以交换在将来的某一特定时刻对另外的物品(如另外一部分钱)的所有权。"在汉语中信用与信贷的含义有所不同,信用是指遵守诺言、诚实、值得信赖,从而取得别人的信任;信贷则主要是各种借贷关系中恪守承诺的给付行为(如信用贷款、信用担保、信用消费)以及各种给付形式(如信用证、抵押、担保等)。

一般来讲,信贷是体现一定经济关系的借贷行为,是与市场经济和货币流通紧密联系的经济范畴,它是商品生产、货币流通、市场贸易发展到一定阶段的产物。在市场经济中,信用主要表现为资本借贷活动,是资本价值运动的一种特殊形式。在借贷活动中,授信人和受信人双方根据各自的利益要求(授信人通常是为了收回本金和获得利息,受信人通常是为了获得自己所缺乏的经营资本),按照契约(合同)规定的条件、范围、时间进行资金借贷活动。如果双方都能够按照契约(合同)履行自己的承诺,那么他们的行为过程就是履行信用。在借贷活动中,贷款者将货币贷给借款者,约期归还,借款到期后除归还本金外,还需支付一定的利息。在这种信用关系中,贷款者在贷出一笔资金的同时获得了一种权利,即可以要求借款人以后偿还一笔资金的权利,又称债权。借款人则承担以后偿还一笔资金的义务,又称债务。由于在经济活动中,货币被广泛地用做支付手段,所以这种债务偿还通常是用支付一定的货币金额来完成的。总之,借贷行为是一种信用活动,它是指货币持有者(债权人)将一定数额的货币暂时贷放给需要货币资金的借款人(债务人),并由借款人按约定的期限如数偿还,同时支付一定利息的行为。

严格地讲,信贷有广义和狭义之分。广义的信贷,是指金融机构的存款、放款、结算等信用活动。狭义的信贷,则是指金融机构对借款人发放贷款的活动。

信贷按融资的区域来划分,可分为国内信贷(Internal Credit)和国际信贷(International Credit)。国内信贷是一国的银行及金融机构在国内金融市场上向国内的企业及其他机构提供贷款的活动;国际信贷是一国的银行、其他金融机构、政府、企业以及国际金融机构,在国际金融市场上,向另一国银行、其他金融机构、政府、企业以及国际机构提供贷款的活动,即从一个国家来看,本国同外国、外国同本国、外国同外国的借贷活动都是国际信贷。一般来说,一国国内发生的借贷活动是国内信贷,不属国际信贷范畴,信贷活动超越一国国境,涉及两个或两个以上国家或地区,才是国际信贷。具体来讲,国际信贷是指以商业信用、银行信用、政府信用、国际金融组织信用、债券融资、金融租赁等为主要形式,以货币资本(或实物资本)在国际单方面转移为过程,以偿还为条件,以契约性债权债务关系为约束的借贷行为。国际信贷是一种跨国信用,它是借贷资本的跨国运动,是国际经济合作与联系的重要形式。

二、国际信贷的关系人

由于国际信贷是涉及两个或两个以上国家或地区的借贷活动,因此其涉及的关系人较多且较为复杂。一般可分为基本关系人和非基本关系人两大类:基本关系人主要是借款人(Borrower)、贷款人(Lender)以及金融中介人(Financial Intermediary);非基本关系人主要是代理人(Agent)和担保人(Guarantor)等。

(一)借款人

借款人即资金借入者,国际信贷中的借款人很少有自然人,一般都是法人,其借款的目的是为了发展经济、建设项目、购买设备或其他方面的需要。国际信贷的借款人既有政府、社会团体、工商企业,也有商业银行等金融机构,其借款往往受到该国政治、经济、外交状况、国际收支及资本管制的影响,借入的资金也构成该国外债的重要组成部分。

(二)贷款人

贷款人即贷出资金者,是指出借其持有的资金一定时间以获取利息,到期收回贷款者。国际信贷中的贷款人一般都是法人,其贷款的目的主要是转移过剩的资本、扩大市场范围、经济援助、获取新的资本收益等,国际信贷的贷款人有商业银行、政策性银行、政府、国际金融机构等。

(三)金融中介人

金融中介人是指在国际信贷中连接贷款人和借款人,起中介作用并促成借贷活动,从中获利的银行或其他金融机构。在国际信贷中,一国的金融中介人是向本国和别国的客户吸收存款,向别国借款人提供贷款,同时还为借贷双方牵线、搭桥,以促成借贷双方达成国际信贷交易的机构。西方国家的国际商业银行、进出口银行、国际信托租赁公司、投资银行等往往在国际信贷中起着非常重要的融资中介作用。一些国际商业银行经常既借入资金，又贷出资金，即一身兼两种关系人身份。

（四）代理人

代理人是指受贷款人或借款人委托，全权代理当事人进行借贷活动、完成资金交易、履行贷款协议的公司、银行或个人。

（五）担保人

担保人是指担保履行贷款协议者。担保人一般是向贷款人担保，如借款人违约，由他负责偿还贷款。担保人一般是银行，也有政府或信用可靠的公司等。

三、国际信贷与国内信贷

由于各国的政治经济体制、法律制度、金融体系、信贷程序、监管方式等存在种种差异，所以国际信贷远比国内信贷复杂。国际信贷与国内信贷的不同之处主要体现在以下几个方面。

第一，国际信贷是在国际金融市场上进行的。国内信贷活动范围局限在国内金融市场（Domestic Financial Market）上，渠道单一，规模有限。国际信贷的活动领域则是在国际金融市场（International Financial Market），在国际金融市场上，某国的借贷资本供应者（资本盈余单位）与他国的借贷资本需求者（资本不足单位），通过国际银行或自行直接相互接触，从事国际信贷交易或国际证券发行买卖活动，通过市场上的竞争自发地确定当时的市场利率。无论是传统的国际金融市场还是新型的离岸金融市场，其借贷范围、资金规模、融资渠道、交易时间都远远超出了国内金融市场的限制，吸引着不同国家的银行、其他金融机构、政府、工商企业以及国际金融机构参与其中。

第二，国际信贷使用的是国际可兑换货币。国内信贷所使用的货币，一般均为本国货币，大多数情况下国内信贷都是贷款人以本国货币发放贷款，借款人按期以本国货币偿还贷款的本息。而国际信贷所使用的货币，一般应为某种外币，如贷款人所在国货币、借款人所在国货币或第三国货币等，这些货币基本上都是可自由兑换货币，借贷双方可根据自身的状况和需求协商确定借贷货币的种类。目前世界上约有50多个国家的货币是可以完全自由兑换的，其中如美元、英镑、欧元、日元、瑞士法郎等二十几种货币在国际经济贸易往来中使用最为广泛，从而也成为国际信贷中经常使用的货币。

第三，国际信贷适用的法律较为复杂。国内信贷的借贷双方当事人，都是同一国家的自然人或法人，其一切信贷活动都应当受本国法律管辖和约束，若借贷双方当事人发生纠纷，则依据本国法律在本国法院解决。而国际信贷的双方当事人为不同国家的法人，其适用法律可以是贷款人所在国法律、借款人所在国法律、第三国法律或国际法，具体适用哪些法律，借贷双方都在信贷协议、合同上事先约定，以防产生不必要的纠纷。

第四，国际信贷的形式多样。国内信贷的形式相对简单，主要以银行信贷为主。国际信贷的具体形式则多种多样，较为复杂，其中大多数采取货币资本形态，即贷款人提供贷款时和借款人偿还借款本息时，均采取货币资本形态，如出口信贷、银团贷款、政府贷款、国际债券等都是国际信贷的主要形式，但像国际租赁、国际商业信用等则是采取以机器设备、原材料等商品资本形态提供信贷，以货币形式偿还。

第五，国际信贷的利息、费用遵循国际惯例。国内信贷主要按照本国银行惯例或中央银行的规定收付利息费用。国际信贷一般按国际金融市场的利率（如LIBOR，即伦敦银行同业拆借利率）收取利息，并多采取浮动利率的形式，即国际金融市场的众多借贷资本供应者与众多借贷资本需求者之间，通过国际银行或自行直接相互接触通过市场竞争而自发地确定当时的市场利率。国际信贷有时也采取低于国际金融市场利率的优惠利率，甚至是无息。国际信贷收取的费用按国际惯例包括承担费、保险费、代理费、手续费等，较为繁杂。

第六，国际信贷的风险较大。国内信贷面临的风险主要是信用风险，即借款人到期不能按时足额归还贷款本息的风险，当然还包括利率风险等，其风险主要产生于国内。国际信贷除了面临上述风险外，还面临着国家风险及货币风险，而且随着近年来国际经济与国际金融市场的波动日益频繁剧烈，国家风险及货币风险对国际信贷的影响也显得日益重要。

值得注意的是，虽然国际信贷与国内信贷存在许多不同之处，但是在经济与金融日益全球化的开放经济条件下，国际信贷与国内信贷已密不可分，在许多发达国家，国内信贷已成为国际信贷的重要组成部分。

四、国际信贷与国际投资

国际信贷与国际投资是密切相关的两个经济范畴。

广义的国际投资（International Investment）是指跨国公司、跨国银行及金融机构、政府等投资主体，将其拥有的货币资本或产业资本，通过跨国界流动和营运以实现价值增值的经济活动。广义的国际投资可分为国际直接投资（International Direct Investment）和国际间接投资（International Indirect Investment）。国际直接投资是指以取得或拥有国外企业的经营管理权为特征的投资，表现为一个国家的投资者将本国的资本（包括资金、机器设备、技术、专利、商标等）以合资经营、独资经营、合作经营等方式从事产业经营，以获取利润;国际间接投资是指以取得利息或股息等形式的资本增值为目的,以证券投资、信贷等方式进行的投资活动,国际间接投资者并不参与国外企业的经营管理活动,其投资活动主要通过国际金融市场进行。一般来说,人们所指的国际投资实际上就是国际直接投资,也称为外国直接投资(Foreign Direct Investment, FDI)。国际间接投资实际上主要就是国际信贷。由此可见,国际投资的广义概念包含国际信贷的内容,国际信贷是国际间接投资的主要形式。

国际信贷与国际直接投资的区别主要体现在以下几方面。

第一,国际信贷一般体现为国际货币资本的流动或转移,国际金融市场状况和借贷双方的政治、经济形势对其有重要的影响。而国际直接投资从本质上讲是生产资本在国际上的流动和转移,不仅有货币形式的资本转移,还有生产资本的物质有形形态的转移(如机器设备、原材料及劳动力的投入,以及无形资产的输出等)。

第二,国际信贷主要涉及借贷双方国家的资本管制、外汇管理、金融开放等问题,不涉及对外国企业的有效控制问题。而国际直接投资涉及对外国企业的有效控制问题,包括合作谈判、股权确认、资产作价、治理结构安排等一系列复杂的活动。

第三,国际信贷主要以收取利息的方式获取收益,其收益是相对稳定的,风险也相对较小;而国际直接投资则是以参与经营分得利润的方式获取收益,其收益随投资企业的经营状况而变化,是浮动的,投资周期较长,风险较大。

第四,国际信贷因为金额巨大、时间长,风险较大,一般私人企业和公司较少参与,主要参与者是外国政府、国际金融组织、跨国商业银行等机构;而国际直接投资的主体主要是私人企业和大公司,特别是跨国公司,一般外国政府和国际金融组织不直接参与对外直接投资。

五、国际信贷与国际金融市场

国际信贷是通过国际金融市场进行的,国际金融市场是实现国际借贷资本运动的场所。国际金融市场在国际资金借贷与投资中起着极为重要的作用,世界经济的发展离不开国际金融市场。广义的国际金融市场是指进行各种国际金融业务活动的场所,包括国际货币市场、国际资本市场、国际外汇市场、国际黄金市场等。狭义的国际金融市场是指国际上经营借贷资本及进行国际借贷活动的场所,也称国际资金市场。国际金融市场按照不同的标准而有不同的分类。

(一) 按融资期限划分

国际金融市场按融资期限划分,可分为国际短期信贷市场和国际长期信贷市场。

1. 国际短期信贷市场是指借贷期限在1年以内的借贷资本市场，主要参与者是商业银行，此外还有政府、证券交易所及大量的金融与非金融机构，用以调剂资金余缺，满足交易需求。按照其借贷方的不同，国际短期信贷市场可以分为以下几种。

（1）银行短期信贷市场。银行短期信贷市场是国际银行间及银行对工商业提供无抵押短期借贷资金的场所，以银行间的同业拆借为主，以各金融机构的多余头寸为交易物，以LIBOR为准，对维持银行资金周转与国际金融市场的正常运行起着非常重要的作用。

（2）贴现市场。贴现市场是经营贴现业务的短期资金市场，政府国库券、短期债券、银行和商业银行承兑汇票均可在此办理贴现。

（3）短期票据市场。短期票据市场是进行短期信用票据交易的市场，主要进行的是国库券、大额可转让存单、银行承兑汇票的交易。

2. 国际长期资金市场是指借贷期限在1年以上的资本国际借贷的场所或活动，也是国际金融市场的重要组成部分，是国际金融市场中最为活跃的领域之一，是国际资本流动的重要途径，主要包括以下几种。

（1）银行中长期信贷市场。银行中长期信贷市场主要为企业长期紧急需求者提供1年以上的中长期贷款。其特点是：资金使用自由，不受贷款银行限制；资金供应方便充分；贷款条件严格，利率较高。

（2）国际债券市场。国际债券市场包括外国债券市场和欧洲债券市场。外国债券市场是在他国债券市场上发行以该市场所在国货币为面值的债券的市场，经该国批准，受该国法律约束；欧洲债券市场是在国外市场发行以第三国货币为面值的债券的市场。

（二）按借贷者的关系划分

国际金融市场按照借贷者的关系划分，可分为传统国际金融市场和新型国际金融市场。

1. 传统国际金融市场的主要特征是从事市场所在国的货币借贷，并受该国政府政策与法律、法规管辖。传统国际金融市场的形成，经历了由地方性金融市场到全国性金融市场，进而再到国际性金融市场的过程。这类市场典型的有伦敦、纽约、苏黎世、巴黎、东京、法兰克福及米兰等地的金融市场，它们的兴起，主要以其强大的经济实力为基础。今天，国际金融市场已形成西欧区、亚洲区、中美洲与加勒比海区、北美洲区及中东区五大区域。

2. 新型国际金融市场是二次大战以后形成的所谓离岸金融市场（Off-Shore Finance Market），其典型代表就是欧洲货币市场（Euro-currency Market）或欧洲美元市场。欧洲货币市场又叫离岸金融市场或境外金融市场，允许交易者向非居民筹资、投资或贷款而基本不受法规和税制限制。新型国际金融市场主要由欧洲信贷市场、欧洲债券市场及亚洲美元市场构成。

(1)欧洲信贷市场。欧洲信贷市场由短期信贷市场与中长期信贷市场组成。短期信贷市场主要指限在1年以内的银行同业拆借和银行对客户提供短期融资的市场。中长期信贷市场指银行对工商企业（主要是跨国公司）提供的大额定期贷款和设备投资贷款的市场，而那些金额巨大、期限很长的信贷则往往由银团负责发放。欧洲信贷市场的价格是以伦敦银行同业拆借利率（LIBOR）为基础，再加一定加息率及各项费用而形成的。

(2)欧洲债券市场。欧洲债券是典型的国际债券，是指债券发行国到另一国发行的以第三国货币为面值的债券，如法国人在法兰克福市场发行的美元债券。欧洲债券通常由辛迪加组织负责，采取公募与私募两种方式发行，发行期从宣布日至结束日大致需1个月左右的时间，发行费用包括销售费、包销费等，均以折减券面金额方式支付。

(3)亚洲美元市场。亚洲美元市场简称亚元市场，它是欧洲货币市场在亚洲的延伸，并非独立于欧洲货币市场的一个市场，是亚太地区的离岸金融市场。亚元市场兴起于20世纪60年代，以新加坡为中心，以中国香港地区、东京和巴林为侧翼，从事短期融资、中长期信贷、亚元债券发行与流通，以及黄金、外汇、股票与金融期货交易，交易大都以美元完成。

第二节　国际信贷的产生与发展

一、国际信贷的产生及其基础

国际信贷是伴随着国际贸易和国际分工，特别是国际分工的出现而产生的。

机器化大生产为资本主义生产方式在世界范围内的建立创造了物质条件，使资本主义商品经济得到迅速发展。而商品经济的巨大发展，一方面需要世界各地的原料，另一方面又需要全球各地的销售市场，从而促进了国际贸易的形成和发展，形成了跨国度的国际商业信用。国际贸易的发展及国际商业信用的形成又促使银行参与信用活动，相应地也产生了国际银行信贷。随着商品进出口的发展，当进出口双方无法用易货贸易的形式进行交割时，或者进口商无法立即支付款项时，进出口商只能以延期付款或延期收款的方式进行商品交易，也可以向银行融通资金，这就形成了国际商业信贷或国际银行信贷。

从国际收支调节来看，一国的国际收支总是表现为不平衡状态，当一国的国际收支出现顺差时,通常表现为国际储备的增加;当一国国际收支出现逆差时,就表现为国际储备减少。如果国际收支持续出现逆差,致使一国的国际储备减少到不足以偿还国际债务和平衡国际收支时,该国就有必要从海外筹措资金,用来偿还外债;否则,就会造成国际支付危机。为了弥补其国际收支缺口,由国际金融组织提供资金融通形成借贷,这样,国际收支调节的需要就产生了国际金融组织信用。此外,由于世界经济发展不平衡,有些国家出现了严重的经济困难,为了摆脱危机和灾难,这些国家急需来自国际经济组织和其他国家带有援助性的优惠贷款,甚至没有偿还义务的国际援助。同时,由于各国政治经济发展不平衡,发达国家与落后国家的差距较大,发达国家的过剩资本为寻求较高收益而流入落后国家,而落后国家急需引进先进技术和大量资本,以发展本国的民族经济。因此,世界经济的协调发展,也促进了国际信贷的形成。

二、国际信贷的历史发展

国际信贷起源于国际贸易的产生,并随着国际贸易与世界经济的发展而发展,它与生产和资本的国际化程度相适应,与世界经济全球化的趋势相吻合。国际信贷的发展大致可以归纳为以下几个阶段。

(一)国际信贷萌芽阶段

19世纪中期以前为第一阶段——国际信贷的萌芽阶段。在16世纪,地中海的贸易相当繁荣,其中意大利的威尼斯凭借其优越的地理位置而成为著名的世界贸易中心,其银行业也相当发达,如1580年成立的威尼斯银行,1593年成立的米兰银行等。以后,世界商业中心由意大利移至欧洲北部。在17世纪,1690年荷兰成立阿姆斯特丹银行,1621年德国成立了纽伦堡银行,1629年又成立了汉堡银行。为了让各国商人顺利进行商品交换,这些银行普遍开展了跨国信用业务,出现了私人贷款与对外国政府贷款。15世纪末16世纪初的地理大发现,新航道的开辟,以及随后欧洲列强大规模地对外扩张,欧洲的银行业开始了对世界各地区的渗透和侵入。18世纪末期,英国资产阶级发动了工业革命,首先将蒸汽动力广泛运用于纺织业,从而促进了社会生产力的发展,继而发展航海事业,掠夺附属国和殖民地,为赚更多利润,它们向附属国和殖民地发放贷款和投资,以开发原材料供应基地。国际信贷的作用也开始大为扩展,信贷业务总额中对外贸易所占的比重不断增大,并出现了一系列为出口服务的新业务,如以在途商品为抵押的信贷,以在进口商或出口商国家的商品为抵押的信贷,以汇票和进口商开立的债务账户为抵押的信贷等。

(二)国际信贷形成阶段

19世纪中期至20世纪初为第二阶段——国际信贷的形成阶段。这一时期完成了资本主义由自由竞争向垄断的过渡,产业资本与银行资本相结合,形成金融寡头,随着国内的金融垄断局面形成,国际范围内的金融控制网络亦已形成,为国际信贷的建立奠定了一定的基础。该时期国际信贷的形成,反映了生产国际化和资本国际化的客观要求。这一时期各帝国主义国家的银行业积极配合其帝国的对外侵略政策,大量发放贷款支持商品输出,同时,在殖民地和附属国广泛设立分支机构,为本国产业资本家或其代理人融通资金。这些国家的银行分支机构在附属国和殖民地攫取发行货币权和平准外汇的特权,并经常以贷款作为手段,公开或幕后操纵附属国和殖民地的经济实权,影响其经济政策。从19世纪中叶起,英国建立了强大的殖民地银行体系。1835年英国只有1家帝国银行,其资本额为20万英镑;而到1865年则拥有5家帝国银行,其资本额为560万英镑,在世界各地拥有240处分支机构;1870年英国的海外银行已有17家,资本额为1 280万英镑,设在世界各地的分支机构已有530处。19世纪末期,电力的出现,电报、电话的研制成功,大大提高了传递经济金融信息的效率,因而有力地推动了国际贸易的开展和国际金融市场交易规模的扩大,从而也促进了国际信贷的形成。

(三) 国际信贷初步发展阶段

20世纪初至第二次世界大战结束为第三阶段——国际信贷的初步发展阶段。这一时期,卡特尔、辛迪加等国际垄断组织迅速发展。据估计,1897年约有40个国际卡特尔和辛迪加,第一次世界大战以前有114个国际卡特尔和辛迪加,到1939年仅西欧垄断组织就有约1 200个卡特尔性质的国际协定,世界贸易的40%以上完全处于国际卡特尔的控制之下。国际卡特尔的发展,使国际信贷成为对世界进行有目标的垄断和调节的工具,降低了长期国际信贷的风险,并扩大了长期信贷的规模。工业资本和银行资本的结合形成了金融资本,金融资本的发展促进了资本的对外扩张,资本输出对国际信贷关系的形成做出了巨大的贡献,同时国际信贷又成为资本输出的最主要渠道。

两次世界大战期间,各国为了准备战争,积极扩军备战,使军费开支激增,也相应地增加了财政资金的需求,因此政府更积极地依赖于向国内银行和国外银行取得巨额的战争贷款。在殖民地发展种植业和采掘工业,也需要巨额的贷款支持。第一次世界大战后遭受战争破坏的国家要重建家园,战败国要偿付巨额赔款,这些都在更大的范围内巩固了国际信贷的基础。1930年成立的国际清算银行,发挥了主要资本主义国家中央银行的国际结算局的作用,从而加强了各国经济在信贷领域的相互依赖性,出现了国际金融组织信用。

(四) 国际信贷大发展阶段

第二次世界大战后至今为第四阶段——国际信贷的大发展阶段。二战后,国际信贷获得前所未有的发展。这一时期,首先是产生了国际货币基金组织、世界银行等国际性金融组织,国际信贷成为调节世界经济关系的重要工具。随着第三次科技革命浪潮的兴起,社会生产力得以空前发展,各国之间的经济依赖更为加强,跨国公司因此发展极为迅速,成为支配资本主义经济关系的主要力量。跨国公司拥有雄厚的财力,能够对外进行巨额的直接投资,从而成为国际信贷领域中的主要角色,并影响国际信贷的发展和变化。这一变化突出地表现在资本市场的国际化(欧洲货币市场的形成和发展)和银行业的国际化(跨国银行的迅速发展和壮大)上,从而促成了借贷资本的国际化。电子计算机及通信技术的普遍运用和各国货币管制政策的放松,将伦敦、法兰克福、苏黎世、东京、中国香港地区等国际金融中心紧密地连接在一起,各个金融市场之间相互呼应,资金可以在不同市场之间进行调拨、转移、交易,大大促进了借贷资本在国际上的流动。这一时期,国际信贷无论是在规模和数量上,还是在形式和种类上都达到了前所未有的程度,国际信贷对世界经济和各国经济发展的促进作用,也达到了空前的地步。

三、当代国际信贷的特点

第一,国际信贷规模迅速增长。第二次世界大战后,国际金融市场迅速发展,而自20世纪50年代后期欧洲货币市场兴起以后,发展更为迅猛。仅以欧洲货币中长期信贷为例,1973—1977年,每年实际贷款额在200亿~400亿美元,1978年猛增至702亿美元,1981年更高达1 334亿美元,1983年有所下降,为739亿美元,此后又逐渐回升,至2010年末,每年实际贷款额约为6 000多亿美元。

第二,国际信贷结构发生了巨大变化,主要表现为信用形式的多样化。伴随着世界经济的发展,国际信用形式由单一趋向于多样化,从商业信用逐步发展到银行信用、国家信用、国际信用和消费信用等多种信用形式并存。信用形式的多样化,带来了信用工具的多样化,在国际信贷市场上,各种各样的票据、债券、股票等都已成为融资和信用工具,使国际信贷市场功能更齐全、运转更灵活。国际信贷市场能提供短期与长期贷款,信贷结构也较为独特。另外,欧洲美元、亚洲美元以及欧洲其他货币等市场相继建立并迅速发展,标志着资金借贷交易走向国际化,随之国际金融中心也改变了以少数为中心的传统格局而转向多中心化。

第三,资金流向多元化,用途不断扩大。国际信贷的资金表现为从发达国家向发展中国家流动、资金在发达国家之间流动、资金从发展中国家流向发达国家、资金在发展中国家之间流动四种流动模式,关系错综复杂,互相交叉。可以说,国际信贷资金流动是在全球范围内展开的。在四种模式中,资金流量最大的是发达国家之间的资金流动。传统的国际信贷,一般用于生产、流通和国际贸易的中短期资金需要。现在则除对生产、贸易进行大量的贷款以外,也对能源、交通、资源开发等基本建设进行中、长期贷款,同时还有文教、卫生、科技、环境保护等方面的贷款。

第四,跨国银行(Multinational Banks)成为国际信贷的主体。跨国银行是在世界范围内设立分支机构和附属机构网、跨国经营货币信贷业务的大金融组织。一般是至少在五个国家和地区设有分行或拥有掌握大部分股权的附属机构的存款银行。当代跨国银行多数属于主要发达国家的垄断财团,是当代国际信贷的主体。这些跨国银行拥有庞大的资金实力和广泛的国际网络。跨国银行的国际网络一般由分行、拥有大部分股权的附属机构、分支机构、经理处、代表办事处等组成,分布于世界各地,吸收全球资金并进行全球贷放。第二次世界大战后,跨国银行出现了突飞猛进的发展,跨国银行业务形式多样,中长期贷款成为其国际信贷的主要形式。跨国银行的迅速扩展,使各国银行获取了巨额利润。如美国花旗银行的利润中来自国外业务的部分已占70%以上。同时,跨国银行对于世界经济的发展和国际经济关系也产生了重大影响,在客观上它们不但促进了国际贸易和国际投资的发展,对调节发达国家与发展中国家的国际收支也发挥了重要的中介作用。

第五,融资方式多样化。由于国际信贷中的借贷对象千差万别,各自的融资目的不尽相同,因此,国际信贷的方式方法也不断创新,如出口信贷、租赁信贷、项目信贷、政府贷款、国际金融组织贷款、混合贷款与联合贷款等。而从发展趋势看,由于信贷方式存在一定的局限性,而利用债券筹资则有成本低、利润高、风险较小等优点,而且可避免信贷活动中银行的许多烦琐环节,降低借款的成本,因此,国际融资方式出现债券化趋势,大有超过传统国际贷款方式的势头。

第六,国家风险成为不可忽视的风险。由于借款人与贷款人分属不同国家,在债务关系存续期间,借款国可能会发生颁布新的法令条例,实行新的管制措施,甚至政局不稳,经济恶化,资本外逃,外汇严重短缺等情况,这都会影响国际信贷活动,尤其是会出现偿债困难。在当今世界政治经济发展不均衡,国际金融市场动荡不安的形势下,国家风险日益成为国际信贷中不可忽视的风险。由于国家风险涉及的范围很广,在国际信贷中必须慎重考虑,丝毫不能疏忽。

四、国际信贷的作用

美国经济学家钱纳里和斯劳特根据战后欧洲重建经济的经验,针对发展中国家经济状况提出"双缺口模型"。"双缺口模型"指出,从总需求角度来描述的国民收入为 $Y=C+I+G+X$,而从总供给角度描述的国民收入为 $Y=C+S+T+M$,若税收等于政府支出即 $T=G$,则:

$$S+M=I+X \text{ 或 } S-I=X-M$$

当 $S-I$ 为负数时,储蓄缺口;当 $X-M$ 为负数时,外汇缺口。发展中国家由于底子薄、技术落后、劳动生产率低、出口规模小、储备积累甚少而难以满足经济发展的需求,必然出现投资大于储蓄的"储蓄缺口"和进口大于出口的"外汇缺口"。要弥补这两个缺口,较好的方法是利用外资,而利用外资的重要形式就是国际信贷。国际信贷是经济全球化和资本国际化进程中的重要环节,是联系世界各国经济的纽带。随着世界经济全球化和资本国际化进程的日益加快,国际信贷在世界经济中的重要性也与日俱增。国际信贷对世界经济发展的推动作用主要体现在以下方面。

第一,国际信贷有助于促进世界经济增长。国际信贷是国际经济合作与协调的一种必不可少的手段,它促进了世界市场的发展,加强了各国经济的往来及其经济合作与协调。对发展中国家来说,国内储蓄不足,难以满足国内经济发展的资金需求,除了利用国际直接投资吸引外资流入以外,国际信贷也是其利用外资弥补资金缺口、促进本国经济发展的重要手段。而对于发达国家来说,则相对集中了大量的闲置资本和货币储备。这些相对过剩的借贷资本为了寻找有利可图的投资场所,纷纷向外贷出资本,追求资本增值,这也有利于提高发达国家福利水平。因此,利用国际信贷不仅有利于一国的经济增长,也有利于世界经济的增长。

第二,国际信贷有助于缓解各国的国际收支困难。一个国家如果出现国际收支困难,特别是持续性的国际收支逆差,要在短期内依靠本国自身力量来解决是极为困难的,因为调整政策、经济结构,采取补救、纠正措施需要较长的一段时间。利用国际信贷则可以赢得时间来调整经济、改善国际收支状况,使之摆脱困境。国际信贷在国际收支的调节过程中,起到了重要的作用。国际金融市场作为各国获取外汇资金的重要来源,不仅可以为私有企业、跨国公司融通资金提供条件,而且可以让某些出现国际收支逆差的国家利用国际信贷来弥补对外赤字。因此,国际信贷的发展,在一定程度上缓和了国际收支不平衡所产生的矛盾,有利于世界经济的稳定和发展。

第三,国际信贷有助于促进生产的国际化。进入垄断资本主义阶段后,跨国公司在世界各地设立分公司或子公司,进行就地生产就地销售。这种国际经营活动,需要有相应的国际信贷为其服务。事实证明,许多跨国公司的国外投资资金,主要是从国际金融市场筹措的。可见,国际信贷业务的发展,对于生产的国际化有着重要的促进作用。

第四,国际信贷有助于加强国际金融合作。建立良好互助合作的国际经济金融关系是加速经济建设、促进经济增长和发展的必要条件。国际信贷对促进良好的国际金融合作具有重要作用。例如,一笔国际信贷,由于金额很大,一家金融机构无力单独提供,而且也承受不了这么大的风险,于是由几家或几十家金融机构共同提供,以便分散风险。而这些金融机构并非都来自同一国家,很可能来自好几个国家,这就需要不同国家的金融机构加强合作,做好这笔国际信贷业务,才能共同受益。国际金融合作还表现在:为了提供国际信贷取得良好效益,需要各国金融机构之间相互交流金融信息、客户资信情况等,从而避免相互之间激烈竞争、两败俱伤,达到共同发展的目的。

第三节 国际信贷的资金来源与形式

一、国际信贷的资金来源

(一) 工商企业闲置的货币资本

世界各国工商企业暂时闲置的货币资本,是国际信贷最重要的资金来源。在生产经营过程中,由于收入与支出的时间差,一部分工商企业在一定时间内会出现一些闲置资金,为了提高资本效率,实现资本的最大增值,就需要将其用于信贷生息。商业银行通过开办活期存款等业务,把这些闲置的货币资本,转化为产业资本、商业资本等职能资本,提高了资本使用效率,扩大了社会资本规模,同时使众多短期资金聚集变成数额巨大的长期稳定的资金来源,用于满足社会对长期资本的需要。

在第二次世界大战以前,虽然各国工商企业也有向国外投资和购买债券等信贷行为,但还不占主要地位,而国际金融组织尚未建立,因此各国工商企业的闲置资本就成为传统国际信贷的主要资金来源。二战以后,跨国公司获得了空前迅速地发展,跨国公司除进行大量的直接投资外,将其手中的大量闲置资金存放在国际金融机构以获取利息或准备进行再投资,并从国际金融市场上筹措更多的资金以及在各地子公司之间和子公司与母公司之间调拨资金。跨国公司的闲置资金日益成为国际信贷的重要资金来源。跨国公司的资金主要包括发行股票筹集的股本、发行债券筹集的资金、业务收益、利润、各项基金、母公司与子公司之间的往来款等。

这些闲置的货币资本,被各国的商业银行以吸收存款的形式集中起来首先贷放给国内需要暂时补充资本的工商企业和其他借款单位,若该国资本过剩,则由银行在国际金融市场上贷放给资本不足的国家的工商企业、商业银行、政府等外国借款单位。此外各国银行也以存款的形式将个人的货币资金吸收进来,贷放给国内外需要补充资本的借款单位,成为国际信贷的补充资金来源。

(二) 国家财政资金

二战以后,国际政治经济体系发生了深刻的变化,为帮助遭受战争破坏的西方国家恢复经济和稳定政权,并支持新独立的殖民地国家的亲西方政权,需要利用国家财政资金进行信贷援助。与此同时,随着战后世界经济的复苏和发展,发达国家之间的市场竞争日趋激烈,为扩大商品出口,争夺市场份额,支持本国垄断资本的对外扩张和发展,西方国家利用国家财政资金提供国际信贷,并与商业银行的贷款相互补充,推动本国商品、技术和劳务出口。

一般来说,以国家财政资金提供的国际信贷,大多是在两个国家之间进行的双边贷款,也有好几个国家的政府对一个国家的多边贷款。以国家财政资金提供的国际信贷,一般多提供给同贷款国政治经济关系密切或关系友好,或能促进贷款国商品与资本输出,或能向贷款国提供重要资源的国家政府或企业,因此,以国家财政资金提供的国际信贷除了考虑经济因素如财政预算、国际收支状况外,还必须考虑政治、外交因素。如果贷款国的国家财政收支良好,则该国政府所能提供的政府贷款可能多一些;而当该国财政状况恶化时,可能提供的贷款就会少一些。但是,实行赤字预算财政政策的国家,即使预算赤字很大,但为了政治上或外交上的需要,也仍然用国家财政资金对外提供一定的政府贷款。

另外,二战以后建立和发展的一些国际金融组织(如世界银行、亚洲开发银行等),其资金主要来自会员国以国家财政资金交纳的会费,其贷款发放主要用于发展中国家的经济开发。随着出口信贷的发展,国家财政资金也投资于出口信贷保险、信用担保及信贷贴息等活动。

(三) 欧洲货币

欧洲货币是指在货币发行国境外流通的货币。欧洲货币并非指欧洲国家的货币,也不是指一种专门的欧洲货币,更不是指现在的欧元,而是泛指所有在该货币发行国之外进行流通和借贷的货币。这里的欧洲并不是一个地理概念,而是指离岸、境外。例如,在美国境外作为借贷对象的美元即为欧洲美元,在日本境外作为借贷对象的日元即为欧洲日元,在亚洲的东京、中国香港地区、新加坡等地存贷的美元为亚洲美元,它们都属于欧洲货币的范畴。从事境外货币借贷业务的市场即为欧洲货币市场(Euro-currency Market),由于经营标的是各种离岸货币,这一市场也被称为离岸货币市场(Off-Shore Currency Market)。相应地,欧洲货币市场也并非专门指欧洲的货币市场,而是泛指世界各地的境外货币市场,欧洲货币市场是当今国际金融市场的核心。在欧洲货币市场上经营欧洲货币的国际信贷业务的银行称为"欧洲"银行,即接受其所在国以外的其他国家货币的存款并发放贷款的银行。这些欧洲银行通常都是大型的跨国银行。

欧洲货币市场不受任何国家金融法规和税收的限制,是一个超国家或无国籍的资本市场,借款条件灵活,资金用途不受限制。特别是以英国伦敦为中心的境外货币市场,银行机构林立,业务经验丰富,融资类型多样,电讯联系发达,银行网遍布世界各地,资金调拨非常方便。欧洲货币市场的银行间的资金拆放占很大的比重,市场上的借款人和贷款人一般都是大客户,资金来源广泛。这个市场打破了资金供应者仅限于市场所在国的传统界限,从而使非市场所在国的资金拥有者也能在该市场上进行资金贷放。与此同时,借款人也不受国籍限制,可以选择多种货币,由于该市场提供的资金不仅限于市场所在国货币,而几乎包括所有的可兑换货币,从而为借款人选择借取的货币提供了方便。一些发展中国家的政府或企业常常在此借取资金,以满足其经济发展的需要。

欧洲货币市场的资金来源主要是:①世界各国商业银行;②国际财团;③跨国公司和国际企业集团;④各国中央银行和政府及企业机构;⑤企业资金;⑥派生存款。

欧洲货币市场的资金去向主要是:①世界各国的跨国公司、国际企业财团和大型工商企业;②各国政府机构、地方政府机构以及官方机构;③国际金融机构如世界银行等;④发展中国家;⑤各国商业银行以及金融投机者。

欧洲货币市场一方面为国际信贷提供了充裕的资金来源,促进了国际信贷的发展,但另一方面,欧洲货币市场国际信贷的主要方式是借短放长,即其资金来源主要是短期资金,但大量用于中长期信贷,甚至用于资助各种投机活动,这就增加了金融市场的脆弱性,加剧了国际信贷的风险。

近年来亚洲美元的国际信贷的发展极为迅速。亚洲美元市场是指在除美国之外的亚洲、太平洋地区的美元存贷活动而形成的国际金融市场,其中心是新加坡。亚洲美元市场实际上是欧洲货币市场的一个组成部分。目前亚洲美元市场上的货币除美元外,还有英镑、欧元、日元、澳元、加拿大元、新西兰元和港币等。但美元占交易总额的90%,其余货币比重很小。亚洲美元市场的资金来源主要是:银行同业存款、各国中央银行及政府存款、跨国公司调拨资金及暂时闲置资金、各国工商企业存款等。

亚洲美元市场资金的主要用途是以亚太地区国家(地区)政府和企业以及跨国公司为借款人的国际联合中期信贷,它们运用亚洲美元资金主要是为了应付国际收支逆差、重要工程项目(我国香港地区的地铁项目就曾从该市场筹资)、贸易和中期投资的资金需要。亚洲美元市场上筹措长期信贷的主要形式是发行亚洲美元债券。这是一种由银团包销的国际债券,除亚太地区各国政府、银行和企业外,世界银行、亚洲开发银行和非洲开发银行从20世纪70年代起,也在利用这一方式筹资。

(四) 石油美元

石油美元(Petrodollar)是指石油输出国由于提高石油价格而增加的石油收

入,在扣除进口商品劳务和本国经济投资支出后国际收支经常账户上的盈余资金。因为它是用美元计价与结算的,故称为石油美元。长期以来,石油贸易大多以美元计价和结算,石油标价权(原油的进口价格)长期掌握在西方石油垄断组织手中,每桶原油标价不到3美元,还不到现货价格的1/4。为了夺回石油定价的主动权,维护石油输出国的国家利益,石油输出国组织成员国在加快石油生产国产化的同时提高油价,到1973年年底,石油标价提高到每桶接近12美元,石油价格上涨近4倍,石油输出国组织成员国的国际收支经常项目随之出现巨额剩余。石油美元具体来讲就是指石油输出国等产油国的国际收支经常项目下的盈余资金,即石油输出国石油出口的美元收入加上其他商品和劳务出口的全部外汇收入,扣除进口必要的商品和劳务开支以及私人单方面转移净额后所余下的外汇。

  石油美元投放的渠道主要有:各国金融市场、欧洲货币市场、国际金融机构、政府贷款和对外国经济的投资。总之,石油美元成为20世纪70年代以后国际信贷的重要资金来源。

  石油输出国通过石油出口不断形成巨额顺差,积累了大量的盈余资金,它们急需把这些资金投放到国外以生息获利,同时几十个非产油国家每年需要借入大量资金,以暂时弥补国际收支逆差,从而造成了石油美元回流。所谓石油美元回流(Recycling Petrodollars)就是石油盈余资金通过各种存放活动等国际信贷机制重新流回石油进口国,也叫石油资金的再循环。由于长期以来西方银行垄断国际金融市场,产油国又缺乏自己的国际银行体系,发展中国家基本上也是依赖向西方国家商业银行借贷,在20世纪70年代中后期,西方发达国家商业银行和国际银行借给发展中国家的1 000多亿美元贷款中,有较大一部分就是来自石油美元。因此,西方商业银行便成为石油美元回流渠道的主要入口和中介。将石油美元通过国际信贷机制投放到国外,使之流入需要资金的国家,从而促进了国际信贷和国际债券业务规模的迅速扩大;同时也使石油输出国避免了大量地积压外汇资金,为本国带来利息和利润收入,并且对于稳定国际经济联系和国际金融秩序也起着重要作用。

  20世纪80年代以后,石油美元的动向发生了一些变化。由于许多发展中国家陷入债务危机,直接流入发展中国家的石油美元急剧减少,90%以上的石油美元流入发达国家,其中又有60%是购买了长期证券;存放在西方国家商业银行的存款减少,流入到欧洲货币市场的石油美元大幅增加。而在投放地区和币种上,也从以前比较集中地投放在英国和美国市场,改为扩大到更多的国家和币种(如购买日本政府债券和股票)。

  为了充分地掌管和运用石油美元这笔巨额财富,石油输出国组织成员国也逐渐建立了自己的银行体系,开始直接参与石油美元的信贷业务。较大的银行如海湾国际银行、伊斯兰银行、阿拉伯货币基金组织等,目前有60多家阿拉伯银行在伦敦营业,直接经营的石油美元近千亿元。在欧洲银团贷款中,有15%左右由阿拉伯银行牵头。石油输出国银行已不仅能独立地办理吸收本国经济中闲置资金的业务,而且也能运用上述闲置资金直接对石油进口国企业提供贷款。

进入21世纪后,由于美国高科技发展的减缓,股市大幅下跌,以及"9·11"事件的影响,美国经济开始步入衰退,进入新世纪后石油价格上涨形成的石油美元并没有大量涌入美国,相反,国际资本出现了流出美国的趋势。随着欧元的诞生和流通,相比美元的持续贬值,欧元则日趋坚挺,世界石油市场出现了以欧元取代美元计价的动向,所谓的石油欧元呼之欲出,这将对国际货币体系和国际信贷市场产生重要影响。

二、国际信贷的类型

按照不同的角度,国际信贷可以划分为不同的类型。

(一)以国际信贷的期限为标准

按国际信贷的期限不同,国际信贷可分为短期信贷、中期信贷、长期信贷。

1. 短期信贷是指信贷期限在1年以下的信贷。其借贷手续比较简便,信贷资金周转快,大多属信用放款。短期贷款的期限多为1天、7天、1个月至6个月,大都不到1年。贷款期限为1天称为日拆,只借1天,第2天即归还。7天一般称为通知放款,贷款人只需在收回货款的24小时前通知借款人,即可收回贷款,借款人一般只支付利息,没有费用负担。短期贷款的主要形式为同业拆放、短期借贷和黄金抵押贷款。

同业拆放是短期银行信贷的主要形式,其特点是:①金额大。每笔少则数十万美元,多则百万美元,甚至上千万美元。②期限短,流动性强。③手续简便,采用信用放款形式拆借资金,借贷双方一般不签订贷款协议,也无须担保,主要通过电话、电传拍板成交,事后书面确认。④主要用于调剂短期资金头寸。银行同非银行借款人之间的短期借贷往往采用利息先付方式,即贴现方式。银行贷款时预先扣除利息,贷款到期时,借款人偿还全部的贷款。这种短期借贷可签订也可不签订贷款协议。

2. 中期信贷是指信贷期限在1~5年的信贷。一般均需由借贷双方签订信贷协议。双边贷款为中期贷款的一种主要方式,是指独家贷款银行同外国借款人之间的贷款,贷款期限一般为3~5年。双边贷款的借贷双方需签订贷款协议,有时还需借款人所属国家的政府或官方机构担保,如借款人为非银行机构,其担保人一般是银行机构。

3. 长期信贷是指信贷期限在5年以上,最长可达50年的信贷。期限越长,信贷就越优惠。银团贷款也称国际辛迪加贷款,是由若干家银行(它们分属不同国家)组成银团,共同向某一国家的借款人提供的贷款。银团贷款可以同某一工程项目联系,也可以没有联系。组成银团的银行可以是几家、十几家甚至几十家。对贷款银行来说,银团贷款的优点是:分散贷款风险,减少同业竞争,贷款客户面较广。对借款人来说,优点则是可以较快地筹措到独家银行无法提供的、数额庞大的长期资金。

(二)以国际信贷的利率为标准

按国际信贷的利率不同划分,可分为无息信贷、低息信贷、市场利率信贷。

1. 无息信贷是指无须支付利息的信贷,如国际开发协会提供的信贷,借款人不付利息,只需支付少量手续费。

2. 低息信贷是指信贷利率低于金融市场利率、带有优惠性质的信贷,如政府贷款。

3. 市场利率信贷是指信贷利率随行就市,按金融市场利率提供的信贷,如银团贷款。国际信贷的市场利率主要参照伦敦银行同业拆借利率(LIBOR)。

(三)以国际信贷的资金来源为标准

按国际信贷的资金来源划分,可分为国际商业银行信贷、政府信贷、国际金融机构信贷、国际租赁信贷等。

1. 国际商业银行信贷是指信贷资金来自各个商业银行,由它们提供的信贷。

2. 政府信贷是指信贷资金来自各国政府的财政预算,由它们提供的优惠信贷。

3. 国际金融机构信贷是指信贷资金来自国际金融机构,如国际货币基金组织、世界银行集团、亚洲开发银行等,由它们向其成员国提供的信贷。

4. 国际租赁信贷是指信贷资金来自国际租赁公司,由它向承租人提供的融资性租赁。

(四)以国际信贷的信贷条件为标准

按国际信贷的信贷条件划分,可分为普通信贷和优惠信贷。

1. 普通信贷也称为"硬贷款",是指按金融市场利率计息,贷款条件要求严格,并无任何优惠条件的信贷,国际商业银行信贷多属于此种类型。

2. 优惠信贷也称为"软贷款",是指信贷利率低于市场利率、期限长、费用少、偿还条件宽松的信贷，政府贷款以及国际金融机构贷款多属于此种类型。

（五）以国际信贷的形式为标准

按国际信贷形式划分，可分为一般信贷和特殊信贷。

1. 一般信贷是指按通常的借贷形式提供的信贷，即借贷双方中的一方贷出货币资金，另一方借入货币资金，如银行贷款等，一般的国际信贷多采取此种形式。

2. 特殊信贷是指并未完全通过银行融资，而是通过租赁、债券等非银行信贷方式发放国际信贷、国际租赁信贷、国际债券融资等。

三、国际信贷的具体形式

国际信贷的具体形式包括以下几种。

（一）国际贸易短期信贷

国际贸易短期信贷是与进出口贸易有直接联系的信贷，即某国（出口国、进口国、第三国）银行和商品经纪人向各国进出口商提供的短期贷款，或两国进出口商之间相互提供的短期信贷。这种贷款专门用于解决各国进口商在原料、粮食、半成品、消费品国际贸易中的短期资金需要。贷款大多为短期，利率以市场利率居多，经常变动。按授信人不同，国际贸易短期信贷分为商业信用和银行信用两种，商业信用主要表现为进出口商之间的相互融资，如预付、赊销、分期付款等，银行信用主要表现为商业银行对进出口商的融资，如信用证、保付代理、打包放款等。国际贸易短期信贷的主要目的是进出口贸易融通资金，促进进出口贸易顺利开展，加速外贸资金周转。国际贸易短期信贷的具体内容详见本书第三章。

（二）出口信贷

出口信贷（Export Credit）一般是指银行提供的中长期对外贸易信贷，它是一国政府为了支持和扩大本国货物的出口，通过提供信贷担保和给予利息补贴的办法鼓励本国银行对本国出口商和外国进出口商或进口方银行提供的中长期信贷融资。这种贷款专门用于解决本国出口商资金周转困难，或满足外国进口商支付从贷款国进口设备、技术和劳务等款项的资金需要，有明确的指定用途，利率一般低于相同条件资金贷方的市场利率，利差由国家财政补贴，贷款期限多为中长期，而且金额大，期限长，具有较高的风险。出口信贷主要有卖方信贷和买方信贷两种方式，其中买方信贷较为流行。出口信贷是促进资本性货物出口的一种手段。出口信贷的具体内容详见本书第四章。

(三) 国际银行信贷

国际银行信贷(International Banking Credit)即国际商业银行信贷,是指一国的某家商业银行,或由一国(多国)的多家商业银行组成的贷款银团,按市场利率向另一国借款人提供的、不限定用途的贷款。这种贷款不与商品采购或特定工程项目相联系,借款人自己决定对借款资金的使用方向,不受贷款银行的限制。贷款期限有短期、中期、长期三种。但借款利率为没有任何优惠的国际金融市场利率,而且多实行浮动利率,并收取较高的贷款费用,因此对借款人来说筹资成本较高。国际银行信贷有独家银行贷款和国际银团贷款两种方式,在中长期信贷中银团贷款较为流行。国际银行信贷的具体内容详见本书第五章。

(四) 国际项目贷款

国际项目贷款(Project Finance)也称国际项目融资,是国际上为大型工程建设项目筹措资金的一种方式,主要用于借款国大型的采矿、能源、交通、化工、冶金等工程建设项目,这类工程建设项目所需投资金额巨大,主办单位往往难以承担,且风险较大,传统的信贷融资方式难以满足此类项目的资金需要。国际项目贷款是指由多元贷款人(包括某国或几国的银行、政府、国际金融机构等)共同向另一国项目公司提供的贷款,其贷款期限较长,并依靠该工程项目建设投产后所获得的收益偿还。国际项目融资分为无追索权的项目融资和有限追索权的项目融资,一般多采用有限追索权的项目融资。国际项目贷款的具体内容详见本书第六章。

(五) 政府贷款

政府贷款(Government Loan)是某国政府利用本国财政预算资金向另一国政府提供的长期优惠贷款。其中主要是某些发达国家政府向发展中国家政府提供的贷款,具有双边国际经济援助性质。这种贷款专门用于指定的开发建设项目,专款专用,并有采购限制。贷款期限较长,目前平均为20～30年,有的甚至长达50年。利率较为优惠,目前平均在1%～3%,大大低于国际金融市场利率。近年来,政府贷款多采用与出口信贷及商业贷款相结合的混合贷款方式。政府贷款有利于促进各国之间经济的合作及世界经济的协调发展。政府贷款的具体内容详见本书第七章。

(六) 国际金融机构贷款

国际金融机构贷款是国际金融机构向其会员国提供的贷款。其中,国际货币基金组织(International Monetary Fund,IMF)向发生国际逆差的会员国提供短期和中期贷款。世界银行(World Bank)和国际开发协会(International Development Association,IDA)则向发展中国家会员提供长期贷款。另外还有亚洲开发银行、非洲开发银行、泛美开发银行等区域性国际金融机构向其会员提供贷款。国际金融机构贷款对缓解发展中国家的国际收支逆差,支持各国经济合作、推动世界经济发展起着重要的积极作用。国际金融机构贷款的具体内容详见本书第八章。

(七)国际租赁信贷

国际租赁(International Lease)是指分别处于不同国家或不同法律制度下的出租人与承租人之间的一种租赁融资活动,由某国租赁公司(出租人)将租赁物(主要是设备)在一定期限内租给另一国企业(承租人)使用,承租人则按租赁合同的规定分期支付一定的租金。出租人以收取租金的方式陆续收回全部或部分投资,并保持租赁物所有权;承租人以缴纳租金的方式取得租赁物使用权。国际租赁有金融租赁、经营租赁、维修租赁、衡平租赁、回租租赁等方式。国际租赁既是一种贸易融资方式,也是一种筹资手段,能起到既吸引外资,又引进先进技术设备的作用,在许多国家的经济生活中发挥着越来越大的作用。国际租赁信贷的具体内容详见本书第九章。

(八)国际债券融资

国际债券(International Bond)是指一国政府或金融机构、企事业单位,或国际金融机构在国际金融市场上以外国货币为面值发行的债券。筹资单位通过发行国际债券可以在国际范围内广泛地筹措到巨额长期资金,以满足投资需要。国际债券的期限多为中长期,利息费用水平与同期国际银行信贷大体相同。国际债券对发行人的资信要求较高,发行前必须对国际债券进行信用评级。国际债券有外国债券和欧洲债券两种,其中欧洲债券较为流行。在国际资本市场日益证券化的趋势下,发行国际债券已成为借款者利用国际金融市场进行融资的重要手段。国际债券融资的具体内容详见本书第十章。

第四节 我国国际信贷的利用和管理

一、利用外资与国际信贷

自20世纪70年代末我国实行改革开放政策以来,经过几十年的实践,证明外资的利用在促进我国的经济发展的过程中,发挥了极为重要的作用。利用外资不仅大大弥补了我国国内建设资金的不足,而且由于引进了大量的先进的技术设备和管理经验,推动了我国产业结构的升级和对外贸易的发展,缩小了与发达国家经济发展之间的差距。

目前,我国利用外资的基本方式有以下几种。

第一,外商直接投资。这主要包括吸收外国资金开办企业,其形式有合资经营、合作经营、外方独资经营、合作生产、联合经营等。

第二,国际贷款。这主要包括接受与贸易有关的商业贷款、商业银行贷款、具有援助性质的政府贷款和国际机构贷款等。

第三,发行国际债券。这主要是指在外国或国际金融市场上发行各类国际债券。

第四,利用中国银行外汇资金。中国银行除掌握本身的外汇资金外,还利用海外分支行和国内机构吸收的外汇存款、外国银行的往来存款和贷款、外国的出口信贷等外汇资金供国内各企事业单位使用。

从我国利用外资的方式来看,除外商直接投资外,其他三种形式实际上都属于国际信贷的范畴。1979—1984年,我国利用外资以国际信贷为主;1984年以来,外商直接投资成为我国利用外资的最主要方式,但是,国际信贷仍然是我国利用外资的重要方式。我国已于2001年加入了世界贸易组织,我国的改革开放事业随之进入一个全新的发展阶段,不仅利用外资会有更大的发展,同时我国的国际信贷也面临着许多新的机遇。

2010—2018年我国实际利用外资呈现稳步增长态势,增长了261亿美元,实际利用外资项目数从2010年的27 506个增长至60 533个,在国际上不稳定因素增加、保护主义抬头的背景下,我国坚持对外开放政策,加大对外开放力度,实施外资负面清单措施,不断优化营商环境,吸引外资进入,工作取得了良好的成效。

二、我国国际信贷的历史发展

新中国成立以来,我国国际信贷的历史发展大致可分为以下四个阶段。

第一阶段:1949—1960年。这一阶段,我国的国际信贷以向社会主义国家的政府贷款为主要形式。中华人民共和国刚刚成立,西方资本主义国家尚不承认我国的国际政治地位,在政治上孤立、经济上封锁、军事上包围我国。为了迅速恢复国民经济,我国开展了与其他社会主义国家的国际信贷合作。1950年2月14日,苏联和我国签订了贷款协定,由其以优惠利率1%向我国提供3亿美元的贷款,这是我国利用国际信贷的第一笔贷款。至1960年,我国由于抗美援朝及国民经济困难向苏联政府所借外债总额达15亿美元。这些贷款对新中国恢复经济和建立基础工业起到了重要作用。与此同时,我国向朝鲜、越南、阿尔巴尼亚等社会主义国家也提供了无偿政府援助及贷款。

第二阶段：1960—1978 年。这一阶段，我国的国际信贷基本上处于停滞状态。20 世纪 60 年代初期，中苏友好关系破裂，所欠苏联政府的贷款也于 1965 年提前全部清偿完毕。在此期间，我国先后发生了 1960—1962 年的严重自然灾害和 1966—1976 年的十年动乱，对外国际信贷无法开展，从而成为当时既无内债也无外债的国家。为了摆脱苏联的压力，根据当时的国际政治形势，我国向其他一些社会主义国家（如越南、阿尔巴尼亚等）和第三世界国家（如印度尼西亚、坦桑尼亚、赞比亚、尼泊尔、斯里兰卡）提供了一定数量的政府援助和贷款。这期间，中日、中美关系相继缓和，为我国争取西方的国际信贷提供了条件。1973 年，国务院批转了国家计委的《短期外汇贷款试行办法》，中国银行开始试行外汇贷款，主要在国内办理一些出口创汇企业的技术更新改造和来料加工等扩大出口创汇的外汇贷款业务，但由于受当时政治经济条件所限，数量并不大。

第三阶段：1978—1993 年。这一阶段是我国国际信贷的快速发展时期。1978 年党的十一届三中全会以后，在对内搞活经济，对外实行开放的方针指引下，我国改变了近 20 年不使用国际信贷、不负外债的政策，开始积极稳妥地参与和利用国际信贷，为改革开放和经济建设服务。1980 年我国恢复了在世界银行和国际货币基金组织的合法席位，1986 年我国加入亚洲开发银行，开始了与国际金融组织在国际信贷等领域的广泛合作与业务往来。从 1979 年开始，我国政府与日本、科威特、丹麦、比利时、西班牙、美国、英国、加拿大等 20 多个国家签订了政府贷款双边协定，同时这些西方主要国家的银行、金融机构也先后到中国设立代表处和分支机构，广泛开展与我国的国际信贷业务。这一时期，中国银行作为国家外贸专业银行，成为我国利用国际信贷积极开展外贸贷款和外汇贷款业务的主要渠道。中国银行除向国内企业提供外汇外贸贷款支持出口创汇和技术引进外，还代表国家开办与外国和银行贷款机构的政府贷款、混合贷款、买方信贷业务及国际债券业务。除中国银行外，国家还批准工商银行等国有专业银行、股份制银行、中国国际信托投资公司等 10 多家机构在国际金融市场办理国际信贷业务及在国内办理外汇信贷业务。这一阶段我国利用外资的主要方式是国际信贷。

第四阶段：1993 年至今。这一阶段是我国国际信贷的利用和管理的进一步发展和完善时期。1993 年 11 月 14 日，党的十四届三中全会通过的《中共中央关于建立社会主义市场经济制度若干问题的决定》，为我国进一步利用国际信贷指明了方向。1994 年，我国进行了外汇管理体制改革，实行银行结算汇制和人民币经常项目下可兑换，并成立了中国进出口银行，专门办理进出口买方信贷、卖方信贷和进出口信用担保等业务。专业银行逐步实行商业化经营，即中国银行、中国工商银行、中国建设银行、中国农业银行同其他股份制商业银行一样,经批准也可以广泛开展外汇信贷业务。2001年年底,我国正式加入世界贸易组织,为我国国际信贷的进一步开展和利用提供了条件。2014年11月27日,国务院颁布了修改后的《中华人民共和国外资银行管理条例》,进一步放开了外资银行准入的条件。这一阶段,我国利用国际借贷的资金来源、币种等进一步多样化,同时也加强了对外债的监测与管理。国际金融组织对我国的贷款力度也大大加强,并且从1993年开始,我国已经成为世界银行的最大贷款国。

总之,我国对国际信贷的利用经历了一个曲折的发展过程。随着我国改革开放政策的进一步实施,为加快我国的社会主义现代化建设,必须充分利用好国际信贷这一重要手段。2001年,党和国家提出了到2021年左右建设全面小康社会,到2050年初步达到中等发达国家水平的宏伟目标。要实现这一宏伟目标,必须保证我国在国际经济、国际金融及国际信贷领域的持续、健康、稳定地发展。为此,我们既要坚持独立自主、自力更生的方针,又要积极利用和创造良好的国际政治经济环境,坚持平等互利的借贷原则,兼顾我国的债务承受能力,充分利用好国际信贷,为我国经济建设服务。

三、国际信贷管理

国际信贷管理是指一国设立或授权某一政府机构依据政策和法规制定对本国国际信贷的主体、客体,以及债务借用和清偿等的控制措施,使国际信贷形成的外债与本国的国情、国力相适应,以求取得外债借用的最佳经济效益,促进本国的经济发展。在一定意义上,国际信贷管理实际上就是外债管理,是一国宏观经济管理的重要组成部分。

(一)国际信贷管理的主体

国际信贷管理的主体是指国际信贷管理行为的承担者。由于世界各国政治、历史、文化、经济基础及发展状况的不同,各国设立国际信贷管理的主体的情况也不尽相同,大体上可以分为以下几种管理模式。

1. 在中央银行或财政部内设立外债管理机构,授权其代表国家行使外债管理职能,如巴基斯坦财政经济部即属此类。

2. 由中央银行、财政部和其他经济管理部门联合设立独立的外债管理机构,专司外债管理职能,如泰国就是由中央银行和财政部联合设立债务政策委员会,专门行使外债的管理职能。

3. 由中央银行、财政部和其他经济管理部门联合设立外资管理机构,兼司外债管理职能,如韩国由经济企划院、中央银行、有关部门和总统委派的代表成立引进外资审议委员会,既负责管理外债,又负责管理直接投资和技术引进。

4. 不设统一的外债管理机构,而是在众多的经济管理部门中分头内设与本部门相关的外债管理机构,如瑞典就是由中央银行、财政部和国家债务局三个机构共同分工管理外债。我国也属这一管理模式。

(二) 国际信贷管理的客体

国际信贷管理的客体是指国际信贷管理行为的作用对象,主要包括对人、物和信贷条件等方面的管理。

国际信贷中对人的管理包括对法人和自然人的管制。根据自然人与法人居住或营业的地区不同又分为居民和非居民。国际信贷管制的法令对居民、非居民给予不同的待遇。一般来说,由于管辖权的限制,一国金融管理当局不能直接对非居民的国际信贷活动实施管制,而居民的国际信贷活动对本国的国际收支影响较大,因此国际信贷管理主要针对居民,其管理的具体内容主要包括国际信贷主体的资格确认和国际信贷交易授权。

国际信贷管理中对物的管理主要是对使用外汇的不同形式的管理。一般来说,一国金融管理当局根据不同货币资本流入和流出对本国国际收支的影响,以及不同外汇在国际金融市场上的运行状况等实行宽严程度不等的外汇使用管制,一般逆差国对外贷款实施较严格的管制,同时鼓励外国信贷资金流入;顺差国则实施反向限制和鼓励。

国际信贷管理中对信贷条件的管理主要包括对贷款金额、贷款期限、贷款利率,贷款地区、贷款行业、借款人的准备金要求、借贷银行的外汇头寸、外汇的汇率等方面的管制。例如,对贷款金额的限制主要通过规定或批准贷款最低和最高限额的方式进行,对贷款利率是要设定利率的上下限,对贷款期限则通过规定最短与最长期限的方式进行。

(三) 国际信贷管理的内容

国际信贷管理的内容比较繁杂,但可归结为三大方面:外债规模的确定,即国际信贷的规模管理;外债结构的合理安排,即国际信贷的结构管理;对外债借入、使用、偿还全过程的管理,即外债营运管理。

1. 国际信贷的规模管理。国际信贷的规模管理是指在一定时期内,确定举借外债的数量界限,即适当的外债规模。一国的外债规模是否合理,主要应参考三个指标:债务率、偿债率和负债率。

(1) 债务率。它是外债余额与当年贸易和非贸易外汇收入之比,是衡量一国负债能力和风险的指标,用公式表示为:

$$债务率 = \frac{当年末外债余额}{当年出口收汇额} \times 100\%$$

国际上公认的这一指标的安全线(也称危险线或警戒线)为100%,若债务率超过100%，就意味着一旦出现危机，其出口收入难于抵付债务。

（2）偿债率。它是偿还外债本息额与当年贸易和非贸易外汇收入之比，是衡量一国还款能力的指标，用公式表示为：

$$偿债率 = \frac{本年度外债还本付息额}{本年度商品和劳务出口收汇额} \times 100\%$$

国际上公认的这一指标的安全线为25%。如果一国偿债率超过这个安全线，该国就被认为偿债有困难。

（3）负债率。又称外债率，是外债累计余额同国民生产总值GDP之比，用公式表示为：

$$负债率 = \frac{年末外债余额}{当年国民生产总值} \times 100\%$$

国际上公认的负债率安全线一般为20%。

（4）偿息率。偿息率是指一国当年偿付外债利息额相当于当年出口收汇额的比重，用公式表示为：

$$偿息率 = \frac{偿付外债利息额}{当年出口收汇额} \times 100\%$$

国际上公认的偿息率标准是10%左右，如果超过这一比率，说明该国举债成本过于昂贵，偿债负担较重。

2. 国际信贷的结构管理。国际信贷的结构管理是指对外债的来源、利率、期限、币别、投向以及借款人等状况所进行的分析与合理安排。它直接关系到一国外债运用的综合成本、风险、效益等重要问题，是降低借债成本，防范债务危机的有力措施。外债结构管理的主要内容包括以下四个方面。

（1）借款方式的结构管理。国际上常用的借款方式有：国际金融组织贷款、外国政府贷款、混合贷款、出口信贷、普通商业贷款（双边贷款）、银团贷款、发行债券、同业拆借和国际金融租赁。另外，欧洲可转换债券、欧洲商业票据、零息票债券及可转让贷款便利等新的融资手段也越来越普遍。面对纷繁复杂的借款方式，借款人应冷静分析自身的经济状况和借款需求，运用适当的筹资技巧，做出合适的借款方式选择。由于商业银行贷款一般利率较高，若一国所借商业银行贷款超过其债务总额的70%，则可能陷入偿债困境。因此，发展中国家更应注意保持官方优惠贷款与私人商业贷款之间的平衡，本着低息低费、条件优惠的原则设置债务成本结构指标，密切监测债务成本结构，力争使债务成本降到最低。

（2）借款利率的结构管理。国际信贷的利率一般分为固定利率和浮动利率，进行借款利率的结构管理就是要合理安排、适时调整债务利率结构，以降低或稳定外债成本，避免风险。依照国际经验，浮动利率债务占总体债务的比重不应超过50%。

(3)国际信贷币种的结构管理。其目的就是通过合理搭配,适时调换币种来防范和减少汇率风险:一是债务币种多样化,如美元、日元、欧元、英镑等主要货币都应占一定的比重,避免由于某种货币的升贬值造成偿还借款的困难或损失;二是合理搭配币种结构的比例,根据不同货币汇率、利率的走势,利用国际金融市场的创新工具运作,如债务互换等,调整币种结构;三是外债币种在借、用、还三个环节要相互适应,注意借用及偿还外债的币别构成与出口创汇的币别构成相吻合。

(4)期限的结构管理。外债按期限的长短可分为短期债务(1年以内,包括1年)和中长期债务(1年以上)。短期债务成本较中、长期债务低,但容易在短期内形成偿债高峰,产生债务困难,甚至导致债务危机。期限的结构管理要把握三项原则:一是保持中长期债务为主,力争短期债务所占比重在25%以下;二是保持短期外债的增长总体上低于中长期外债的增长;三是保持债务偿还期限的均衡分布,尽量减少偿债高峰。

3. 国际信贷的营运管理。国际信贷的营运管理是指外债从借入到使用、产生效益乃至最后偿还的全部过程,其中,使用管理是关键。

(1)国际信贷的借入管理。外债的借入管理主要是对举借外债具体方式或种类的管理,如对政府贷款的管理,对国际金融组织贷款的管理,对国际商业贷款的管理,对境外发行外币债券的管理。

(2)国际信贷的使用管理。外债的使用管理的关键是把握最优资源配置原则、生产性原则、经济效益原则和资源转换原则,把有限的国际信贷资金用在经济发展中最需要、最能产生经济效益的项目上。

(3)国际信贷的偿还管理。在国际信贷中,偿还外债是继续举借外债的前提,也是衡量一国国际信誉高低的标志。因此,合理地安排偿还时间,充分利用各种手段,如债务再安排、债权资本化、债务重组、借新还旧等,及时主动地偿还外债,尽量保证在偿债的同时减轻对经济的消极影响,维护本国的国际信誉。

四、我国的国际信贷管理

在现行的外汇管理体制下,我国的国际信贷被纳入外债范围进行统一管理,因此,我国的国际信贷管理实际上就是外债管理。2003年3月1日,原国家计委(即现在的国家发展和改革委员会)、财政部、国家外汇管理局联合发布了《外债管理暂行办法》(以下简称《办法》)。这是我国第一部从全口径角度规范各类外债管理的规章。《办法》主要包括外债的定义和分类、举借外债和对外担保、外债资金使用、外债偿还和风险管理以及外债监管等几大方面的内容。

（一）外债管理机构

国家发展和改革委员会（可简称为国家发改委）、财政部和国家外汇管理局是外债管理部门。

国家发展和改革委员会会同有关部门根据国民经济和社会发展需要，以及国际收支状况和外债承受能力，制订国家借用外债计划，合理确定全口径外债的总量和结构调控目标。

国际金融组织贷款和外国政府贷款由国家统一对外举借。国家发展和改革委员会会同财政部等有关部门制定世界银行、亚洲开发银行、联合国农业发展基金组织和外国政府贷款备选项目规划，财政部根据规划组织对外谈判、磋商、签订借款协议和对国内债务人直接或通过有关金融机构转贷。其中，世界银行、亚洲开发银行、联合国农业发展基金组织和重点国别外国政府贷款备选项目规划须经国务院批准。

财政部代表国家在境外发行债券由财政部报国务院审批，并纳入国家借用外债计划。其他任何境内机构在境外发行中长期债券均由国家发展和改革委员会会同国家外汇管理局审核后报国务院审批；在境外发行短期债券由国家外汇管理局审批，其中设定滚动发行的，由国家外汇管理局会同国家发展和改革委员会审批。

国家对国有商业银行举借中长期国际商业贷款实行余额管理，余额由国家发展和改革委员会会同有关部门审核后报国务院审批。境内中资企业等机构举借中长期国际商业贷款，须经国家发展和改革委员会批准。国家对境内中资机构举借短期国际商业贷款实行余额管理，余额由国家外汇管理局核定。

国家对境内外资金融机构举借外债实行总量控制，外商投资企业举借的中长期外债累计发生额和短期外债余额之和应当控制在审批部门批准的项目总投资和注册资本之间的差额范围以内。在差额范围内，外商投资企业可自行举借外债；超出差额的，须经原审批部门重新核定项目总投资。

未经国务院批准，任何政府机关、社会团体、事业单位不得举借外债或对外担保。

（二）外债资金使用

外债资金应当主要用于经济发展和存量外债的结构调整。

国际金融组织贷款和外国政府贷款等中长期国外优惠贷款，重点用于基础性和公益性建设项目，并向中西部地区倾斜。中长期国际商业贷款，重点用于引进先进技术和设备，以及产业结构和外债结构调整。

境内企业所借中长期外债资金，应当严格按照批准的用途合理使用，不得挪作他用。确需变更用途的，应当按照原程序报批。境内企业所借短期外债资金，主要用做流动资金，不得用于固定资产投资等中长期用途。

（三）外债偿还和风险管理

主权外债由国家统一对外偿还。主权外债资金由财政部直接放贷或通过金融机构转贷给国内债务人的，国内债务人应当对财政部或转贷金融机构承担偿还责任。

非主权外债由债务人自担风险、自行偿还。债务人可以用自有外汇资金偿还外债，也可经外汇管理部门核准用人民币购汇偿还外债。

（四）外债监管

国家外汇管理局负责外债的统计监测，定期公布外债统计数据。外债管理部门应当掌握外债动态，建立和完善全口径外债监测预警机制。

经营外汇业务的金融机构在为境内机构开立外汇、外债账户和处理外汇资金往来业务时，如发现违反规定的行为，应当及时向有关外债管理部门报告，并协助外债管理部门进行调查。

境内机构举借外债或对外担保时，未履行规定的审批手续或未按规定进行登记的，其对外签订的借款合同或担保合同不具有法律约束力。不以借款合同或担保合同等形式体现，但在实质上构成对外偿还义务或潜在对外偿还义务的对外借款或担保，须纳入外债监管。

（五）我国外债现状的简要分析

截至 2014 年年末，我国的外债余额为 8 955 亿美元，其中，短期外债为 6 211 亿美元，占全部外债余额的 69.4%，比上年年末增长了 0.4%，大大高于国际警戒线 25% 的水平。我国的短期外债比重超过国际警戒线的状况是从 2001 年上半年开始的。虽然一度有所回落，但自 2003 年上半年以来，短期外债比重上升较快。这主要与 2003 年以来我国经济快速增长和人民币升值预期有很大的关系。短期债务所占比重上升较快，且比重较高，值得引起关注。表 1-1 是近年来我国的外债总体情况。

表 1-1　　　　　　　　中国全口径外债情况表　　　　　　　　单位：亿美元

	2014 年 12 月末	2015 年 12 月末	2016 年 12 月末	2017 年 12 月末	2018 年 12 月末	2019 年 12 月末	2020 年 3 月末
广义政府	1 134	1 114	1 239	1 687	2 323	2 709	2 762
短期	73	30	122	170	197	102	94
货币与存款	0	0	0	0	0	0	0

续表

	2014年12月末	2015年12月末	2016年12月末	2017年12月末	2018年12月末	2019年12月末	2020年3月末
债务证券	73	30	122	170	197	102	94
贷款	0	0	0	0	0	0	0
贸易信贷与预付款	0	0	0	0	0	0	0
其他债务负债	0	0	0	0	0	0	0
长期	1 061	1 084	1 117	1 516	2 126	2 607	2 668
SDR分配	0	0	0	0	0	0	0
货币与存款	0	0	0	0	0	0	0
债务证券	511	615	697	1 006	1 640	2 145	2 208
贷款	549	469	421	510	487	462	460
贸易信贷与预付款	0	0	0	0	0	0	0
其他债务负债	0	0	0	0	0	0	0
中央银行	427	430	555	234	296	363	502
短期	105	132	89	108	178	254	304
货币与存款	105	132	89	108	149	108	165
债务证券	0	0	0	0	29	146	139
贷款	0	0	0	0	0	0	0
贸易信贷与预付款	0	0	0	0	0	0	0
其他债务负债	0	0	0	0	0	0	0
长期	322	298	466	126	118	109	198
SDR分配	101	97	94	100	97	97	95
货币与存款	0	0	0	0	0	0	0
债务证券	26	55	0	0	0	0	0
贷款	0	0	0	0	0	0	0
贸易信贷与预付款	0	0	0	0	0	0	0
其他债务负债	195	147	372	27	21	12	103
其他接受存款公司	9 166	6 120	6 042	8 455	8 987	9 180	9 701
短期	8 123	5 020	4 677	6 696	7 236	6 823	7 260
货币与存款	4 925	3 184	3 022	4 249	4 685	4 113	4 459

续表

	2014年12月末	2015年12月末	2016年12月末	2017年12月末	2018年12月末	2019年12月末	2020年3月末
债务证券	52	755	460	709	638	535	472
贷款	3 143	1 081	1 194	1 722	1 894	2 150	2 293
贸易信贷与预付款	0	0	0	0	0	0	0
其他债务负债	2	0	0	15	18	25	37
长期	1 043	1 100	1 364	1 760	1 752	2 357	2 440
货币与存款	0	0	0	0	0	0	0
债务证券	547	657	800	1 147	1 290	1 633	1 664
贷款	495	442	562	606	454	715	767
贸易信贷与预付款	0	0	0	0	0	0	0
其他债务负债	1	1	2	7	8	9	10
其他部门	5 125	4 272	4 277	5 212	5 923	5 923	5 569
短期	3 940	3 041	3 126	3 978	4 579	4 288	3 915
长期	1 184	1 231	1 151	1 234	1 343	1 635	1 654
直接投资:公司间贷款	1 948	1 894	2 045	1 991	2 299	2 398	2 412
外债总额头寸	17 799	13 830	14 158	17 580	19 828	20 573	20 946

注：1. 本表按签约期限划分长期外债、短期外债。
2. 本表统计采用四舍五入法。
3. 本表中2015年以来数据按照国际收支平衡表最新修正数据进行了相应调整。

思考题与练习题

1. 什么是国际信贷？国际信贷涉及哪些关系人？
2. 国际信贷与国内信贷有何区别？
3. 国际信贷与国际投资的相互关系是什么？
4. 当代国际信贷的主要特点是什么？
5. 国际信贷对世界经济发展的推动作用主要体现在哪些方面？
6. 国际信贷的资金来源有哪些？
7. 国际信贷包括哪些具体形式？
8. 欧洲货币与石油美元指的是什么？

第二章 国际信贷的条件与决策

本章主要介绍国际信贷的条件与决策。通过本章的学习要求掌握国际信贷中的主要利率及利息计算,熟悉国际信贷中的费用、期限及贷款定价的基本方法,掌握贷款人及借款人在国际信贷中如何决策和相互协调。

学习要点

The chapter mainly introduces the conditions and policy-making of international credit. By learning we should master the interest rate and interest calculation of international credit, know its expenditure, time limit and the essential ways of fixing the loan price well, master how the loanees and loaners make decisions and coordinate in the international credit.

第一节 国际信贷的利率

一、利率的含义及分类

利率即利息率,是指一定时期内的借贷利息额同借贷本金额的比率,即:

利率=利息/本金

随着借贷活动的日益发展,借贷活动的方式呈现多样化,利率的种类也日趋繁多。各种不同的利率由各种内在因素联合组成的有机体就是利率体系。在利率体系中,利率按照不同的标志,可以有多种不同的分类。

(一)按计算利息的时间划分

按计算利息的时间划分,利率可分为年利率、月利率、日利率。年利率是按年计算的利率,按本金的百分之几表示。月利率是按月计算的利率,按本金的千分之几表示。日利率是按日计算的利率,按本金的万分之几表示。在国际信贷中习惯以年利率来计算。

年利率、月利率、日利率三者可相互换算:

年利率 = 12×月利率 = 365×日利率

日利率 = 月利率÷30 = 年利率÷365

(二)按计算利息的方法划分

按计算利息的方法不同,利率可分为单利和复利。单利是指不论期限长短,只按本金计算利息,利息不再计入本金重新计算利息。

单利计算的借贷本利和的公式为:

$$F = P(1+rt)$$

复利计算的借贷本利和的公式为:

$$F = P(1+r)^t$$

式中,F 为本利和;P 为本金;r 为利率;t 为借贷期限。

单利计算利息的手续相对简便,易于计算借款成本,借款者的利息负担也较轻,比较适合于短期信贷。相比单利,复利是按照一定的期限,将利息加入本金,再计算利息,逐期滚算,因而利息负担比单利重,手续麻烦,但能促进借款者更好地使用资金,提高资金使用效益,长期信贷较多地使用复利计息。

(三)按管理方式划分

按照管理方式不同,利率可分为固定利率和浮动利率。固定利率是指按借贷协议在一定时期内相对稳定不变的利率,它是借贷双方为便于匡算成本与收益而通常不进行调整的利率。浮动利率是指按借贷协议在一定时期可以变动的利率,它是借贷双方为了保护各自利益,根据市场变化情况可以调整的利率。浮动利率较固定利率更能及时反映市场借贷资金的供求状况。国际信贷中的中长期信贷多采用浮动利率计息。浮动利率通常由基本利率和加息率(附加利率)两部分构成,其中加息率一般是固定的,而基础利率则随着国际金融市场利率的变动而变动。所依据的国际金融市场利率,通常是3月期或6月期的伦敦银行同业拆放利率(LIBOR),贷款利率每3个月或6个月随LIBOR变动一次。其他被较多选择的基础利率还有HIBOR、SIBOR及美国银行贷款优惠利率等。

(四)按形成机制划分

按照形成机制不同,利率可分为官定利率、公定利率、市场利率。官定利率是指由一国政府官方或官方授权部门制定的利率,要求市场相关的交易都必须严格按此利率执行。公定利率是指由民间权威性金融组织(如银行同业公会)制定的利率,各成员机构必须执行。市场利率是指由借贷双方自愿达成的利率,它是按市场规律,根据资金供求变化而自由变动的利率。市场利率是真正的一般意义的利率。

(五)按性质划分

按照利率的性质不同,利率可分为基准利率、普通利率和差别利率。基准利率是指在利率体系中起主导作用,金融机构在确定资金价格时作为基础或参考的利率。基准利率的形成有着一定的客观规律,并受银行体制、金融市场发展状况等方面因素的影响。目前西方国家一般以中央银行的再贴现利率作为基准利率,通过再贴现利率对利率体系进行调控。普通利率是相对于优惠利率而言的,是指不附带任何优惠政策,由金融机构所执行的一般利率。差别利率是指银行等金融机构对不同部门、不同期限、不同种类、不同用途和不同借贷能力的客户的存贷款制定的高低不同的利率,其有期限、存贷、行业等差别利率之分。

(六)按是否包含通货膨胀因素划分

按照是否包含通货膨胀因素来划分,利率可分为名义利率和实际利率。名义利率和实际利率是根据利率的真实水平划分的。名义利率是以名义货币表示的利息与本金之比,通常金融机构公布或采用的利率都是名义利率。实际利率是指货币购买力不变条件下的利率,通常用名义利率减去通货膨胀率即为实际利率。它们之间的区别就在于:名义利率没有考虑通货膨胀对利息的影响,而实际利率则考虑了通货膨胀风险因素的补偿。区别名义利率和实际利率的意义在于：在通货膨胀条件下，市场各种利率都是名义利率，实际利率不易直接观察到，但反映借款成本和贷款收益的是实际利率而不是名义利率。

考虑到通货膨胀对利息部分也有贬值的影响，因此，国际上通用的计算实际利率的公式为：

$$i = \frac{1+r}{1+p} - 1 = \frac{r-p}{1+p}$$

式中，r 为名义利率；i 为实际利率；p 为借贷期内物价的变动率。

（七）按国际信贷交易的习惯划分

按照国际信贷交易的习惯，可分为伦敦银行同业拆借利率、美国优惠利率、香港银行同业拆放利率等。

二、利率与货币资金时间价值

货币资金时间价值是指货币经历一定时间的投资和再投资所增加的价值，也称为货币时间价值。一定量的货币资金在不同时点上具有不同的价值。今天的 1 元钱和将来的 1 元钱不等值，前者要比后者的价值大。为什么会这样呢？例如，若银行贷款年利率为 10%，将今天的 1 美元贷给他人，1 年以后就会是 1.10 美元。可见，经过 1 年时间，这 1 元钱发生了 0.1 美元的增值，今天的 1 美元钱和 1 年后的 1.10 美元等值。因此，人们将资金在使用过程中随时间的推移而发生增值的现象，称为资金具有时间价值的属性。资金时间价值的实质是资金周转使用后的增值额，是资金所有者让渡资金使用权而参与社会财富分配的一种形式。资金时间价值可以用绝对数（利息额）表示，也可以用相对数（利息率）表示。

（一）资金时间价值的计算涉及的基本概念

由于资金具有时间价值，所以在国际信贷决策尤其是进行中长期信贷决策时，必须注意资金的时间价值，以提高资金使用效益。货币资金时间价值的计算涉及以下几个基本概念。

1. 现值（P），表示现在时点的金额。所谓现在时点，在国际信贷中一般是指信贷投资开始的时间。

2. 终值（F），表示将来时点的金额。一般指相对于现值的任何以后时点的价值。在利息计算中，一般指本金经过一定时间后的本利和。

3. 年金（A），指一定时期内每年的收支金额。所谓一定时期，一般要超过 2 年，形成一个序列。如果序列中每年金额相等，叫做等额序列年金；如果序列中各年收支不等而成等差数列或按一定规律增减，叫做等差序列年金或其他序列年金。

4. 折现率(i),在国际信贷活动中一般是指年利率或收益率。

5. 时间(t),一般指在等值计算中计算时间价值的次数。

(二)资金时间价值计算涉及的基本计算公式

资金时间价值的计算,必须掌握以下六个基本的计算公式。

1. 终值公式和终值系数。终值公式又称本利和公式。已知现值 P,折现率 i,时间 t,求终值 F。按复利的计算方法,用折现率 i 取代利率,得:

$$F = P(1+i)^t$$

这就是一次性支付的终值公式,实际上就是我们前述的复利计算的本利和公式,其中 $(1+i)^t$ 称为终值系数。

例如,借款人甲向贷款人乙借入资金 1 000 000 美元,借款年利率为 8%,期限为 5 年,每年支付一次利息,5 年后乙应获得的本利和是多少?

利用终值公式可计算如下:

$$F = P(1+i)^t = 1\,000\,000(1+8\%)^5$$
$$= 1\,000\,000 \times 1.469\,328 = 1\,469\,328(美元)$$

即 5 年后乙应获得的本利和是 1 469 328 美元。

在利用终值公式计算时,要注意计算复利的方式,并根据计算复利的方式,将年利率调整为与计算复利时间一致的利率,同时将年数化为复利期数。

例如,将上例中的利息支付方式改为每半年支付一次利息,5 年后乙应获得的本利和是多少?

利用终值公式可计算如下:

$$F = P(1+i)^t = 1\,000\,000(1+4\%)^{10}$$
$$= 1\,000\,000 \times 1.480\,244 = 1\,480\,244(美元)$$

即 5 年后乙应获得的本利和是 1 480 244 美元。

2. 现值公式和现值系数。已知终值 F,折现率 i,时间 t,求现值 P。显然,求现值 P 为求终值 F 的逆运算,即:

$$P = F \cdot \frac{1}{(1+i)^t}$$

这就是一次支付的现值公式,其中 $\frac{1}{(1+i)^t}$ 称为现值系数。

例如,一笔贷款按年利率 8% 计息,每年付一次利息,5 年后还本付息额为 1 000 000 美元,则这笔贷款的本金是多少?

利用现值公式可计算如下:

$$P = F \cdot \frac{1}{(1+i)^t} = 1\,000\,000 \cdot \frac{1}{(1+8\%)^5}$$
$$= 1\,000\,000 \times 0.680\,583 = 680\,583(美元)$$

即这笔贷款的本金是 680 583 美元。

3. 年金终值公式和年金终值系数。这里的年金指的是等额年金。已知每年有一个现金流量 A，折现率为 i，求在 t 年内积累的总量 F 是多少。我们可以采取分别求得各年年金 A 的终值，然后再将其加总的办法求得。其公式为：

$$F = A \cdot \frac{(1+i)^t - 1}{i}$$

这就是等额序列年金的终值公式，其中 $\frac{(1+i)^t - 1}{i}$ 称为年金终值系数。

例如，某公司每年末从其赢利中提取 1 000 000 美元存入银行，按年利率 8% 计算复利，5 年后总共积累多少资金？

利用年金终值公式可计算如下：

$$F = A \cdot \frac{(1+i)^t - 1}{i} = 1\ 000\ 000 \times \frac{(1+8\%)^5 - 1}{8\%}$$
$$= 1\ 000\ 000 \times 5.866\ 601 = 5\ 866\ 601 (美元)$$

即 5 年后总共积累资金 5 866 601 美元。

4. 偿债基金公式和偿债基金系数。现在的问题是：为了在 t 年内积累资金 F，年利率为 i，则每年积累的资金 A 为多少？即已知终值 F，折现率 i，时间 t，求年金 A。显然，求年金 A 是上述已知年金终值 F 的逆运算，即：

$$A = F \cdot \frac{i}{(1+i)^t - 1}$$

这就是偿债基金公式，其中 $\frac{i}{(1+i)^t - 1}$ 是等额序列偿债基金系数。

例如，假设在 5 年后要得到包括利息在内的 1 000 000 美元资金，年利率为 8%，那么每年投入资金 A 是多少？

利用偿债基金公式可计算如下：

$$A = F \cdot \frac{i}{(1+i)^t - 1} = 1\ 000\ 000 \times \frac{8\%}{(1+8\%)^5 - 1}$$
$$= 1\ 000\ 000 \times 0.170\ 456 = 170\ 456 (美元)$$

即 5 年当中每年需投资 170 456 美元。

5. 资金回收公式和资金回收系数。现在的问题是：若现在投资 P 元，收益率为 i，要求在 t 年内全部收回投资，则每年应收回多少资金？即已知现值 P，折现率 i，时间 t，求 A 值。这个问题分两步来解决：第一步，用前述的终值公式 $F = P(1+i)^t$ 求得投资 P 的终值 F；第二步，用偿债基金公式 $A = F \cdot \frac{i}{(1+i)^t - 1}$ 求出该终值的年金（偿债基金），得资金回收公式为：

$$A = P \cdot \frac{(1+i)^t \cdot i}{(1+i)^t - 1}$$

这就是资金回收公式，其中 $\dfrac{(1+i)^t \cdot i}{(1+i)^t - 1}$ 即资金回收系数。

例如，某银行向借款人提供一笔 1 000 000 美元的贷款，期限 5 年，年利率 8%，每半年等额偿还一次本息，借款人每次应偿还本息是多少？

利用资金回收公式可计算如下：

$$A = P \cdot \dfrac{(1+i)^t \cdot i}{(1+i)^t - 1} = 1\,000\,000 \times \dfrac{\left(1+\dfrac{8\%}{2}\right)^{2\times 5} \times \dfrac{8\%}{2}}{\left(1+\dfrac{8\%}{2}\right)^{2\times 5} - 1}$$

$$= 1\,000\,000 \times 0.123\,291 = 123\,291 \text{（美元）}$$

即借款人每次应等额偿还的本息是 123 291 美元。

6. 年金现值公式和年金现值系数。现在的问题是：已知收益率为 i，为了在 t 年内每年回收 A 元，现在的投资应为多少？即已知 A, i, t，求 P。显然这是上一个问题的逆运算。根据资金回收公式可得年金现值公式为：

$$P = A \cdot \dfrac{(1+i)^t - 1}{(1+i)^t \cdot i}$$

这就是年金现值公式，其中 $\dfrac{(1+i)^t - 1}{(1+i)^t \cdot 1}$ 即年金现值系数。

例如，某工程项目建成投产以后，准备在 10 年内每年收回 1 000 000 美元，利率为 8%，则投资总额是多少？

利用年金现值公式可计算如下：

$$P = A \cdot \dfrac{(1+i)^t - 1}{(1+i)^t \cdot i} = 1\,000\,000 \times \dfrac{(1+8\%)^{10} - 1}{(1+8\%)^{10} \times 8\%}$$

$$= 1\,000\,000 \times 6.710\,081 = 6\,710\,081 \text{（美元）}$$

即投资总额是 6 710 081 美元。

在实际计算中，终值系数、现值系数、年金终值系数、等额序列偿债基金系数、资金回收系数、年金现值系数都可以通过查表直接得出，计算程序较为简便。

三、国际信贷活动中的主要利率

在国际信贷活动中，利率是经常变动的，对世界经济、市场行情的微小变动都能做出迅速的反应。国际信贷活动中的利率，按照信贷期限长短的不同而有所差别。在一般情况下，短期信贷利率低一些。由于当前银行大多采用浮动利率制，短期信贷可以转为长期信贷，其利率每 3 个月调整一次，因此利率之间的差别就显得很小。有时候也存在着期限较长的利率低于期限较短的利率的情况。短期利率具有灵活性，它在产业周期内变动频繁，波动幅度很大。这一特点是由于短期资本运动的特点，尤其是由国际金融市场上借贷双方当事人的活动中存在着保值动机和投机所致。加之资本主义国家的金融当局利用短期信贷的伸缩作为调节货币流通、国际收支和汇率的重要手段,也对利率波动起着重要的作用。长期利率在很大程度上依赖于资本主要供应国的周期性因素,同时,资本主要供应国的外汇状况对于长期利率也有重要的影响。

在国际信贷活动中,不同货币的利率也存在着差别。不同货币在同一市场上的利率差别是由于各有关国家的货币实值(购买力)、利率政策、汇价涨跌幅度、投资及再生产的周期性变动等因素形成的。此外。政治、社会和国际形势的安定与否,都对利率有一定的影响。一般来说,硬货币利率总是处于较低水平,软货币利率总是处于较高水平。硬货币是指在国际金融市场上汇价坚挺,并能自由兑换、币值稳定、可以作为国际支付手段或流通手段的货币,主要有美元、英镑、日元、欧元等。软货币是指在国际金融市场上汇价疲软,不能自由兑换他国货币,或信用程度低的国家货币。硬货币和软货币是相对而言的,它会随着一国经济状况和金融状况的变化而变化。例如,美元在20世纪50年代是硬货币,在60年代后期至70年代是软货币,80年代以来,美国实行高利率政策和紧缩银根政策,美元又成为硬货币。硬货币和软货币在国际信贷中有时差距较大,这是由于硬货币的汇率下跌风险很大,汇率上出现的损失甚至会远远超过利息上的收益。

国际信贷活动中,同类贷款的不同借款人的利率也存在着差异。借款人资信较差的,利率相应提高;借款人资信较好的,利率相应较低。在美国,一些大银行放款业务的优惠利率,就是对信誉较好的客户的一种优待利率。

国际信贷活动中的利率和各国国内利率之间也有差别,各种国际货币的市场利率,在国内外资金自由流通的条件下,大体上是一致的或是接近的。但当资本和货币的国内外流通受到阻碍或限制时,利率就会出现明显的差异。以美元来说,境外美元利率和国内市场美元利率是接近的,一般情况下,它们的利率差别不会大于一个百分点。当欧洲市场上美元汇价急剧上涨,造成对美元的过量需求时,最终会使欧洲美元利率也相应地明显提高,比纽约市场上高很多。

在国际信贷活动中,主要参考以下几种利率来决定具体的信贷利率。

(一)伦敦银行同业拆借利率

伦敦银行同业拆借利率(London InterBank Offered Rate,LIBOR)是英国银行家协会(British Banker's Association)根据其选定的银行在伦敦市场报出的,对该利率进行取样并平均计算后就成为指标利率,指标利率在每个营业日都会对外公布。

所谓的同业拆借利率指的是银行同业之间的短期资金借贷利率。同业拆借有两个利率,拆进利率(Bid Rate)表示银行愿意借款的利率;拆出利率(Offered Rate)表示银行愿意贷款的利率。一家银行的拆进(借款)实际上也是另一家银行的拆出（贷款）。同一家银行的拆进和拆出利率相比较，拆进利率永远小于拆出利率，其差额就是银行的得益。通常所说的伦敦银行同业拆借利率（LIBOR）一般是指拆出利率。LIBOR 已成为国际贷款制定利率的基础，许多国际借贷业务都以 LIBOR 附加一定的利息来确定。

LIBOR 的走势主要取决于各国的货币政策，并随着市场的资金供求状况而不断变动。LIBOR 是目前国际上最重要和最常用的市场利率基准，也是银行从市场上筹集资金进行转贷的融资成本参考。除了各大新闻通信公司每日提供相关的 LIBOR 报价信息之外，也可以在英国银行家协会的网页（www.bba.org.uk）上查询到历史资料，即可以很容易地了解到 LIBOR 近期和历史的水平。每个工作日的 GMT 时间（11:00）共有 16 家主要银行公布不同币种和不同期限的拆借利率，其中对每个期限和每个币种的利率，去掉 4 家最高的利率和去掉 4 家最低的利率，取剩余 8 家利率的平均值，即得到某币种某期限的 LIBOR 数值。

（二）欧洲货币市场的短期信贷利率

在欧洲货币市场中最早形成的是欧洲美元市场，而且欧洲美元市场在整个欧洲货币市场中一直占主导地位，加上伦敦是欧洲美元市场的主要中心，并且短期信贷主要在银行同业之间进行，因此，LIBOR 就成为欧洲美元的主要短期信贷利率。银行对最终借款人提供的短期信贷利率，要比 LIBOR 稍高一些，即在 LIBOR 的基础上，加上一个附加利率。

欧洲美元短期信贷利率，按其期限的不同，又有隔夜、7 天、1 个月、3 个月、6 个月、12 个月的不同利率之分。由于欧洲美元短期信贷的期限较短，利率变动的风险相对不大，故采用固定利率，即在提供贷款时规定一个利率，整个贷款期内有效。

欧洲美元短期信贷的利息收取采取先付方法，也称贴现法。在借款人借款时，即由贷款银行将利息从贷款额中扣除，然后将扣除利息后的余额付给借款人，在贷款到期时，借款人则应按贷款额偿还。贷款银行对于短期信贷，除按市场利率向借款人收取利息外，不再另外收取其他费用。

（三）欧洲货币市场的中长期信贷利率

欧洲美元中长期信贷利率，是以 LIBOR 为计息的基础，加上一个附加利率。由于 LIBOR 按期限分又有几种利率，一般是以 3 个月期或 6 个月期的 LIBOR 作为中长期信贷的计息基础。附加利率的幅度，则视贷款金额的多少、贷款期限的长短、市场资金的供求情况、贷款所用货币的风险、借款国和借款人资信的高低而有所不同，高的可达 1%~2%，低的仅为 0.25%~0.75%。期限相对较短的贷款，在整个贷款期限内采用分段计算的附加利率。

由于欧洲美元中长期信贷的期限较长(短则3~5年,长则10年以上),市场利率变动频繁,贷款银行和借款人双方都想避免蒙受因利率变动所造成的风险和损失。因此,中长期信贷的利率一般不采取固定利率,大都采用分期按市场利率变动进行调整的浮动利率,一般是每隔3个月或每隔半年根据市场利率变动情况调整一次。中长期信贷的利息是分期支付的,借款人的利息负担比期末一次性支付的利息要高得多。

近年来,亚洲美元市场发展很快,亚洲美元中长期信贷的利率则以新加坡银行同业拆放利率(SIBOR)为基础,或以香港银行同业拆放利率(HIBOR)为基础,加上一个附加利率。由于亚洲美元市场是欧洲美元市场的一个分支,所以SIBOR和HIBOR的水平和变动,都要受LIBOR的影响。

(四)美国的联邦基金利率

所谓联邦基金利率(Federal Fund Rate)是指美国同业拆借市场的利率,其最主要的是隔夜拆借利率。这种利率的变动能够灵敏地反映银行之间资金的余缺,美联储瞄准并调节同业拆借利率就能直接影响商业银行的资金成本,并且将同业拆借市场的资金余缺传递给工商企业,进而影响消费、投资和国民经济。

根据联邦储备体系的规定,会员银行要在联邦储备银行交纳一定比例的存款作为存款储备,会员银行在联邦储备银行另外保留一些准备,以备每天银行的票据交换轧差之用,这种法定储备以外的存款准备称为超额准备(Excess Reserve),会员银行可以自由动用,即按联邦基金利率的日拆把多余头寸贷给需要资金的银行。这一借贷手续是通过联邦储备银行"自动"转账进行的。在每个交易日营业终止前,准备不足的银行不必着急地到处拆借头寸,超额准备的银行也不必为资金的闲置而烦恼。作为同业拆借市场的最大参与者,美联储并不是一开始就具有调节同业拆借利率的能力,因为它能够调节的只是自己的拆借利率,所以能够决定整个市场的联邦基金利率,其作用机制应该是这样的:美联储降低其拆借利率,商业银行之间的拆借就会转向商业银行与美联储之间,因为向美联储拆借的成本低,整个市场的拆借利率就将随之下降;如果美联储提高拆借利率,在市场资金比较短缺的情况下,联邦基金利率本身就承受上升的压力,所以它必然随着美联储的拆借利率一起上升。借贷者的融资标准就是以联邦基金利率为依据的。它是纽约短期资金市场反映银根松紧最为敏感的一种利率。由于美元的特殊地位和美国经济的重要作用,美联储联邦基金利率的一举一动对国际金融市场的利率都有重要影响。

(五)美国的优惠放款利率

优惠放款利率(Prime Loan Rate)是指商业银行向其资信优良的企业或法

人客户提供短期资金所收取的利息率。它是美国商业银行公认的,也是银行贷款可以接受的最低利率。美国各大商业银行优惠放款利率的变动主要决定于联邦储备银行的贴现率、联邦基金利率及联邦储备银行定期公布的货币供应量等因素。优惠放款利率变动的时间及幅度不是一刀切,而是一个或几个商业银行带头,在较短的时间内(一般是两三天)陆续跟进并划一。美国优惠放款利率反映了货币市场的供求状况和美国货币政策的影响,它和伦敦银行同业拆借利率(LIBOR)一样,是国际借贷行为所依据的重要参考数据。从1980年起,有一部分欧洲美元中长期信贷改为以美国国内商业银行的优惠放款利率为基础,加上一个附加利率计息,具体做法有:①借款人在贷款的各个计息期内,有权选用LIBOR或美国国内优惠放款利率作为计息基础;②由贷款银行选用两种中的一种作为计息基础;③固定以美国国内优惠放款利率作为计息基础;④一笔贷款同时用两种利率作为计息基础,一部分用LIBOR,另一部分用美国国内优惠放款利率。

四、国际信贷中的利息计算

利息是借贷关系中借款人支付给贷款人的报酬。计算利息的基础公式为:
$$利息=金额×利率×时间$$
因此,金额、利率、时间这三个要素的变动对利息的计算有着直接的影响。

(一) 金额的变动

对一般贷款而言,借款人支付的利息按贷款时约定的利率计算,并按贷款的金额一次还本付息,计算较为简便,计息期内贷款金额保持不变。例如,借款 1 000 000 美元,期限为 1 年,约定利率为 8%,1 年期满后,应付贷款利息为:
$$1\ 000\ 000×8\%×1=80\ 000(美元)$$
但是在国际信贷实践中,由于贷款利息的计算方法不尽相同,使贷款金额在计息过程中发生变动,从而计算出的利息也出现差异。

1. 贴息法计息。即在放款时预先扣除利息,到期由借款人一次还本的方法。在国际信贷中这种方法常用于短期放款、票据贴现放款及发行零息证券等信贷业务中。例如,某公司向银行借款 1 000 000 美元,利率为 8%,期限为 1 年,以贴息方式计息,计算预扣利息为:
$$1\ 000\ 000×8\%×1=80\ 000(美元)$$
但该公司实际使用的贷款金额为:
$$1\ 000\ 000-80\ 000=920\ 000(美元)$$
这样虽然表面上该公司支付的利息和上例一样为 80 000 美元,但实际支付的贷款利率为:
$$\frac{80\ 000}{920\ 000}×1=8.7\%$$

高于名义利率。

2. 余额递减计息法。这种计息方法每期的还本数额固定,但每期支付的利息随本金的减少而递减,即利息按未偿还的贷款余额计算。计算公式为:

$$F_t = \frac{1}{n} \times P + \frac{n-(t-1)}{n} \times P \times r \quad (t=1,2,3,\cdots,n)$$

式中,F_t 为每期偿还的本金和利息;P 为本金;n 为偿还次数;t 为偿还的序号;r 为利率。

如果每月偿还一次就要用月利率,如果1年偿还一次就要用年利率。用此种方法计算出来的每月偿还数额是不同的,它随本金的减少而递减。例如,一笔贷款1 000 000美元,年利率为8%,期限为4年,每半年偿还一次本息,则 $p = 1\ 000\ 000$,$n = 4 \times 2 = 8$,$r = 8\% \div 2 = 4\%$,每期偿还数计算如下:

$$F_1 = \frac{1}{8} \times 1\ 000\ 000 + \frac{8-(1-1)}{8} \times 1\ 000\ 000 \times 4\%$$
$$= 125\ 000 + 40\ 000 = 165\ 000(美元)$$

$$F_2 = \frac{1}{8} \times 1\ 000\ 000 + \frac{8-(2-1)}{8} \times 1\ 000\ 000 \times 4\%$$
$$= 125\ 000 + 35\ 000 = 160\ 000(美元)$$

$$F_3 = \frac{1}{8} \times 1\ 000\ 000 + \frac{8-(3-1)}{8} \times 1\ 000\ 000 \times 4\%$$
$$= 125\ 000 + 30\ 000 = 155\ 000(美元)$$

$$F_4 = \frac{1}{8} \times 1\ 000\ 000 + \frac{8-(4-1)}{8} \times 1\ 000\ 000 \times 4\%$$
$$= 125\ 000 + 25\ 000 = 150\ 000(美元)$$

$$F_5 = \frac{1}{8} \times 1\ 000\ 000 + \frac{8-(5-1)}{8} \times 1\ 000\ 000 \times 4\%$$
$$= 125\ 000 + 20\ 000 = 145\ 000(美元)$$

$$F_6 = \frac{1}{8} \times 1\ 000\ 000 + \frac{8-(6-1)}{8} \times 1\ 000\ 000 \times 4\%$$
$$= 125\ 000 + 15\ 000 = 140\ 000(美元)$$

$$F_7 = \frac{1}{8} \times 1\ 000\ 000 + \frac{8-(7-1)}{8} \times 1\ 000\ 000 \times 4\%$$
$$= 125\ 000 + 10\ 000 = 135\ 000(美元)$$

$$F_8 = \frac{1}{8} \times 1\ 000\ 000 + \frac{8-(8-1)}{8} \times 1\ 000\ 000 \times 4\%$$
$$= 125\ 000 + 5\ 000 = 130\ 000(美元)$$

4年累计还本付息额为1 180 000美元,即:

165 000+160 000+155 000+150 000+
145 000+140 000+135 000+130 000=1 180 000(美元)

其中,利息为180 000美元。

3. 年金等额还本付息法,即每期的还本付息额相等,也称为息随本减平均还款法。其计算公式为前述资金时间价值计算公式中的资金回收公式:

$$A = P \cdot \frac{(1+r)^n \cdot r}{(1+r)^n - 1}$$

式中,A 为每期还本付息额;P 为本金;n 为偿还次数;r 为利率,它与每次偿还间隔的时间相对应,若每月偿还一次,就应用月利率,若每年偿还一次就应用年利率。

仍用上例,则 $P=1\,000\,000$,$n=4\times 2=8$,$r=8\%\div 2=4\%$,计算如下:

$$A = P \cdot \frac{(1+r)^n \cdot r}{(1+r)^n - 1} = 1\,000\,000 \times \frac{(1+4\%)^8 \times 4\%}{(1+4\%)^8 - 1} = 148\,527.83(美元)$$

即每次还本付息额均为 148 527.83 美元,累计付息额为:

$$148\,527.83 \times 8 - 1\,000\,000 = 188\,222.64(美元)$$

比上一种方法多付利息 8 222.64 美元。

4. 平息法。也称为息不随本减计息法,即在分期还款的贷款中,先按最初的贷款金额、期限、利率算出应付的利息,然后按归还次数,每次平均支付本息。每期还款金额为:

$$A = \frac{P + P \times r \times n}{n} = \frac{P}{n} + P \times r$$

式中,A 为每期还本付息额;P 为本金;n 为偿还次数;r 为利率。

仍用上例,则 $P=1\,000\,000$,$n=4\times 2=8$,$r=8\%\div 2=4\%$,按照这种方法计算的每期还本付息额为:

$$A = \frac{P}{n} + P \times r = \frac{1\,000\,000}{8} + 1\,000\,000 \times 4\%$$

$$= 125\,000 + 40\,000 = 165\,000(美元)$$

很明显,此种方法计算的利息负担比前几种更重。这是因为在贷款本金余额不断减少的情况下仍按最初贷款金额计算利息,从而使借款人实际多负担了利息。在本例中,每次还本金 125 000,付利息 40 000,但要注意到在第二、三、四次及以后的还款次数中,贷款金额已经不是 1 000 000 美元,而是按 875 000,750 000,625 000 等逐次减少,而支付的利息每次仍为 40 000,累计支付的利息达 40 000×8=320 000 美元,实际利息负担大大高于 8%。由于此种方法无形中加重了借款人的负担,不太合理,因此很少使用。

(二)利率的变动

国际信贷中的利率有固定利率与浮动利率之分。

贷款若使用固定利率来计息,表面上看来在整个贷款期内,由于利率一直保持不变,因此,以固定利率计算的贷款利息负担不会发生变化,但如果在贷款期内发生货币升值、通货紧缩,则会使实际负担水平上升;反之,如果在贷款期内发生货币贬值、通货膨胀,则会使实际负担水平下降。

贷款若使用浮动利率,按惯例应每隔 3 个月或 6 个月调息一次(根据贷款合约规定来实施),利息负担则取决于利率的浮动次数和市场利率的变化趋势。若约定的贷款期内利率浮动次数较多,则在市场利率上升时,借款人实际利息负担会加重,对贷款人有利;反之,在市场利率下降时,借款人利息负担会减轻,对贷款人不利。若约定的贷款期内贷款利率浮动次数较少,则在市场利率上升时,借款人利息负担变化不大,对贷款人不利;反之,在市场利率下降时,借款人利息负担减轻很少,对贷款人有利。

(三)时间的变动

时间的变动,通常表现为乘以生息天数除以基础天数,用公式表示为:

$$利息 = 金额 \times 利率 \times 时间 = 金额 \times 利率 \times \frac{生息天数}{基础天数}$$

由于世界各国在计算利息时使用的基础天数和计算生息天数的方法不尽相同,从而导致同样金额、同样利率在不同国家或场合的计息出现差异。

就国际金融领域来说,目前使用范围较广的计算利息的方法有以下三种。

1. 大陆法(Continental Method)。大陆法生息天数与基础天数一致,均为 360 天,它以 360/360 表示生息天数和基础天数的关系,即把一年各个月份的天数都视做 30 天,而不管各月份实际的天数是多少。如用大陆法计算 1 年期贷款利息,只需将贷款本金乘以利率。用该法计算不满 1 年期的贷款利息,只需将有关月份的天数都视做 30 天计算。

大陆法在欧洲大陆的许多国家流行。如果某业务金额以某欧洲大陆国家的货币表示,有关当事人又来自使用该货币的国家,双方务必明确是否使用大陆法计算利息。因为按惯例,如协议未明确计息的方法,通常按该货币使用国的计算方法计息。

2. 英国法(British Method)。英国法生息天数为 365 天(闰年 366 天),基础天数为 365 天,它将生息天数和基础天数的关系表示为 365/365,换言之,它将具体年份的日历天数作为计息的基础天数,同时严格按照日历计算生息天数。这样,如果本金和利率相同,用英国法计算 1 年期贷款利息,其结果理应同大陆法计算结果相同。但值得注意的是:如果该年贷款跨两个年度,而且一年为闰年时,计算结果将不同于大陆法。

英国法主要用于英国,英国国内英镑资金市场仍使用这种方法,但欧洲英镑则另当别论。

3. 欧洲货币法(EURO Method)。欧洲货币法生息天数为 365 天(闰年 366 天),基础天数为 360 天,它将生息天数和基础天数的关系表示为 365/360,逢闰年则为 366/36。这种方法的特点是计算生息天数时按日历的实际天数,而基础天数则固定为360天。由于这个原因,按欧洲货币法计算1年期贷款的成本要比贷款利率高一些。

在国际金融领域内,欧洲货币法的使用范围最大。目前世界各离岸金融中心,许多国家吸收的外币存款均用这一方法计息。此外,以欧洲货币进行银行、银团贷款、有价证券的买卖及存放款等业务时一般均使用欧洲货币法计息。另外,美国的美元存款业务也使用这一方法计息。

在这里我们试举一例来说明上述三种方法计息结果的差异。例如,一笔贷款金额为500 000英镑,利率为年利6%,期限为1995年8月20日至1996年6月20日(1996年是闰年),试问:按照大陆法、英国法、欧洲货币法计算的利息分别为多少?

若按大陆法计算,将每月的天数都按30天计算,则1995年8月20日至1996年6月20日的天数为300天,利息计算如下:

$$500\ 000 \times 6\% \times \frac{300}{360} = 25\ 000 (英镑)$$

若按英国法计算,将每月的计息天数按日历的实际天数计算,而且1996年为闰年,则1995年8月20日至1995年12月31日为133天,1996年1月1日至1996年6月20日的天数为172天,利息计算如下:

$$500\ 000 \times 6\% \times \frac{133}{365} + 500\ 000 \times 6\% \times \frac{172}{366} = 10\ 931.51 + 14\ 098.36$$

$$= 25\ 029.87 (英镑)$$

若按欧洲货币法计算,将每月的计息天数按日历的实际天数计算,而且1996年为闰年,则1995年8月20日至1996年6月20日的天数为305天,但基础天数为360天,利息计算如下:

$$500\ 000 \times 6\% \times \frac{305}{360} = 25\ 416.67 (英镑)$$

可见,同样一笔贷款,按大陆法计算利息负担最轻,英国法次之,欧洲货币法最重。

第二节 国际信贷中的费用及信贷期限

一、国际信贷中的费用

在国际信贷中,一般的短期信贷,借款人一般并不支付任何费用,但中长期信贷却有各种费用、费率等,且视贷款种类、期限的长短、资本供求状况以及借贷双方的关系等情况,由借贷双方共同商定。一般来说,国际中长期信贷的费用主要有以下几项。

(一) 管理费

管理费(Management Fee)是借款人向组织银团的牵头行支付的。由于牵头行负责组织银团、起草文件、与借款人谈判等,所以要额外收取一笔贷款管理费,作为提供附加服务的补偿,该费用通常在签订贷款协议后的 30 天内支付。管理费的计算与分配是按照参与贷款的份额而定,参与贷款的份额越大,所得到的管理费的份额也越多。牵头行以银团贷款总额作为计算基础,得到管理费的大头。借款人缴付管理费按贷款总额的百分比计算,费率一般为 0.05%~0.1%。管理费的支付方式较为灵活便利,通常有三种方式可供选择:一是在签订贷款协议时一次性支付;二是在第一次支用贷款时支付;三是在每一次支用贷款时,按每次支用金额等比例支付。究竟选择哪一种方式,签订协议时由银团和借款人商定。

(二) 承诺费

承诺费(Commitment Fee)也称承担费。借款人在用款期间,对已用金额要支付利息,未提用部分因为银行要准备出一定的资金以备借款人的提款,所以借款人应按未提贷款金额向贷款人支付承诺费,作为贷款人承担贷款责任而受利息损失的补偿。银团贷款的承担率一般为 0.25%~0.5%。对于出口信贷,有的国家不收承担费,有的国家收取,其费率通常为 0.1%~0.5%。

承担费的支付,一般先规定承担期:半年、1 年或更长时间。在承担期内,借款人如提用全部贷款额,就不必支付承担费,如只提用一部分贷款,对未提用的贷款额需支付承担费,过了承担期就不能提用,余额自动注销。有的规定从签订贷款协议一定时间(如 1 个月,2 个月)后才开始支付承担费,有的贷款系分期提款,则确定每期必须提用多少金额,其未提用额应支付承担费,承担费按未提用贷款额与未提用的实际天数(1 年的基础天数按 360 天计算)以及费率计算,每 3 个月或 6 个月支付一次。承担费的计算公式为:

$$承担费 = 未使用贷款额 \times 承担费年率 \times 未按期使用天数 \div 360$$

收取承担费的做法,客观上会促使贷款人在签订贷款协议后积极地、尽快地动用贷款,有助于加速资金周转。

(三) 代理费

代理费(Agent Fee)是借款人向代理行支付的报酬,作为对代理行在整个贷款期间管理贷款、计算利息、调拨款项等工作的补偿。其费率水平就贷款金额和事务繁杂程度而定。代理费按每年商定的金额支付给代理行,即在整个贷款期内,每年支付一次,直到清偿为止。代理费属于签订贷款协议之后发生的费用。

（四）杂费

杂费（Out-of-pocket Expense）是借款人向牵头行支付的费用，用于其在组织银团、安排签字仪式等工作时间内所做的支出，如通信费、印刷费、律师费、车马费、宴请费等。这些费用都应由借款人负担。通常杂费是按牵头行提出的账单，一次付清，其收费标准不一，多者可达10多万美元。杂费属于签订贷款协议之前发生的费用。

（五）罚金

所谓罚金（Penalty），是指借款人未按贷款协议规定按期还本付息或提前还本付息而缴付的损失赔偿金。罚金费率大大超过贷款利率，目的是为了督促借款人及时还本付息。贷款协议中规定的罚金的额度通常由借贷双方商议决定。有的贷款协议规定，如借款人提前偿还贷款，也应交付一定的罚金。

（六）出口信贷保险费

出口信贷保险（Export Credit Insurance Premium）是指在国际贸易中，按中、长期信贷方式成交后，如果买方不能按期付款，由出口国有关的承保机构负责赔偿。通常商业性风险由私营金融机构承保，而非商业性风险，例如，由于战争、政治动乱、政府法令变更等原因而不能付款的风险，则由官方机构承保。但也有些国家对上述两类风险均由政府承保。发达国家大都有类似的机构从事这项业务。例如，英国政府设有出口信贷担保局，日本官方有输出入银行。美国政府的进出口银行除向国外购买者提供出口信贷外，也对美国出口商提供给国外购买者的信贷给予担保。

许多西方国家政府规定，本国出口商及银行向国外进口商及银行提供信贷，都必须在国家信贷保险机构投保，债务不能收回的风险完全由国家承担。投保的最高额度一般为贷款总额的80%~90%，债务人如果丧失支付能力，其损失完全由国家承担。投保对象包括政治险和商业险。根据信用保险对象、范围大小等，信贷保险公司可以逐笔提供信贷保险，也可以提供一定时期的信贷保险，或者提供1年全部贸易金额的信贷保险。出口信贷保险费收取多少，视买方资信、买方国家的情况、投保金额与贷款比例、保险期限及偿还日期而定。由于影响收取费率高低的因素甚多，对不同国家、不同厂商的不同资信情况的收费也就各不相同，且费率高低悬殊，高的可达5%~6%。保费收取的办法，各国也不尽相同，大体上有三种类型：①一次性收费；②分期征收；③基本保费与时间保费混合征收。

上述费用，尽管都有一定的标准和费率范围，但每笔贷款的具体费用都由借贷双方经充分协商,反复谈判后商定,最后签订在贷款协议中。借款人一般都尽力争取少付甚至不付某些费用。贷款人为了与同业竞争,也会降低费率,少收费用。在这种情况下,借款人的资信对减收费用往往起着决定性作用。

二、国际信贷期限

国际信贷的贷款期限是指自签订贷款协议之日起到本息全部清偿之日止,连用带还的整个期限。贷款期限通常由三部分组成:提款期(Available Period)、宽限期(Grace Period)、还款期(Repayment Period)。

提款期一般较短,在提款期内全部贷款必须提完,否则,逾期未提部分视为主动放弃,不得再次提取。关于提取贷款的办法,根据借贷双方的协议可以一次支用,也可以分期支用,但多数采用一次支用的办法。对银团贷款的提取,事先需经代理银行审核,按参加银行出资的比例,电请参加银行支付。对世界银行项目贷款的提款,是与项目的采购相联系,并随着项目的进度而陆续进行的。在项目实施单位通过国际竞争性招标或其他方式采购物资或接受劳务时,世界银行可以根据借款人的要求,直接把款付给提供物资、劳务的单位,或由借款人先行垫付,再由该行拨付给借款人。在支付本国的土建、培训和采购零星物资的费用时,该行也可以把款直接拨给借款人。

宽限期从提款期结束开始,一般为半年至1年,在宽限期内借款人只付利息,不还本金。宽限期终了,就开始分期归还本息,即进入还款期。

还款期视贷款金额的大小、期限的长短而定,在还款期内贷款本金可分若干次偿还,直至贷款全部还清为止。还款的方式一般有三种:一是到期一次偿还。宽限期等于贷款期,贷款到期时本金一次还清。这种还款方式通常适用于金额较小、期限较短的贷款。二是宽限期后分次偿还。宽限期内仅支付利息。宽限期后,按约定平均分期(通常每半年一次)归还本金,直至到期还清。三是逐年平均分批偿还。这种方式没有宽限期,第1年即进入还款期,逐年平均归还本金。

在贷款分期偿还的情况下,实际使用的贷款期限小于名义贷款期限。由于在还款期,贷款本金是平均分期归还的,故按数学规则除以2。宽限期越长,则实际使用贷款的期限也越长。实际贷款期限的计算公式为:

$$实际使用年限 = 宽限期 + \frac{贷款期 - 宽限期}{2}$$

例如,有一笔900 000美元,10年期的贷款,宽限期为2年,则其实际使用贷款年限为:

$$2 + \frac{10-2}{2} = 6(年)$$

即这笔贷款的实际平均使用额为:

$$\frac{6 \times 900\,000}{10} = 540\,000(美元)$$

这是因为在这 10 年贷款期中,只有最初 2 年可以使用 900 000 美元,从第 3 年开始,就必须每年归还 100 000 美元,最后 1 年只能使用 100 000 美元,这样 10 年中累计使用贷款金额为:

$$2 \times 900\,000 + 800\,000 + 700\,000 + 600\,000 + 500\,000 + 400\,000 +$$
$$300\,000 + 200\,000 + 100\,000 = 5\,400\,000(美元)$$

当然,如果宽限期为 3 年,则该笔贷款的实际贷款期限为:

$$3 + \frac{10-3}{2} = 6.5(年)$$

一般来说,贷款期限越长,对借款人越有利,似乎不会产生提前还款的事情。但是如果所借货币的汇率有上涨趋势,或借款是固定利率,而市场利率在不断下降,或借的是浮动利率,市场利率要不断上涨,借款人就可能负担不起,在这些情况下,借款人有可能向贷款人提出提前还款的要求。当然在此情况下,提前还款可能对贷款人不利,但如在协议中已订明可以提前还款,就可以按照执行。在银团贷款中,在每次偿还贷款前 1 个月,代理银行就须调查借款人能否到期还款,如有问题,须及时采取措施。在还款前两周,代理银行应通知借款人还款时间,以及下次还本付息时间,并要求借款人在 5 个工作日内做出书面确认。代理银行收到本息后,应按参加行份额比例付给参加行。至于贷款是否可以提前归还,这也需在贷款协议中明确规定,最好添加可以提前偿还的条款,以免日后引起纠纷。

第三节 国际信贷的价格决定

一、贷款价格的构成

贷款定价是指贷款人制定贷款价格的过程。贷款的价格由信贷资金的供求关系决定。贷款人在提供信贷时,总是希望不冒任何风险便可以获得收益,但是贷款在大多数时候都是存在风险的,因此,选择正确的定价方式和合理的定价水平在国际信贷中就显得尤为重要。

一般来讲,贷款价格的构成包括:贷款利率、承诺费、补偿余额和隐含价格。

(一) 贷款利率

贷款利率是一定时期内客户向贷款人支付的贷款利息与贷款本金的比率,它是贷款价格的主体。贷款利率的确定应以收取的利息足以弥补支出并取得合理利润为依据,因此,贷款利率应包括四个部分:①银行筹集资金的成本;②银行的非资金性经营成本(包括贷款人员工资、发放和管理贷款所使用的设备及其他费用支出);③贷款违约风险补偿金,或称贷款风险溢价;④单位资金利润率(长期贷款中还应包括期限风险溢价)。

(二) 承诺费

银行对借款人在最高借款限额内可使用而没有使用的贷款的额度要收取一定比例的费用,即本章上节所述的承诺费。承诺费并不是贷款利息,从本质上看,承诺费是客户对随时可用的未来贷款所支付的价格,因而构成了贷款价格的一部分。

(三) 补偿余额

补偿余额是银行要求借款人在银行中保持按贷款限额或实际借用额的一定百分比计算的最低存款余额,即银行要求借款人在贷款前或贷款后,存入一定的资金,作为取得贷款的前提条件。对借款人而言,他不能全额使用资金;对银行来说,在贷款的同时,又获得了可运用的资金来源,可以用于营利。补偿余额要求平均在10%~20%的幅度内。补偿余额等于变相提高了借款人的实际借款成本。因此,补偿余额也成为贷款价格的一个组成部分。假设某顾客需资金800 000美元,如果平均补偿余额要求是20%,他就必须借款1 000 000美元。如果贷款利率是8%,借款人对1 000 000美元的借款1年须付利息80 000美元,这样借款人使用的800 000美元贷款实际负担的利率就是10%(80 000÷800 000)。

(四) 隐含价格

隐含价格是指贷款定价中的一些非货币性内容,即银行向借款人放款时所做出的各种限制性规定。例如,有些银行规定,借款人要想从银行获得资金,则应将其他的银行业务都转到该银行办理;借款人应以一定的担保做抵押;借款人在借款期间不得从事某些活动等。这些附加条款不能直接给银行带来收益,但可以防止因借款人经营状况的重大变化而给银行造成的损失,或者间接地使银行的收入增加,或者在一定意义上使借款人的支出增加,因而也可以视为贷款价格的一部分。

二、影响贷款价格的主要因素

(一) 借贷资本的供求

利率是借贷资本的"价格",自然也受借贷资本市场供求关系的调节,因此,国际信贷市场的资金供求关系是决定国际信贷价格的内在力量。资金供不应求,信贷资金价格就上升;资金供过于求,信贷资金价格就下降。在经济扩张和繁荣时期,贷款需求较大,因而利率水平较高;而在经济萧条时期,投资需求不足,贷款需求较小,因而利率水平较低。

(二) 信贷资金成本

信贷资金成本分为资金平均成本和资金边际成本。资金平均成本是指每一单位的资金所花费的利息、费用额。它不考虑未来利率、费用变化后的资金成本变动,主要用来衡量银行过去的经营状况,如果银行的资金来源构成、利率、费用等不变,银行可以根据资金平均成本来对新贷款定价。资金边际成本依资金来源的种类、性质、期限等的不同而有不同,每一种资金来源都会有不同的边际成本。但银行通常不能按某一种资金来确定贷款价格,因而需要计算全部新增资金来源的平均边际成本,这种平均边际成本就是新增一个单位的资金来源所平均花费的边际成本。

(三) 贷款费用

贷款利率虽然是贷款价格的主要成分,但并不是唯一的因素。贷款人向客户放款时要发生各种人力、物力、财力等费用,如与贷款有关的员工工资、办公用品、交通、通信等费用;对担保物进行评估、鉴定、管理的费用;对借款人信用状况进行调查、分析、评价的费用。在贷款定价时,应将这些费用考虑进去。

(四) 借款人的信用状况

借款人的信用越好,贷款风险越小,贷款价格也应越低。如果借款人信用状况不好,银行就应以较高的价格和较严格的约束条件限制其借款。西方国际银行主要通过一整套的内部信用评级和外部信用评级制度和方法对借款人进行信用评级,并据此确定放款价格的高低。借款人与银行的关系也是银行贷款定价时必须考虑的重要因素。对一些信用良好、与银行关系密切的老客户,在制定贷款价格时,可以适当低于一般贷款的价格。

(五) 银行贷款的目标收益率

商业银行都有自己的营利目标。为了实现该目标,银行对各项资金运用都应当确定收益目标。贷款是银行主要的资金运用项目,在贷款定价时,必须考虑能否在总体上实现银行的贷款收益率目标。

(六) 通货膨胀

贷款合同所定利率实际上只是名义利率,贷款合同的利率高,并不意味着银行的实际贷款收入就高,关键还要看借款人所在国家或地区当期的通货膨胀率状况。实际贷款利率是名义贷款利率与当期通货膨胀率之差。如果通货膨胀率高,银行为保证目标收益,贷款价格就会较高。

(七) 管理政策

有些国家对贷款利率有一定程度的管制,如规定贷款利率的上限,商业银行的利率只能在贷款上限以下浮动,上限便成为贷款的最高限价。在许多西方发达国家,中央银行的基准利率变化将会直接引起商业银行融资成本的变化,从而使商业银行的贷款定价发生变动。

三、贷款定价的基本方法

贷款定价模型分为多种类型,划分的方法也不尽相同,但一般将其划分为以下几种。

(一) 成本加成定价模型

贷款的资金成本是贷款定价的首要考虑因素。银行在对资金成本进行分析和核算的基础上就可以制定出贷款的参考价格:

$$贷款利率 = 成本率 + 加成$$

其中,成本率可以使用平均成本率或者加权边际成本,加成则为银行要求的边际目标利润率。如果将银行的营运成本、违约风险溢价和银行的目标利润回报考虑在内,那么完整的成本加成定价模型(Cost-plus-loan Pricing Model)应该包括四方面的内容:融资成本、营运成本、违约风险溢价和银行的目标利润回报。基本公式为:

$$贷款利率 = 筹集放贷资金的边际成本 + 非资金性银行经营成本 + 预计补偿贷款违约风险的边际成本 + 单位资金利润率$$

例如,某一外国公司要求 1 000 万欧元贷款,银行在货币市场的筹资成本是 6%(筹集资金的边际成本就是 6%),评估、审核、发放、监管这项贷款的经营成本约为 1 000 万欧元的 1.5%,有关部门认为补偿贷款不能及时全额偿还的风险为 1 000 万欧元的 0.5%,银行单位资金利率为 1%,这样,这笔贷款的利率水平为 9%(6% + 1.5% + 0.5% + 1%)。

可见,运用成本加成定价模型的前提条件是银行能精确地计算出每一笔贷款的成本。这种定价模型的优点是:银行能保证每一笔贷款都能弥补成本,并有赢利。违约风险补偿成本的定价难度较大,实际中,银行信贷经营者通过对借款人的资信及贷款质量的分类,并根据经验公式折算出不同风险等级贷款的风险补偿成本。这种方法的缺点是银行作为一个提供复合型产品的企业,很难准确地将其经营成本分摊到银行的各种业务中去,且在利率频繁变动的情况下,往往也难以准确测算成本。成本加成定价模型主要是从自身的银行资金成本、费用和承担的风险角度考虑,但其没有考虑银行同客户之间的关系以及行业竞争程度等因素,因此,最为适用于完全竞争性的信贷市场结构,但现实的市场结构并不都是如此。

(二)基准利率加点模型

基准利率加点模型(Prime Rate Markup Pricing Model)是国际银行业广泛采用的贷款定价方法,其核心是基准利率。其具体操作程序是:选择某种基准利率为"基价",在此基础上为具有不同信用等级或风险程度的客户确定不同水平的利差,使得贷款人能够对不同风险程度的客户、贷款种类确定不同的贷款价格。其基本公式为:

$$贷款利率=基准利率+违约风险溢价+期限风险溢价+利润率$$

在实际操作中,国际上普遍以伦敦银行同业拆借利率(LIBOR)作为基准利率。目前,我国境内外资银行外汇贷款的价格,一般也是以国际市场同业拆借利率为基础,结合银行成本、贷款风险、客户综合效益和市场竞争等因素,加一定利差的方法来确定。

公式中的违约风险溢价是通过对不同类型的风险和风险概率进行测算和评估而确定的,目前许多国际上的大银行都开发并采用了许多信用风险(违约风险)评估方法和模型,如信贷 5C 分析法主要是针对借款人的品德(Character)、经营能力(Capacity)、资本(Capital)、担保(Collateral)、经营环境(Condition)五个方面进行的分析;Z 值模型(由爱德华·阿特曼于 1968 年提出)采用五个财务指标进行加权计算,对借款企业实施信用评分,并将总分与临界值(最初设定为 1.81)比较,低于该值的企业被归入不发放贷款的企业行列;另外还有一些现代信用风险度量模型,如主要有基于期权的贷款模型(如 KMV 模型等)、基于 VAR 方法的模型(如 J. P. 摩根的 Credit Metrics 模型等)、宏观模拟模型(Macro Simulation Approach)、风险中性评估模型(如 KPMG 贷款分析系统等)、保险方法模型(如死亡率模型 Mortality Models,CSFP 信用风险附加量模型等)。

长期贷款期限风险溢价则直接与贷款期限挂钩,由于长期贷款使银行在贷款期间面临着比短期贷款更多损失的可能,贷款期限越长,利率风险越大,借款人信用恶化的可能性也越大。所以,贷款期限越长,所要求的期限风险补偿费越高。对于长期贷款,国际信贷中通行的做法是在基准利率采用浮动方式的基础上,再加上一定的风险溢价。

相比前一种模型而言,基准利率加点模型具有更强的可操作性和科学性,是运用最普遍的一种定价方式。但是,这一方式在确定风险加点幅度时,要考虑各种因素,其准确计算仍然具有一定的难度。

(三) 客户赢利分析模型

客户赢利分析模型(Customer Profitability Analysis Model)用来评估商业银行从某一特定客户的所有银行账户中获得的整体收益是否能够实现银行的利润目标。该模型强调银行和客户的整体关系,而不仅仅从某一单项贷款角度考虑定价问题,银行要比较该客户的账户收入是否大于、小于或者等于其成本与银行的目标利润之和。用公式表示为:

从某客户获得的总收入≥为该客户提供服务的总成本+
该笔贷款所应实现的目标利润

银行来源于客户的总收入主要包括:①贷款的净利息收入,此处所谓的贷款,应包括所有的授信资产,包括进出口押汇、打包贷款、票据贴现、一般贷款等;②客户存款的投资收入,即客户将款项存入银行,银行缴纳存款准备金后,余额可用于贷款、投资等,从而产生一定的收益,此种收入即为"客户存款账户收入";③结算手续费收入,即银行为客户办理国内结算和国际结算所取得的手续费收入;④其他服务费收入,即银行为客户提供其他服务如代发工资、代理买卖外汇、保管箱业务等所取得的收入。

银行为客户提供服务发生的总成本主要包括:①资金成本,即银行对客户提供贷款所需资金的成本;②贷款费用,即商业银行向客户提供贷款服务时所收取的一部分补偿费用,如信用调查费、项目评估费、抵押物的维护费用、贷款回收费用、贷款档案费、法律文书费、信贷人员薪金等;③贷款的违约成本,该成本根据客户的风险等级和平均违约率来确定;④客户存款的利息支出,即银行对客户存款账户及支票账户所支付的利息;⑤账户管理成本,即客户各种账户的管理费用和操作费用,如提现、转账、账户维持费用、簿记成本等。

对于目标利润,银行可以根据既定的产权资本目标收益率(通常由银行上层管理者决定)、贷款额、贷款的资本金支持率来确定,用公式表示为:

目标利润=贷款的资本金支持率×本客户贷款额×产权资本的目标收益率

$$=\frac{资本}{总资产}\times 本客户贷款额\times 产权资本的目标收益率$$

客户赢利分析模型体现了银行"以客户为中心"的经营理念,试图从银行和客户的全部业务关系中寻找最优的贷款价格,采用这种模型,可能会得出有竞争力的贷款价格。但客户赢利分析模式在所有的定价模式中是最复杂、成本最高的,要求有较高的精确度。尽管目前银行可以利用计算机去做这些复杂而又精确的计算工作,但银行在收集信息、数据验证等方面仍需付出相当大的成本。

第四节 国际信贷的决策

一、国际信贷中贷款人的信贷决策

贷款人决策的目的在于有效地避免或减少国际信贷中的国家风险与信贷风险,确保借款人按时还本付息。贷款人的信贷决策为其正确运用资产提供了基本的前提,是国际信贷活动成败与否的决定性环节,贷款人的信贷决策的内容主要有以下几个方面。

(一)评估借款人的信用

信用分析,是指贷款人或信用评估中介机构对借款人的资信分析和评估,具体包括对借款人的资信情况进行调查、收集、整理、分析和评估等过程。这里的资信是指借款人偿还所借本息的意愿和能力。

对借款人的信用评估是信贷决策的基础工作,它是贷款决策的主要依据。国外流行所谓"5C"法,即品德、能力、资本、担保、环境。

1. 品德(Character)。品德是借款人诚实守信的程度或按借款合同偿还债务意愿的集中反映。这是建立良好信贷关系、保证贷款安全的首要因素。如果借款人是个人,其品德主要表现在道德观念、业务关系、个人交往以及在社会上的地位和公众中的声望等方面。如果借款人是企业,其品德则主要体现在管理状况、经营方针和政策的稳健以及在商业界和金融界的地位和声誉等方面。当然,企业经营决策者的个人品德是决定企业品德的主要因素。不论借款人是个人还是企业,评价借款人品德的客观依据主要是履行守信的历史记录,包括与银行及其他信用组织的往来关系和偿债记录。

2. 能力(Capacity)。能力通常包括法律和经济两个方面的含义。从法律的含义讲,是指借款人是否具有独立承担借款的法律义务的资格。如果借款人是个人,他必须是具有完全民事行为能力的自然人。如果借款人是企业,则应着重分析其是否依法登记注册,持有营业执照,具有法人资格。同时,银行必须确认在借款合同上签字的人具有代表本企业借款的权力,从而能使企业对借款负责。从经济的含义讲,是指借款人是否具有按期清偿债务的能力。分析评价借款人的能力可以从两个方面进行,一是经济能力。如果借款人是企业,主要是分析借款企业的预期现金流量;如果借款人是个人,应着重考察个人未来能够获得的货币收入。通过对借款人(企业和个人)未来收入与偿债需要的对比估计,从而判断借款人是否具有偿还新债的能力。二是经营能力,即借款人的管理经验、经营才能、业务素质、教育程度等。

3. 资本(Capital)。资本通常用资产净值即总资产减总负债来衡量。这是借款者取得民事主体权利和独立承担民事责任的物质基础。资本要素的分析主要包括资本的数量与质量，资本的数量既能反映借款人抵御风险、承担亏损的能力，又能体现借款人经营成就、财富积累和潜在创造收入的能力。因此，资本数量是体现借款者信用状况的主要因素。对于资本的评价并不能仅仅看资产净值，还要注意分析借款人所拥有的资产质量。例如，拥有现代化机器设备的制造商与只有过时、破旧的机器设备的制造商相比，前者取得贷款的能力更大。

4. 担保(Collateral)。担保是银行为补偿可能发生的贷款损失而采取的一种防御性措施。以第三者的资信保证可以增强借款人履约的责任感，而以借款者的资产做抵押可以提供第二还款来源，因此，担保也是表明借款人资信程度的一个重要因素。担保因素的分析，主要是对保证人的资信，对抵押品的权属和价值以及实现抵押权、质押权的可行性的审查和评估。

5. 环境(Condition)。这是指企业自身的经营情况和影响其经营活动的经济环境或借款人所处的就业环境。对经营情况进行分析，应着重了解企业所在行业的特点，包括该行业产品的发展前景、市场需求，借款企业在同行业中的地位、产品竞争力，同类产品的质量、成本、利润水平，国家对该行业发展的产业政策的要求和变化，企业所在行业对经济周期变化的敏感性等。此外，还应分析企业的正常购销条件、产品或劳务市场情况、生产经营是否受季节性因素的影响。若是企业集团，还需要了解企业与集团公司的关系等。

西方商业银行还利用"5P"法进行信用分析，主要内容包括个人(People)、偿付(Payment)、目的(Purpose)、保障(Protection)、前景(Perspective)，大致与"5C"法所述的内容相同。

(二) 对借款人的财务分析

财务分析是对借款人财务报表中提供的各项数据资料进行确认、比较、研究和分析，借此确定借款人财务信息的真实性和准确性，掌握借款人的财务状况，预测借款人的未来发展趋势，从而为借款人的信用评级和贷款决策提供必要的依据。财务分析具体是指对财务报表的分析，以及对财务数据处理的趋势分析和比率分析等。

1. 流动性比率。这类比率通过比较流动资产与流动负债的关系，以反映借款人偿还短期债务并继续经营的能力。主要包括流动比率、速动比率、现金比率。其中流动比率是流动资产与流动负债的比率，它是衡量企业短期偿还能力最通用的指标。

2. 负债类比率。这类比率衡量企业取得并偿付债务(特别是中长期债务)

的能力,反映了企业的负债是否与其偿付能力相适应以及企业对外来资金的依赖程度。主要包括资产负债率、负债资本比率、长期负债与资本比率等。其中,资产负债率表明债权人提供的资金所能得到的保护程度。同时,资产负债率还能反映企业利用债权人提供的资金进行经营活动的能力。例如,在经济衰退时期,资产负债率低的企业固然风险较小,但它们的预期利润也低;反之,在经济繁荣时期,资产负债率高的企业虽然风险较大,但也有赚取更多利润的机会。因此,这一比率并非绝对越低越好。一般认为该比率控制在 30%左右为宜。

3. 营运能力比率。这组比率用于衡量企业运用资产的有效程度。主要包括应收账款周转率、存货周转率、资产周转率。

4. 营利能力比率。这组比率可评价企业的经营效益,同时综合体现了企业经营管理的效率。主要包括资本金利润率、资产收益率、净资产收益率、销售利润率。

上述财务比率,银行可根据实际情况选择使用。一般而言,对于发放的短期贷款,往往偏重于流动性比率和负债比率的分析;而对中期贷款,则更多地考虑营利能力比率和负债比率的分析。此外,孤立地分析某财务比率并无多大的意义。银行同样应对企业同一时点的财务比率进行时间序列的分析,将企业的财务比率与行业水平或同行业先进企业相比较,以评价其财务状况的变化趋势和在行业比较中的优势或劣势。

5. 现金流量分析。现金流量分析既是信用分析的一种技术,也是贷款风险分类的主要依据。影响并决定借款人还款能力的因素有很多,而借款人创造的利润是偿还贷款的主要来源,但利润不能直接偿还贷款,偿还贷款最可靠的是现金,因此现金流量是决定还款能力的重要因素。

6. 预期收益分析。贷款人的预期收益,主要是利息收入与各项收费。利息收入通常是贷款人最大的收入来源,利息收入减去利息支出是利息净收入。利息净收入减去呆账或其他损失,再加上其他收入,减去经营开支,即为经营收入。呆账及其他损失是承担风险的结果,它的发生有三大原因:一是信用风险,指借款人无力还款,或只能部分还款。二是流动风险,指资金来源中成本较低部分的存款不足,依赖于成本最高的同业拆放资金。三是搭配不当,指资金来源与运用搭配不当,主要指期限、货币和利率结构搭配不当。此外,各项收费也是预期收益的一部分,包括管理费、承担费等。这些都可以按一定的收费率来计算。最后,如果贷款是来自银行或金融机构的话,一笔贷款还有可能会有潜在的收益。

(三) 对借款人的非财务因素分析

对借款人的非财务因素分析主要并不是从财务报表出发进行分析,而是从影响贷款偿还的一些非财务因素出发,分析借款人的偿还能力,主要包括借款人的行业风险因素、经营风险因素、管理风险因素、自然社会因素、国家政治风险因素等,通过对借款人的非财务因素分析,可以更加全面、动态地分析影响贷款的风险程度。

(四)信贷条件分析

信贷条件是在国际信贷活动中,借款双方在各国立法和国际惯例的基础上,为保障双方当事人及其他关系人的合法权益,以协议双方所规定的权利和义务等条件。对贷款决策中的信贷条件进行分析的目的是避免与预防风险,保障贷款人的利益。信贷条件分析包括以下两方面的内容。

第一,分析给以借款人的信贷条件。这包括贷款金额,贷款期限、货币币种、贷款方式与贷款利率等。这通常是要根据贷款人的信贷方针以及借款要求,在保证贷款人利益的前提下做出明确的决定。

第二,分析在贷款协议中制定哪些保护性条款。从贷款人角度看,为了争取对自己最有利的条件并防止许多固有的风险,在与借方进行磋商时,应将尽可能多的保护性条款列入贷款协议。该类条款大致有以下几条:违约条款;交叉违约条款;提前收回条款;保证条款;消极保证条款;同等位次条款;保持资产条款;合并条款;财务约定事项等。

二、国际信贷中借款人的信贷决策

借款人的国际信贷决策的目的主要是合理有效地使用贷款,预防与避免筹资风险,降低融资成本。为此,借款人应充分考虑以下几方面的情况。

(一)对贷款人的选择

一般来说,在国际资金市场上,借款人对贷款人选择的条件,首要的并不是借入货币的种类、利率水平的高低等问题,而是主要考虑贷款人的信誉、贷款人所提供资金的来源和可靠程度。在对这些情况进行了解的基础上,借款人应与贷款人(一般是银行或其他金融机构)进行直接谈判,商讨各种条件,签订贷款协议。然后,贷款人按协议规定按期将所贷款项直接拨到借款人的账户上,其中不得附加任何中间环节。

当前国际信贷市场上的贷款人大致有以下几类:国际金融组织,外国政府,国际商业银行,出口商等。不同的贷款人提供不同的贷款,如国际金融机构贷款、政府贷款、国际商业银行贷款、出口信贷等。这些贷款在融资业务方面都有各自的优势和特点,它们的信贷条件也不同。因此,选择合适的贷款人作为合作对象,对于降低融资成本、顺利完成筹资工作有很大的影响。选择贷款人的依据有以下几类。

1. 根据借款的用途选择。如果是用于平衡国际收支的借款,可以选择 IMF 作为贷款人,它主要帮助成员国解决出口收入下降、国际收支逆差等问题。如果借款是用于生产建设项目,可选择世界银行集团和一些国家政府作为贷款人,它们的贷款一般以长期为主,每笔贷款的金额较大,期限较长,平均利率较低。如果是进出口融资,则可借用混合贷款或出口信贷,这两种贷款为无息或低息贷款,期限可长可短,金额可大可小。如果是发展业务,则可向国际商业银行融资,国际商业银行贷款是不限定用途及期限的货币贷款——自由外汇贷款,借用方便,但利率较高,因此发展中国家只宜小规模借用。

2. 根据债务期限选择。短期债务是期限为 1 年以下的对外借款,它包括短期借款和短期拆借资金,主要用于短期流动资金的周转,通常选择国际商业银行作为贷款人。中、长期债务主要用于固定资产投资或大型的建设项目,投资规模大,建设周期长,大多选择发达国家政府或国际金融组织作为贷款人,此类贷款期限长,利率较低或无息,条件优惠。

3. 根据货币选择。如选择日本政府或日本商业银行作为日元贷款人;选择英国银行作为英镑的贷款人等。

无论是哪一种选择,必须坚持借款三原则:一是凡是能够提供优惠性贷款的,则优先考虑;二是凡是提供的是中长期贷款,则优先于短期贷款考虑;三是如果提供贷款的是同一类贷款人,则从满足借款的信贷条件的角度来选择考虑。

(二)估计借款成本

借款人应根据自己资金的需求状况和对市场风险的承受能力选择合适的贷款人与借款方式,力争以低成本、低风险获得稳定的资金,并尽可能准确地估算借款成本。借款成本主要包括借款利率和借款费用。

借款方在借款时,对伦敦银行同业拆借利率的确定方法主要有:①由借贷双方按伦敦市场上某一主要银行的同业拆借利率报价,磋商确定。②由贷款方银行确定。③以贷款方银行的同业拆借利率报价同另一家不参与该项贷款的银行的同业拆借利率报价的平均值计算。④以指定的两家或三家不参与该项贷款的银行同业拆借利率报价的平均值计算。从借款方的角度分析,以上四种方法中,选用第一种方法较好。这是因为,在伦敦资金市场上,各主要银行的同业拆借利率的报价是有差异的,一般相差 0.062 5% 左右。选用第一种方法可以使借款方在同贷款方银行商谈借款时能讨价还价,争取得到较为合适的利率。若选用第二种方法,利率由贷款方银行单方面决定,主动权完全掌握在贷款方银行手中,当然对借款方是不合适的。第三种和第四种方法,由于选用不参与贷款银行的同业拆借利率报价,这在一定程度上可以反映利率的客观水平。

借款人支付的贷款费用主要包括承担费、管理费、代理费、杂费等,这些费用加起来也是一笔不少的支出,因此必须认真分析,争取较低的费用支出。

(三) 合理选择借款货币

国际信贷中的货币按借贷条件可分为两类,即硬货币与软货币。硬货币是指币值比较稳定、汇率较坚挺的货币;软货币是指币值不稳定、汇率疲软的货币。国际银行信贷中,在货币选择上借贷双方的利益是对立的。一般来讲,作为借款人,选择软货币作为信贷货币较为有利,因为软货币的贬值会相对地减轻债务负担;相反,作为贷款银行,选择硬货币有利,因为硬货币增值会带来额外收入。但是,货币的选择不是由借款人或贷款银行单方面决定的,而是由借贷双方议定的。在国际金融市场上,软货币的信贷利率一般高于硬货币的利率。因此,借款人在选择银行信贷应使用的货币时,不应单纯地考虑各种货币的软硬情况,而应把汇率和利率结合起来考虑,即必须把利率的差距同汇率可能升降的幅度进行比较,估计出两方面相抵后外汇风险的净额在哪些货币上较小,哪些货币上较大,才能做出正确的选择。

(四) 争取有利的偿还方式

在国际信贷业务中,偿还贷款的方式主要有:①到期一次偿还。贷款协议签订后,借款方按期分数次支用,贷款期满时,一次偿还本金。②分次偿还。贷款协议签订时,就规定了用款期和偿还期。③自支用贷款日起逐年按比例偿还。至于选择哪一种偿还方式,借款人要根据自己的还款来源、资金用途、项目周期等慎重选择,做出决策。

借款方在借款时还要注意提前偿还贷款的内容。贷款协议中订有提前偿还条件,可以使借款方在偿还贷款的时间上有较大的主动权。因为国际金融市场上的行情是错综复杂、千变万化的,如果借款方所借的货币,其汇率上浮的幅度较大,即该货币的价格上涨,或者贷款的利率有上升的趋向,而此时借款方又有较充足的外汇,借款方就可以提前偿还贷款。这样做对借款方是非常有利的。因为提前偿还贷款,就使得借款方可以避免该货币汇率上浮的风险,同时,也可以减少利息的负担。

三、国际信贷中借贷双方的协调

国际信贷中,借贷双方当事人的关系是对立统一的,两者既互相依赖、互相依存,又互相制约。双方当事人的利益也此长彼消。因此,借贷双方须对许多信贷条件相互协调,才能达成一致的意见。

(一)货币选择

国际信贷中,使用的货币多种多样,大致可以分为四类:贷款国货币,借款国货币,第三国货币,复合货币(如特别提款权)。

选择货币时,借贷双方必须区分硬货币与软货币,一般的原则是贷款要选择硬货币,借款要选择软货币。但是,如果借贷双方都坚持这一原则的话,则由于矛盾对立,无法达成一致意见,难以签订协议。因此,借贷双方之间在签订借贷协议时,若在货币选择问题上争持不下,也可以将一笔贷款一分为二,一半用某种硬货币,一半用另一种软货币,或者选择某种复合货币(如特别提款权)作为信贷使用的货币。

但是,这也不是绝对的。在国际信贷中,往往软货币的贷款利率高于硬货币的贷款利率,因此在实际操作中借贷双方要根据汇率变动的方向及幅度,对比利率的高低,相互协调,做出慎重决策。

(二)利率选择

从借款人的角度看,利息支付是借款人的主要成本,借款利率的高低决定着筹资成本的高低。另一方面,从贷款人的角度看,利息和各项费用是信贷价格的主要部分,也是其收益的主要来源。由于国际信贷市场利率多变,而利率变化会引起借贷双方的利益变化,因此借贷双方对利率的选择是十分慎重的。

对于采用固定利率还是采用浮动利率,借贷双方的利益就不完全一致。从借款人的角度来看,在筹措借款时,如果国际市场处于低利率水平,或将来有上升趋势,应尽量争取固定利率,而不采取浮动利率。反之,如果借款时,国际市场处在高利率时期或将来有下降趋势,应争取浮动利率,以避免在未来若干年内,一直承担高利息负担。从贷款人的角度来看,正好与上述借款人的做法相反,第一种情况下,采用浮动利率;而在上述第二种情况下则将采用固定利率。即使采取浮动利率,还要考虑利率浮动的周期,从借款人的角度来看,如果市场利率将来有上升趋势,则借款人会希望每隔半年甚至更长的时间浮动一次利率;如果市场利率将来有下降趋势,则借款人会希望每隔3个月甚至更短的时间浮动一次利率。而从贷款人的角度来说,则正好与上述借款人的做法相反。利率方式选择的关键是借贷双方必须明确当前市场的利率处于何种水平,是高利率还是低利率,能够准确地预测未来利率水平的变化趋势。在国际信贷中一般短期贷款大多实行固定利率,中长期贷款大多实行浮动利率,利率浮动的周期也由借贷双方相互协商,并在借贷协议中明确规定。

(三) 适用法律

在借贷双方协商订立国际信贷协议时,要涉及法律适用问题。适用法律往往由国际贷款协议中的准据法和司法管辖权确定。所谓准据法(Governing Law),是指借贷双方当事人在国际贷款协议中明确规定的应适用于该贷款的法律;或者借贷双方当事人事前对此未具体规定时,则指法院根据法院所在国冲突法规则认为应适用于该贷款协议的法律。准据法可以是某国内法,也可以是国际公法。当协议中明确表示选择的是准据法时,借贷双方有权选择合同规定的准据法,法院应当尊重这种选择。可供借贷双方选择适用的法律包括:借款人所属国法律,贷款人所属国法律,国际金融市场所在地法律,借贷双方当事人以外的第三国法律,国际公法。相比之下,借款人对准据法的选择处于主导地位,具有决定性作用。贷款人一般倾向于选择其适用的本国法或主要国际金融市场所在地法律。当贷款协议的借款人是政府,借款人在选择协议适用的法律时,从国家的主权角度考虑,一般不愿选择外国法,而要求以本国的法律作为贷款协议的准据法。而贷款人往往力图避免使贷款协议受借款国法律变更的影响,倾向于选择第三国法律作为协议的准据法。所谓司法管辖权(Jurisdiction),是指借贷双方若在执行贷款协议的过程中发生争执,应在哪个法庭进行诉讼的问题。如果在贷款协议中订明某地法庭对双方争执拥有专有管辖权(Exclusive Jurisdiction),则争议双方只能到该法庭进行诉讼,不能去另外地方的法庭;如订明某地法庭只拥有非专有管辖权,则争议双方也可到贷款协议未指定的其他法庭进行诉讼。

(四) 税收问题

在国际借贷协议中,贷款人往往要求签订税务条款,以明确利息预扣税或其他税收。在贷款协议中,有利于贷方的税务条款大致有以下几条:①如果借款人所在国政府因贷款人提供贷款并收取了利息和有关费用而向贷款人征税,那么,这种税款应全部由借款人支付。②如果贷款人所在国政府因贷款人提供贷款并收取利息和有关费用而向贷款人征收除公司所得税之外的其他税款,此项税应全部由借款人缴付。在贷款协议中一般都规定,当借款人根据税务条款有义务补充税款时,如果遇到税率增高,借款人有权提前偿还贷款。各国政府为避免重复课税,大都采用签订避免双重课税条约和在国内法律上规定避免双重课税的税收抵免制度(即允许贷款人将已经在借款人所属国缴纳的税款抵免贷款人在其本国应缴纳的税款)。

> **案例**

国际信贷决策的基本原则
——黄石大桥成功运用日本 OECF 贷款的启示

黄石大桥属国家"八五"期间交通基础设施重点建设项目,由交通部公路规划设计院设计,中国公路桥梁建设总公司施工,交通部第二勘测设计院监理,该桥于1992年7月正式动工,1996年12月6日建成通车。在黄石大桥建设中,我方获日本海外经济协力基金(OECF)37亿日元贷款,协议规定贷款期限为30年,宽限期为10年,还本期为20年,宽限期内只付息不还本,利率仅为2.36%,从1990年开始付息,2000年进入还本期。虽大桥收入可支付外债,但还是打算向银行申请贷款予以偿还。预计黄石大桥将于2009年还清全部内债,并能在协议规定的年限还清日元贷款的本息。

黄石大桥建设的投资来源中,国内投资约占总投资的72.76%,日本海外经济协力基金(OECF)投资约占27.24%,从建桥过程中的主桥下部构造、主桥上部构造、引桥下部构造、引桥上部构造,直至道路及辅助设施路基工程、道路及辅助设施路面工程,OECF的资金到位总体情况是好的,全部资金到位均没超过1995年年底。

从黄石大桥成功运用日本海外经济协力基金(OECF)贷款的实践看,就某一个企业或某一个项目做出国际信贷融资决策的话,至少应注意遵循以下几个原则:

一是低成本原则。与任何一种国际资源的利用一样,国际融资要有比较优势,此处所述低成本原则实际包含两个方面的含义:①对同等期限、同等方式的资金来源进行比较,或对不同的融资方式进行对比,从中挑选那些成本最低的借贷方式与借款对象进行融资活动。②在银根紧缩时期,筹资往往十分困难,利率也往往会上升得比较高,此时借款是否合适就得认真思考。在分析低成本原则时,我们必须注意到,前者是一种相对的比较,以寻求相对低的融资成本为目标;后者则要进行绝对比较,一般情况下,当融资成本高于预期回报时,一般不要急于融资,最好观察一段时间,或者选择其他方式。值得注意的是,比较而言,国际信贷种类中,外国政府贷款的成本是最低的,虽然有些限制性条件。国际商业银行贷款的成本比较高,故要更加谨慎。本文陈述的日本海外经济协力基金(OECF)是具有政府贷款性质的贷款,所以利息相对较低,融资成本不高,还款时间也比较长,比较适合于基础设施如桥梁、道路码头等的建设项目贷款。

二是低风险原则。国际信贷融资中可能遇到的风险主要有两种情况:①利率变动的风险。这种风险是指由于国际金融市场上利率变动从而导致融资时可能遇到的损失。这种风险往往出现在不恰当的时机筹集了资金或用不恰当的方式筹集了资金,从而必须付出比一般水平更多的利息,也就是付出更大的代价,因此受到损失。黄石大桥从动议国际融资到完成融资,是在1995年以前完成的,如若时机找得不好,或时间往后一拖,遇到1997年东南亚金融风波造成的日本经济动荡,可能会造成较大的融资风险。②汇率变动风险。这种风险是指由于国际金融市场上汇率变动从而导致融资时可能遇到的损失。受各种因素的影响,国际金融市场的汇率是经常变动的,特殊情况下汇率变动的幅度会相当大,在这种大起大落的汇率动荡期,采用国际信贷方式融资,难免会蒙受巨大损失。只要机遇把握得好,汇率变动带来的风险是可以防范的。

三是合理性原则。该原则亦称适用性原则,一般包含以下三个方面的内容:①融资数额要适用。应当把国际信贷项目最低必要资金额作为融资的数量目标,因为国际上各种信贷依国际惯例有一定的数量限制,有的限最高额,有的限最低额,最好既符合贷款额度要求,又满足借贷人的实际需要。②融资期限要适用。无论是一期融资或是分期融资,应结合国际信贷项目的生产周期、投产期、盈利期、可还款期等因素,考虑融资期限的前期、中期、短期搭配,防止不必要的损失。这当中有一个基本原则,即能够3年偿还就不要借5年以上的贷款。黄石大桥由于投资和捐赠所占比例较小,国内外贷款额较大,故将还款期规定在30年,这也与测算大桥收费收入有关。③融资方式要适用。任何一个国际信贷融资项目都要根据自身情况与资金使用的要求,对融资方式做出合理选择,在这个过程中又需要特别注意两点:一是根据各种融资方式所能筹到资金的数量和期限等因素进行选择;二是根据不同融资方式所需办理手续的繁简程序来进行选择。OECF基金贷款具有利息低、还款时间长的优点,但是也有限制条件过于繁杂的缺点,这当中就要特别注意配合对方人员做好可行性研究,并注意对工程进度打入一定的提前量。

四是稳定性原则。该原则包含三个层次的含义:①借入资金能够保持一定的稳定性,也就是说借款时间安排要相对长一些,使从国际上融入的信贷资金与工程进度安排之间留有一定的回旋余地,当然也不是无限的大,那样又会增大成本。我们在安排大桥外汇贷款时是分6期安排到位的,并留有一定余地,保证了工程的顺利、稳定进展。②融资方式要保持相对的稳定性,一般不提倡频繁地更换融资方式、融资对象,以免损坏自己的形象,给项目或工程带来损失。在与日本海外经济协力基金(OECF)打交道的几年中,中方诚实守信,融资对象专一,获得了对方的信任,这也是工程取得成功的重要原因之一。③具有业务往来关系的国际金融组织或是友好国家政府金融机构应保持相对稳定。日本是中国加入世界贸易组织前给予中国普惠制待遇的为数不多的发达国家之一,我们正是基于这方面的基本认识和判断选择了OECF的融资渠道,实践证明我们的选择是对的。

资料来源:张兴运,《当代财经》,2000(12)。

思考题与练习题

1. 掌握下列概念：LIBOR　Commitment Fee　Grace Period
2. 国际信贷活动中的利率主要有哪些？
3. 影响国际信贷利息计算的因素有哪些？
4. 贷款定价的基本方法有哪些？
5. 国际信贷中借款人和贷款人在进行信贷决策时应考虑哪些因素？
6. 计算：

(1) 一笔贷款金额为 800 000 英镑，利率为年利 8%，期限为 1997 年 7 月 20 日至 1998 年 6 月 20 日，试问：按照大陆法、英国法、欧洲货币法计算的利息分别为多少？

(2) 有一笔 500 000 美元，10 年期的贷款，宽限期为 3 年，试计算其实际使用贷款年限和实际平均使用额。

第三章 对外贸易短期信贷

本章主要介绍了对外贸易短期信贷的来源、方法和条件，对涉外活动中如何取得短期资金融通有一定的指导意义。本章重点是对保付代理业务进行掌握，不仅要对保付代理业务的概念、程序、类型有所了解，还要对其内容和特点，对出口商和进口商的不同好处进行分析。在上述基础上结合我国具体情况，掌握我国的对外贸易短期信贷的方式和内容。

学习要点

This chapter mainly introduces the sources, methods and conditions of foreign trade's short-term credit. It is of great significance to getting short-term credit. The emphasis of this chapter is the learning of factoring, not only its concept, procedure and types, but also its content, characteristics and the analyses of different advantages to importers and exporters. On the basis of the above study, we should master the way and content of foreign trade's short-term credit.

第一节　对外贸易短期信贷概述

一、对外贸易信贷的含义

信贷是借贷资本运动和资金融通的一种形式,从事对外贸易的进出口商,在商品的采购、打包、仓储、出运的每个阶段,以及在与商品进出口相关的制单、签订合同、申请开证、承兑、议付等每一贸易环节中,都能从不同的渠道,得到资金融通的便利,加速商品流通,减少资金积压,促进进出口贸易的完成。这种与进出口贸易资金融通有关的对外贸易信贷,统称对外贸易短期信贷。

二、对外贸易短期信贷的主要形式

对外贸易短期信贷的形式繁多,名目各异,很难一一列举,但根据发放信贷资金对象(授信人)的不同与接受信贷资金对象(受信人)的不同,对外贸易短期信贷大致有以下几种形式。

(一) 商业信用和银行信用

根据提供信贷对象的不同,对外贸易短期信贷可分为以下几种。

1. 商业信用(Commercial Credit)。在进口商与出口商之间互相提供的信贷属于对外贸易商业信用。例如,若进口商在收到货物单据后的相当时间内才交付货款,这就是出口商对进口商提供了商业信用;若进口商在收到货物单据以前就付出全部或一部分货款,这就是进口商对出口商提供了商业信用。

2. 银行信用(Bank Credit)。如果进口商与出口商中一方信贷资金的获得是由银行或其他金融机构提供的,就构成对外贸易银行信用。例如,对出口商提供以出口商品或发往国外的货物为保证的贷款;银行贴现出口商向进口商签发的汇票;或凭出口商对进口商的债权给予贷款,均属对外贸易银行信用。

必须指出,对外贸易短期信贷虽可以划分为银行信用与商业信用,但二者又联系密切,不可截然分割。例如,银行对出口商提供信用加强了出口商对进口商提供信用的能力,这样,银行信用就与商业信用交织在一起;另一方面,银行对进口商也提供银行信用。对进口商和出口商提供信用的银行不限于本国银行,外国银行也对进口商和出口商提供信用。

(二) 对出口商的信贷和对进口商的信贷

根据对外贸易短期信贷接受对象的不同,又可分为对出口商的信贷和对进口商的信贷。

1. 对出口商的信贷。对出口商的信贷有：进口商对出口商的预付款(Advance)；经纪人(Broker)对出口商的信贷；银行对出口商的信贷。

(1) 进口商对出口商的预付款。进口商在收到货物之前，就支付一定金额给出口商，是对出口商的预付货款。进口商对出口商预付的货款，将来出口商以供货的方式偿还。预付有两种情况：一种是作为进口商执行合同的保证，通常称为定金；一种是进口商对出口商提供信贷。在对外贸易中，预付款究竟属于前者还是后者，要视预付金额与货款总金额的比例关系、预付时间的长短和出口商的情况而定。

(2) 经纪人对出口商的信贷。经纪人在某些发达国家的某些原料和粮食的对外贸易中起着很大的作用。英国的经纪人组织特别发达。在签订木材、毛皮这类商品的对外贸易合同时，总有经纪人参与。英国和其他国家的经纪人对向他们供应粮食和其他初级产品的外国出口商提供信贷，以压低收购价格，获取高额利润。这些经纪人多半为大公司组织，与银行垄断组织有着密切的关系，受到银行垄断组织的支持，能够取得低息贷款。因此，经纪人不但从贸易上取得利润，而且也从信贷资金的提供上获取收益。英国经纪人及其有关银行，利用向外国出口商提供贷款的方式，加强伦敦市场的地位，使英国工业垄断组织能按有利条件取得初级产品和粮食的供应权。

经纪人对出口商提供信贷的方式通常有：无抵押采购商品贷款，货物单据抵押贷款，承兑出口商汇票。

其一，无抵押采购商品贷款。经纪人通常在与出口商签订合同时，便对出口商发放无抵押采购商品贷款。合同规定，在一定时期内出口商必须通过经纪人经销一定的商品。这种贷款常以出口商签发的期票为担保，贷款金额约等于交售给经纪人货价的25%~50%。偿还这种贷款的方法是将这种贷款转为商品抵押贷款。不过，有时这种贷款按规定期限偿还，并不一定与供货的时期相同。

其二，货物单据抵押贷款。除去无抵押采购商品贷款外，经纪人还办理货物单据抵押贷款，如无抵押贷款，就以此项贷款来抵付。经纪人所提供的货物单据抵押贷款，按货物所在地的不同可分为出口商国内货物抵押贷款，在途货物抵押贷款，运抵经纪人所在国家的货物抵押贷款或运抵某预定出售地的第三国货物抵押贷款。

其三，承兑出口商汇票。若经纪人的资本有限，便可使用承兑出口商汇票的方式来提供信贷，出口商持承兑的汇票向银行贴现。经纪人办理承兑，收取手续费。

经纪人通过提供信贷，以加强对出口商的联系与控制。因为这种信贷迫使出口商必须通过经纪人售出货物，甚至在他们有可能将货物直接卖给进口商的情况下，也要通过经纪人出售。

(3)银行对出口商的信贷。当地银行和国外银行,都可以对出口商提供信贷。出口商在其出口业务的各个阶段中,都可以从银行取得信贷,获得其所需要的资金供应。银行对有关工业垄断组织提供无抵押品贷款,用以生产出口商品。特别是在出口商获得外国订单时,银行都会办理这种贷款。英国和美国以透支方式办理这种贷款;法国和德国以特种账户方式办理。出口商为了进行采购并积累预定出口商品储备,可以用国内货物做抵押从银行取得贷款。由于贷款银行多半是出口商的往来银行,因此,这种贷款一般以透支方式进行。出口商品抵押贷款的金额,一般都按货物市价的一定比例(50%~70%)贷出,如果货价下跌,银行便要求出口商偿还部分贷款,以维持抵押贷款与原货价的适当比例;否则也可另外提供商品保证。货价的计算,在交易所内以交易所牌价为准,在交易所中无牌价者,由经纪人或银行代为估价。

在亚洲的一些发展中国家中,银行对本国出口商的资金融通,有一种所谓的打包放款方式。打包放款也叫装船前信贷,它是指银行向出口商提供从接受国外订货到货物装运前这段时间所需流动资金的一种贷款。银行向出口商发放打包放款的依据是出口商收到的国外订货凭证,这种凭证主要是进口商开来的信用证、得到认可的出口成交合同和订单或表明最终开出信用证的证明。从形式上看,打包放款属于抵押贷款。实际上,其抵押对象是尚在打包中,而没有达到可以装运出口程度的货物。出口商在向银行洽谈打包放款时,须填写打包放款书,明确贷款用途。银行根据出口商的资信状况和实际需要确定贷款金额和期限。

出口商将货物装运出口,可以向银行申请在途货物抵押贷款,以此贷款偿还国内出口货物抵押贷款。在途抵押贷款,以提单为抵押品,提单是处置货物的单据,对银行而言是最可靠的药担保品。银行在办理在途货物抵押贷款时,一般都凭装船提单发放,对待运提单多半不愿接受。

出口商取得提单抵押放款时,通常将出口商签发的汇票同时交给银行。如果出口商以现金交易方式卖出该批货物,那么出口商签发即期汇票;如系赊售,则签发定期汇票。在第一种情况下,汇票随附货物单据,该汇票便可作为对银行的补充担保品,万一进口商拒不赎取单据,银行除对货物有质押权外,还可以向出口商行使追索权,要求出口商支付汇票。在第二种情况下,出口商签发的是定期汇票,当进口商承兑汇票后,单据便移交进口商,银行手头仅保留进口商承兑的汇票。因此,货物单据就是一种暂时的担保品,实际上银行提供的是汇票抵押贷款。

上述银行以出口商提交的单据和汇票为抵押品,如银行根据汇票金额和收款日期,扣除邮程和一定日期的利息后,而给予出口商融资并加以结汇的业务,即称出口押汇。因此,银行只凭单证相符的单据做出口押汇,其实质是银行对出口商的一种保留追索权的贷款。

（4）承购应收账款业务。承购应收账款业务是在西方发达国家间对外贸易短期信贷业务中的一种通行活动。这种业务是指出口商以商业信用形式出售商品,在货物装舱后立即将发票、汇票、提单等单据卖断给某些专门的财务公司,以收进款项的一种融资方式。财务公司承购票据后,得到出口商的债权,对于出口商无追索权。在这里,出口商与财务公司的关系在形式上是票据买卖,是债权的转移关系。后者取得前者的债权,在债权未到期前提前承付款项,然后在债权到期后收回贷款。

2. 对进口商的信贷。对进口商的信贷有:出口商对进口商提供的信贷;银行对进口商提供的信贷。

（1）出口商对进口商提供的信贷。西方国家的出口商常以赊销方式销售商品,以加强商品的竞争能力,争夺销售市场。出口商对进口商提供的信贷通常称为公司信贷。公司信贷分为:开立账户信贷与票据信贷。

其中,开立账户信贷是在出口商和进口商订立协议的基础上提供的,当出口商将出口商品发运后,将进口商应付货款借记进口商账户,而进口商则将这笔货款贷记出口商账户,进口商在规定的期限内支付货款。在对外贸易中开立账户信贷并不流行,多用在出售小型装备品方面。

票据信贷是进口商凭银行提交的单据承兑出口商的汇票,或是出口商将单据直接寄交进口商,由进口商在一定期间内支付出口商的汇票。汇票期限的长短依商品性质、买方资信以及汇票能否在银行贴现而定。

（2）银行对进口商提供的信贷。银行对进口商提供的信贷有承兑信用和放款两种形式。

其一,对于承兑信用(Acceptance Credit),出口商有时不完全相信进口商的支付能力,为了保障凭票付款,出口商往往提出汇票由银行承兑的条件。在这种情况下,进口商应取得银行方面承兑出口商的汇票的同意,出口商就不必向合同关系人——进口商提出汇票,而是向进口商的银行提出汇票。由于银行同意承兑汇票,它就必须在汇票规定的期限内兑付汇票,进口商则于付款日前将款项交付给承兑银行,以便后者兑付出口商开出的汇票。银行承兑是银行对对外贸易融通资金的主要方式之一,它对西方国家的进口业务有着特殊的作用。

办理承兑的银行不一定是进口商本国的银行,第三国银行也可以承兑出口商开出的汇票。例如,法国进口商以银行承兑的方式从埃及进口棉花,根据埃及出口商的要求,法国进口商可以请求本国银行转请英国的银行承兑埃及出口商开出的汇票,法国银行在汇票到期时将进口商应付的款项汇至英国银行。欧洲大陆各国银行将这种信用称为承兑——偿还信用。出口商有时不愿接受银行承兑信用,而要求进口商用现金支付。在这种情况下,进口商也可以利用银行信用。进口商同银行商妥,向银行签发汇票,由银行承兑,进口商以银行承兑汇票在市场贴现,以贴现所得款项支付给出口商,这种业务称为再融通。

其二,对于放款,银行对进口商的放款方式主要有以下三种。

第一,透支。在进口信贷业务方面,西方国家的银行对与其关系密切的工商企业提供透支信用。根据契约,银行允许工商企业向银行签发超过其往来账户余额一定金额的支票。

第二,商品抵押放款。通常的方式是银行应进口商的委托,开立以出口商为受益人的凭货物单据付出现款的信用证。出口商提交的货运单据就成为开证银行代付货款的保证。

第三,进口押汇。进口商以其进口的商品作为抵押,从银行取得融资的业务即为进口押汇。进口押汇是具有抵押性质的融资方式。当进口货物尚在运送途中时,银行的贷款往往以货运单据作为抵押,有时也要求进口商提供补充的抵押物。当货物运抵进口地而进口商仍未支付货款时,进口货物本身就成为银行的抵押品,这时,运输商或进口商须作为银行的代理人,凭必要的单据,进行报关提货,并根据银行的指示,以银行名义将货物存仓。然后,在进口商签署总质权书的条件下,银行凭进口商所签具的、以银行为抬头的信托收据出具提货单,授权货栈把货物转交给借款的进口商,一般信托收据上必须说明货物出售后的全部贷款在规定的日期内交付给银行。银行对进口商是否做进口押汇,主要考查进口商的资信及商誉情况。

第二节　国际保理

一、国际保理概述

(一)国际保理的含义

国际保理(International Factoring)是国际保付代理的简称,是一种介于托收和信用证之间的、兼具商业和银行双重信用功能的货款收付方式。国际保理的雏形起源于古巴比伦时期,当时保理是一种通过购买他人债权而获利的商业行为。而近代保理业务则是由美国的近代商务代理活动发展演变而来的。这些商务代理活动涵盖了解市场行情、代办手续、代理销售等多种服务。美国独立战争以后,保理公司及其业务更是得到了良好的发展契机,除有立法保证保理商服务的合法性外,保理业务也从过去的主要代售货物转向专业为客户了解资信并保证货款回收的服务。

迄今为止,国际商业界和金融界对国际保理的定义尚未统一。一般的理解是在国际货物进出口商、进出口保理商相互间存在着的一种契约关系。根据该契约,由进出口保理商为出口商提供在国际货物买卖业务中的进口商信用风险担保、货款收付、融资等综合性金融服务。这种国际货物买卖货款收付方式，既能消除托收货款收付方式固有的对出口商的商业风险，又可避免信用证货款收付方式对进出口双方所要求的过分繁杂的程序和手续，同时还具有为进出口商融资的特点。

（二）国际保理的类型

国际保理的分类有很多种，实务中常用的有下述四种。

1. 融资保理与非融资保理。国际保理业务根据提供的预付款融资与否，可分为融资保理与非融资保理。融资保理是指保理方承购供应商的应收账款，给予资金融通，并通过一定方式向买方催还欠款。非融资保理指保理方在保理业务中不向供应商提供融资，只提供资信调查、销售款清收以及账款管理等非融资性服务。

2. 公开型保理和隐蔽型保理。国际保理业务根据保理商公开与否，可分为公开型保理和隐蔽型保理。公开型保理指债权转让一经发生，出口商须以书面形式将保理商的参与情况通知买方，并指示买方将货款直接付给保理商。隐蔽型保理指出口商不将债权转让以及保理商的参与情况通知买方，买方仍将货款付给出口商，出口商收到货款后转付给保理商，整个操作过程只在出口商与保理商之间进行。

3. 有追索权保理和无追索权保理。国际保理业务根据是否保留追索权，可分为有追索权保理和无追索权保理。有追索权保理指保理商凭债权转让为出口商融资后，如果买方拒绝付款或无力支付，保理商有权向出口商要求偿还资金。无追索权保理指保理商凭债权转让为出口商融通资金后，即放弃对出口商追索的权利，保理商独立承担买方拒绝付款或无力付款的风险。

4. 单保理方式和双保理方式。国际保理业务根据其运行机制，可分为单保理方式和双保理方式。国际上通行的保理业务都是双保理机制，也称双保理商保理运行模式，即一笔业务中涉及了出口保理商和进口保理商双方当事人，出口商将其对进口商的应收账款转让给本国的出口保理商，出口保理商再与进口商所在国的进口保理商签订委托协议，由进口保理商负责货款回收。而单保理制度指的就是进口保理商与出口保理商是一家保理公司的情况。鉴于双保理机制的普遍使用，本节将主要以双保理机制下的出口国际保理业务为基础展开阐述。

（三）国际保理的服务项目

从国际保理的概念可以看出，单一服务并没有什么特殊的地方，银行、财务公司、资信调查和评估机构、保险公司等长期以来都在提供此类服务，但将一揽子服务项目综合起来由一个窗口提供，则是保理的特色所在，也是保理之所以越来越得到贸易界人士青睐的原因之一。国际保理提供的服务项目主要包括以下几个方面。

1. 进口商的资信调查及信用评估。中小公司一般有几个至几十个长期和经常性的贸易客户,大公司可以有几百个这样的贸易客户。如何掌握这些客户的资信变化状况,以控制切合实际的信用销售限额和采取必要的防范措施,避免或减少存在的收汇风险,对公司来讲是个至关重要的问题。而对大多数出口商来说,要建立四通八达、渠道畅通的情报网来收集信息,以便制定相应的经营策略,则是力所不及的。但保理商可利用国际保理商联合会广泛的网络和官方民间的咨询机构,也可利用其母银行的分支机构和代理网络,通过各种渠道,收集有关进口商的背景、实力、潜在的发展机会,以及对客户资信有直接影响的对方国家的外汇管制、外贸体制、金融政策、政局变化的最新动态资料,这样可以将坏账风险降至最低。

2. 债款回收。几乎所有的贸易公司在向海外客户收取债款时,都会遇到同一难题,即如何在不损害彼此良好关系的情况下收回欠款。彼此间的语言障碍,加上商业程序和法律制度互异,往往会造成收债效果不佳,使大量的营运资金被束缚在应收账款上。而企业资金周转不灵,又会给企业的正常营运带来巨大阻碍。这些问题,可借助保理业务来予以妥善解决。保理公司有一批训练有素的专业收账专家和法律顾问,拥有一套完整有效的追债程序,知道何时用何种方式向何人收债,处理起来得心应手。可见,使用保理业务既节省了出口商的营运资金,又免除了其对收款存在的顾虑。

3. 销售分户账管理。销售分户账是出口商与进口商交易的记录。在保理业务中,出口商可将其管理权授予保理公司,从而可集中力量进行生产、经营管理和销售,并减少了相应的财务管理人员和办公设备,从而缩小了办公占用面积。保理公司可利用其完备的账户管理制度和先进的办公设备,利用电脑自动进行诸如记账、催收、清算、计息收费、打印等工作,向出口商提供各种统计报表和往来账户对账单。由于保理商负责收取货款、寄送账单和查询催收工作,供应商还可省大量的邮电费和电话费等管理费用。

4. 信用风险担保。保理的一个十分重要的功能,也是为出口商所特别看重的一点,就是保理商对已核准的应收账款提供100%的坏账风险担保。通常在保理协议生效前,出口商要填写信用额度申请表,如实填报进口商的概况、出口产品、预计出口总额、价格条件、付款条件等,请求为自己的客户核定一个信用销售额度。保理公司以书面通知核准的应收账款,称为已核准的应收账款,对此保理公司提供100%的坏账担保。

5. 贸易融资。保理公司应客户要求,可在信用额度内预付占发票金额一定比例的货款,这样就基本解决了在途和信用销售的资金占用问题。

以上所述的各项服务项目,出口商可根据本公司和业务的具体情况,要求国际保理提供全部或部分的服务,因此,保理具有相当大的灵活性。

(四)国际保理的操作流程

如上所述,国际保理业务的种类多样,其操作方式也有所不同,但是归结起来,一笔普通的国际保理业务具有以下的操作流程。

第一,确定信用额度。出口商有意以国际保理方式进行贸易结算,向出口保理商提出申请,提交"出口保理额度申请表",出口保理商将该表格通过电子方式传递给进口保理商(假设进口保理商和出口保理商之间已经存在《保理商代理合约》)。进口保理商对表上所述的进口商进行资信调查和评估,并确定可以给予出口商的信用额度,并以通知书形式将资信调查的结果和批准信用额度传递给出口保理商。

第二,签订保理合同。出口保理商告之出口商已核准的信用额度,双方认可后签订国际保理合同,详细规定保理业务操作细节。

第三,供货商履行合同。供货商与进口商签订货物销售合同,并按合同发运货物和寄送全套单据。

第四,出口商将经签署的《应收账款转移通知书》以及提单副本、发票副本提交给出口保理商以转让应收账款,出口保理商审核出口商提交的单据并确认无误后,根据债务人的资信情况向出口商提供已核准的应收账款金额的50%~80%的资金融通。出口保理商再将单据连同经签署的《应收账款转移通知书》提交给进口保理商,至此该笔款项的权利便转让给了进口保理商。

第五,进口保理商向债务人催收应收账款,进口商在该笔款项到期时向进口保理商付款,并由进口保理商将款项转付给出口保理商,出口保理商在扣除预付款、佣金及其他费用后,将余款付给出口商。具体流程如图3-1所示。

在这个流程中,牵涉到的当事人有出口人,或称供货商;进口人,或称债务人;出口保理商;进口保理商。该流程涉及的文件有:①出口商与出口保理商之前的《国际保理协议》;②出口商填写的《出口保理额度申请表》;③《应收账款转移通知书》;④进口保理商与出口保理商之间的《保理商代理协议》;⑤通知已核准的信用额度的文件;⑥各当事人之间还会传递一些对账单或相关的证明文件。其中最重要的文件自然是《国际保理协议》(以下简称《协议》),作为一份具有合同性质的文件,该协议直接约束着出口商和出口保理商的行为,而这两方又分别与进口商与进口保理商关联,对于在该笔交易的结算中发生的任何争议,《协议》都做了处理规定,且其他文件的内容或者传递方式也在《协议》中有相应表述。可以说,保理业务中的《协议》和信用证业务中的信用证有着同样重要的地位。

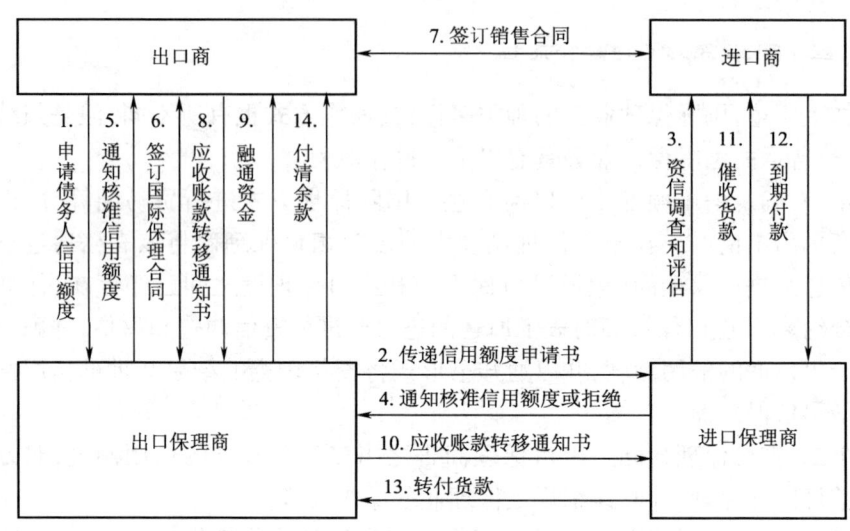

图 3-1　国际保理的操作流程

二、国际保理对贸易各方的好处

对在国际贸易中参与保理业务的各方(无论对出口商还是进口商,以及保理商)来说,国际保理业务都具有独特的应用优势,真正实现了"三赢"。

(一)对进口商的好处

对进口商来说,国际保理业务有利于资金周转,扩大营业额。具体来讲,有以下好处:①进口商能以承兑交单(D/A)和赊销方式(O/A)与出口商达成交易,使进口商可以在收到货物甚至将货物出售后的一定期限内不必动用自有资金从事经营活动,以便在有限的资金额度内扩大营业规模。②由于采用非信用证结算方式,进口商可以免交开证押金和有关的银行费用,避免资金占用,降低了营运成本,从而降低了进口成本。③进口商还可以避免货物风险。保理商对出口商承担买方信用风险,担保的前提是出口商严格履行买卖合同的各项条件,出口商为顺利收回货款,一般会按照合同的规定发货并提交单据,从而保证了进口商所收到的货物与合同规定的相符。④如果进口商信誉、财务状况良好,无须抵押就可获得100%的买方信贷。

（二）对出口商的好处

对出口商的好处有：①保理商可以代出口商对进口商的资信和销售状况展开调查和监督，从而为出口商提供决定其销售政策所需的信息和数据。②有利于扩大出口业务量。由于采用赊销的方式，大大增强了出口产品的竞争力，有利于出口商对新市场和新客户的培养，扩大出口商的贸易份额。③能够规避收汇风险。只要出口商的交货条件符合合同约定，就可以避免诸如进口商破产等到期收不回货款的商业信用风险，减少坏账损失。④出口商在进口保理商提供的信用担保额度内，可以从出口保理商处预先获得50%~80%的融资，从而满足出口商资金流转的需要。⑤保理商负责账务处理、催收货款等管理工作，可减少出口企业的管理成本，使出口企业集中精力参与国际竞争，为开拓市场提供必要的技术保障。⑥国际保理的手续简单。与信用证相比，出口商可以避免最烦琐的单证手续和信用证条款的约束，免除因哪怕是无关紧要的个别打字错误都会引起单证不符而遭拒付的风险；可以随时应进口商的需求和运输情况发运货物，免除因等待国外来证或修改信用证而错过装运、销售时机的损失。

对进出口双方而言，国际保理的好处可参见表3-1。

表3-1　　　采用国际保理方式的好处（对进出口商而言）

好　处	对出口商	对进口商
增加营业额	对新的或现有的客户提供更有竞争力的O/A、D/A付款条件，拓展了海外市场，增加了营业额	可以利用有限的资本，购进更多的货物，扩大营业额
转移风险	进口商的信用风险转由保理商承担，出口商可得到100%的收汇保障	凭借公司的信誉和良好的财务表现而获得进口商信贷，无须抵押
融通资金	将债权卖断给保理商，使应收账款直接转变为流动资金	利用D/A、O/A优惠付款条件，只要在付款到期前将货物转售出去，就可以用少量甚至不必动用自身资金进行交易
节约成本	资信调查、账务管理和账款追收都由保理商负责，可以减轻业务负担，节约管理成本	省却了开立信用证和处理繁杂文件的费用
简化手续	免除了一般信用交易的烦琐手续	在批准信用额度后，购买手续简化，进货快捷、便利
增加利润	由于扩大了出口，降低了管理成本，排除了信用风险和坏账损失，利润也随之增加	由于资金和货物的流动速度加快，利润必然增加

(三) 对保理商的好处

对保理商而言,办理保理业务不仅丰富了业务品种,开拓了其金融服务的领域和营利的市场范围,而且可以从中获得更多的利润。进口保理商可以获得占承担服务的发票金额一定比例的佣金。出口保理商还可以获得对进口商的资信调查费,以及向出口商提供融资收取的融资利息。

三、国际保理与出口信用保险方式及其他付款方式的比较

(一) 国际保理与出口信用保险方式的比较

出口信用保险也具有保理业务中坏账担保的功能。尽管信用保险和保理业务的坏账担保服务同样具有消除或减少因信用风险而形成呆账、坏账损失的功能,但二者之间存在着较大的差别。

保理业务的坏账担保服务可向出口商提供100%的坏账担保,并于形成呆账、坏账即期偿付,而信用保险通常仅赔付呆账、坏账金额的70%~90%,并于形成呆账、坏账4~6个月后才赔付。另外,在采用信用保险的情况下,出口商除按期向信用保险机构提供销售统计报表、逾期应收账款清单等,还必须提供规定的有关文件和证明,以对形成的呆账、坏账提出索赔,供应商为此要做许多管理和文字工作。而保理商对呆账、坏账的赔付并不要求供应商提供额外的文件和证明。再者,在费用上保理也优于信用保险。虽然保理商因为提供了坏账担保和其他服务要收取管理费,但这一包含于管理费中的费用相对于信用保险费是较低的,且并不一定增大供应商的费用开支。在采用综合保理和到期保理的情况下,供应商因使用保理而节省的管理费用完全可以抵消保理商的收费。国际保理与出口信用保险的比较见表3-2。

表3-2　　　　　　　　国际保理与出口信用保险的比较

项　目	国际保理	出口信用保险
费用	1%~1.5%(发票金额)	4%(出口金额)
最高保障(核准额度内)	100%	70%~90%
赔偿期限(贷款到期日起)	90天	120~150天
进口商资信调查评估	详细	一般
财务信用风险保障	全部	部分
应收账款追收及管理	有	无

续表

项　目	国际保理	出口信用保险
财务会计记录及管理	有	无
贸易融资的提供	有	无

正是由于在较低的费用下提供了包括信用保险在内的全面服务,保理在许多国家的对外贸易中取得了优于信用保险的地位。

(二)国际保理与其他付款方式的比较

保兑的不可撤销的信用证(L/C)虽然有最大的收款保证,但是由于其较高的开证费用、管理费用以及对进口商较高的资金占用率,削弱了出口商的竞争力;而且信用证业务遵循严格的单单一致、单证相符的原则,如果信用证下的有关单证出现些微不符,也可能使原先收汇相对安全的信用证业务变成风险重重的托收业务。而单独以承兑交单(D/A)、付款交单(D/P)方式成交虽然增强了出口商的竞争力,但收汇风险又过大。因此,将保理与 D/A 及 D/P 相结合是最佳的选择。国际保理与 L/C,D/P 以及 D/A 付款方式的比较如表 3-3 所示。

表 3-3　国际保理与 L/C,D/P 以及 D/A 付款方式的比较

项　目	国际保理	信用证(L/C)	付款交单(D/P)	承兑交单(D/A)
信用种类	银行	银行	商业	商业
出口商费用	有	有	有	有
进口商费用	无	有	有	有
进口商财务灵活性	极高	极低	一般	极高
收汇风险	几乎没有	极低	较高	极高
出口商竞争力	极高	极低	较高	极高

四、国际保理业务的成本

相比其他结算方式,国际保理本身是一项并不优惠的金融服务。国际保理商通过提供对进口商的信用调查而收取 0.5%~1% 的费用;出口商要求出口融资时保理商会扣除一定的贴现费用,一般贴现率为 2%~4%;最后收款时,收取

佣金手续费，一般费率为 0.2%～4%。计算国际保理业务手续费的公式为：

手续费=(合同金额的 70%～90%)×贴现率+合同金额×佣金手续费率+商业调查费

与信用证的相关费用相比，保理费用可能更高。虽然出口商会将保理费用加到进口货价中，但对进口商而言，它的好处是当进口商下订单时，交货价格就已确定，他们不需要负担信用证手续费等其他附加费用。而对于出口商十分关心的保理业务中的合同纠纷问题，相对而言，虽然理论上信用证方式可以保护出口商的利益，但实务中由于很难做到完全的单证一致、单单一致，因此出口商的收汇安全也受到挑战。对保理成本需要做综合动态分析。保理的巨大优势在于出口商可以不断地将应收账款转换为现金，使企业有充足的流动资本保持订货，完成订单，扩大出口销售，维持稳定的资本结构。由此产生的收入可以超过保理开支，除扩大销售额外，可同时考虑未运用保理时发生的其他相关费用，如应收账款占用资金利息、现金短缺成本、坏账发生额、收账费用等。实际操作中，保理商一般通过将保理的应收账款再保险的方式来分散风险。

五、国际保理业务中存在的风险及防范措施

国际保理业务主要涉及出口商、进口商和保理商三方当事人，因为进口商完全是凭着自身的信用表现来获得保理商对其债务的担保，所以风险集中在出口商和保理商身上。

（一）对出口商的风险

对出口商而言，他主要承担货物的质量风险。保理业务不同于信用证以单证相符为付款依据，而是在商品和合同相符的前提下保理商承担付款责任。如果由于货物品质、数量、交货期等方面的纠纷而导致进口商不付款，保理商没有付款义务，故出口商应严格遵守合同。另外，进口商可能会联合保理商对出口商进行欺诈。尽管保理商对其授信额度要付 100% 的责任，但一旦进口商和保理商勾结，特别是出口商对刚接触的客户了解甚少时，如果保理商夸大进口商的信用度，又在没有融资的条件下，出口商容易面临财货两空的局面。当然，在我国，目前开展保理业务的多是一些金融机构，其营业场所和不动产是固定的，这种风险也就相对较少。

（二）对保理商的风险

对保理商而言，国际保理业务主要面临两方面的风险：进口商信用风险和出口商信用风险。保理商买断出口商的应收账款，便成为货款债权人，同时也承担了原先由出口商承担的应收账款难以收回的风险。如果保理商从融资一开始对进口商的审查就缺乏客观性和全面性，高估了进口商

的资信程度,对进口商的履约情况做出错误判断,或者进口商提供了虚假的财务信息,伪造反映其还款能力的数据,或者保理商的事中监督不够得力,进口商的资信水平原来不错,但在履约过程中,由于进口的商品不适销对路、进口国的政治经济状况发生突然变化等客观原因使得资信水平下降,无法继续履约等,上述种种因素都可能导致保理商遭受巨额损失且难以得到补偿。同样的情况也会出现在出口商一方。在保理商为出口商提供了融资服务的情况下,如出现了货物质量与合同不符,进口商拒付货款的问题,保理商同样可能会因为出口商破产而导致融资款无法追偿。

(三)风险的防范措施

要想防患于未然,控制国际保理业务的风险,在分析了以上保理商和出口商面对的种种风险因素后,就要趋利避害,做好防范工作,在一定成本控制下使风险降至最小。对保理商而言,控制风险需要从以下三方面入手。

1. 做好对进出口商的资信调查工作。据世界贸易组织的有关资料显示,现在世界上有70%左右的公司都存在着或多或少的财务问题,而从前文对保理商的风险分析中更可以看到对进出口商进行资信调查的重要性。因此在国际保理业务的整个过程中,保理商要全方位、深层次、多渠道地对进出口商的综合经济情况和综合商业形象进行调查。

2. 选择合适的保理类型。根据不同的标准,国际保理业务可以划分成不同的类型。对应于每一种保理类型,保理商面临的风险是有差异的。因此,保理商要根据对进出口商的了解程度、客观经济形势等多方面因素选择恰当的保理方式。从国际保理业务运行的实践看,双保理商保理模式明显优于单保理商保理模式。在双保理商保理模式下,出口保理商可以依赖进口保理商对债务人核准的信用额度来弥补业务风险,从而达到转移、分散风险的目的。

3. 签订好保理协议。国际保理通过保理协议来表现其法律关系的实质——债权让与。保理协议明确了保理商与出口商之间的权利义务关系,同时间接影响着销售合同,关系到保理商能否取得无瑕疵的应收账款所有权。

第三节 我国的对外贸易短期信贷

近年来,随着我国对外贸易的迅速发展,从国内外取得资金融通是进一步发展对外贸易,改善外贸企业经营管理的一个重大问题。我国的外贸企业从国外取得外币融通要按国际惯例进行,而从国内取得本币融通,则按国家银行公布的对外贸易信贷办法进行。

一、与商品生产、采购和经营有关的人民币贷款

(一) 贷款原则

与商品生产、采购和经营有关的人民币贷款的原则如下。

1. 向外贸企业提供人民币贷款的总原则是:银行和企业对贷款的发放和使用都要遵循国家的有关政策与规定,发挥该贷款的积极促进作用,以利于对外贸易的健康发展。
2. 贷款必须坚持有计划发放、有物资保证、按期归还的原则。
3. 贷款要坚持"区别对待,择优扶持"和"以销定贷"的原则。
4. 企业发生亏损,不准长期占用银行贷款。
5. 银行对贷款实行差别利率和加收、罚收利息的办法。

(二) 贷款的对象和范围

与商品生产、采购和经营有关的人民币贷款的对象和范围如下。

1. 贷款的对象主要是:在银行开有人民币基本账户并实行独立核算的经营进出口业务的企业、生产出口商品的工业企业、为进出口贸易服务的企业及其他国营或集体企业。有关银行投资的企业、外事企业等如因资金不足,也可向银行提出贷款的申请。
2. 贷款的范围是:上述企业在生产、经营活动中所需合理的人民币流动资金和进行技术改造所需资金,以及参加联营投资的人民币股本资金,银行按照信贷政策给予贷款支持。

(三) 贷款种类

按照政策和贷款办法的规定,对于不同种类的贷款,确定不同的使用范围,掌握不同的原则,这样既有利于满足企业对不同资金的需求,又有利于银行加强对贷款的管理,以保证贷款的合理使用和按期收回。

对外贸企业的人民币贷款主要有以下八种。

1. 商品流转贷款。这是用于支持企业完成国家下达的进出口计划,即中央计划的商品流转计划、生产计划及财务计划所需的合理资金需求的贷款。
2. 临时贷款。这是用于支持企业在经营活动中因临时性、季节性等原因所需的短期贷款。
3. 出口商品生产贷款。这是用于支持企业按出口合同、购销协议、生产单等规定,为按期、按质、按量完成生产、交货任务所需的贷款。

4. 出口打包贷款。这是贷给进出口企业及有进出口权的工业企业,以信用证为保证,在货物装运出口前需要的短期资金周转贷款。这种贷款要逐笔申请,逐笔核贷。贷款额度按信用证或合同所列的销售收入确定。贷款期限以收汇期为限,到期归还。

5. 科技开发贷款。此种贷款是向承担科技成果或将专利技术转化为工业化生产的科研单位、大专院校、科研—生产联合体和企业发放的贷款,用于支持科技开发,加速科技成果转化为生产力,支持高新技术、高新性能和高质量产品的出口,增强出口产品在国际市场上的竞争力,填补我国出口产品的空白和替代进口,加快产业、产品结构调整和贷款结构的优化。

6. 联营股本贷款。这是指银行对外贸公司在国内组织联营企业所需人民币入股资金而发放的贷款。申请贷款的联营企业必须具备的条件是:经济效益好,在工商行政管理局登记注册,须有营业执照,有还款能力和保证,并自筹一定比例的入股资金。企业申请贷款时,要签订联营股本贷款契约。

7. 出口商品生产中短期贷款。这是为了支持出口商品生产企业进行技术改造,增添设备所需的资金而发放的贷款。凡属生产出口产品的外贸部门直属的加工生产企业和农、副、土特产品的生产单位,用于在原生产条件基础上挖潜、革新、改造和为发展农、副、土特产品生产所需的设备(包括制造设备的材料)、种畜、种子等均可使用此项贷款。

8. 票据抵押贷款。这是企业采用代销或赊销方式销售商品时,在未收回货款前由银行发放的一种贷款。企业凭买方开出的,经其开户银行承兑的商业期票,向银行提出贷款申请,银行审查贷放。贷款额度不得超过承兑期汇票金额减应扣利息后的净额。贷款期限根据承兑期票的到期日加贷款在途结算时间确定。期票交银行保存作为还款的保证。期票到期时,由企业委托银行办理或由企业自己办理货款结算,归还贷款本息。此种贷款的利率采用一般流动资金贷款的利率。

(四)贷款期限、利率和申请手续

上述人民币贷款的期限是根据企业的借款用途核定的。对流动资金贷款的期限,是根据企业的购销合同及生产、结算周期核定的,最长不超过 1 年。贷款利率是根据中国人民银行的统一规定,按期限和性质实行差别利率和加息制度。贷款是按季结息,即每季度对发放的人民币贷款计收一次利息,结息日为每季最后 1 个月的 20 日。企业在未到结算日向银行归还借款时,银行在收回本金的同时,还要结清这笔贷款的利息。企业如因客观原因不能按期归还,在到期日前 30 个工作日提出展期申请,经银行审查同意,可展期一次,时间最长不超过 6 个月。

企业向银行申请借款时,须提供书面请求,写明借款用途、金额、期限、经济效益及还款来源,并由法人代表签字,加盖公章。申请属于固定资产贷款的企业,须在当年年底前向银行提出下年度项目贷款申请计划,内容包括技改或联营项目的名称、产品名称、项目所需资金、项目地点、企业自筹资金和贷款额,以及贷款期限等。

(五) 贷款的担保

根据我国商业银行法的规定精神,企业申请贷款应根据我国民法通则和经济合同法的有关规定,逐笔与银行签订借款合同,明确双方的经济责任,并保证履行借款合同。企业贷款的担保,除用银行贷款所形成的商品、物资和权益等作为归还贷款的保证外,银行还可根据需要,要求企业提供资金信用担保或财产抵押担保。

资金信用担保是经银行认可的资信可靠、有偿还能力的法人地位的企业充当有连带责任的保证人,并出具有法律效力的不可撤销的还款保证书的担保。财产抵押担保是经银行认可的、有变现能力的、无所有权争议、未设其他物权担保的适销物资的担保。财产抵押担保以有价证券、权益、存款账户、存款凭证、不动产等作为抵押,并向银行出具财产抵押书,抵押合同须经国内公证机构办理公证,同时抵押品须经企业向国内保险机构投足受益人为银行的保险。

二、与对外贸易结算方式有关的人民币贷款

与对外贸易结算方式有关的人民币贷款,主要有信用证抵押放款、出口押汇和远期承兑票据贴现三种主要形式。现分别将其贷款原则、条件、手续和做法分析介绍如下。

(一) 信用证抵押放款

信用证抵押放款的概念、申请手续、信贷条件和规定如下。

1. 信用证抵押放款的概念。信用证抵押放款即国内出口企业以国外开来的信用证作为抵押,从有关外汇指定银行取得的一种人民币贷款。

2. 信用证抵押放款的申请手续。

(1) 凡在有关外汇指定银行开立账户、业务经营正常、资信较好且有外贸经营权的出口企业或外商投资企业,凭国外开来的信用证,均可向该外汇指定银行申请办理信用证抵押贷款。

(2) 申请信用证抵押贷款的出口企业,须填写信用证抵押贷款申请书,并随同国外银行开来的信用证正本交有关外汇指定银行审查核批。

(3) 有关外汇指定银行如审查同意,则与申请贷款的出口企业签订《信用证

抵押借款合同》，明确双方的权责，并核定该项放款的最高限额。

（4）借款企业将信用证正本留存银行作为抵押，银行在核定放款额度内，发放人民币贷款。

3. 信用证抵押放款的信贷条件和规定。

（1）贷款货币为人民币，贷款期限原则上不超过90天。

（2）贷款比例一般不超过信用证金额的80%。

（3）贷款利率按中国人民银行的人民币流动资金贷款利率的规定执行。

（4）贷款只限用于该信用证项下的出口商品收购、生产、加工整理及从属费用的资金需要。

（5）借款企业使用贷款的各项开支，需通过发放贷款银行的账户支付结算，接受银行监督。

（6）应贷款银行的要求，借款企业需及时送交商品生产、收购、出口、财务等计划和执行情况的报表及有关资料。

4. 信用证抵押放款的作用。信用证抵押放款为出口企业履行信用证提供了资金保障。出口企业收到国外开来的信用证，只要符合贷款条件，即可从银行得到与部分信用证金额等值的人民币贷款，满足其履行信用证的绝大部分资金需要，并为出口企业扩大出口、开拓市场、加强国际经济合作提供金融基础。此外，还可减少出口企业的资金积压和利息支出，因为出口企业在收到国外来证后，取得贷款，可有针对性地组织生产，进行收购，避免因早期借款或垫付资金而影响资金周转，加重利息负担。

（二）出口押汇

出口押汇的概念、发放手续及其办理的有关规定与条件如下。

1. 出口押汇的概念。出口押汇是指贷款银行以出口企业提交的出口单据为抵押品，在合理的工作日内为出口企业办理结汇，银行再凭该项出口单据，向国外银行索偿货款，从而使出口企业提前取得资金融通。

2. 出口押汇的发放手续。

（1）凡具有进出口经营权、资信情况良好、并经贷款银行评估后批准授信额度的外贸企业和外商投资企业，均可到贷款银行申请办理出口押汇。申请出口押汇的信用证必须是在该贷款银行议讨或公开议付的。

（2）出口押汇的申请人应为跟单信用证的受益人。

（3）出口企业向贷款银行办理出口押汇时，应与银行签订《出口押汇质押书》。

（4）出口企业在货物装船、制单配单后，可向贷款银行申请办理出口押汇，填写《临时接信申请书》。

(5)贷款银行根据有关规定,对出口企业结汇融资。

3. 办理出口押汇的有关规定与条件。具体有以下五个方面。

(1)出口押汇的范围:①贷款银行原则上只对单证相符的单据和电报提示的正点单据办理出口押汇。②对不符点单据也可办理出口押汇,条件是出口企业必须资信良好,清偿力强,并对不符点单据的拒付提出担保。③对跟单托收单据也可办理出口押汇,押汇金额一般不超过发票金额的80%,条件有三:一是出口企业资信良好;二是该项出口已办理出口信用保险,并将保险单抵押给办理出口押汇的银行;三是出口保险的受益人转让给办理出口押汇的银行。

(2)出口押汇的货币。出口押汇的货币目前限于美元、英镑、日元、港币、欧元、加拿大元、瑞士法郎等几种国际流通货币。

(3)出口押汇的利率,目前分为两种:一是美元、英镑、日元、港币、欧元按外汇流动资金贷款利率的90%计收押汇货币利息;二是加拿大元、瑞士法郎按LIBOR加0.5%~1%的利差计收押汇货币利息。

对外商投资企业保有外币账户的,收取外币利息;对境内外资企业只保有人民币账户的,收取人民币利息。

(4)出口押汇的计息天数。办理出口押汇实际上是贷款银行为国外银行垫付有关资金,当票据寄到国外银行后,国外银行才拨付出口货款。因此,办理押汇的银行要扣除从办理押汇日起到出口货款收回这一邮程期间的利息。

(5)出口押汇的追索。银行办理出口押汇后,如遇开证行拒付货款,则银行有权向出口企业追回垫付的货款和因此而产生的利息,并可主动从该企业在银行开立的账户中扣取。该办理押汇的银行为保兑行、付款行或承兑行时除外。

(三)远期承兑票据贴现

远期承兑票据贴现的概念、过程和手续、条件与规定如下。

1. 远期承兑票据贴现的概念。远期承兑票据贴现是出口企业以远期付款方式出卖商品,开出以银行为付款人的远期汇票,并经其签章承兑后,到我国有关银行进行贴现,银行扣除从贴现日到票据到期日的利息后,将汇票余额给予出口企业的一种资金融通业务。

2. 远期承兑汇票贴现的过程和手续。

(1)凡具有外贸经营权,并且营运正常,资信良好并在有关银行开户的出口企业,均可凭远期信用证项下的远期汇票和全套单据,向有关银行申请办理远期承兑票据贴现业务。

(2)填写贴现申请书,确认有关银行对贴现垫款的本息及各项费用拥有追索权。

(3) 提交远期汇票和远期信用证项下的全套单据，远期汇票需经有关银行——开证行或付款行或承兑行承兑。

(4) 出口企业从有关银行贴现融资。

3. 远期承兑票据贴现的条件与规定。

(1) 远期票据的期限原则上不能超过180天。

(2) 远期票据贴现的利率按 LIBOR 加风险利差计收。

(3) 贴现天数按从银行贴现日起至到期日止的实际天数计收。

(4) 对外商投资企业在银行开有外币账户的，收取外币贴现息；对内资企业在银行开有人民币账户的，收取人民币贴现息。

(5) 有关银行对政治局势不稳定、外汇管制严格、对外付汇困难的国家或地区的银行以及资信不好的银行所承兑的汇票，不办理贴现。

三、我国的国际保理业务

和国外保理业务的迅猛发展相比，我国的国际保理业务起步较晚，发展也十分缓慢。1987年10月，中国银行与德国贴现和贷款公司签署了国际保理总协议，这标志着国际保理业务在我国正式登陆。1992年2月，中国银行加入了国际保理商联合会 FCI（Factors Chain International），我国的国际保理业务逐渐步入了规范化、国际化的轨道。此后，中国银行广州、上海等地的分行都相继开办了保理业务。2000年3月，中国银行首家推出了两项国内代理融通业务：发票贴现业务和综合保理业务。虽然中国的国际保理业务在十几年内有了很大的发展，但是与其他发达国家相比，我国无论是在业务量还是在服务完善度上都存在着很大的差距。到2002年我国国际保理业务营业额才为12亿欧元，这和我国作为第五大贸易国（2002年）的地位是很不相称的，也远远不能满足国内企业对保理业务的潜在需求。截至2014年年底我国国际保理业务量达到1 224.41亿美元，占全球总量的16.14%，成为世界保理业务大国。从保理业务占 GDP 的比重来看，我国占4.7%，高于3.65%的全球平均水平，但与欧洲传统保理发达国家相比，诸如英国（13.44%）、意大利（10.22%）等，我国保理业务仍有较大发展潜力。从整体上看，我国商业银行开展国际保理业务还处在起步阶段，无论是业务的拓展、风险的规范，还是人员的素质、服务的水平，都难以满足我国对外经济贸易快速发展和金融创新不断深化的需要。

国际保理作为一种为非信用证提供风险保障和资金融通的综合性国际结算方式，具有广泛的适应性，比起大型企业来，保理业务更适合于中小企业。保理业务与银行信贷业务是争取不同客户的两种不同的金融产品。资金实力雄厚、信誉好的大公司一般通过银行信贷融资，而保理业务主要满足难以得到银行贷款的中小企业的资金需求,两者形成一种互补关系。真正需要保理服务的是广大中小型外贸企业。国外的经验也表明,无论在发达国家还是发展中国家,保理业的发展对加强中小企业融资和推动国际贸易发展发挥着重要作用。

案例

国际保理美元融资新模式

为解决中小微外贸企业不能通过商业保理开展外币融资业务的困难,支持陕西自贸试验区外向型经济发展,国家外汇管理局陕西省分局协助西安经开功能区长安银科商业保理公司向国家外汇管理局申请并成功获批全国首家国际保理美元融资业务试点,有效缓解了企业回款周期长和融资成本高的问题,规避了汇率波动风险,促进跨境电商、融资租赁等新业态快速发展。

一、主要做法

商业保理企业通过受让出口企业以美元计价的应收账款,依据应收账款从银行申请获取国内外汇贷款,向出口企业提供一定比例的美元融资。出口企业收到的美元融资可以结汇使用,也可以直接用于海外采购或再生产;待出口企业收回国外买家的美元货款后,同样以美元收入向保理企业归还保理融资款。

为防范化解风险,一是引入了中国出口信用保险公司(以下简称中信保),将保理企业纳入保险受益人,以出口企业向海外买家出口产生的应收账款作为底层资产,在海外买家不能偿还购买价款的情况下,由中信保给予赔偿;二是创新出口企业外汇专户共管模式,在坚持"谁出口,谁收汇,谁进口,谁付汇"的基本政策前提下,与出口企业签署监管协议,共管印鉴和银行U盾,以监管收汇、结汇账户,确保外汇资金安全;三是接入中国人民银行征信系统,通过征信系统了解客户全面信用情况,强化"事先预警"作用,促进企业诚信经营。

二、实践效果

1. 开辟了中小微企业融资新渠道。该模式突破了外币融资业务只能由商业银行开展的限制,改变了商业银行仅对有足够抵押和担保的企业开展保理融资业务的现状,使中小微企业获得外币融资更加便利。2020年3月首笔业务落地以来,已为上海、浙江、广东等地约150家中小微出口企业通过国际保理方式提供美元融资。

2. 降低了企业的融资时间和成本。该模式下,中小微企业通过线上申请,最快3天可获得美元融资,如果是入驻亚马逊等主流电商平台的企业,当天受理、当天即可放款。从目前已发放的500万美元融资落地情况看,平均为企业节省融资成本3%以上。

3. 规避了出口企业汇率波动风险。中小微出口企业到账周期普遍为2~3

个月,不能及时回笼资金,抵抗汇率变动风险能力弱。该模式下,出口企业可提前将外贸货款锁汇,有效规避了汇率波动风险。

4. 促进了外贸新业态的聚集发展。该模式提高了企业资金周转率,有利于中小微出口企业开展国际贸易、拓展海外市场。试点以来,吸引了数百家企业到自贸试验区开展国际保理与跨境电商业务,推动外贸新业态加速聚集融合、联动发展。

下一步,陕西自贸试验区西安经开功能区将在美元融资试点经验基础上,进一步扩大业务规模,推动商业保理行业多币种的外币融资业务发展,探索形成国际保理行业创新发展的新路径、新模式,更好地支持外贸企业"走出去"。

资料来源:西安市商务局,2020-06-15。

思考题与练习题

1. 掌握下列概念:融资保理与非融资保理　公开型保理和隐蔽型保理　有追索权保理和无追索权保理　单保理方式和双保理方式　信用证抵押贷款　出口押汇　打包放款　远期承兑票据贴现
2. 什么是对外贸易短期信贷?有哪些主要形式?
3. 国际保理业务有何功能?
4. 画出国际保理的具体操作流程图。
5. 目前,我国新型的短期贸易融资业务有哪些?
6. 请登录国际统一私法协会网站 www.unidroit.org,阅读并翻译《国际保付代理公约》(UNIDROIT Convention on International Factoring)。

第四章 出口信贷

学习本章,应以了解出口信贷的概念和特点,领会出口信贷与一般贷款的区别为基础。掌握出口信贷的主要类型和特点,分析各种类型的利弊,尤其要注意对卖方信贷和买方信贷的区别,两者的贷款条件、贷款原则和程序加以研究,同时要对我国如何应用好出口信贷进行重点理解和把握。

学习要点

The learning of this chapter is built on the basis of the comprehension of concept and characteristics of export credit and the understanding of the difference between export credit and normal credit. We should master the main types and characteristics of export credit, the advantages and disadvantages of each type. The difference between supplier's credit and buyer's credit, their different credit conditions, credit principles and procedures should be studied particularly. Meanwhile, the export credit of our country also should be mastered.

第一节　出口信贷的概念和特点

一、出口信贷的含义

出口信贷（Export Credit）是一个国家为了鼓励商品出口，增强商品的竞争能力，通过银行对本国出口厂商或外国进口厂商提供的贷款。它是一国的出口厂商利用本国银行的贷款扩大出口，特别是扩大金额较大、期限较长的商品，如成套设备、船舶等的出口的一种手段。

对外贸易短期信贷期限一般均在1年以内，只能满足对商品周转较迅速、成交金额不大的资金的需要。但对于一些大型机械设备，因周转期长，成交额大，进出口商则需期限较长的信贷支持。因此，经济发达国家的商业银行和对外贸易银行，常常向本国的出口商或国外的进口商发放期限在1~5年或5年以上的对外贸易中长期信贷，给予资金融通，以促进本国大型机械设备或成套项目的出口。与对外贸易短期信贷相比，对外贸易中长期信贷不仅向进出口商融资，而且还是垄断资本争夺销售市场的武器。由于对外贸易中长期信贷追求的目标着重于扩大出口，所以国际上将对外贸易中长期信贷统称为出口信贷。

出口信贷是一种国际信贷方式，是西方国家为支持和扩大本国大型设备的出口，加强国际竞争能力，以对本国的出口给予利息贴补并提供信贷担保的方法，鼓励本国的银行对本国出口商或外国进口商（或其银行）提供利率较低的贷款，以解决本国出口商资金周转的困难，或满足外国进口商对本国出口商支付货款需要的一种融资方式。出口信贷是官方支持的融资方式，是开拓机械设备销售市场的一种手段。

第二次世界大战后，在机械和成套设备贸易中，出口商所在国的银行或金融机构根据项目的性质、进口商的资信状况以及当时国际金融市场的具体情况，直接向出口商、进口商或进口商所在国银行提供上述各种形式的出口信贷，以扩大本国的设备出口。在各种出口信贷形式中，使用较为广泛的当推买方信贷，其中，出口商所在国银行直接将款项贷给进口商所在国银行的这一买方信贷形式，使用尤为集中。

二、出口信贷的特点

出口信贷是一种对外贸易中长期信贷，这一性质在其具有的以下特点中得到了充分体现。

第一，投资周期较长，风险较大。一般来说，短期贸易信贷的投资周期为1年或1年以内，资金周转较快，因而投资风险较小；而出口信贷大都在1年以上,甚至达到 5 年以上,投资周期长,周转慢,相应的投资风险也较大。

第二,投资领域侧重于出口的大型设备。短期贸易信贷的投资对象是一般的制成品、中间产品或原材料,并兼顾出口与进口的需要;而出口信贷的主要对象则是大型机械设备或技术交易额度较大,其投资的重点是急"出口"之所需,为本国产品(主要是成套设备)与技术的出口提供直接或间接的服务。

第三,利率较低。出口信贷的利率,一般低于相同条件资金贷放的市场利率,利差由国家补贴。大型机械设备制造业在西方国家的经济中占有重要地位,其产品价值高,交易金额大。在垄断资本已占领了国内销售市场的情况下,加强这些资本性货物的出口,对西方国家的生产与就业影响甚大。为了加强本国机械设备的竞争能力,削弱竞争对手,主要发达国家的银行竞相以低于市场的利率对外国进口商或本国出口商提供中长期贷款,给予信贷支持,以扩大该国资本性货物的国外销路。

第四,与信贷保险紧密结合。由于这种投资方式提供的信贷偿还期限长、金额大,其风险较大,为保证投资资金的安全,发达国家一般都设有国家信贷保险机构,如发生贷款不能收回的情况,信贷保险机构则利用国家资金给予补偿。这种方式实际上是利用国家力量来加强本国出口商在国际市场上的竞争力,促进资本性货物的出口。

第五,国家成立专门发放出口信贷的机构,制定政策,管理与分配国际信贷资金,特别是中长期信贷资金。发达国家提供的对外贸易中长期信贷,直接由商业银行发放,如果金额巨大,商业银行资金不足,则由国家专设的出口信贷机构予以支持。例如,英国曾规定商业银行提供的出口信贷资金若超过其存款的 18%,则超过部分由英国的出口信贷保证局予以支持。美国发放的中长期对外贸易信贷通常由商业银行与进出口银行共同负担。有的国家的一定类型的对外贸易中长期贷款,直接由出口信贷机构承担发放的责任。由国家专门设置的出口信贷机构,利用国家资金支持对外贸易中长期信贷,可弥补私人商业银行资金的不足,改善本国的出口信贷条件,加强本国出口商夺取国外销售市场的力量。

三、第二次世界大战后出口信贷进一步发展的背景

第二次世界大战以后出口信贷的进一步发展,有着许多因素的作用,这些因素主要包括以下四种。

(一) 科学技术的发展

随着原子能的利用、电子技术的推广和化学工艺技术的革命,战前发达国家大型机械装备的出口逐渐被成套设备、工艺技术与知识产权的出口所代替。

这些项目技术复杂、成本高昂、金额巨大,进口国家无力也不可能一次将货款全部付清,只能依靠信贷来进口。同时,这些项目从建造到投产绝非一年半载即能完成;建成后的效果是否符合合同条款的要求还要经过一定时间的检验,如效果好,进口商方能如数付款。进口商的付款能力和大工程项目本身所具有的特点,在客观上要求出口国提供出口信贷。

(二)银行更多地介入贸易

随着银行业务的发展与银行作用的增长,更由于成套设备贷款的某些特殊性,要求银行本身更多地介入进出口商的主要交易环节,在信贷方式上提出了新的要求,从而在原有的信贷形式上出现了卖方信贷、买方信贷、混合贷款、福费廷等出口信贷的新形式。

(三)发展中国家的需要

第二次世界大战后,一系列殖民地、附属国取得政治独立,建立起民族民主国家,急需利用发达国家的先进技术,进口必要的成套设备,建设某些大的工程项目,以发展国民经济。但这些刚刚独立的国家本身资金力量不足,一时拿不出巨额外汇,除一部分依靠"援助"外,还需要发达国家提供出口信贷帮助解决。

(四)经济危机的影响

第二次世界大战后,发达国家的经济危机频繁爆发,西方国家极力想加强出口,以减缓危机带给它们的影响。为此,它们就利用出口信贷和以国家补贴为基础的信贷担保制,对某些国家,特别是发展中国家提供中长期信贷,以促进成套设备及大工程项目的出口。同时,国际上大量游资的存在,借贷资本的长期过剩,石油美元的积存,也为这种出口信贷的发放提供了可能。

四、出口信贷在发达国家对外贸易支持体系中的核心地位

为促进公平竞争与贸易自由化,世界贸易组织认为各国应避免采取不公正的贸易支持手段来发展对外贸易,尤其是不能以倾销和补贴的方式进行竞争。世贸组织对许多只有利于单方面出口的补贴措施是严格禁止的,包括得到官方支持的优惠利率出口信贷。但与此同时,世贸组织又对符合一定规范的出口信贷持"网开一面"的态度。根据世贸组织《补贴与反补贴措施协议》附件《出口补贴解释细则》的 K 条款,如果出口信贷提供方是某官方出口信贷国际协定的成员(该国际协定必须符合一定条件,实际上是指经济合作与发展组织的《官方支持的出口信贷指导原则协定》),或使用的信贷利率符合该协定规定,

则其提供的出口信贷不属禁止之列。因此,各发达国家都视出口信贷为对外贸易促进与支持体系的核心,并把出口信贷作为政府外贸发展战略的重要内容。

在发达国家,通常由专门的出口信贷机构提供出口融资、信贷保险和担保业务,支持本国货物的出口。政府不同程度地参与或干预出口信贷体系的构建和运作,通过财政拨款支持出口信贷机构开展业务。在发达国家,专门的出口信贷机构的体制可分为三种类型:①国家所有制。专门机构代表政府提供各种出口信贷业务,由国家财政提供营运资金。②合股所有制。政府和私人企业共同持股的合股公司,既经营自己的业务,又根据国家授权,提供以国家信誉做担保的出口信贷业务。③私有制。私人全资所有的公司,通过合约形式接受政府委托,代理指定范围的出口信贷业务。不管是以哪一种所有制为基础的出口信贷体系,政府都十分重视监管专门机构的运作和业务,以立法或合约的形式督促它们根据国家利益支持本国货物出口。另外,政府有关部门还十分注意推动专门机构进行业务创新,拓宽业务范围,增加业务品种,以支持本国出口商在国际市场上获取商业机会。

第二节 出口信贷的主要类型

出口信贷是各国政府普遍采用的,通过给予利息补贴和提供出口信用保险或出口信贷担保,鼓励本国银行对本国出口商提供融资支持,以促进本国对外贸易发展的政策性金融工具。对银行来说,在进出口商之间更普遍推行的出口信贷形式有:卖方信贷、买方信贷、福费廷、信用安排限额、混合贷款、签订存款协议、出口信贷保险等。

一、卖方信贷

(一)卖方信贷的含义

卖方信贷(Supplier's Credit)是由出口商向国外进口商提供的一种延期付款的信贷方式。一般做法是在签订出口合同后,进口方支付5%~10%的定金,在分批交货、验收和保证期满时再分期付给10%~15%的货款,其余的75%~85%的货款,则由出口厂商在设备制造或交货期间向出口方银行取得中长期贷款,以便周转。在进口商按合同规定的延期付款时间付讫余款和利息时,出口厂商再向出口方银行偿还所借款项和应付的利息。所以,卖方信贷实际上是出口厂商由出口方银行取得中长期贷款后,再向进口方提供的一种商业信用。

(二)卖方信贷的程序

1. 出口商(卖方)以延期付款或赊销方式向进口商(买方)出售大型机械装备或成套设备。在这种方式下,出口商和进口商签订合同后,进口商先支付 10%~15%的定金,在分批交货验收和保证期满时,再分期付给 10%~15%的货款,其余 70%~80%的货款在全部交货后若干年内分期偿还(一般每半年还款一次),并付给延期付款期间的利息。

2. 出口商办理出口信用保险。

3. 出口商(卖方)向其所在地银行商借贷款,签订贷款协议,以融通资金。

4. 进口商(买方)随同利息分期偿还出口商(卖方)货款后,根据贷款协议,出口商再用以偿还其从银行取得的贷款。

出口商向银行借取卖方信贷,除按出口信贷利率支付利息外,必须支付信贷保险费、承担费、管理费等。这些费用均附加于出口成套设备的货价之中,但每项费用的具体金额进口商不得而知。所以,延期付款的货价一般高于以现汇支付的货价,有时高出 3%~4%,甚至高出 8%~10%。

(三)卖方信贷的条件

由于卖方信贷具有政府贴补、支持本国出口的性质,因此具有较大的优惠,不过,并不是所有的出口商都能够获得卖方信贷的支持,申请该种贷款必须符合一定的条件。除了像经济合作与发展组织(OECD)的"君子协定"那样的国际惯例,各国也大都有其自己的实际规定。例如,在我国申请使用卖方信贷就需要具备下列一些条件。

1. 只有在中国注册的,并且经国家有关部门批准有权经营机电产品和成套设备出口的中国法人企业(进出口企业或生产企业),才有资格申请中国的出口卖方信贷支持。这一点并不难理解,卖方信贷是一种政府支持的出口信贷,当然只会支持本国企业。

2. 我国要求卖方信贷支持的出口产品属于机电产品和成套设备,这是因为我国的外贸政策对出口商品的结构进行了调整,即提高机电产品的比例,降低原材料和初级加工品的比例,希望通过出口信贷的方式促进出口商品结构的优化,这种规定在其他国家并不多见。除此以外,还要求出口商品在中国境内制造的部分一般应占总货值的 70%以上(船舶占 50%以上)。

3. 由于我国希望优先支持大额机电产品和成套设备的出口,因此要求提供出口卖方信贷融资的最低出口合同金额为 50 万美元。而且为了提供交易的安全性,要求进口商所支付的最低现金比例一般不低于合同金额的 15%,同时要求出口商投保出口信用险。

4. 根据经济合作与发展组织"君子协定"的划分,二类国家的出口信贷还款期最长为 10 年。在我国,卖方信贷贷款期限的规定一般也是不超过 10 年。

二、买方信贷

(一) 买方信贷的含义

买方信贷(Buyer's Credit)是出口方银行直接向进口商提供的贷款。在由出口商与进口商所签订的成交合同中规定为即期付款方式,出口方银行根据合同规定,凭出口商提供的交货单据,将货款付给出口商,同时记入进口商偿款账户内,然后由进口方按照与银行订立的交款时间,陆续将所借款项偿还给出口方银行,并付给利息。所以,买方信贷实际上是一种银行信用。

(二) 买方信贷的种类

买方信贷具体分为以下两种。

1. 直接贷款给进口商(买方)。这种买方信贷的程序与做法如下。

(1) 进口商(买方)与出口商(卖方)洽谈贸易,签订贸易合同后,进口商(买方)先缴相当于货价 15%的现汇定金。现汇定金在贸易合同生效时支付,也可在合同签订后的 60 天或 90 天内支付。

(2) 在贸易合同签订后至预付定金前,进口商(买方)再与出口商(卖方)所在地银行签订贷款协议。这个协议是以上述贸易合同作为基础,如果进口商不购买出口商的设备,则进口商不能从出口商所在地银行取得此项贷款。

(3) 进口商(买方)用其借得的款项,以现汇付款条件向出口商(卖方)支付货款。

(4) 进口商(买方)对出口商(卖方)所在地银行的欠款,按贷款协议的条件分期偿付。

2. 直接贷款给进口商(买方)银行。这种买方信贷的程序与做法如下。

(1) 进口商(买方)与出口商(卖方)洽谈贸易,签订贸易合同,进口商(买方)先缴 15%的现汇定金。

(2) 签订合同至预付定金前,进口商(买方)的银行与出口商(卖方)所在地的银行签订贷款协议。该协议虽以前述贸易合同作为基础,但在法律上具有相对独立性。

(3) 进口商(买方)银行以其借得的款项,转贷给进口商(买方),后者以现汇条件向出口商(卖方)支付货款。

(4) 进口商(买方)银行根据贷款协议分期向出口商(卖方)所在地的银行偿还贷款。

进口商(买方)与进口商(买方)银行间的债务按双方商定的办法在国内清偿结算。上述两种形式的买方信贷协议中,均分别规定进口商或进口商银行需要支付的信贷保险费、承担费、管理费等的具体金额,这就比卖方信贷更有利于进口商了解真实货价,核算进口设备成本,但有时可将信贷保险费直接加入贸易合同的货价中。

(三) 买方信贷与卖方信贷的比较

1. 贷款对象不同。卖方信贷是出口商所在地银行贷款给出口商(卖方);而买方信贷则是由出口商所在地银行贷款给进口商(买方)或进口商的银行。

2. 风险大小不同。对银行来说,买方信贷资金的安全性要高于卖方信贷,银行自然愿意做买方信贷。因为在使用卖方信贷的情况下,出口方银行的贷款是直接贷给出口商;而在买方信贷的情况下,出口方银行的贷款可以贷给进口方银行,即使直接贷给进口商,通常也要有进口方银行的担保。在一般情况下,银行的资信当然要高于企业的资信。所以说,买方信贷对银行是有利的。

3. 费用不同。对进口商来说,在使用卖方信贷的情况下,出口方银行直接将款贷给出口商,出口商要承担贷款本息、贷款承担费、管理费以及保险费等费用,这些费用都会计入货价转嫁给进口商,从而影响进口商对货物真实价格的判断。而在使用买方信贷的情况下,进口商以现汇方式支付货款,货价不涉及信贷,对进口商来讲就比较清楚明白。

4. 对企业财务状况的影响程度不同。对出口商来说,在使用卖方信贷的情况下,他是以延期付款的方式将产品出售给进口商,除了要筹措资金、组织生产以外,还会增加其资产负债表中的应收账款项目,从而对其资信产生不利影响。而在使用买方信贷的情况下,出口商能够从进口商那里以现汇方式收得货款,既不会影响其资金周转,也不会因资产负债表中的结构变化而影响其资信。因此,买方信贷比卖方信贷对出口商更加有利。

5. 贷款的货币不同。卖方信贷的币种往往以出口国的本币为主,而买方信贷的币种往往是国际上自由可兑换的货币。

由此可见,买方信贷同卖方信贷相比,对当事人各方都具有比较明显的优点。据统计,目前在西方发达国家中,买方信贷已占整个出口信贷的90%以上,成为出口信贷的主要方式。

当然,买方信贷的发展,也不能完全排除卖方信贷的使用,因为卖方信贷本身毕竟还有一定的方便之处。这就是它牵涉的关系面少,手续较为简便;而买方信贷牵涉的关系面多,手续也较繁杂。所以,有些进出口商在货价比较适合的情况下也采用卖方信贷。

三、福费廷

第二次世界大战后,在资本性货物与设备的对外贸易中,进出口商除利用买方信贷与卖方信贷融通资金外,一种新的中长期资金融通形式——福费廷从 1965 年开始在西欧国家推行。近年来,福费廷在西欧国家和发展中国家的设备贸易中普遍得到发展。

(一)福费廷业务的概念

所谓福费廷(Forfeiting),也称包买票据或票据买断,就是在延期付款的大型设备贸易中,出口商把经进口商承兑的,或经第三方担保的,期限在半年至五六年的远期汇票,无追索权地售予出口商所在地的银行或大金融公司,提前取得现款的一种资金融通形式,它是出口信贷的一个类型。

(二)福费廷业务的主要内容

1. 出口商与进口商在洽谈设备、资本性货物等贸易时,如欲使用福费廷,应事先和其所在地的银行或大金融公司约定,以便做好各项信贷安排工作。

2. 出口商与进口商签订贸易合同,言明使用福费廷。出口商向进口商索取货款而签发的远期汇票要取得进口商往来银行的担保,保证在进口商不能履行支付义务时,由该银行最后付款。进口商往来银行对远期汇票的担保形式有两种:①在汇票票面上签章,保证到期付款,这称为承兑;②出具保函,保证对汇票付款。

3. 进口商延期支付设备货款的偿付票据,可从下列两种形式中任选一种:①由出口商向其签发远期汇票,经承兑后,退还出口商以方便其贴现;②由进口商开具本票寄交出口商,以便其贴现。无论使用何种票据,均须取得进口商往来银行的担保。

4. 担保银行要经出口商所在地银行的同意,如该银行认为担保行资信不高,进口商要另行更换担保行。担保行确定后,进出口商方可签订合同。

5. 出口商发运设备后,将全套货运单据通过银行的正常途径寄送给进口商,以换取经进口商承兑的附有银行担保的承兑汇票(或本票)。单据的寄送办法按合同规定办理,可以凭信用证条款寄单,也可以跟单托收,但不论有证无证,一般以通过银行寄单为妥。

6. 出口商取得经进口商承兑的、并经有关银行担保的远期汇票(或本票)后,按照与买进这项票据的银行或大金融公司的原约定,依照放弃追索权的原则,办理该项票据的贴现手续,取得现款。

(三)福费廷与一般贴现的区别

福费廷业务是出口商所在地银行买进远期票据,扣除利息,付出现款的一种业务。出口商借助这种业务,可及时获得现金,加速资金周转,促进设备的出口。福费廷与贴现极其相似,但又有所不同,其主要的区别在于以下几点。

1. 追索权不同。一般票据贴现,如票据到期遭到拒付,银行对出票人能行使追索权,要求汇票的出票人付款。而办理福费廷业务所贴现的票据,不能对出票人行使追索权,出口商在贴现这项票据时是一种卖断,以后票据遭到拒付与出口商无关。出口商将票据拒付的风险,完全转嫁给贴现票据的银行。这是福费廷与贴现的最大差别。

2. 票据不同。贴现的票据为一般国内贸易和国际贸易往来中的票据,有时有的国家规定必须具备三个人的背书,一般不须银行担保。而福费廷多为与出口设备相联系的有关票据,可包括数张等值的汇票(或期票),且每张票据间隔的时间一般为6个月,同时必须有第一流银行的担保。

3. 手续不同。办理贴现的手续比较简单,办理福费廷业务则比较复杂。

4. 费用不同。贴现的费用负担一般仅按当时市场利率收取贴现息,而办理福费廷业务的费用负担较高,除按市场利率收取利息外,一般还收取下列费用:①管理费,一次性支付。②承担费,从出口商银行确认做福费廷业务之日起,到实际买进票据之日止,按一定费率和天数收取承担费。③罚款,如出口商未能履行或撤销贸易合同,以致福费廷业务未能实现,办理福费廷业务的银行要收取罚款。这些费用虽均由出口商支付,但最后还是通过提高设备项目的货价转嫁给进口商。

(四)福费廷与保付代理业务的区别

福费廷与保付代理业务虽然都是由出口商向银行卖断汇票或期票,银行不能对出口商行使追索权,但是,两者之间还是有区别的。

1. 保付代理业务一般多在中小企业之间进行,成交的多系一般进出口商品,交易金额不大,付款期限在1年以内;而福费廷业务成交的商品多为大型设备,交易金额大,付款期限长,并在较大的企业间进行。

2. 保付代理业务不须进口商所在地的银行对汇票的支付进行保证或开立保函;而福费廷业务则必须履行该项手续。

3. 保付代理业务,出口商不须事先与进口商协商;而福费廷业务则是进出口双方必须事先协商,取得一致意见。

4. 保付代理业务的内容比较综合,常附有资信调查、会计处理、代制单据等服务内容;而福费廷业务的内容则比较单一。

（五）福费廷对出口商与进口商的作用

1. 对出口商的作用。福费廷业务，把出口商给予进口商的信贷交易，通过出口商的票据卖断及时变为现金交易，对出口商来说，这一点与买方信贷相似。此外，福费廷业务尚能给出口商带来下列具体利益。

（1）规避各类风险。办理福费廷后，出口商不再承担远期收款可能产生的利率、汇率、客户信用以及国家局势等方面的风险。

（2）提前办理外汇核销及出口退税。一经银行买断即可出具核销联视同已收汇，客户可提前办理出口退税。

（3）终局性融资便利。福费廷提供的是一种无追索权的中短期贸易融资便利，出口商一旦取得融资款项，就不必再对债务人偿债与否负责。

（4）减少资金占压。在远期收款条件下，办理福费廷业务可使出口商在交货或提供服务后立即得到偿付，从而避免了资金占压。

（5）改善现金流量。应收账款变为当期现金流入，有利于出口商改善财务状况和清偿能力，从而进一步提高筹资能力。

（6）节约管理费用。出口商不再承担资产管理和应收账款回收的工作及费用，还可以大大降低管理费用。

（7）增加贸易机会。出口商能以延期付款的条件促成与进口商的交易，避免了因进口商资金紧缺无法开展贸易的局面。

（8）实现价格转移。可以提前了解包买商的报价并将相应的成本转移到价格中去，从而降低了融资成本。

2. 对进口商的作用。对进口商来讲，由于利息与所有的费用负担均计算在货价之内，一般货价较高。但利用福费廷的手续却较简便，不像利用买方信贷那样，进口商要多方联系，多方洽谈。从这一点来讲，福费廷与卖方信贷很相似。在福费廷方式下，进口商要寻找担保银行对出口商开出的远期汇票进行担保。这时，进口商要向担保银行交付一定的保费或抵押品，其数额依进口商的资信状况而定。

（六）办理福费廷业务应注意的问题

1. 在下列情况下宜选择福费廷。
（1）欲提前办理核销及出口退税。
（2）欲转嫁出口收汇的风险。
（3）应收账款从资产负债表中彻底剔除。
（4）应收账款收回前遇到其他投资机会，且预期收益高于福费廷的全部收费。

(5)应收账款收回前遇到资金周转困难,且不愿接受带追索权的融资形式或增加其他负债。

2. 办理福费廷业务应注意以下事项。

(1)与银行签订正式的福费廷业务协议。

(2)选择资信良好的开证、承兑或担保银行,才有利于通过福费廷业务进行融资并获得有利的融资利率。

(3)在延期付款信用证项下,开证行确认到期日后才能够办理融资手续。

(4)在第三方担保付款的汇票和本票项下,担保银行须在票据上加签,并发出载有确认票据真实性、承兑有效性和担保付款等内容的承诺电文。

(5)福费廷业务不仅适用于大额资本性交易,也适用于小额交易,但金额越小,融资成本越高,客户应在融资成本和福费廷带来的便利之间进行权衡。

(6)按照国际惯例,融资银行在下列情况下保留追索权,如开证行因止付令不能偿付到期票据,出口商涉嫌欺诈。

四、信用安排限额

信用安排限额(Credit Line Agreement)的主要特点是出口商所在地的银行为了扩大本国一般消费品或基础工程的出口,给予进口商所在地的银行以中期融资的便利,并与进口商所在地银行配合,组织较小金额业务的成交。信用安排限额有两种形式。

(一)一般用途信用限额

一般用途信用限额(General Purpose Credit Line),有时也叫购物篮信用(Shopping Basket Credit),在这种形式下,出口商所在地银行向进口商所在地银行提供一定的贷款限额,以满足对方众多彼此无直接关系的进口商购买该出口国消费品的资金需要。这些消费品是由出口国众多彼此无直接关系的出口商提供的,出口国银行与进口国银行常常相互配合,促成交易。在双方银行的总信贷限额下,双方银行均采取中期贷款的方式,再逐个安排金额较小的信贷合同,给进口商资金融通,以向出口商支付货款,较小信贷合同的偿还年限为2~5年。

(二)项目信用限额

在项目信用限额(Project Credit Line)的形式下,出口国银行向进口国银行提供一定的贷款限额,以满足进口国的厂商购买出口国基础设备或筹措基础工程建设资金的需要。这些设备和工程往往由几个出口商共同负责,有时甚至没有一个总的承包者。项目信用限额与一般信用限额的条件与程序相似,不过借款主要用于购买工程设备。

五、混合贷款

(一)混合贷款的含义

混合贷款(Mixed Credit)是在出口信贷基础上发展起来的。混合贷款是指买方信贷或卖方信贷与政府信贷或赠款混合贷放的方式。一些发达国家为扩大本国设备的出口,加强本国设备出口的竞争能力,在出口国银行发放卖方信贷或买方信贷的同时,出口国政府还从预算中提出一笔资金作为政府贷款或给予部分赠款,连同卖方信贷或买方信贷一并发放,以满足出口商(如为卖方信贷)或进口商(如为买方信贷)支付当地费用与设备价款的需要。政府贷款收取的利率比一般出口信贷利率更低,这就更有利于促进该国设备的出口,并可加强与借款国的经济技术与财政合作关系。政府贷款或赠款占整个贷款金额的比率视当时政治经济情况及出口商或进口商的资信状况而有所不同,一般占贷款金额的30%~50%。

(二)混合贷款的特点

1. 政府出资部分占一定比重。混合贷款中如果政府捐赠、贷款的比例不大,则不能显示其优惠作用。因此,经济合作与发展组织(OECD)曾规定凡以优惠条件提供的贷款,无论形式如何,贷款中政府赠与成分均不应低于30%。目前混合贷款中政府出资部分的比例有的高达50%。由于政府贷款受财政预算制约,所以混合贷款的数量与规模都有一定的限制。

2. 贷款条件较商业银行优惠。由于混合贷款中政府赠与、贷款部分占相当比重,因此混合贷款的综合利率相对降低,一般为1.5%~2.5%,期限最长达30~50年,而金额可达合同金额的100%,即借款单位可以全部利用政府贷款进行项目建设,这种条件比出口信贷优越得多。

3. 贷款手续比较复杂。由于混合贷款中有政府资金,所以贷款国在掌握上比较慎重,对项目的选择、评估、使用都有一套特定的程序和要求,较之出口信贷要复杂得多。

(三)混合贷款的形式

西方国家提供混合贷款的形式大致有以下两种。

1. 对一个项目的融资,同时提供一定比例的政府贷款(或赠款)和一定比例的买方信贷(或卖方信贷)。例如,意大利和法国提供的混合贷款中政府贷款占52%,买方信贷占48%;政府贷款(或赠款)和买方信贷分别签署贷款协议,两个协议各自规定其不同的利率、费率和贷款期限等融资条件。

2. 对一个项目的融资,将一定比例的政府贷款(或赠款)和一定比例的买方信贷(或卖方信贷)混合在一起,然后根据赠与成分的比例,计算出一个混合利率。这种形式的混合贷款只签一个协议,其利率、费率和贷款期限等融资条件也只有一种。

六、签订存款便利

存款便利(Deposit Facility Agreement)是指出口商所在地银行在进口商银行开立账户,在一定期限之内存放一定金额的存款,并在期满之前保持约定的最低额度,以供进口商在出口国购买设备之用,这也是提供出口信贷的一种形式。

七、出口信贷保险

出口信贷保险(Export Credit Insurance)是指在国际贸易中,按中长期信贷方式成交后,如果买方不能按期付款,由出口国有关的承保机构负责赔偿。通常商业性风险由私营金融机构承保,而非商业性风险,例如,由于战争、政治动乱、政府法令变更等原因而不能付款的风险,则由官方机构承保。但在有些国家,上述两类风险均归政府承保。目前,主要发达国家都有类似的机构从事这项业务,例如,英国政府设有出口信贷担保局,日本官方有输出入银行,法国有对外贸易保险公司等。美国政府的进出口银行除向国外购买者提供出口信贷外,也对美国出口商提供国外购买者的信贷给予担保。

出口信贷国家担保的业务项目,一般都是商业保险公司所不承担的出口风险。该风险主要有两类:一是政治风险,二是经济风险。前者是由于进口国发生政变、战争以及因特殊原因政府采取禁运、冻结资金、限制对外支付等政治原因造成的损失。后者是因进口商或借款银行破产无力偿还、货币贬值或通货膨胀等原因所造成的损失。承保金额一般为贸易合同金额的75%~100%。出口信贷国家担保制是一种国家出面担保海外风险的保险制度,收取费用一般不高,随着出口信贷业务的扩大,国家担保的出口信贷保险也日益加强。

近十几年来,我国的出口买方信贷保险业务发展迅速。1993—1999年,我国出口买方信贷保险承保金额累计为7.26亿美元。2000年,我国出口买方信贷保险承保额突破3亿美元。2014年我国出口买方信贷保险承保额达到958亿美元,支付赔款近4亿美元。中国出口信用保险公司利用其在出口信贷领域中的政策性地位,发挥主导作用,使出口信贷业务得到了快速发展。

第三节　出口买方信贷

一、买方信贷的特点和优势

买方信贷,顾名思义就是由贷款银行直接向国外买方(进口商、进口国政府机构或银行)提供贷款,使国外进口商得以即期支付本国出口商货款的一种融资方式。买方信贷的特点和优势主要有以下几点。

第一,买方信贷能提供更多的融通资金。卖方信贷与买方信贷在出口信贷中利用较多。从卖方信贷的历史来看,出口商首先以赊销或延期付款的方式出卖设备,由于资金周转不灵,才由本国银行给予资金支持,即交易的开端首先从商业信用开始,最后由银行信用给予支持。最近20年来,国际上成套设备及大型工程项目的交易增加,且金额大、期限长,而由于商业信用本身存在的局限性,出口商筹措周转资金面临困难,因此,由出口商银行出面直接贷款给进口商或进口商银行的买方信贷,迅速发展起来。买方信贷属银行信用,由于银行资金雄厚,提供信贷能力强,高于一般厂商,故国际上对买方信贷的利用大大超过卖方信贷。

第二,买方信贷对进口方的有利因素。首先,采用买方信贷,作为买方的工业及外贸部门可以集中精力谈判技术条款(设备质量、效能、交货进度、技术指标等)及商务条件(价格、付款条件等);而信贷条件则由双方银行另行协议解决。由于合同系按现汇条件签订,不涉及信贷问题,可以避免因信贷因素掺杂在内而使价格的构成混淆不清。其次,由于对出口厂商是用即期现汇成交,在货价的确定上舍弃利息因素的考虑,就物论价,而一般进口商对商品属性、商品规格、质量标准及价格构成又较熟悉,这就使进口厂商在贸易谈判中处于有利地位。最后,办理信贷的手续费用系由买方银行直接付给出口方的银行,费用多寡由双方协商规定,较之卖方信贷的手续费(由出口厂商直接付给出口方银行,但计入货价转嫁给买方)较低廉。

第三,买方信贷对出口方的有利因素。首先,使用卖方信贷方式时,出口厂商既要组织生产,按合同要求的条件组织交货,同时又要筹集资金,考虑在原始货价之上,以何种幅度附加利息及手续费等问题。而采用买方信贷是收进现汇,不涉及信贷问题,可以集中精力按贸易合同规定的交货进度组织生产。其次,按照西方国家法律,如英国,工商企业每年要公布一次该企业的"资产负债表"。使用卖方信贷,在公布其资产负债表时,反映出企业保有巨额应收账款,就会影响其资信状况及其股票上市的价格;而使用买方信贷则可避免出现这种情况。最后,那些金额大、期限长的延期付款会影响出口商资本周转的速度,而使用买方信贷,出口商交货后,立即收入现汇,可加速其资本周转。

第四,买方信贷对银行的有利因素。买方信贷的发展也与出口商银行减轻风险的考虑及其新作用有关。一般来讲,贷款给国外的买方银行,要比贷款给国内企业的风险相对小些,因银行的资信一般高于企业,故出口方的银行更愿承做买方信贷业务。此外,买方信贷的发展也是银行万能垄断者作用加强的必然结果。第二次世界大战后,银行的新作用之一就是帮助企业推销产品,出口国银行提供买方信贷,既能帮助出口厂商推销产品,又能加强银行对该企业的控制,同时还可以为银行资金在国外的运用开拓道路。

第五,买方信贷方式由于是由贷款银行直接承担进口国的国家风险和境外借款人的信贷风险,因此从贷款操作上涉及问题较多,例如,根据出口国国别风险投保出口信用险、对境外借款人进行资信审查、贷款协议采用第三国法律和国际融资方式等,贷款程序相对比较复杂,办理时间较长。一般买方信贷适用于融资金额相对较大、资金占用时间较长的产品,即大型机电产品和成套设备等资本性货物的出口。

二、政府参与买方信贷的方式和角色

出口信贷具有很强的政府背景,各国政府往往都积极参与出口信贷业务并且在其中发挥至关重要的作用。从这个意义上讲,出口信贷其实就是政府干预经济生活的一种重要手段。因此要分析买方信贷,就必须着重分析各国政府在出口信贷中所扮演的角色,以及各国政府之间在经过长期协商后就出口信贷问题所达成的主要协议。

(一)政府的参与方式

政府参与出口信贷的方式主要有以下两类。

第一,是政府成立出口信贷机构(Export Credit Agency, ECA)。例如,美国的进出口银行(Export-Import Bank of United States)、法国的法兰西外贸银行等,由出口信贷机构直接向贸易双方提供融资。这种是政府直接介入的方式。

第二,是由私营金融机构向贸易双方提供融资,而由政府的 ECA 以保险、担保和利息贴补等方式来减少私营机构可能遭受的政治风险和商业风险。这种是政府间接介入的方式。

政府在出口信贷业务中采用哪种参与形式,需要根据具体情况加以确定。一般来说,在私营机构不愿或没有能力提供融资,而政府从国家利益出发考虑有责任办理的情况下,政府可以采用直接介入的方式;如果政府通过保险、贴息等间接手段就可以促成私营金融机构提供贷款,那么就可以采用间接介入的方式。

在实践中,不少国家的出口信贷机构在出口信贷业务中是把直接方式和间接方式结合在一起的。

(二)政府参与买方信贷的角色

根据具体参与方式的不同,政府在出口信贷中可以扮演不同的角色。

1. 政府作为贷款人。作为贷款人,政府往往由其出口信贷机构出面直接向进出口贸易双方(或其银行)提供贷款,用以支持大宗产品或资本性设备的出口。这种由政府直接提供的贷款通常具有比较优厚的条件,如期限长、利率优惠甚至固定。美国进出口银行对购买大型资本性设备的进口方提供偿还期在5年以上的买方信贷就属于这类贷款。

除了直接贷款以外,政府的出口信贷机构或中央银行还可以通过再融资的方式提供贷款,即在商业银行给进出口商提供出口信贷以后,再由商业银行到出口信贷机构或者中央银行办理再贷款或者票据贴现。

2. 政府作为担保人。除提供贷款以外,由出口信贷机构为商业银行的出口信贷提供担保,这是政府对出口信贷提供支持的一种重要做法。因为出口信贷一般具有较大的风险,商业银行在缺乏有力担保的情况下通常不愿意提供贷款,但如果有政府的出口信贷机构提供担保,商业银行就要放心得多。

3. 政府作为利差补贴人。出口信贷的一个特点就是利率一般低于相同条件商业贷款的市场利率。因为出口信贷所支持的大宗产品和资本性设备出口,对于一国经济具有较大的影响,所以各国(尤其是西方发达国家)竞相以低于市场水平的优惠利率向外国进口商或者本国出口商提供中长期出口信贷,出口信贷的低利率与市场利率之间的差额则由政府补贴。20世纪80年代以后,各国意识到,一味地竞相增加出口补贴并不是办法,而应该努力达成国际协定,共同降低补贴水平。目前,发达国家在这方面已经取得了较大的进展,"君子协定"中所规定的利率与市场利率逐渐接近,从而大大降低了补贴水平。

4. 政府作为保险人。出口信贷金额大、期限长、风险高,因而私人保险机构往往不愿对出口信贷的风险承保,或者收取比较高的保费。因此,各国政府就开始出面设立国家信贷保险机构,开展信贷保险业务,或者委托私营的保险机构办理此项业务,而由国家承担经营损失。目前,发达国家几乎都设有出口信贷保险机构,如英国的出口信贷保证局、瑞士的出口风险保证部、意大利的国家信贷保险公司等。

政府作为出口信贷的保险人,所承保的风险包括商业性风险和非商业性风险,而且以非商业性风险(如中长期政治风险)为主。

三、《伯尔尼联盟协定》和"君子协定"

出口信贷确实能够在一定程度上加强一国出口产品的国际竞争能力,达到促进出口的目的。但随着国际市场上竞争的不断加剧,发达国家竞相提供更加优惠的出口信贷条件,结果不仅激化了各国之间的矛盾,还大大增加了各国出口信贷补贴的开支。经过一段时间各国逐渐意识到,在出口信贷优惠条件上的一味竞争是有害的,于是各国政府开始试图在这一领域寻求合作和协调。

在经过长期的讨价还价之后,国际上先后就出口信贷问题达成了一系列协议,最主要的有1953年的《伯尔尼联盟协定》和1978年经济合作与发展组织(OECD)《关于官方支持的出口信贷的指导原则协议》(Arrangement on Guidelines for Officially Supported Export Credit,即"君子协定")。这两个主要协议就提供出口信贷应遵循的基本原则和贷款条件做出了若干规定,在实践中具有相当大的指导意义。

(一)《伯尔尼联盟协定》

伯尔尼联盟(Berne Union)建立于1934年,目前有37个成员,包括29个官方出口信贷机构或政府部门和8个私人保险公司。在1953年的《伯尔尼联盟协定》中,成员们同意对提供出口信贷的条件给予以下限制:对资本性货物提供出口信贷的最长期限为5年,并且要求给付至少20%的定金(此规定在1961年后仅适用于卖方信贷)。目前,伯尔尼联盟在国际出口信贷业务中占据着重要的技术地位而非管理地位,并且在成员之间发挥联络和沟通信息的作用。

(二)"君子协定"

从20世纪60年代起,经济合作与发展组织(以下简称经合组织)开始处理出口信贷事务,以协调各成员国的出口信贷政策。在经合组织处理出口信贷和出口信贷保险事务永久性工作小组的主持下,先后于1969年通过了有关对造船业给予融资条件的协议(13个国家),于1976年通过了"一致意见"(6个主要国家)。在"一致意见"被大多数经合组织成员国接受以后,在此基础上达成的"君子协定"终于在1978年2月出台。这虽然是一个正式的协定,但并没有强制力,其效力来源于成员国在道义上的承诺,这就是为什么该协定被称做"君子协定"的原因。由于经合组织成员国是世界上最发达的国家和地区,在全球经济事务中具有非常大的发言权,因此"君子协定"在实践中的影响和效力是非常大的。目前,参加"君子协定"的国家已经达到22个(囊括了几乎所有的发达国家),而且不仅参加"君子协定"的国家基本上按照其规定办理出口信贷,就是一些没有参加"君子协定"的国家在办理出口信贷时也往往参照其规定行事。

"君子协定"最重要的内容就是:出口信贷的贷款条件(如利率、偿还期、宽限期等)不是由市场决定的,也不是由各国政府决定的,而是由经合组织的"君子协定"所规定的。也就是说,各成员国在提供出口信贷时,信贷条件只能低于或等于"君子协定"的规定,而不能超越"君子协定"的规定。在具体内容上,"君子协定"主要在支付条件、偿还期限、商业参考利率、贷款起始日、承诺期等几方面做出了详细规定。

下面是"君子协定"中有关买方信贷的一些基本条款。

1. 专款专用。买方信贷是以促进出口为目的的优惠性政策贷款,所以,贷款方一定会要求进口商将这笔款项用于购买贷款银行所在国制造的货物。这一贷款用途限制是严格的。

2. 贷款比例。出口国银行所提供的贷款额占该项进口所需资金的比例越大,表明买方信贷越优惠。"君子协定"把该比例最高额限定在85%,所以,进口商至少要自筹15%的货款。

3. 定金。"君子协定"中要求15%现汇作为定金付给出口商,而且合同中常常要求,只有此定金付清,才能提取贷款用于支付货款。

4. 利率。合同中对利率将有详细约定。"君子协定"将不同的国家进行了区分,划分为低收入、中等收入、富有三类,并分别规定了利率的最低限。

5. 还款期。这也是重要的条款。"君子协定"按不同种类的标的和金额的大小,对还款期也做了规范。

6. 费用。包括,但不限于:管理费、承担费、保险费等。该费率合同中应有约定,承担费用的人一般是进口商,有时也不排除出口商承担一些信贷业务中的费用。

第四节 我国的出口信贷

一、我国的出口信贷制度和做法

目前,所有的发达国家和一些发展中国家均给予国外进口商以优惠的出口信贷用以进口本国的设备,并对出口信贷给予国家担保。出口信贷的利差与出口信贷的风险,完全由国家负担,以利于本国产品出口,增强海外竞争能力。为了改善我国的出口商品结构,扩大机电产品的出口,在国家有关政策的指导下,中国银行于1980年开办了出口卖方信贷业务,即对我国机电产品的出口单位发放政策性低利贷款。1983年曾试办过出口买方信贷,即对购买我国机电产品的国外进口商发放贷款。1994年我国成立了归口办理出口信贷业务的政策性银行——中国进出口银行,它除办理出口卖方信贷、出口买方信贷和出口福费廷业务外,还办理保险担保、我国政府对外优惠贷款、进口买方信贷、转贷外国政府贷款和项目评估审查业务等。中国进出口银行的建立与业务的开展,标志着我国初步形成了一个出口信贷体制。

(一) 出口卖方信贷

出口卖方信贷的贷款对象、贷款范围、借款条件、贷款金额、贷款利率及申请贷款应提供的报表和资料如下。

1. 贷款对象。具有法人资格、经国家批准有权经营机电产品出口的进出口公司和生产企业。

2. 贷款范围。凡出口成套设备、船舶及其他机电产品,合同金额在50万美元以上,并采用1年以上延期付款方式的资金需求,均可申请使用。

3. 借款条件。借款条件有:①借款企业经营管理正常,财务信用状况良好,有履行出口合同的能力,有可靠的还款保证并在有关银行开立账户;②出口产品一定属于机电产品或成套设备类型;③出口产品在中国制造部分符合我国出口原产地规则的有关规定;④进口商以现汇即期支付的比例,原则上船舶贸易合同不低于合同总价的20%,机电产品和成套设备贸易合同不低于合同总价的15%;⑤出口项目符合国家有关政策和企业法定经营范围,经有关部门审查批准,并持有已生效合同;⑥出口项目经营效益好,换汇成本合理,各项配套条件能够得到落实;⑦合同的商务条件在签约前征得中国进出口银行同意;⑧进口商资信可靠,并能提供中国进出口银行可接受的国外银行付款保证或其他付款保证。

4. 贷款金额。最高不超过合同总价(或出口成本总值)减去定金。

5. 贷款利率。根据中国人民银行有关规定,执行优惠利率。

6. 申请贷款应提供的报表和资料。在正式提交书面申请并填交有关表格和用款、还款计划后,还应提供的报表和资料有:借款单位近3年的资产负债表和损益表;有关部门对出口项目的批准书;出口项目可行性报告;出口合同副本;国内供货合同副本;投保出口信用险的意向书或保单;还款担保书或抵押协议。

中国进出口银行受理借款单位申请后,按银行规定的贷款条件进行贷前调查和评审,经过银行的项目评审委员会审批同意后,银行与借款单位即签订书面贷款合同。

(二) 出口买方信贷

出口买方信贷的贷款对象、贷款范围、贷款条件、贷款金额、贷款期限、贷款利率及费用如下。

1. 贷款对象。中国进出口银行认可的国外进口商或进口商的银行。

2. 贷款范围。贷款限于购买中国的成套设备、船舶或其他机电产品。

3. 贷款条件。使用买方信贷的贸易合同,应具备以下条件:设备贸易合同金额不低于 100 万美元;成套设备的中国制造部分不低于 70%,船舶不低于 50%,否则适当降低贷款金额;船舶合同进口商以现汇支付的比例不低于贸易合同总价的 20%,成套设备合同不低于 15%;贸易合同必须符合双方政府的有关政策规定,取得双方政府颁发的进出口许可证及进口国外汇管理部门同意汇出本息及费用的证明;根据中国人民保险公司的规定,办理出口信用保险。

4. 贷款金额。船舶项目不超过贸易合同总价的 80%,成套设备项目不超过 85%。

5. 贷款期限。贷款期限为自贷款协议签订之日起至还清贷款本息之日止,一般不超过 10 年。

6. 贷款利率。根据优惠原则,参照经合组织出口信贷利率水平确定。

7. 费用。除利息外,还要收取管理费与承担费。

(三) 出口福费廷业务

我国进出口银行已开始试办出口福费廷业务。现将我国机械设备出口商通过中国进出口银行做福费廷业务的程序与步骤做以下简要介绍。

1. 机械设备贸易中,如欲采用福费廷形式,国内设备出口单位应事先同中国进出口银行取得联系,将交易的有关情况,如进口商名称、进口商所属国别、合同金额、延付期限、开证行、承兑行或担保行、预计签订合同时间、预计交货时间等,书面提交给中国进出口银行。

2. 中国进出口银行在审查上述资料及情况后,如认为可行,则提交给设备出口商一个参考折现率报价,以便出口商测算出口合同的设备报价。

3. 设备出口单位向中国进出口银行提交正式委托书,委托出售福费廷交易中进口商开出并加担保的本票(或出口单位开出,经进口商承兑并加担保的汇票)。

4. 中国进出口银行向设备出口商提交购买票据的正式报价。

5. 设备出口商若同意中国进出口银行的报价,应给予正式书面答复,并提交有关合同副本、信用证副本、提单副本以及汇票或本票。

6. 中国进出口银行将买断票据款划拨到设备出口商的账户上。

(四) 三种出口信贷形式的比较

出口卖方信贷、出口买方信贷和出口福费廷都是促进我国机电产品出口的信贷方式,对我国设备出口单位来讲,究竟选择哪种方式对它们更有利呢?这就有必要分析一下各种方式本身的特点及其利弊。

1. 出口卖方信贷。其利弊可分析如下。

出口卖方信贷的贷款条件与做法对出口商有利的方面是：①贷款利率固定，对出口商来讲无利率波动风险；②贷款利率得到有关部门贴补，低于市场利率，由出口单位与本国发放信贷银行办理手续，情况易于掌握，手续相对简便。

对出口单位不利的方面为：①贷款条件比较严格；②由于以延期付款方式出卖设备，故存在汇率波动风险；③由于存在着较大金额的应收账款，恶化了资产负债表的状况，不利于出口单位的有价证券上市；④贸易合同的设备货价与筹资成本混在一起，不利于贸易合同的商务谈判。

2. 出口买方信贷。其利弊可分析如下。

出口买方信贷对出口商有利的方面是：①设备贸易合同的付款条件为即期付款，有利于改善出口单位资产负债表状况，降低其汇率波动风险；②贷款合同与贸易合同分别签订，有利于出口单位核算设备货价成本，集中精力执行商务合同；③贷款利率参照OECD商业参考利率，贷款协议有效期内利率固定，有利于进口商的成本核算，进口商乐于接受，从这个角度讲有利于出口商设备市场的开拓。

对出口单位不利的方面为：①发放贷款的起点较大（100万美元），不利于我国工艺技术水平较低的中小设备项目的出口；②出口单位要投保出口信用险，保险资费水平根据进口商（或银行）所在国家不同，费率高低也不同，从而增加了出口单位的成本开支；③贷款手续烦琐，牵涉到的当事人多，国际资金融通的法律问题也较复杂；④贸易合同能否顺利签订与执行对贷款合同的签订与执行的依赖程度较大。

3. 出口福费廷。其利弊可分析如下。

出口福费廷的贷款条件对出口单位有利的方面是：①票据及时卖断有利于出口单位免除信贷风险与外汇风险；②有利于出口单位资产负债表状况的改善，以及有价证券上市；③融资银行买断票据的起点和出口单位出口的商品无严格明确的规定，使出口单位有较大的灵活性，有利于出口市场的开拓。

对出口单位不利的方面为：①费用较高；②交货时间与贸易合同签订时间相距较长，融资银行难以报出折现率，出口单位难于进行准确的对外报价；③融资银行一般不愿接受5年以上远期票据的买断。

二、我国出口信贷体系存在的问题

进入21世纪，中国将进一步融入以世贸组织为基础的世界经济发展主流，国内许多行业包括对外贸易将面临新的机遇和挑战。在世贸组织的"游戏规则"下，政府应如何促进和支持出口贸易，是新世纪外贸发展战略必须研究和解决的问题。

虽然在1994年我国已成立了专门的出口信贷机构——中国进出口银行，以政策性金融手段支持出口，推动我国外经贸事业的发展，但是从目前的情况看，仍存在一些问题，严重制约着我国出口信贷体系的进一步完善。这些问题主要有：①中国进出口银行的定位缺乏立法保证。虽然从设立的初衷和目前的情况看，进出口银行发挥着我国官方出口信用机构的作用，但至今国家没有立法确立中国进出口银行的地位，导致出口信贷体系发展模式不明确、政策性金融资源配置分散、对出口支持力度不够等一系列问题。②出口信贷体系不完善。在我国还没有形成以官方出口信贷机构为主导，其他商业性金融机构共同参与的出口信贷体系。③出口信贷业务多头经营，相互重叠。目前，中国进出口银行经营出口信贷融资业务、信贷保险和担保业务，中国人民保险公司经营出口信贷保险业务，中国银行经营出口信贷融资业务。三家机构各自为政，业务设置重叠，造成不必要的竞争。④缺乏业务创新。政府有关部门及出口信贷机构对发达国家业务及发展趋向缺乏深入的研究，出口信贷业务只能用于支持资本性货物出口的旧观念还没有彻底改变，使出口信贷支持外经贸发展的作用没能充分发挥。

三、完善我国出口信贷体系的建议

在新世纪，我国外贸事业要取得突破性的发展，实现从外贸大国到外贸强国的提升，其中重要的一步是必须优化出口商品结构，提高出口商品的国际竞争能力。机电产品和高新技术产品出口项目一般金额大、支付周期长，面对强大的竞争对手，特别需要得到融资支持和信贷风险保障。与此同时，我国"一带一路"倡议的实施，也对银行以出口信贷和国际贸易融资为主的传统支持模式提出挑战，不少项目金额大、周期长，项目所在国大部分是发展中国家，对银行风险防范能力提出极大考验。因此，借鉴发达国家的成熟经验，进一步完善我国出口信贷体系已刻不容缓。具体建议如下。

第一，通过立法形式明确中国进出口银行为官方出口信用机构。目前，中国出口信贷体系问题受制于中国进出口银行的定位问题，要进一步完善出口信贷体系，必须尽快通过立法形式确立中国进出口银行为我国官方出口信贷机构，并使其成为出口信贷体系的核心。出口信贷属特殊的范畴，既不能用一般商业银行的法律来约束，也不适用于商业保险法。世界上发达国家都制定专门法规约束出口信贷机构的行为，规范其职能、经营方式、业务范围、资金来源、组织结构、与国家政府的关系等。

第二，构建以官方出口信贷机构为主导，商业金融机构共同参与的出口信贷体系。我国目前仍处于社会主义市场经济的初级阶段，金融市场发育不成熟，在一段较长的时间内，政府对经济的干预相对大些，以弥补市场机制的缺失。所以，中国进出口银行应在我国出口信贷中起主导作用，充分发挥政策性金融的功能，促进与支持出口。

另外，国家财政资金是有限的，远不能满足出口信贷市场的需求，引导商业金融机构的资金流向出口信贷是官方出口信贷机构的重要任务。因此我国进出口银行应借鉴大多数发达国家官方出口信贷机构的做法，以提供符合"游戏规则"的利息补贴、出口信贷保险和再保险、出口信贷担保等方式适度承担信贷风险，吸引商业金融机构参与出口信贷，大力支持我国产品出口。

第三，实现出口信贷、出口信贷保险和担保的协调设置。为了使我国出口信贷体系能规范、有效地运作，首先必须尽快解决目前三家机构各自为政，业务设置重叠的问题。研究表明，发达国家业务设置模式经历了一个由集中经营到适度分散的过程，早期的官方出口信贷机构既从事直接贷款业务，又从事出口信贷保险和担保业务。在贷款业务中，既提供短期贷款，又提供中长期贷款，而在保险和担保业务中不但兼做短期和中长期业务，还同时承保商业风险和政治风险。然而，随着世界经济的发展、金融市场的完善和私人金融与保险机构的壮大，大部分国家逐渐把多种出口信贷业务商业化，如从事短期业务、直接贷款业务、出口信贷商业风险的保险业务等。

第四，加强对有关出口信贷的国际组织与国际协定的研究。经济合作与发展组织的《官方支持的出口信贷指导原则协定》在世界出口信贷领域中发挥着极其重要的作用，其职能近似世贸组织的部分职能，如为成员提供处理各协定和有关事务的谈判场所、准备框架草案、采取各种措施努力实现各项协定、协议的目标等。因此，只有深入研究《官方支持的出口信贷指导原则协定》等有关国际协定，才能发展规范的出口信贷业务。

第五，加大业务创新力度，拓宽对外贸易出口的支持范围。近十几年来，发达国家的出口信贷业务有了很大发展，在原来买方信贷和卖方信贷的基础上，又拓展出许多新业务品种，如项目融资、海外投资保险、外汇汇率波动保险、海外市场开发险等。中国进出口银行应借鉴发达国家的经验，彻底突破出口信贷业务只能用于支持资本性货物出口的旧观念，尽快推出用于支持劳务、技术、资本等出口的新业务品种。

案例

中国飞机租赁持续获得欧洲出口信贷机构支持

中国最大的独立经营性飞机租赁商——中国飞机租赁集团控股有限公司（简称"中国飞机租赁"，股票代号 01848. HK）宣布于 2015 年 8 月 3 日在德国汉堡空客基地顺利向印度航空有限公司（简称"印度航空"）交付第三架全新 A320

飞机。

此次交付为中国飞机租赁与印度航空签订五架全新A320飞机租赁协议的第三架,租赁协议为期12年,前两架A320飞机分别于2015年2月3日及7月9日成功交付。为配合印度航空优化升级其原有的A320/A319机队计划,余下的两架飞机将于年内完成交付。交付的飞机为77吨的最大起飞全重,具备RNP AR运行能力并配有高2.4米鲨鳍小翼,可以显著降低飞机燃油油耗及减少排放达4%,机舱选用的是Dragonfly Z85新款轻型座椅。

贯彻之前两架已交付印度航空飞机的融资安排,中国飞机租赁为此架交付印度航空的飞机再度取得欧洲出口信贷机构(ECA)融资担保贷款。这是集团成功完成的第三个由英国出口信贷(UK Export Finance)为ECA主理交易机构的ECA担保贷款项目。这次ECA贷款项目由法国东方汇理银行(Credit Agricole Corporate & Investment Bank)为集团融资顾问;Vedder Price 为集团代表交易律师;TD Bank, N.A. 为贷款方;TD Securities 为联席安排行;ING Capital LLC 担任联席安排行及贷款代理;Wilmington Trust SP Services (Dublin) Ltd 为证券托管人;以及Watson Farley & Williams LLP 为ECA、贷款方及贷款代理代表交易律师。

中国飞机租赁已与ECA建立了稳固合作关系,并获得这个重要国际信贷机构对本集团信贷状况的信任和肯定。ECA担保贷款有助于集团巩固并加强市场覆盖和提升竞争力,并为中国飞机租赁的全球业务拓展战略开展多元的国际融资渠道。中国飞机租赁与印度航空的合作建立了良好开端,期望未来能将此合作模式推展至更多海外客户。中国飞机租赁感谢所有参与此担保贷款项目的三家ECA机构的全面支持,以及各个专业团队对该项目付出的努力。

中国飞机租赁的机队由52架现役的空客和波音飞机组成,平均机龄低于2.5岁,集团的客户群包括中国及亚洲地区顶尖的航空公司,以及新成立的内陆支线航空公司。2014年12月,中国飞机租赁签订了100架空客A320系列飞机的大额订单,包括74架A320neo飞机,创下中资企业单一客户飞机数量最大的一笔订单,并将其订单总量累积至140架A320系列飞机,进一步助推中国飞机租赁为客户提供量身定制的飞机全生命方案的策略。集团现正走向国际化舞台,推进开发海外市场的目标,旗下专业的海外团队拥有丰富的国际市场经验,具备交付飞机给全球市场的能力,从而支持中国飞机租赁的全球化发展态势。中国飞机租赁陆续向印度航空交付飞机,持续得到欧洲出口信贷机构融资担保贷款支持,以及最近与澳门航空及土耳其飞马航空签订租赁协议,都展示了集团在国际业务的发展步伐。

资料来源:中国民用航空网,2015-08-06。

思考题与练习题

1. 掌握下列概念:出口信贷　卖方信贷　买方信贷　福费廷　信用安排限额
2. 出口信贷是如何产生的？出口信贷的主要特点与类型是什么？
3. 买方信贷的贷款原则与贷款条件。
4. 买方信贷与混合贷款的具体做法。
5. 如何才能用好外国提供的买方信贷？
6. 我国出口信贷的现状是怎样的？你认为存在哪些问题？
7. 对完善我国出口信贷体系你有哪些建议？

第五章 国际银行信贷

国际银行信贷是国际信贷业务中一种非常重要的形式，在当前使用得非常广泛，在整个国际信贷业务中占有适当的比例。本章概括介绍了国际银行信贷的概念、特点和种类，并且着重介绍了国际银团贷款和国际抵押贷款两种贷款方式。其中需要重点掌握的有：国际银团贷款的概念、信贷条件及程序，抵押贷款的概念、特点及抵押权的执行和优先顺序。

学习要点

International Banking Credit is one kind of extremely important form in the international credit service. It is extremely widespread in the current use, and occupies the suitable proportion in international credit service. In this chapter, we can learn about the definition, characteristics and different types of International Banking Credit. And this chapter emphatically introduces the international syndicated loan and the international mortgage loan. Among these, we should master the definition, credit terms and program of syndicated loan and the definition, characteristics and reimbursed priority of mortgage loan.

第一节　国际银行信贷概述

一、国际银行信贷的概念

国际银行信贷(International Banking Credit)是一国独家银行或一国(多国)多家银行组成的贷款银团,在国际金融市场上,向另一国借款人提供的不限定用途的货币贷款。这一概念包含以下几层含义。

第一,国际银行信贷是在国际金融市场上进行的。国际金融市场有传统的国际金融市场和新型的国际金融市场两种。其中,新型的国际金融市场是指在20世纪70年代末期在西欧各国形成的欧洲货币市场。目前,欧洲货币市场已发展成为世界上规模最大的国际金融市场,也是国际银行信贷活动的主要场所。

第二,国际银行信贷是在某国银行或贷款银团与他国借款人之间进行的借贷活动,即国际银行信贷的贷款人与借款人分属不同的国家,是不同国家的法人。银行信贷的当事人有债务人与债权人两方面。债务人是世界各国的借款人,包括银行、政府机构、公司企业、国际机构;债权人则是外国的大商业银行。贷款银行可以是独家的,也可以是由多家银行组成的贷款银团。

第三,国际银行信贷是采取货币资本(借贷资本)形态的国际信贷关系,并且国际银行信贷中使用的货币一定是可自由兑换的货币。目前,世界上有150多种货币(纸币),但大约仅有40多个国家的货币可自由兑换,大多数国家的货币不能自由兑换,因而不能充当国际信贷使用的货币。现在,在国际经济中经常使用的只有十几种货币,它们既充当国际计价、结算与支付货币,同时也充当世界各国的官方储备资产,事实上发挥着世界货币符号的作用。国际商业银行信贷所采用的货币资本形式,也仅以能发挥世界货币符号职能的这十几种货币为限,其中主要有美元、欧元、日元、英镑、瑞士法郎等。

第四,国际银行信贷大多是不限定用途的货币贷款,通常也把这种不限定用途的货币贷款称为自由外汇贷款。国际商业银行信贷有的在提供时指定用途,即与商品出口相联系或与一定的工程项目相联系,这种与商品出口和工程项目相联系的银行信贷称为项目贷款。

二、国际银行信贷的种类

按不同的分类标准,国际银行信贷可分为不同的种类。

(一)按期限分类

国际银行信贷按期限分类可以分为短期银行信贷和中长期银行信贷。这种划分方法与国内银行对企业的放款相似。一般短期为1年以下,中期为1~7年,长期为7年以上。

1. 短期银行信贷(Short-term Credit)。短期银行信贷的借贷期限不超过1年,银行充当中介人或贷款人的角色。短期银行信贷按借贷双方当事人来分,有下列两种情况:银行与银行之间的信贷;银行对非银行客户(包括企业、政府机构等)的信贷。银行与银行之间的信贷属于银行之间的同业拆借,它在短期信贷中占主导地位。事实上,银行在从非银行客户那里吸收资金,在到达最终借款人之前,往往要经过多次的银行同业拆借。同业拆借业务具有以下特点。

(1)交易期限短。由于同业拆借主要用于银行的头寸调整,故其期限都比较短,最短的仅仅是隔夜,多则一周或3个月,最长的不超过1年。

(2)交易金额大。由于同业拆借是在银行间进行的,故其每笔交易金额都比较大,如伦敦同业拆借市场的每笔交易以25万英镑为最低限额。

(3)交易手续简便。由于银行的信用一般都比较高,所以银行同业拆借通常不需要签订协议,也不需要提供担保品,而是仅以电话联系就可以完成交易。

(4)交易利率的非固定性和双向性。交易利率的非固定性是指银行同业拆借的利率随市场利率的变化而变化,不采用固定利率。交易利率的双向性是指同业拆借利率有拆进利率和拆出利率之分,拆进利率表示银行愿意拆进资金的利率,拆出利率表示银行愿意拆出资金的利率,通常拆进利率低于拆出利率。

2. 中长期银行信贷(Intermediate and Long-term Credit)。中长期银行信贷的借贷期限在1年以上,一般为2,3,5,7,10年,甚至10年以上,借款人有银行、企业、政府机构以及国际机构等。借贷双方一般都要签订书面的贷款协议,对贷款的有关重要事项详加规定,以便双方共同信守;有的贷款还有借方国家的主要金融机构或政府提供担保。如果借款金额大、时间长,贷款方往往需要有几家、十几家,甚至数十家不同国家的银行组成银行集团(简称银团),通过其中一家或几家银行牵头共同向借款人提供贷款。目前,这种银团贷款已成为国际中长期信贷的主要方式。

由于中长期贷款期限较长,利率的趋势较难预测,借款人和贷款人都不愿承担利率变化的风险,因此,通常采用浮动利率,即每3个月或半年根据市场利率的变化进行一次调整。双方确定利率时,大多以伦敦银行同业拆借利率(LIBOR)为基础,再加一定的加息率为计算标准。

(二)按贷款对象划分

国际银行信贷按贷款对象划分可分为:对企业放款、银行间放款、对外国政府机构及国际经济组织放款。

1. 对企业放款。对企业放款是指国际银行信贷的借款人为各国企业。随着国际贸易的不断扩大,各国企业的进出口业务大量增加,对外资金需求总量也急剧增加。而国内银行因各种原因一时无法满足用汇企业的全部需要,客观上促使企业把筹措外资的对象转向国际商业银行。同时,一部分国外银行为促进所在国出口的扩大,采用买方信贷的方式主动向进口国企业提供贷款,这是造成国际商业银行对企业放款的重要原因。

2. 银行间放款。银行间放款的借贷双方均为银行。自20世纪80年代以来,各国商业银行间的直接融资越来越多,规模也越来越大。这一方面是加强国际金融合作的需要,另一方面也是因为银行间的借贷较之其他借贷更加安全可靠,风险较小。国际银行借贷不但满足了各国商业银行在支持本国经济发展中对外汇头寸调剂的需要,更重要的是通过国际银行间的借贷,使银行资金运行更加合理、安全,借贷双方也都由此而获得了相当可观的利润。

3. 对外国政府机构及国际经济组织放款。对外国政府机构及国际经济组织放款是指国际银行信贷的借款人为外国政府机构或者国际经济组织的国际银行信贷形式。

(三)按组织形式划分

国际银行信贷按组织形式划分可分为:单一贷款、银团贷款。

1. 单一贷款。单一贷款又称独家银行贷款、双边贷款。它是一家贷款银行对另一个国家的银行、政府、企业提供的贷款。每笔贷款少则几千万美元,多则上亿美元,期限为3~5年,按市场利率计息,贷款手续比较简便,且无各种限制。

2. 银团贷款。银团贷款(Syndicated Loan)亦称集团贷款或辛迪加贷款,是指多家商业银行组成一个集团,由一家或几家银行牵头共同向借款人提供巨额资金的一种贷款方式。

三、国际银行信贷的特点

国际银行信贷与政府贷款和国际金融机构贷款的援助性不同,国际商业银行贷款纯粹是商业行为,其特点也很鲜明。具有以下几个特点。

第一,贷款用途不受限制,借款人可以任意处置所借款项。国际银行信贷一般不限定贷款用途,因此借款人可根据需要自主地安排使用,借款人可将贷款在任何国家用于任何用途,而其他的国际信贷形式,如出口信贷、项目融资、政府贷款、国际金融机构贷款等,都在贷款用途上有明确的限制。

第二,贷款金额虽然较大,但手续简便,可以迅速满足借款人的需要。这显然和商业银行的办事风格和效率有关。

第三,贷款条件严格,成本高。贷款成本主要包括利息和各种费用,这些都按照国际银行信贷市场的惯例来确定,远高于政府贷款和国际金融组织贷款的成本。

第四,贷款风险高,借贷双方都面临着国际金融市场上较大的利率风险和汇率风险。贷款利率一般参照国际金融市场利率,一种是固定利率,另一种是浮动利率——随国际金融市场上的利率变动而浮动。浮动利率一般都以 LIBOR 为基础,若为中长期贷款还要加上一个 0.25%~0.75% 的附加利率。

第五,国际银行信贷的规模受国际商业银行吸收存款规模的限制。国际银行信贷是由国际商业银行提供的,而国际商业银行主要是以吸收各类存款的形式从社会各界筹集闲散资金来提供贷款。因此,归根结底国际银行信贷的规模受国际商业银行吸收存款的规模的制约。

四、国际银行信贷的发展

第二次世界大战结束后,国际金融市场发展迅速。欧洲货币市场自 20 世纪 50 年代后期兴起以来,发展极为迅猛,目前它已成为世界上首屈一指的国际金融市场。数十年来,欧洲货币市场上欧洲银行的存贷业务均有成倍的增长。欧洲货币市场的贷款业务,最初以短期信贷为主,后来中长期信贷才逐渐有所增长。

20 世纪 70 年代以来,中长期信贷增长较快。1973—1977 年,欧洲货币市场上中长期信贷每年实际贷款额在 200 亿~400 亿美元,1978 年猛增至 702 亿美元,1981 年更高达 1 334 亿美元。其后,由于西方国家爆发经济危机,长期资金需求减少,加之一些发展中国家爆发国际债务危机,国际商业银行对提供贷款持较慎重态度,因而贷款额有所下降,1983 年为 739 亿美元。以后实际贷款额逐渐回升,至 20 世纪 80 年代末,每年实际贷款额约在 2 000 亿美元。进入 90 年代,国际银行信贷规模更是发展迅速。至 1995 年年底,国际银行跨境银行债权总计为 79 258 亿美元,到 1999 年年底,该数额则增长到 98 235 亿美元,2000 年年底总计为 107 644 亿美元。商业银行是国际金融市场上国际信贷的主要来源。根据国际清算银行 2001 年 3 月发布的《国际银行和金融市场发展季度报告》提供的资料,截至 2001 年,28 个国家和地区的银行拥有的国际债权是 126 988 亿美元,其中,对非居民的本外币债权为 111 774 亿美元,占到全部国际债权的 88%;而对本国居民的外币债权为 15 214 亿美元,占全部国际债权的 12%。从另一个角度看,在全部国际债权中,银行之间的国际债权为 74 818 亿美元,占 67%,而银行对非银行的债权为 36 956 亿美元,占 33%。从中可以看出,在国际债权中,不同国家银行之间的借贷也是非常重要的。

英国《银行家》杂志 2019 年度的全球 500 强银行榜单的总价值达到 1.36 万亿美元,较上年增长 15%。其中,有 48 家来自中国的银行上榜,品牌总价值达到 4 000 亿美元。中国与美国保持领先位置,在总数上,美国以 83 个银行品牌领先于中国的 48 个品牌。其他国家上榜银行数量较多的为:日本 26 个、印度 19 个、英国 19 个、阿联酋 12 个、沙特阿拉伯 12 个。表 5-1 为 2019 年度全球 500 家大银行前 10 名概况。

表 5-1　　　　2019 年全球 500 家大银行前 10 名概况

世界排名	银行	所属国家/城市	一级资本
第一名	中国工商银行	中国北京	3 380 亿美元
第二名	中国建设银行	中国北京	2 870 亿美元
第三名	中国农业银行	中国北京	2 430 亿美元
第四名	中国银行	中国北京	2 300 亿美元
第五名	摩根大通	美国纽约	2 090 亿美元
第六名	美国银行	美国旧金山	1 890 亿美元
第七名	富国银行	美国旧金山	1 680 亿美元
第八名	花旗集团	美国纽约	1 580 亿美元
第九名	汇丰银行	中国香港	1 470 亿美元
第十名	三菱日联金融集团	日本东京	1 460 亿美元

资料来源:英国《银行家》杂志。

五、国际银行业的监管

20 世纪 70 年代以来,随着利率自由化改革的不断推进,国际银行信贷风险不断加剧,系统性的银行危机在全球频繁发生。在自由化浪潮盛行的 20 世纪 80,90 年代,全世界发生了 100 多起银行危机事件;在 IMF 的 181 个成员中,有 130 个发生过程度不同的银行危机。特别是一些新兴市场国家,如阿根廷、智利等国,在利率自由化后都发生了非常严重的银行危机。为了保持国际银行业的稳定发展和公平竞争,统一各国银行资本的监管标准的问题就被提上了议事日程。在国际清算银行的协调下,12 个发达国家的中央银行于 1988 年在瑞士巴塞尔签署了《统一国际资本标准的协议》,简称《巴塞尔协议》或《资本协议》。《巴塞尔协议》主要是针对国际银行业风险管理的要求产生和发展的。

(一) 1988 年的《巴塞尔协议》

1988 年的《巴塞尔协议》通过对不同类型资产规定不同权数来量化风险,并规定跨国银行资本充足率(资本总额与风险资产总额之比)不低于 8%,核心资本充足率(核心资本与风险资产总额之比)不低于 4%。

1988 年的《巴塞尔协议》规定,银行资本包括核心(一级)资本和附属(二级)资本两部分,其中核心资本至少要占资本总额的 50%。核心资本指权益资本和公开储备;附属资本主要包括一般损失准备金、混合债务工具和次级债券。混合债务工具(Hybrid Debt Instrument)包括可转换债和累计性优先股,这些工具的特点是具有"权益"的部分特征,如可以不支付或延期支付利息,可以承担损失,不可赎回或没有监管当局同意不可赎回等。次级债券(Subordinated Bonds)的特征是其在银行被清算时,次级债券持有人的清偿顺序在高级债务持有人(存款人和普通债券持有人)之后。次级债券计入附属资本的条件是不超过附属资本的 50%,原始发行期限在 5 年以上。银行资产按照风险大小进行调整:表内资产统一分为四个风险类别或风险权重(0,20%,50% 和 100%);表外或有资产(Contingent Asset)如信用证、贷款承诺和衍生产品交易等,要转换成表内等同的风险资产。表内和表外风险资产相加后就是一家银行的风险资产总额。

(二)《巴塞尔新资本协议》

20 世纪 90 年代以来,由于跨国银行表外业务尤其是国际金融衍生产品的过快发展,一些银行因市场风险发生了重大损失,迫使人们关注市场风险尤其是金融衍生产品的市场风险。为此,从 1993 年开始,巴塞尔银行监管委员会对 1988 年的《巴塞尔协议》进行了多次修改和补充。1999 年 6 月巴塞尔银行委员会提出了修改《巴塞尔协议》的征求意见稿,对 1988 年的《巴塞尔协议》做了框架性修改。

在经过长达 5 年的修订后,2004 年 6 月 26 日,十国集团的中央银行行长和银行监管当局负责人举行会议,一致同意公布《资本计量和资本标准的国际协议:修订框架》,即新资本充足率框架,现在普遍称之为《巴塞尔新资本协议》,并将于 2006 年年底在成员国开始正式实施。新资本协议以国际活跃银行的实践为基础,详细阐述了监管当局对银行集团的风险监管思想,同时,新资本协议通过对商业银行计算信用风险加权资产和操作风险加权资产的规范,来约束商业银行内部建立完整而全面的风险管理体系,以达到保证全球银行体系稳健经营的目的。总体而言,《巴塞尔新资本协议》提出了"三大支柱"的监管框架,即最低资本充足率、外部监管和市场约束。

第一个支柱是最低资本充足率。《巴塞尔新资本协议》保留了 1988 年协议有关资本的定义(核心资本和附属资本)及 4% 和 8% 的最低标准,并做了如下充实:①修改了信用风险的计算方法,对信用风险的计算考虑了两种方法。对业务相对简单和尚未建立内部风险模型的银行可以使用经过改革的标准化方法;对于业务复杂和管理水平高的银行,在符合严格的监管规定的条件下,可以采用内部评级法,也就是根据银行自己的模型来计算损失。②扩大了市场风险的范围,包括了所有业务的市场风险。③增加了操作风险。《巴赛尔新资本协议》规定银行要有一定数量的资本来覆盖操作风险。

第二个支柱是外部监管。外部监管是为了保证银行有足够的资本来覆盖业务中的风险,也是为了鼓励银行建立和使用更好的风险管理技术。监管当局要能够评估银行的风险与资本需要。《巴塞尔新资本协议》提出了外部监管的四个原则:一是银行应有评价其风险和资本充足状况的程序,并有保持资本水平的战略;二是监管当局应审核和评价银行的资本充足状况和其是否符合监管资本标准,而且应在必要时采取适当的行动;三是监管当局应有能力要求银行持有超过最低标准的资本;四是监管当局应实行早期干预的政策。

第三个支柱是市场约束。市场约束是希望市场投资者参与对银行的监管,通过对银行股票和各种上市债务工具的买卖来监督银行的管理。这一支柱的核心内容是要求银行尽可能多地披露信息,由现有债权人或潜在债权人来评价银行的风险和影响银行的股票价格或筹资成本。披露的信息应包括银行的资本构成、风险的种类、风险暴露数额、风险管理技术、资本充足率状况等。

巴塞尔协议是近年来西方发达国家银行监管理论与实践的概括与总结,反映了它们的主流思想。《巴塞尔新资本协议》的设立则为今后一个时期国际银行监管确定了发展的方向,对国际银行信贷的发展也将产生深远的影响。

第二节 国际银团贷款

一、国际银团贷款的产生和发展

国际银团贷款(International Syndicated Loan)与普通国际商业银行贷款相比,其贷款数额更大,期限更长。从市场的角度看,在借款数额大到一家银行无法承担的时候,银团贷款便产生了。从政府和法律的角度看,各国银行法大都禁止一家商业银行对同一借款人的贷款数额超过银行资产的一定比例。例如,我国《银行法》第 39 条规定的限制比例为银行注册资本的 10%。所以,国际银团贷款可以使借款人获得巨额的借款,又使银行不至于承担太大风险和违反法律。

20 世纪中叶,由于东西方冷战及石油资金回流等原因形成了庞大的欧洲美元市场,与此同时,作为第二次世界大战后有别于具有久远历史的股票、债券的银团贷款这一崭新的金融产品应运而生,国际银团贷款市场也随着欧洲美元市场的不断膨胀而迅速扩大。

第二次世界大战以来,一些主要发达国家如日本、原联邦德国等因重建需要,大量向外筹资,使得国际金融市场上对资本的需求十分旺盛。如原联邦德国,在进入20世纪60年代以后,外资平均每年以25亿西德马克的幅度增长,其中融资的平均增长率在50%左右,1969年,融资累计额为188.7亿西德马克。再如日本,60年代后半期,在利用外资的总额中,国外贷款要占约52%。再者,由于技术的发展,生产日益国际化,跨国公司得到了迅速发展。据联合国跨国公司中心公布的数字,发达国家跨国公司母公司在1968年有7 276家,在1973年有9 481家,在1978年为10 727家,所涉及的子公司在1968年最低数为27 300家,1978年为82 266家,1980年为98 000家。跨国公司的发展,使得其对国际资本的需求日益旺盛,这些公司对资本的单次需求金额往往较大,单家银行有时很难满足这种需求,而且也不愿承担如此大的风险。正是在这样的背景下,有多家银行参与的银团贷款便产生了。1968年,以银行家信托公司与雷曼兄弟银行为经理行,有12家银行参加的银团,对奥地利发放了金额为1亿美元的世界上首笔银团贷款。从此,银团贷款作为一种中长期融资形式正式登上了国际金融舞台,并得到了迅速发展。

银团贷款的发展可以分为三个阶段。

(一) 高速起步阶段

高速起步阶段的时间是1968—1981年。这一阶段银团贷款发展的特点是:①发展迅速。1968年,也就是在银团贷款创立的这一年,银团贷款的总额为20亿美元,到1972年迅速上升到110亿美元。1973年,银团贷款迎来了第一个高峰,达到195亿美元。1974年,受美元两次贬值的影响,银团贷款有所回落。但到1975年,国际银团贷款又迅速回升,并以每年平均46%的比率增长。到1981年,银团贷款已达1 376亿美元,占国际资本市场长期贷款总额的74%。②贷款的币种以美元为主。1981年,在国际银团贷款所采用的货币中,美元所占比重超过了90%,其次为德国马克、瑞士法郎等。③贷款的发生地主要在伦敦,其次为中国香港地区、新加坡、纽约等。④借款国家以西方工业化国家为主,但是一些主要新兴工业国家所占的比重也在逐渐增加,到1981年,非欧佩克发展中国家所利用的国际银团贷款占到了整个国际银团贷款总额的1/3。

(二) 停滞和萎缩阶段

停滞和萎缩阶段的时间是1982—1986年。这一阶段,一是由于以墨西哥等拉美国家为代表的发展中国家的债务危机的发生,使得银行风险扩大,直接后果是使国际银行界谨慎行事,收缩贷款;二是由于作为国际借贷资金重要供应者的石油输出国银行存款大量减少,在国际资本市场上由贷款人转为借款人;三是由于西方工业国国内经济复苏,对资金需求量增加,减少了资本的输出。结果使得国际银行贷款锐减,而其中尤以国际银团贷款和欧洲货币贷款下跌最为急剧,1982年两类贷款合计为982亿美元,1983年为380亿美元,1984年为301亿美元,1985年则进一步下降到189亿美元——跌到了1973年的水平。

(三) 持续发展阶段

持续发展阶段的时间是从1987年至今。由于某些发展中国家债务危机的缓解,国际银团贷款又重新兴起。同时,主要西方国家顺应形势变化的要求,进行了一系列以自由化为基本特征的金融改革,各国普遍放松对利率、金融和银行业务品种、业务地域的限制。特别是进入20世纪90年代后,世界各国金融管制更趋宽松化,出现一股合并、收购与兼并的浪潮,而此时发展中国家实行的金融开放政策放宽了对国际资本流动的限制。正是这些因素的综合作用,使得国际资本的流动规模空前扩大且日益频繁。1990年,国际资本市场融资总额为4 418亿美元,1994年增加到9 676亿美元,其中,银团贷款占总融资额的20.96%。1995年的前3个季度,国际资本融资总额为9 230亿美元,其中银团贷款成交额为2 647亿美元,比1994年全年增加了619亿美元。从1995年年底到1999年年底,银团贷款总额由3 202亿美元增长到9 571亿美元,4年间增长了近2倍。至2007年末,在全球资本市场运行中,银团贷款市场已经成为世界上最大的一级资本市场,总规模达到了5万多亿美元,其中最大的十家银行要占到80%以上的市场份额。

二、国际银团贷款的当事人

国际银团贷款涉及的当事人有贷款人、担保人、借款人等。

(一) 贷款人

在国际银团贷款中,贷款人是多家银行所组成的国际贷款银团。银团中的诸多成员行共同对借款人提供银行信用,但是银团成员行之间的义务、权利不同,利益风险各异。因此,根据各家银行在银团中所处的地位和所承担的职责的不同,银团的成员可分为牵头行、参与行、代理行三类。

1. 牵头行(Lead Bank)。牵头行是安排国际银团贷款的组织者和领导者。
(1) 牵头行的职责。牵头行的主要职责是:①为外国借款人挑选贷款银行,组成贷款银团向该借款人贷款;②协助借款人共同编制供各家参加贷款的银行评审的情况备忘录;③协助律师起草贷款协议和有关法律文件;④代表银团与借款人谈判、协商贷款事宜,并组织银团成员与借款人签订贷款协议。牵头行与借款人之间有合同关系,它对借款人的主要责任是根据委托书的规定,组成银团。牵头行对各家参加贷款的银行的责任是向后者如实地介绍借款人的情况。若牵头行在情况备忘录中对重要事实做了不正确的陈述,应对各家参加贷款的银行由此而蒙受的损失负责。

(2)牵头行的利益。牵头行的利益有以下几方面:①市场领导地位。银团贷款受市场关注程度较高,经常担任牵头行或为大型项目融资担任牵头行,可以在同业中逐步树立市场领导地位。②在维护与客户关系的同时,分散贷款风险。当客户的贷款需求较大时,银行可以通过组织银团贷款来满足客户的融资需要,同时降低自身的贷款风险。③获得相关业务收入。在银团贷款中,牵头行除可以获得前期费用收入外,同时还可能获得为借款人抵押存款账户、结算等相关金融业务的收入。④较佳信贷评审。牵头行要考虑所有可能参加银行的信贷标准,贷款评审将更加谨慎、全面。⑤加强银行间的合作。牵头行通过向其他银行推介业务,可以加强银行间的相互合作。

2. 参与行(Participating Bank)。参与行是同意参加贷款银团,并承担一定贷款份额的银行。它们同意参加的最低金额,是接纳它们作为银团成员的条件,根据银团提供信贷规模的大小,最低金额也有所不同。

参与行的利益主要表现以下几个方面:①开拓新的金融业务市场。参与行通过参与银团贷款,可以和原本没有业务往来的客户建立业务关系,扩大客户源。②弹性贷款金额。参与行可以根据自身的资金情况,灵活选择参贷金额,而不受客户整体贷款规模的限制。③同业参考意见。对于不太熟悉某行业或某类借款人的银行而言,牵头行的推介意见以及包销额度可以作为信贷决策的参考。牵头行本身的信贷风险管理能力越高,包销的额度越大,则参加行越有信心。对于一些复杂的、专业性高的贷款,牵头行还可能提供专家协助,降低银行风险。④管理简化。由于银团牵头行和代理行承担了贷款的主要工作,就使得参与行的管理手续简化,节省了人力物力。另外,参与行还能分享集体议价的好处。⑤宣传效果。银团贷款的市场关注程度较高,其他银行通过银团贷款的宣传可以了解到参与行的情况,并可能主动推介业务,增加其开辟新业务市场的机会。

3. 代理行(Agent Bank)。代理行是执行银团贷款协议的管理者。在直接银团贷款方式下,贷款银团指定一家银团成员银行充当代理行;而在间接银团贷款方式下,则由牵头行充当代理行。代理行在从签订贷款协议之日起到贷款全部偿清为止的期间内,代表银团处理与银团贷款有关的全部管理工作,并与借款人进行日常的直接联系。

(1) 代理行的职责。代理行的主要职责是:①充当贷款的中间人。代理行主要是充当各家参加贷款的银行发放贷款和借款人偿还贷款的中间人。②监督借款人的财务状况,并向银团各成员提供有关借款人财务状况的证明文件。③应付借款人的违约事件。若借款人违约,代理行必须确定借款人是否确已构成违约,是否应提请银团成员做出贷款中(终)止和加速到期的决定。

(2) 代理行的利益。在国际银团贷款中,代理行的利益有以下几方面:①代理费收入。代理行可以每年向借款人收取代理费。②贷款管理水平的提高。代理行是联系借款人和众多贷款银行的纽带,要按贷款协议计算各参与行的提款、还款比例及利息收入等,要在协议规定的时限内划拨资金,要及时传递、分派相关资料。这些日常工作会受到借款人和其他贷款银行的监督,促使代理行不断提高贷款管理水平。③长期客户关系。代理行通过日常贷款管理可以与客户保持密切联系,巩固业务关系,并能获得客户经营发展的第一手资料,从中获取新的业务机会。④代理贷款转让业务机会。参与行若将贷款在二手市场进行买卖,均须通知代理行,因此代理行能够尽早掌握贷款转让资料,并借此代理贷款买卖业务。

(二) 担保人

担保人是担保借款人到期偿还本息的一方,当借款人无力偿还贷款时,担保人必须根据贷款协议及担保书的规定,无条件履行担保义务。所以在国际银团贷款中,对担保人的知名度和资金实力的要求较高。贷款银行是根据借款人和担保人的信誉来评定贷款风险的。

(三) 借款人

1. 借款人的条件。在国际银团贷款中,借款人可以是政府机构、企业和国际机构等。由于银团贷款中借款人对资金有巨大的需求,所以采用银团贷款方式对借款人也存在一些约束,主要表现在:①借款人与贷款人之间有较密切的业务往来联系并且具有较高的知名度。②透明度高。借款人必须为各家银行提供充分的资料,接受多家银行的评审,因而必然要提高自身经营和财务状况的透明度。③借款人要面对银行的集体议价。在银团贷款筹组过程中,借款人的谈判对手是多家银行组成的联盟,可能因此增加交易成本;在银团贷款使用过程中,借款人如果希望修改部分贷款条件,必须经过全部或大部分贷款银行的同意。

2. 借款人的利益。从借款人角度看,与其他形式的贷款相比,银团贷款具有以下优点:①可以满足客户的大额贷款需求。②采用同一贷款协议,借款人只需与牵头行商讨,节省谈判时间和精力,降低筹资成本。③通过牵头行的推荐,借款人可以与一些原本没有业务往来的银行建立起业务往来关系,扩大往来银行的范围。④银团贷款信息传播快、市场关注性高,有助于提高借款人的声誉。

三、国际银团贷款的类型

按照组织形式划分,国际银团贷款可分为直接银团贷款和间接银团贷款。

(一)直接银团贷款

直接银团贷款(Direct Syndicated Loan)是指由国际银团内各家贷款银行直接向外国借款人贷款,整个贷款工作,包括各家贷款银行发放贷款和借款人偿还贷款,均由指定的代理行统一管理。直接银团贷款具有以下几个特点。

1. 牵头行的有限代理作用。在直接银团贷款中,牵头行的确立仅仅是为了组织银团的目的,一旦贷款协议签订,即银团组成,牵头行即失去了代理作用,和其他银行处于平等地位。

2. 参与行权利和义务相对独立。在直接银团贷款形式下,每个参与行所承担的权利和义务是独立的,没有连带关系,即每个贷款银行的贷款义务仅限于其事先承诺的部分,一旦某一个贷款银行无法履行其贷款义务,其他银行没有义务追加贷款以弥补贷款总额的空缺。同时,各贷款银行只能享受按其在银团中的参与份额所确定的权利,如按比例取得费用、利息、本金等。

3. 代理行的责任明确。在直接银团贷款中,由于各参与行的贷款是通过代理行来统一发放、收回和管理的,因此在贷款协议中都明确规定了代理行的责任和义务,如对借款人的资信和财务状况进行调查和监督,处理并决定借款人的违约事件,负责向参与行按比例兑付借款人的还款和利息等。

(二)间接银团贷款

间接银团贷款(Indirect Syndicated Loan)指由国际贷款银团牵头行向外国借款人贷款,然后该行将参加贷款权分别转售给其他银行,即参加贷款的各家成员行,贷款工作由牵头行统一管理。同直接银团贷款方式相比,这种贷款方式组建相对简单,并且虽然牵头行和借款人之间的关系是贷款协议书规定的债权人与债务人的关系,但是参与行与借款人之间没有直接的债权债务关系,同时牵头行本身也兼负代理行职责。间接银团贷款具有以下特点。

1. 牵头行身份的多重性。在间接银团贷款中,牵头行既是银团贷款的组织者,也是银团贷款的代理行。作为组织者,它担负着与银团参与行的联络、贷款协议的谈判、合同的签订等责任。作为代理行,它不仅担负着合同签订后贷款的发放、收回和各行贷款本金、利息及费用的划付责任,而且也担负着对贷款使用的管理和监督、对违约事件的判断和处理的责任,如果在贷款合同中设定了担保物权或抵押权,则牵头行有行使此项担保物权或抵押权的权力。

2. 参与行和借款人债权、债务的间接性。在间接银团贷款中,参与行与借款人之间不存在直接的债权和债务关系,对债务人不享有直接的请求权,除非事先征得借款人和牵头行的同意。在借款人发生违约时,参与行无权行使抵消权来进行损失补偿,即使借款人在参与行的贷方余额存在,参与行也不能行使抵消权。因此在这种形式下,参与行所要承担的风险是双重的,即借款人和牵头行的违约风险。

3. 缺乏比较完整的法律保证。与直接银团贷款中牵头行、代理行、参与行和借款人之间有明确的法律规定不同,在间接银团贷款中,借款人、牵头行和参与行之间缺乏明确的法律保证。

4. 相对比较简单、工作量小。在直接银团贷款中,由于各个参与行与借款人直接签订贷款合同,因此在贷款协议签订前借款人所做出的每一个承诺和保证都须经得全部参与行的同意,工作量相当大。而在间接银团贷款中,由于借款人只和牵头行有直接关系,因此比较容易达成共识,从而可缩短时间、节约费用。同时,在贷款协议中存在担保物权的情况下,在直接银团贷款中,各个贷款行共同持有、共同行使担保物权,在法律上存在的问题较大,而在间接银团贷款中,因只有牵头行拥有此项担保物权的行使权力,相对就会比较简单,所需的成本也就较低。

第三节 国际银团贷款的程序及条件

一、国际银团贷款的程序

国际银团贷款的运作过程主要包括组建和管理两大部分,其中贷款银团的组建是组织银团贷款的重要环节。

(一)贷款银团的组建过程

组织银团贷款通常需要1~3个月的时间,银团贷款的筹组程序大体可分为初步协商、确定组团框架、贷款分销和签约三个主要阶段。

1. 初步协商阶段。银团贷款的发起一般由牵头行和借款人共同进行,有时一国的借款人联系经常从事这种业务的大型国际银行,委托它作为牵头行组织银团。在确定牵头行的过程中,银行可能会面临多家银行的竞争。如果银行感到独自组织银团存在较大的困难和风险,通常会与另外一家或多家银行组成联合体,共同投标,共同组织银团。

2. 确定组团框架阶段。这一阶段主要做以下两方面的工作。

(1)确定牵头行。借款人收到某银行贷款安排建议书后,将进行评价选择。认可后,正式委托该银行作为贷款牵头行。贷款安排建议书附有贷款条件清单,所述的各项条件就成为组织银团贷款的原则和基本框架。不同借款人在选择牵头行时有不同的原则,有的借款人注重与银行的历史关系;有的借款人采取轮流选择几家银行作为牵头行的方法,以便与多家银行保持良好合作关系;有的则依据以往组团记录评估各家银行的组团能力来选择牵头行;还有的借款人通过招投标方式选择牵头行,以获得最优惠的贷款条件。

(2)组织银团,即牵头行通过各种"招募"方式组成一定规模的银团。牵头行向潜在参与行发出贷款邀请函、贷款主要条件清单、接受邀请格式、信息备忘录及其他相关文件。贷款参与行的选择通常有两种渠道:一是有参与意愿的银行与借款人联系,借款人提议牵头行邀请该银行参加银团;二是由牵头行提议并邀请参加。

3. 贷款分销和签约阶段。在直接银团贷款中,牵头行同借款人谈判贷款的具体条件后,再将贷款数额按比例进行分配或由银团成员认购。在间接银团贷款中,由牵头行先同借款人签订协议,然后再将贷款数额分配给银团成员。

(1)在直接银团贷款中是先进行贷款分销而后才签约。借贷双方将反复对银团贷款协议进行商谈,银团的各成员行都可以提出意见。但是,讨论的范围仅限于协议的细节条款,而贷款条件清单中已列明的条款,除非借款人和牵头行达成一致意见,否则不能修改。贷款分销工作完成,借贷双方对协议文本均没有异议后,将举行签约仪式,同时进行宣传。在国际银团贷款实务中,宣传是一个重要环节,借款人和银团各成员行可通过宣传提高自身的国际知名度,为今后筹资或组团奠定基础。

需要注意的是,参与行不能直接向借款人索取资料,而必须以牵头行提供的信息备忘录为依据评价贷款的收益与风险,并且在参与行认购的金额限度内,牵头行有权确定各参与行的最终贷款份额。

(2)在间接银团贷款中是先贷款签约而后进行分销。贷款协议的各项条款由牵头行直接与借款人谈判确定,并以自己的名义与借款人签订贷款协议书。牵头行与借款人达成贷款协议后,通过与其他意欲参加银团贷款的银行签订出售参与贷款权协议,组成银团。凡拥有参与贷款权的银行就成为银团成员行。

(二)银团贷款的管理

贷款协议签订之后,由代理行进行贷款的管理,代理行根据银团贷款协议履行各项职责。所谓贷款的管理,就是指代理行如何执行借款安排,此时,银团牵头行在交易活动中主角的地位也为代理行所取代。在大多数情况下,代理行和牵头行是由同一机构兼任,但是两者的职能各不相同。

二、国际银团贷款的主要文件及其内容

由于国际银团贷款自身的复杂性,导致银团贷款涉及很多文件,主要有银团贷款协议、贷款安排建议书、贷款条件清单、贷款邀请函、保密声明、信息备忘录、声明书等。

(一)银团贷款协议

银团贷款协议是结合借贷双方的不同要求而制定出来的,其内容会因借款人和贷款人的不同而不同,它是银团贷款中最核心的文件。一般来说,银团贷款协议的基本格式以及主要内容如下。

1. 形式规定。银团贷款协议的形式规定分为以下三部分。

(1)序文。国际银团参与各方当事人说明该协议及当事人的目的、意向、贷款资金用途等内容。

(2)专业术语及其含义。这主要是为了使协议文本中的用语更为明确化和统一化。

(3)贷款承诺。贷款人承诺在银团贷款协议规定的金额和期限内,按照规定的手续发放贷款。原则上各贷款人的承诺是分别承诺而不是联合承诺。

2. 贷款事务手续规定。这要分为以下八个方面。

(1)放款的规定。贷款安排:贷款金额、贷款用途、贷款期限等。提款:提款期、首次提款前提条件、后续提款前提条件、对提款的有关要求、所提款项入账时间等。

(2)放款后的手续规定。①还款、提前还款、展期:还款计划、还款通知书、所还款项到账时间、提前还款条件、展期条件等。②利息:利率、计息方式、利息划付方式等。③违约事件及其他类似事件的处理,如罚息及赔偿。

(3)担保。注明担保方式、担保人等。

(4)银团成员之间的关系、权利和义务、职责的界定。包括银团各成员行对银团贷款项下贷款安排的确认、牵头行的权利和义务、包销行的权利和义务、成员行的权利和义务、代理行的权利和义务、银团会议的召集、贷款银行与代理行之间的资金划拨等。

(5)转让。此条款中将约定债权、债务是否可以转让,转让的条件等。通常银团贷款原则上不允许债务转让。

(6)通知。按照贷款协议发出有关通知的方式,有关各方的准确地址或号

码,送达日期的确认等。

(7)适用法律和管辖权。具体来说有适用法律的规定,司法管辖权的确定以及主权豁免权的放弃等条款。其中,司法管辖权的确定是指借贷双方发生纠纷提起诉讼时,在哪国法院进行诉讼的规定。如果借款人是一国政府,因"在国际法上,他国的裁判及执行对主权国无效",所以在国际银团贷款合同中,规定借款人应事先声明放弃主权豁免权,借款政府要服从中立的有商业经验的商业法庭的裁定,这就是主权豁免权的放弃条款的主要内容。

(8)其他规定。协议的附件包括:贷款银行及其承担的贷款金额、抵押或质押财产清单及担保人名单、担保书格式、提款通知书格式、还款通知书格式、利息支付通知书格式、提前还款通知书格式、提前还款回复格式、展期申请书格式及展期回复格式等。

(二)贷款安排建议书

拟担任银团牵头行的银行在与客户(借款人)初步协商一致后,或者在竞争牵头行的投标中标后,要向客户正式提交一份贷款安排建议书。该建议书包括牵头行对贷款安排的陈述和借款人的确认两大部分。第一部分主要陈述:银行明确表示将作为牵头行为借款人筹组一项银团贷款;牵头行或包销团承担的贷款承销责任;贷款的主要条件,一般将条件清单作为建议书的附件;请借款人予以确认的字样。第二部分写明:借款人授权某银行作为牵头行,按照所附清单中列明的主要贷款条件筹组一项银团贷款,并预留出借款人签字盖章的位置。

贷款安排建议书具有"要约"的法律属性,如果借款人签字确认,则具有"承诺"的法律属性,贷款安排建议书将作为银团贷款筹组的法律依据。

(三)贷款条件清单

贷款条件清单中列出了银团贷款的主要条款,包括:①借款人;②牵头行;③贷款资金用途;④贷款金额及币种;⑤贷款期限;⑥提款期及提款要求;⑦利率、利率调整、计息方式;⑧还款方式及还款期;⑨提前还款条件;⑩贷款展期条件;⑪税款;⑫费用;⑬借款人的保证和承诺;⑭贷款担保;⑮适用法律;⑯诉讼管辖;⑰法律文件;等等。

该清单通常作为贷款安排建议书和贷款邀请函的附件,清单中所列明条款将成为银团贷款协议的核心内容。

(四)贷款邀请函

贷款邀请函是牵头行向其他银行发出的要约邀请,即代表借款人,按照列示的主要贷款条件,邀请其他银行参加银团贷款,并邀请同意参与的银行在某日某时前签回接受邀请格式。被邀请银行签回接受邀请格式则表示该行愿意按目前的贷款条件参与该银团的要约。

(五) 保密声明

牵头行在向其他银行发出贷款邀请的同时,还将向其他银行发送一份保密声明,只有在其他银行签字确认保密声明的前提下,牵头行才向其提供信息备忘录。保密声明的目的是要求接到邀请函的银行对借款人的信息保密。声明的内容包括:保密的内容、保密的责任、资料的归还、补救措施、适用法律。

(六) 信息备忘录

牵头行将有关该银团贷款的信息,以及贷款主要条件、担保方案等汇集成信息备忘录,作为其他银行评审贷款的主要依据。信息备忘录主要包括以下内容:①牵头行对这些信息的准确性或完整性不做任何保证或担保;②信息备忘录中的信息不应被视为对未来状况的承诺或保证;③拟参加银团的银行应该对贷款人、借款人、担保人等进行独立的调查、分析和评估;④信息备忘录是保密的,仅用于候选银行决定是否参加银团贷款,未经同意,不得用于其他目的或提供给任何其他人;等等。

(七) 声明书

国际银团贷款涉及的声明书分为借款人声明书和担保人声明书,两者内容基本相同。具体如下。

1. 贷款情况描述。分为贷款概要和贷款主要条件清单两部分。
2. 借款人情况。借款项目情况,借款人及借款项目所处行业现状及发展预测。
3. 担保人情况。担保人经营风险因素及贷款担保方案。

声明书收录有借款人过去3年已审计财务报表、担保人过去3年已审计财务报表、借款人营业执照复印件、借款人公司章程复印件、担保人营业执照复印件、担保人公司章程复印件等。

三、国际银团贷款的信贷条件

国际银团贷款的信贷条件是指在国际银团的信贷活动中,借贷双方为保障各自的合法权益,依据有关国家的立法或国际惯例,对彼此的权利与义务所做的各种规定与限制。该信贷条件主要包括币种的选择、利率和费用、贷款期限三部分。

(一) 币种选择

借贷货币的选择应遵循以下几项基本原则。

1. "借软贷硬"原则。即借款时尽量借软货币，贷款时尽量贷硬货币。

2. 充分考虑借款成本。在国际金融市场上，软货币的借贷利率较高，硬货币的借贷利率较低，但软货币所承受的汇率变动较硬货币更有利于借款人。因此，借款人在确定借贷货币时应将利率和汇率两重因素一并考虑，以保证所借贷的资金成本最低。

3. 贷款的借、用、还各环节所使用的货币应尽量一致，这样可以避免由于汇率变动而产生的汇率风险。

4. 选择流通性较强的可兑换货币。这样便于借款人资金的调拨和转移，一旦预见出现汇率风险，可立即通过货币互换等业务转嫁风险。

(二) 利息和费用

国际银团贷款的利息和费用的规定如下。

1. 贷款利息。欧洲货币市场上商业银行的贷款利率主要以伦敦银行同业拆借利率（LIBOR）加一定的加息率来计算。

(1) 伦敦银行同业拆借利率。伦敦银行同业拆借利率即 LIBOR，是伦敦金融市场上主要银行之间的资金拆借利率，它反映了该金融市场上银行从其他金融机构拆借资金的基本成本。LIBOR 主要分为隔夜、7 天、1 个月、3 个月、6 个月、12 个月等不同利率，通常外币银团贷款的利率以 3 个月期和 6 个月期的 LIBOR 为定价基础。

(2) 加息率。加息率以基点为单位，一个基点等于 0.01%。加息率是反映银团贷款价格高低的关键指标，通常在 50~200 个基点之间。影响加息率高低的主要因素有：①市场供求。②借款人的信誉。信誉卓越的高质量借款人承担的加息率较低，高质量的借款人包括经济合作与发展组织（OECD）的独立借款人（即经济合作与发展组织成员国政府）、跨国公司、主要经合组织下属企业以及世界银行集团等国际金融组织。③贷款期限。国际银团贷款期限越长，加息率越高。④银团贷款的各种除利息外的费用。借款人需要支付管理费、参与费、承担费和税金。银行一般更倾向于高费用和低加息率的组合，因为它们可以使用低加息率（这对交易有利）而不会损失收入。

2. 前端费。前端费是在贷款协议签订后一次性支付的。一般在费用和参考利率之上的加息率之间有一种抵补关系。前端费即筹组银团贷款的费用，前端费包括支付给贷款包销行的参与费、包销费、支付给牵头行的管理费以及贷款筹组过程中发生的其他杂费。其中，包销费和管理费按贷款总额的一定比例支付,费率通常在 0.5%~1%;而杂费一般按实际发生额支付。

3. 代理行费。支付给代理行的工作报酬,通常按照工作量来确定,金额固定,按年支付。

4. 承担费。这是贷款人按贷款协议准备了资金,但借款人未按提款计划使用贷款,因此向贷款人支付的费用,费率通常为 0.25%~0.5%。计算公式为:

$$承担费=未支取款项×费率×期限$$

提款期结束后,尚未提取的额度通常会自动注销,也不再需要支付承担费。

例如,一笔 5 年期的 5 000 万美元的贷款,于 1996 年 5 月 10 日签订贷款协议,确定承担期为半年,并规定 6 月 10 日起开始支付承担费,承担费率为 0.25%。该借款人实际支用贷款情况为:5 月 12 日:1 000 万美元;6 月 5 日:2 000 万美元;7 月 12 日:500 万美元;8 月 9 日:700 万美元。到 11 月 10 日仍有 800 万美元未动用,自动注销。问:该借款人支付的承担费情况。计算如下:

6 月 10 日~7 月 11 日:2 000×0.25% ×(32/360) = 4 444.44(美元)
7 月 12 日~8 月 8 日:1 500×0.25% ×(28/360) = 2 916.67(美元)
8 月 9 日~11 月 9 日:800×0.25% ×(93/360) = 5 166.67(美元)

承担费合计:4 444.44+2 916.67+5 166.67 = 12 527.78(美元)。

需要指出的是,承担费并不是银团贷款的一项特殊费用,在国际金融市场上,其他种类的贷款也通常要求支付承担费。实质上,承担费是对银行贷款资金机会成本的一种补偿,因为根据巴塞尔协议,银行的风险资产与资本要保持在一定的比例之上,已承诺但尚未提取的贷款也要计入银行风险资产总额,在银行资本不变的情况下,这部分未提贷款的存在,就限制了银行的信贷能力,使银行丧失了对其他借款人贷款的机会,所以应该给予补偿。银行收取承担费的目的是为了从客观上促使借款人在签订贷款协议后积极地、尽快地支用贷款,以加速资金周转。

(三) 贷款期限

贷款期限是指自贷款协议生效之日起至贷款本息全部还清为止的期限。国际银团贷款的期限比较灵活,短则 3~5 年,长则 10~20 年,但一般常见的是 3~10 年,由提款期、宽限期和还款期三个部分构成:①提款期,也称承诺期,是指借款人可以提取贷款的有效期限,一般从合同生效之日起至一个规定的日期终止,如 30 个银行营业日或 60 个银行营业日或更长。如果在提款期到期时没有提取完全部贷款,则未提取部分自动取消,借款人今后在该合同项下不得再提取贷款。②宽限期,是指借款人提取贷款并可充分使用贷款的时期,借款人在宽限期内无须偿还贷款本金,只需按期支付利息。③还款期,是指借款人分期偿还贷款本金并支付利息的时期。

四、国际银团信贷的适用法

(一) 适用法的概念

由于国际银团贷款协议是在两个或两个以上不同国家的当事人之间订立的,在不同的国家执行,这就产生了适用哪个国家法律的问题。适用法是指借贷双方以及与贷款协议有关的第三方(如担保人)同意用以管辖他们之间签订的贷款协议的法律。适用法的规定在理论上并无特殊规则可循,只能依据银团贷款协议中有关法律适用问题的一般规则。一般在国际银团贷款协议中,都订有相应的法律适用或法律选择条款。一般格式形如:"本协议适用××国(地区)法,并依法予以解释。"但如此简单的条文常会涉及复杂的国际司法(冲突法)规则。

(二) 适用法的作用

一般情况下,适用法往往只是贷款协议中一个简短的条款,但该协议所引起的基本问题,如协议条款的解释、借贷双方权利和义务的确定、协议的履行和解除、司法管辖的确定等,都要由适用法确定。适用法的基本作用如下。

1. 适用法是贷款协议成立的依据。英、美、法等国家的法律认为,贷款协议的成立首先取决于它的有效性,而有效性指的是贷款协议本身是否由于某种原因而无效,如贷款违反了国家外汇管理法、贷款资金用于非法交易等。判断这些行为的有效与否必须取决于适用法,如果借款人或贷款人所属国家的法律认为贷款协议无效,但是由于当事人选择的以第三国的法律作为贷款协议的适用法认为贷款协议是有效的,则当事人仍然可以在第三国法院依据适用法认定贷款协议有效,不受所在国法律的限制。

2. 适用法是解释贷款协议条款的依据。国际银团贷款协议涉及的法律问题非常广泛,至少涉及两国法律。不同的法律对协议中同一条款的理解和解释有时会出现差异,为了避免不同法律对协议条款的理解和解释的不同而产生的法律问题,借贷双方必须通过协商,选择一种法律制度或法律体系作为理解和解释协议条款的依据。

3. 适用法是明确借贷双方权利和义务的依据。国际银团贷款中借贷双方的权利和义务是多方面的,在贷款协议中一般都有明确的规定。然而,在常规的银团贷款协议中,为了不使协议文本过于冗长,对于一些合法的例外权利和义务往往通过书面协议排除在外,成为双方默示的行为。由于各国法律对这些权利和义务的规定往往存在着差异,因此对于借贷双方来说,需要了解根据什么法律管辖双方所签订的贷款协议,从而真正了解自己的权利和义务，以避免在履行过程中发生损害权利或未尽义务等问题时因协议规定不详而争执不决。

4. 适用法是确定贷款协议履行和解除的依据。在国际银团贷款协议中，当事人某些行为的为与不为，取决于适用法的选择。

5. 适用法是司法管辖的依据。从理论上讲，适用法和司法管辖权的选择是相互独立的，但实践中适用法和法院的选择往往是一致的，这主要是由于适用法国家的法院对本国的法律制度比较熟悉，由它来审理贷款协议的争议较为方便。

目前，国际金融界一般将下列法律作为银团贷款协议的适用法：贷款人所属国法律；贷款协议签署地国家的法律；有司法管辖权国家的法律；贷款协议履行地国家的法律；中立国的法律。

第四节　国际抵押贷款

一、抵押贷款的概念

（一）抵押贷款的定义

抵押（Mortgage）贷款是指贷款人将借款人的资产作为发放贷款的物权担保，如果借款人违反贷款协议，贷款人享有优先于其他债权人直接处理抵押品并以其所得的价款用以清偿借款人对其欠债的权利。

抵押是一项重要的财产担保行为，抵押担保对债权人比较安全可靠，同时财产抵押之后，并不转移占有，不影响抵押人对抵押物的使用，因此这种贷款方式使用的越来越多。

（二）抵押贷款的意义和作用

1. 由于贷款人对抵押标的物变卖后的价款具有优先受偿权，抵押贷款使贷款人的信贷风险大大降低。

2. 抵押权的设立可以限制借款人任意多方举债而影响借款人今后的偿债能力，保障贷款银行能够得到清偿。

3. 抵押权的设定可使国际融资债权人与国内融资债权人处于平等受偿地位。因借款人在国内借款时多设立物权担保，如果他在国外借款不设立抵押，仅凭信用担保，国外银行未来的受偿地位将次于借款人的国内其他债权人，使国外贷款人处于不平等的受偿地位。

4. 借款人以其易于取得的资产作为抵押标的物，向银行借入抵押贷款，可以避免以信用担保取得贷款须提供本企业各项财务状况报告的要求,从而不会暴露本企业的商业秘密(有时抵押贷款也要求借款人按期提供其财务报表)。

5. 对银行有重要意义。根据抵押法律的内涵与效力,银行发放抵押贷款较其他贷款有两个最大的优点:①借款人以资产作为抵押从银行取得贷款,虽然转让了其财产所有权,但根据各国法律规定,一般并不转移资产的使用权,借款人仍可使用其资产进行生产,以使用该项资产的收益来清偿贷款;②贷款银行一般无须直接保管和利用该项抵押资产,而仅仅以抵押资产的价值接受担保。一旦借款人发生违约事件,贷款银行有权变卖抵押品,并对卖得的价金享有优先受偿的权利。

(三)抵押贷款与物权担保的关系

物权担保是在银行或其他金融机构发放各种抵押贷款时,由借款人自己或第三者提供的一种担保形式,并构成抵押贷款的一项重要内容;抵押贷款则必须以物权担保为前提,并在物权担保下构成一种具体的贷款形式。

二、抵押贷款下抵押权的特点

借款人以动产或不动产做抵押,这种动产或不动产就成为设定了抵押权的动产或不动产。尽管这种动产或不动产的占有不转移,仍保留在借款人手中,但如果借款人违约,则贷款人有权处理该抵押的动产或不动产,变卖后以其价款清偿借款人对贷款人的债务。伴随抵押物的抵押权具有以下五个特点。

第一,从属性。抵押权的成立和执行,都是以贷款债权的存在为前提。债权的存在是第一性的,抵押权是第二性的。如果债权消失,动产或不动产标的抵押权也随之消失。所以,抵押权从属于贷款债权。

第二,随附性。随附性主要指抵押权通常随贷款债权转移而转移。例如,一笔抵押贷款从一家银行转让给另一家银行,则伴随贷款权的抵押权也随之转移。

第三,物上代位性。物上代位性是指抵押贷款的标的物若变化为其他价值形态,则抵押权的效力也施行到已变了形态的抵押标的物。例如,借款人以正在营造中的房屋做抵押从银行取得贷款,则随着建造楼房层次的增高,抵押权的效力也施行到已增高的楼层建筑上。

第四,不可分性。不可分性是指使用抵押标的物的全部来担保贷款债权的全部,因此,如果贷款债权的一部分得到清偿而不复存在,则抵押标的物的全部仍应担保尚未清偿完毕的部分贷款的债权;抵押标的物的各部分用以担保贷款债权的全部,即当一部分抵押标的物灭失,尚存的抵押标的物仍然担保全部贷款债权,即使债权的一部分已被转让,转让人和受让人仍按其债权份额,共有同一抵押标的物。

第五,优先受偿权。抵押权的主要特征是以抵押标的物变卖后取得的价款来清偿贷款人(即抵押权人或发放贷款的银行)的贷款,抵押权人对抵押标的物变卖后的受偿,优先于其他无抵押权的债权人。

三、抵押贷款的类型

抵押贷款一般可分为动产抵押贷款、不动产抵押贷款和浮动抵押贷款三类。

(一)动产抵押贷款

动产抵押贷款是指借款人以自己或第三者的动产做抵押从银行取得的贷款。动产可分为有形动产和无形动产两种。前者如船舶、航空器、设备、商品和存货等;后者如合同、特许权、股票及其证券、应收账款、保险单和银行存款账户等。由于动产抵押较不动产抵押灵活方便,所以,在国际信贷业务中前者多于后者。

1. 商品抵押贷款。商品抵押贷款也称为存货贷款,是一种以企业的存货或商品作为抵押品的短期贷款。这是银行向一般工商企业融资时常使用的贷款形式。

银行发放商品抵押贷款,一要评价借款人的偿还能力;二要确定发放贷款的金额与商品的市场价值的比率。首先,垫头大小要根据商品的易售性、易坏性和市场稳定性来确定;其次,要办理登记手续;最后,要责成借款人投保,保险的受益人应为贷款银行。

2. 应收账款抵押贷款。应收账款抵押贷款也称为客账贷款,是银行发放的以应收账款作为抵押的短期贷款。国外不少银行,尤其是大商业银行都会发放以应收账款作为抵押的贷款。一般都将这种贷款作为一种持续性的信贷办理,即当旧的应收账款收回时,新的应收账款就又提供给贷款银行作为抵押。因此,这种贷款金额的大小,一般随借款企业应收账款的数额而变动。

银行发放这种贷款时,除考虑企业的资信外,首先要着重分析借款人应收账款的质量和金额,如借款企业的销售客户的类型和信用等级,应收账款的平均结欠时间,退货、拒付的概率,同时还需调查应收账款的真实性等;其次,要确定这类放款的垫头,外国银行一般掌握在放款额占应收账款金额的50%~90%,但绝大多数银行掌握不超过75%;最后,银行对这种贷款除收取利息外,有时还收取一定的手续费,手续费一般为贷款金额的1%~2%。

3. 证券抵押贷款。银行发放的企业贷款,除以应收账款和存货作为抵押外,也有不少是用各种证券特别是企业发行的股票和债券作为抵押的,这类贷款称为"证券贷款"。首先,审查有价证券的易售性。一般上市的证券比不上市的有价证券更易于出售。其次,审查有价证券的等级。评级高的证券一般比评级低的证券在市场上更受欢迎。最后,要确定有价证券抵押放款的垫头。有些国家,如美国,对有价证券抵押放款的垫头都有具体规定,根据经济高涨或停滞情况,不时地调整有价证券放款的垫头。对记名的有价证券要求借款人办理过户手续。

(二) 不动产抵押贷款

不动产抵押贷款通常是指以房地产或企业设备作为抵押品的贷款。不动产主要指土地、建筑物、土地使用权、营建中的楼宇等。借款人以不动产做抵押从银行取得的贷款即为不动产抵押贷款。在银行的国内业务中,不动产抵押贷款业务占较大比重;在国际融资业务中,西方国家的法律一般不禁止外国人对不动产拥有所有权或用以抵押,但有些国家则采取不同程度的限制。当前,国际上的项目贷款,项目单位常以其不动产做抵押,从外国银行取得。目前,跨越国界的房地产经营开发,也常以不动产做抵押,从外国银行取得贷款。

1. 工业不动产抵押贷款。工业不动产抵押贷款是指以制造设备或仓库之类的工业企业的不动产作为抵押标的物的贷款。这种贷款比商业企业使用的不动产抵押贷款具有更大的风险。因为工业企业的不动产专门用于特定产品制造上的需要,而商业企业的不动产一般适用于各种行业的需要,易于改造。借款人如果违约,银行在变卖工业企业不动产以便得到清偿方面,存在较大风险,所以银行发放工业企业不动产抵押贷款金额与不动产市场价值的折减率较商业不动产抵押贷款高。

2. 农业不动产抵押贷款。在银行抵押贷款业务中,农业不动产抵押贷款所占比率甚低,一般市郊银行发放这种贷款,大商业银行对此兴趣不大。

3. 商业不动产抵押贷款。商业不动产抵押贷款主要是指以公寓、写字楼、店铺、餐馆、大型酒店、汽车旅馆和一般旅馆作为抵押而发放的贷款。这种贷款对银行风险较大,为防范房地产市场价格波动风险,保障银行利益,银行发放此种贷款的金额常为不动产价值的70%左右,利率也比一般优惠利率高。

4. 以营建中的房屋做抵押的贷款。有人将前三种不动产抵押贷款列为直接不动产抵押贷款,而将以正在建造中的房屋做抵押的贷款列为间接不动产抵押贷款。随着房地产开发与经营的蓬勃发展,目前这种间接不动产抵押贷款在西方各国银行以及国际融资业务中相当普遍。

(三) 浮动抵押贷款

浮动抵押(Floating Charges)贷款是指企业以其现有及将来取得的全部或部分财产为标的物,依法设立的一种抵押贷款。在其浮动期间,抵押人可以对抵押财产依法进行正常经营处分,当特定事件或行为发生后,抵押财产结晶为固定抵押,并且抵押权人可对抵押债权优先受偿。浮动抵押的主要特征是抵押标的物的价值不断变动。只有在特定的情况发生时,如借款人违约时,抵押标的物的价值才能确定。

在国际融资实践中,浮动抵押贷款对借贷双方均有特殊的益处,故得以广泛使用。

1. 对贷款人的益处。这主要分以下三个方面。

第一,一般物权担保仅限于某一特定的动产、不动产或权利;浮动抵押的资产为债务人现有或将来可能有的全部资产(包括动产、不动产及各项权利;有形财产和无形财产;等等)或某一类资产。可见,浮动抵押的资产范围比一般固定物权担保的担保物范围广,从而对贷款人债权的实现更有保障。

第二,采用一般物权担保,贷款人实现抵押权或质押权的主要方式是将某一特定担保物折价或拍卖、变卖,以所得价款受偿;如为浮动抵押,除了可以上述方式处分抵押财产之外,贷款人可派员接管借款人的全部资产,继续进行经营,如经营成功,贷款人则可从中获利,贷款风险也将因此而缩小。

第三,在浮动抵押项下,如借款人违约,将可能导致债权人全面接管其企业(公司),这可促使借款人努力经营,尽量避免违约行为,以致最终有利于防止贷款风险的发生。

2. 对借款人的益处。对借款人而言,采用浮动抵押的最大好处是,无须向贷款人转移抵押财产的占有权、使用权和日常经营中的处分权,从而在一定程度上保证了自己对企业的自主经营管理;如为一般物权担保,借款人便不能随意处分担保物,这将使其经营能力受到限制。

四、抵押权的执行

抵押权的执行是指,当债务人不能履行到期债务时,抵押权人依法处分抵押物,并对处分抵押物的所得优先受偿的过程。

一般抵押权执行的实现有占有、变卖和代物清偿或直接抵偿等方式。

第一,占有。占有是指在借款人于贷款到期时不能履约偿还的情况下,贷款人可以通过一定的法定程序,由不占有抵押物变为实际占有抵押物。

第二,变卖。变卖有拍卖和私下变卖两种实现方式。拍卖,即以公开竞价的方式把标的物卖给出价最高者的一种行为;私下变卖是指借贷双方达成协议以一般买卖方式进行。私下变卖不受拍卖条件的限制,可以随时随地进行。一般抵押物为动产的多使用私下变卖方式,而为不动产时多使用拍卖方式。

第三,代物清偿或直接抵偿。代物清偿,是指债权人受领他种给付以代原定给付而使合同关系消灭的现象。在大陆法系国家,抵押物的执行可以使用这种方式。在普通法系国家,贷款人可以直接抵偿方式获得对抵押物的绝对所有权。

五、优先受偿顺序

(一) 不动产抵押与优先顺序

在不动产抵押贷款的实际业务中,一项不动产价值较高,借款人以其做抵押,从某一贷款人处获得贷款,但借款人第一次借款的金额大大低于用做抵押的不动产的价值。如果借款人再以该项不动产进行抵押,从另外一个贷款人处借款,第二个贷款人只要认为该不动产已抵押给第一贷款人的尚余的价值在借款人违约的情况下足以抵偿其贷款金额,则可以接受已向第一个贷款人抵押过的不动产作为抵押的标的物。如果该项不动产已作为两次抵押的贷款金额仍然大大低于该项不动产的价值,借款人仍可以该项不动产向第三个贷款人借入抵押贷款,只要第三个贷款人愿意接受该不动产作为抵押标的物。以此类推。所以,在西方国家或国际的融资业务中,借款人的一项不动产可以向若干个贷款人进行抵押(当然每个贷款人都要办理登记手续,以取得行使抵押权的法律效力)。如果借款人破产或违约,那么,同一不动产的抵押标的物的若干个贷款人如何行使抵押权呢?各贷款人如何得到清偿呢?

假若不动产抵押的借款人取得的贷款金额低于或等于设押的不动产市场价格,那么,借款人违约时,在若干个贷款人之间就不易引起争端。但是,在用做抵押的不动产市场价格低于抵押贷款金额,不可能以该不动产拍卖所得的价款满足所有贷款人的贷款债权时,就会牵涉谁先受偿、谁后受偿的问题,也就是不动产抵押权的优先顺序问题。

(二) 实行抵押权的优先顺序原则

在西方国家不动产抵押贷款业务中,借款人以同一不动产做抵押,从若干个贷款人处取得贷款,在借款人违约或破产时,其清偿的优先顺序有以下三项原则。

1. "成立在先,权利在先"原则。所谓成立,一般以登记为准,哪个贷款人先履行了抵押登记,该贷款人的贷款就先得到清偿;第二位登记的贷款人的贷款,只能以该不动产拍卖并清偿了第一位登记贷款人的贷款后的剩余价款来清偿；其后登记者以此类推。世界上绝大多数国家都按"成立在先，权利在先"的原则排列抵押权行使的优先顺序。日本、德国和瑞士民法以及英美等普通法系国家的不动产法都有如此规定。

2. "顺序升进"原则。即第一个抵押权人得到清偿以后，第二个抵押权人原则上上升到第一个抵押权人的位置，并可享受第一个受到清偿的权利。法国、日本的法律均有如此规定。

3. 固定抵押权顺序原则。所谓固定抵押权顺序原则就是第一个登记抵押权人得到清偿后，第二个登记抵押权人不一定升到第一位，而是由借款人在其余的抵押权人中加以指定。被指定的抵押权人才上升为第一顺序的抵押权人。如德国民法就有如此规定。

所谓优先受偿顺序，即是指同一财产向两个以上抵押人抵押的，拍卖、变卖抵押物所得的价款应当优先清偿谁的债权。

（三）我国担保法规定的清偿顺序

我国担保法规定的清偿顺序如下。

1. 抵押合同已登记生效的，按照抵押物登记的先后顺序清偿；顺序相同的，按照债权比例清偿。

2. 先登记的抵押合同的效力优于后登记的抵押合同的效力，先登记的抵押合同的抵押权人优先受偿。受偿后抵押物处理有剩余的，由次登记的抵押合同的抵押权人受偿。如果几个办理抵押物登记的抵押合同的先后顺序相同，则按照各债权人的债权比例清偿。

3. 抵押合同自签订之日起生效的和该抵押物已登记的，按照上述规定清偿；未登记的，按照合同生效时间的先后顺序清偿，顺序相同的，按照债权比例清偿。抵押物已登记的先于未登记的受偿。

几个抵押合同的当事人均未办理登记手续，按合同生效的时间先后顺序清偿，第一个生效的抵押合同的债权人首先受偿，清偿之后有剩余的，第二个抵押合同的债权人受偿，以此类推。

六、我国不动产抵押贷款的法律要点

随着我国金融体制改革的发展和商业银行法的颁布，银行与非银行金融机构的分工越来越细。我国的银行依照公司法的规定也由原来统一的政策性银行分立为企业法人的商业银行和政策性银行。商业银行现在也面临着像企业一样的经营风险，在开展信贷业务过程中，需要严格审查借款人的资信，实行担保，以保障贷款的按期回收。

担保的形式分为保证、抵押、质押、留置和定金。金融机构在开展信贷业务过程中,越来越感到以物权抵押的形式做担保对贷款的风险相对小一些。物权的抵押又分为两类,即动产的抵押与不动产的抵押。在金融机构开展抵押贷款的实践中,又感到不动产的抵押担保的风险要小于动产抵押担保的风险。所以,在当前金融机构开展担保贷款业务的过程中,不动产抵押担保的方式越来越受到重视。

不动产的抵押,是指抵押人以其合法拥有的不动产以不转移占有的方式向抵押权人提供债务履行担保的行为。当债务人不履行债务时,抵押权人有权以抵押的不动产拍卖所得的价款优先受偿。

不动产的抵押具有其特点,即不动产的不可移动性和土地资源的保值和升值的可能性。因为不动产的不可移动性以及土地及地上附着物潜在升值的可能性,使得金融机构对用不动产作为抵押担保极为重视。相对动产抵押,虽然不动产抵押的风险相对较小,但不等于说没有风险。因为我国的现行土地政策与法规的特点,使得不动产与拥有该不动产或依附于该不动产的法律关系变得非常复杂。

我国的土地所有权分为两类,即城镇的土地所有权属国家所有,农村的土地所有权属集体所有。国家的土地所有权和集体的土地所有权不能抵押。只有依法有权处分的国有的土地使用权和集体的土地使用权以及其地上附着物可以抵押。

由于土地使用权的获得方式分为划拨和出让,所以划拨的土地使用权的抵押又与出让的土地使用权的抵押存在着区别。因为地上建筑物的竣工与否,又存在着在建工程项目的抵押和已获产权房屋的抵押之分。而往往由于资金问题,一个建设项目常有几家投资方共同出资建设,称为投资组合,所以又产生了共建项目的抵押。军队是独立于地方政府之外的,所以军队拥有的不动产的抵押也往往是金融机构感到棘手的问题。在实际抵押中,又常常会遇到房产权益的抵押和共有房产的抵押。随着市场经济的发展和经济活动的频繁,金融机构还会不断碰上诸如租赁权的抵押、已出租房产的抵押和重复抵押等不同情况。

实际生活中,不动产抵押所产生的法律关系非常复杂,如果理不清这些复杂的法律关系,在不动产抵押活动中难免会陷入困境。

案例

小米的豪华国际银团

2014年10月,中国智能手机制造商小米成功在香港完成第一笔10亿美元的国际银团贷款,受到国际资本的热烈追捧。

小米国际银团贷款的参加行有29家银行,来自全球各地,可谓盛况空前。

欧洲大行包括德意志银行、巴克莱、瑞信、荷兰ING、法国巴黎银行、渣打等，美国大行有摩根大通、摩根士丹利、高盛，中国香港本土的有工银亚洲、恒生、永隆、东亚，中国台湾地区的银行有"中国信托"商业银行、台湾银行、国泰世华，日本银行有三菱东京UFJ，来自亚洲其他地区的澳新银行、马来亚银行、阿联酋第一港湾，以及来自遥远南美洲的巴西银行也参与其中。

一、初试啼声的小米，得到如此热烈的捧场，奥妙何在

如果深究这个国际银团，可以看出其与小米的海外发展战略息息相关。

首先，小米融资的互联网速度，折射出其IPO提前卡位战。小米经常夸耀自己的互联网基因，在公司融资方面，银团组建也是变化神速、峰回路转。

2014年年初，小米香港公司在市场上谈判2亿美元的一年期贷款，以招商银行北京分行发出的备用信用证做担保，俗称"内保外贷"，意味着小米总部需要向招行提交等额的存款保证金，或者切分等额的银行授信。这种模式适合"国内强、国外弱"的融资背景，也意味着彼时小米对于海外融资的信心不足。

不过，"内保外贷"在6月底被断然取消。此时小米觉察到了国际银行们对自身的追捧，想利用自身信用来融资。

二、是什么因素促成了这个转变

说穿了，就是未来的IPO。

继9月阿里巴巴成功上市后，全世界的投行和银行家们开始四处寻找中国的下一个科技明星，小米虽然只有4年历史，却成为最热的"候选人"。

无论对于国际银行，还是对于准备国际化的企业，银团贷款都是建立双方合作关系的第一步、客户关系的敲门砖。

中国的银行倾向于通过贷款业务赚钱，而欧美银行跟中国的银行业经营模式不太一样，倾向于通过银团贷款和双边贷款来建立客户关系，后续主要靠投资银行来赚大钱。

当下，中国的银行业也在集体"出海"，境外分行盈利模式仍然是利用国内外利差来赚钱，"内保外贷"成为主打产品。欧美当地业务上，同大银行硬拼价格，赚取"服务500强"的名声，而在投行盈利模式上是有缺失的。

其次，看此次参贷银行的地理分布，就能折射出小米的国际化战略。

通常来说，欧美大行、中国香港台湾地区的银行在香港银团市场上非常活跃，出现在银团中并不意外。但马来西亚银行、阿联酋第一海湾银行、巴西银行等名字不是"常客"，相当扎眼，可能是小米公司的有意邀请。

2013年，小米开始启动国际化战略，进军台湾地区和香港地区，并取得了相当大的成功。2014年，小米开始进军东南亚，首先在新加坡和马来西亚设立零售店，下半年，小米又高调宣布进军印度，并将其视为重点发展国家。

从这个海外发展路线来看，小米似乎更愿意走"农村包围城市"的策略，首

先在东南亚等第三世界国家开展业务,对欧洲和美国按兵不动。

细究原因,首先是小米手机便宜,这是它最大的优势,而东南亚和印度民众对价格很敏感,为了几百甚至几十元的价差,就愿意更换手机品牌。第二,小米手机赖以成名的互联网销售策略在东南亚受到广泛欢迎,经常被抢购一空。而这些销售方式在欧美市场可能水土不服。欧洲的电子商务一直不算发达,发展水平上远落后中国。从渠道商来说,欧洲和美国的手机主要靠电讯运营商销售,消费者喜欢买合约机。如果小米贸然选择欧美市场作为国际化的第一站,势必事倍功半。

现在回头来看银团参加行也就释然了,这解释了为何马来西亚银行加入银团。而巴西和中东地区银行的加入,是否意味着小米将在南美和中东市场发力呢?

小米在重走华为、中兴的老路,不光鲜但有效,不同的是起点:华为中兴在非洲默默耕耘多年后在欧洲市场厚积薄发,小米却首先选择了东南亚。

一言以概之,国际银行对小米银团贷款的追捧,是追捧其 IPO 的未来前景。小米对于银团参加行的选择,体现了公司海外发展战略方向。

资料来源:鲁晓芙,《21世纪经济报道》,2014-11-22。

思考题与练习题

1. 什么是国际银团贷款?其特点是什么?
2. 国际银团贷款中的当事人有哪些?其职责分别是什么?
3. 简述国际银团贷款的信贷条件。
4. 不动产抵押权的优先顺序是什么?
5. 抵押权的执行有哪些方式?

第六章 国际项目融资

本章要求熟练掌握国际项目融资的概念、特点及类型，了解国际项目融资中出现的一些重要参与人以及在项目决策前进行可行性研究的重要性，了解国际项目融资中的一些常见风险以及预防和控制措施。重点掌握国际项目融资的筹资方式即各种资金来源的渠道及其利弊。

学习要点

This chapter requests us to grasp international project financing's concept, characteristics and types, understand the important participants in the international project financing as well as the importance of the feasible analysis before the project decision, learn the common risks and the prevention and control measures. We should mainly grasp the channels of fund sources and its advantages and disadvantages.

第一节　国际项目融资概述

一、国际项目融资的产生

项目融资(Project Financing)又称项目贷款或工程建设项目筹资,其最早可以追溯到20世纪30年代美国的油田开发事业,它是有关业界为了在经济危机过后的萧条经济中设法开辟新的金融途径而几经失败后总结出来的经验。

1929年华尔街股票价格暴跌,使20世纪20年代一度繁荣的美国经济转眼跌入黑暗之中。能源产业也不例外,1929年每桶3美元左右的油价两年之内跌至每桶几美分,主要原因就是当时在得克萨斯州东部接连发现大油田,石油供给大幅度增加,于是导致了石油价格的暴跌。20世纪初得克萨斯海湾地区发现油田后,美国的墨西哥湾一带在20年代便成了世界最大的石油生产基地。但突如其来的经济萧条使美国的石油产业也蒙受了很大的打击,中小石油企业相继倒闭。于是,在美国的银行界广泛地形成了这样一种印象,即石油业是一个变化极大的不稳定的行业,不适宜开展金融业务。

在这种情况下,石油产业界为了恢复石油的供求平衡而加强了生产调节工作,到了30年代中期,美国又健全了有关调整石油产量的法律,于是,伴随着危机过后的高速经济复兴,石油价格终于稳定下来,进而在石油的生产技术和开采技术及储量评估方法上也取得了很大的进步,从而使金融界对石油产业的信心也高涨起来。

在这种新的形势下,从30年代中期开始,金融业对石油产业开始采取较为积极的态度。但是,直到这个时候,金融业对石油企业的信心还没有达到彻底恢复的程度,因此,贷款的方式不是采取对石油企业贷款,而是对石油企业拥有的商品,如对装在油桶里的石油进行贷款的方式,其目的在于一旦企业靠不住的话,可以立即将石油卖掉以收回贷款资金,当时的金融界就是以这样慎重的态度重新与石油产业开展交易的。

后来,金融界逐渐认识到,对贷款做抵押、担保的商品不一定非局限于开采后的地上商品,埋藏在地下的未开采的石油也可以作为抵押、担保,也就是以将要开采的石油的预期收益为担保而发放贷款,这样一来,贷款的范围也就不断扩大了。

因此,通过对因不景气而衰败的企业开展不是以企业信誉,而是以商品本身或者项目预期收益为基础的融资活动,慢慢地发展起来。到了20世纪70年代,伴随着英国北海油田的开发热潮,项目融资作为一种新型的融资方式,开始大规模地登上了世界金融舞台。

二、国际项目融资的概念

(一) 国际项目融资的含义

国际项目融资(International Project Financing)是指为某一个特定工程项目提供贷款,贷款人依赖该项目今后所产生的收益作为还款的资金来源,并以项目的资产、权益做抵押的一种跨国融资方式,是国际中长期融资的一种形式。国际项目融资主要适用于大型工程设施项目的建设,如能源和交通建设、采矿、油田开发等。

(二) 国际项目融资的特点

1. 追索权的有限性。按照项目融资的方式,工程项目的主办人或主办单位一般都专门为该项目的筹资而成立一家新的项目公司,由贷款人把资金直接贷给工程项目公司,而不是贷给项目的主办人,在这种情况下,偿还贷款的义务是由该工程项目公司来承担,而不是由承办人来承担,贷款人的贷款将从该工程项目建设投入营运后所取得的收益中得到偿还。

2. 国际项目融资以特定的建设项目为融资对象,限制将贷款资金用于其他用途;贷款人提供项目融资也并非依赖于借款人的信用,而更主要依赖于项目建成投产后所产生的预期收益,并以其作为偿还贷款的资金来源。

3. 国际项目融资具有信用保障多样化的特点。针对不同融资项目的具体风险状况,国际贷款人往往提出不同的信用保障要求,其目的在于分散项目风险,实践中往往通过签署各种协议来规避各类风险,如项目完工担保合同、原材料长期供应合同、产品预销合同等,以确保强有力的信用支持。项目融资将多样化的信用支持分配到项目未来的各个风险点,以规避和化解不确定的项目风险。

4. 国际项目融资的融资金额大、周期长、风险高,融资成本相对较高。

5. 国际项目融资的资金来源渠道多样化。国际项目融资能够利用的融资方式较多,如政府贷款、国际金融机构贷款、出口信贷、商业银行贷款等。

6. 项目融资程序的复杂性。项目融资数额大、时限长、涉及面广,涵盖融资方案的总体设计及运作的各个环节,需要的法律性文件也多,其融资程序比传统融资复杂。

(三) 国际项目融资的弊端

1. 组织时间长,需要花费较大的人力、物力。
2. 需要向许多参与共同贷款的银行提供项目的全部信息。

3. 缺乏项目经营上的灵活性。
4. 风险较大。

(四) 国际项目融资的适用范围

项目融资最早始于 20 世纪 30 年代美国的油田开发事业,以后适用范围逐步扩大,发展到现在主要有三大类项目适合使用。

1. 资源开发项目。石油、天然气、煤炭、铀等能源资源,铁矿石、铜矿石、铝土矿、金等金属资源以及金刚石的开采业等均可以成为项目融资的对象。

2. 基础设施项目。如运送设施中的石油天然气管道、收费公路、收费桥梁、收费隧道、铁路等,通信设施中的通信卫星、通信干线,城市中建造的大型办公楼、写字楼等大型商业用不动产均属于基础设施。基础设施项目的建设不是创造出什么别的商品,而是建造出大型的构造物、建筑物等,可以供第三者使用,因此该设施建成后本身具有供第三者使用的价值,因而成了对第三者有用的商品。著名的北海油田通往大陆的管道、美国阿拉斯加天然气输送管道,以及中国香港地区九龙海底隧道等许多大型的管道建设项目都是用项目融资的方式组织贷款建设的。

3. 制造项目。制造项目是指把原材料加工后制成别的商品,如发电项目,铜、铝等金属冶炼项目,精炼石油、液化石油气等项目,均可以成为项目融资的对象。

三、国际项目融资的类型

国际项目融资主要有以下两种类型。

(一) 无追索权项目融资

无追索权项目融资(No Recourse Project Financing)是指贷款人对项目主办单位没有任何追索权,只能依靠项目的收益作为还本付息的来源,此外还可以在项目的资产上设立担保权益。如果项目经营失败,最终的资产、收益不足以偿还全部债务,项目的主办单位对此没有直接的偿还责任,贷款人对主办单位的其他项目资产也没有任何要求权。这种无追索权的项目融资方式最早出现于 20 世纪 20 年代美国对得克萨斯油田的开发中。由于这类项目融资对贷款人风险很大,在现代项目融资实务中很少使用,因此有人称之为传统项目融资。

(二) 有限追索权项目融资

有限追索权项目融资(Limited-recourse Project Financing)是指贷款人除了依靠项目收益作为偿债来源以及在项目单位的资产上设定担保物权外,还要求与项目完工有利害关系的第三方当事人提供各种担保。如果项目经营失败,最终的资产、收益不足以偿还全部债务,贷款人有权向各担保人追偿。各担保人对项目债务所负责任以各自的担保金额为限。第三方当事人包括:项目产品买主或设施用户、工程项目承包商、设备供应人等。

有限追索权项目融资目前在国际上使用较多,一般所说的项目融资就是指有限追索权项目融资。项目融资的发起人希望利用项目融资为其项目筹集资金,但同时希望放款人对其资产的追索权越小越好,而且该项目不会影响其资信及资产负债表。而放款人一般不从事具有资本风险的交易,即使他们能够因此得到较高的回报。所以,只有通过项目本身、项目发起人或者第三者提供足够的担保,令放款人感觉到贷款与利息的收回十分安全,他们才会提供贷款。因此,项目成功的关键是合理构建项目融资的结构,使放款人对发起人的追索权尽量小化,同时提供足够的担保以降低放款人的信贷风险,满足放款的要求。

四、国际项目融资的参与人

项目融资中参与人众多,一般来说,其基本的当事人有:项目的发起人、项目公司、贷款人、项目产品买主或设施用户、项目建设的工程公司或承包公司、原材料及设备的供应商、保险公司、受托人等。

(一)项目发起人

项目发起人(Project Sponsor)是工程项目的实际投资者(股本投资者)和主办(主管)单位,可以是政府、公司、个人,也可以是联合体,如由项目产品的买主或设施用户、设备供应商、原材料供应商、承包商以及一些间接受益者所组成的联合体或财团。同时,发起人既可以是东道国境内的企业,也可以是境外的企业或者投资者。一般来说,发起人中至少包括一家境内企业会有利于项目的获准与实施,降低项目的政治风险。

项目发起人提出项目,取得经营项目所必要的许可和协议,并将各当事人联系在一起,通过项目的投资和经营活动实现投资项目的综合目标要求,其主要职责是从组织上督导项目计划的落实。国际项目融资虽然并非根据项目发起人的保证而发放贷款,但如果项目发生意外情况,造成收益不足以偿还债务,项目发起人负有补偿差额资金的责任,因此贷款人在发放项目贷款时,对项目发起人的资信情况也十分关注。

(二)项目公司

项目公司(Project Company)也称项目单位或承办单位,是专门为营建某一工程项目而成立的独立组织,主要负责项目的开发、建设和融资。在大多数情况下，项目公司就是实际的借款人，因为项目公司的重要职能就是为项目筹措资金，解决项目的资金来源问题。项目的承办单位有独资的，也有合资的，但以合资股份公司为主。项目公司作为一个独立的经济实体，其股权多由主办人所有，主办人与项目公司之间的关系是母公司与子公司的关系。项目公司是东道国的法人，必须受到东道国法律的管辖。

（三）贷款人

国际项目融资的贷款人（Lender）因其融资渠道的不同而有所差异，包括：政府机构、国际金融机构、出口信贷机构以及国际商业银行、保险公司等。

（四）项目产品买主或设施用户

项目产品买主或设施用户（Purchaser）是项目未来收入的提供者，他们通过与项目公司签订长期购买合同来保证项目的预期收益，为项目贷款提供重要的还款保证，因此成为项目融资的重要参与人，其资信状况是能否取得贷款的重要因素。这些买主或用户可以是项目发起人本身，也可以是政府机构或其他的第三方当事人。购买人有时是一个，有时是几个，他们的资信状况是能否取得贷款的重要因素。

（五）项目建设的工程公司或承包公司

一般来说，如果由信誉卓著的公司来承建项目，有较为有力的合同安排（如签订固定价格的"一揽子承包合同"），就可以帮助项目投资者减少在项目建设期间所承担的义务和责任，可以在建设期间就将项目融资安排为有限追索的形式。同时，由于工程公司或承包公司（Construction Company）在同贷款银行、项目发起方和各级政府机构打交道方面十分有经验，因此，它们可以在如何进行项目融资方面向其业主提供十分宝贵的意见和建议，从而成为项目融资中的重要参与者之一。

（六）原材料及设备的供应商

原材料及设备的供应商（Supplier）是项目融资中的重要参与人，其资信状况和经营作风直接关系着项目能否按时竣工，因此也就成为贷款银行考虑是否发放贷款的重要因素之一。

（七）保险公司

由于项目融资的规模大、期限长，面临的风险也较大，因此，适当的保险也就成为项目融资的前提条件。许多国家的政府设立了官方或是半官方性质的保险机构(Insurer),如美国的海外私人投资公司、法国的对外贸易保险公司、英国的出口信贷担保局等,都对本国的对外投资或贷款提供保险,承保一般商业保险公司不愿承保的商业、政治和外汇风险。这也是银行等私人信贷机构为工程项目提供融资的先决条件。因此,保险公司也就成为项目融资的主要参与人之一。

(八) 受托人

受托人(Trustee)主要代表贷款人的利益设立托管账户,负责保管从项目产品买主或设施用户处所收取的款项,用以偿还对贷款人的欠款,并保证在贷款债务没有清偿之前项目公司不得随意提取或动用该笔款项。

(九) 其他项目参与者

在项目融资中除了以上参与人之外,还有其他的一些参与者(Other Parties),如资信评级机构、金融顾问、律师以及其他的一些专业人士等,他们在项目融资的过程中也发挥着重要作用。

五、国际项目融资的一般程序与步骤

第一,投资者做出投资决策,确定投资结构。在对项目进行投资之前,要进行项目投资分析,做出投资决策,确定投资结构。投资结构是指一定的投资总量中各个组成部分之间的比例关系,或者说是一定的投资总量在不同投向上的分配比例。确定投资结构需要考虑的因素包括项目的产权责任、现金流量、债务责任、税务结构和会计处理等。国际上通行的投资结构有单一项目子公司结构、代理公司型合资结构、合伙制或有限合伙制结构、非公司型合资结构等。

第二,投资者做出融资决策,确定融资结构。根据债务分担责任、贷款资金数量上的要求和时间上的要求、融资费用等,投资者决定是否采取项目融资方式。一旦决定采取该融资方式,即任命项目融资顾问,明确融资的任务和具体要求,并在评价项目风险因素的基础上,设计项目的融资模式、资金结构和担保形式。

国际上的项目融资模式主要有:投资者通过项目公司安排的项目融资模式,以设施使用协议为基础的项目融资模式,以杠杆租赁为基础的项目融资模式,以生产支付为基础的项目融资模式等。

项目融资的资本结构有:股本和准股本,商业银行贷款和国际银行贷款,国际债券,租赁融资,发展中国家的债务资产转换等。

项目融资的担保方式有:项目完工担保,资金短缺担保,以增加原材料供应协议为基础的担保等。主要担保者有:项目投资者,与项目有利益关系的第三者(如政府、工程承包公司、产品销售公司),保险公司等。

第三,项目融资谈判,签订融资协议。通过对融资方案的反复设计、分析、比较和谈判,最后选定一个既能最大限度地保护投资者的利益,又能为贷款银行所接受的融资方案。其中包括:选择银行,发出项目融资建议书;组织贷款银团,起草融资法律文件;融资谈判,签订融资协议。

第四,项目融资协议的执行。项目融资协议的执行包括:执行项目融资计划;贷款银团经理人监督并参与项目的有关决策;项目风险的控制与管理等。

第二节 国际项目融资的可行性研究与风险管理

一、国际项目融资的可行性研究

可行性研究是分析、计算和评价各种技术方案和项目投资效果的一种方法。它是在项目决策前,由项目的主管部门或计划人员以及各种专家对新的建设项目进行调查研究和综合论证的一种方法,目的是为拟建项目提供科学依据,从而保证所建项目在技术上先进可行,在经济上合理有利,使项目的决策建立在科学性和可靠性的基础上。

可行性研究是在第二次世界大战后,特别是在近30多年来,随着现代科学技术、科学管理和经济的高速发展而产生和发展起来的。目前,世界各国进行工程项目建设,无论工程规模大小,也无论是新建工程还是扩建工程,都要进行事前的可行性研究。可行性研究已成为工程项目建设中一个首要的、必不可少的环节。

可行性研究主要包括以下内容。

第一,项目的简要情况。介绍项目出台的背景,项目建设的必要性及经济意义,说明该工程项目所生产的产品或提供的设施同国外其他同类产品相比具有很强的竞争力,能创造出较好的经济效益和社会效益,并且该项目的建设与营运符合该国经济发展战略的要求。

第二,项目财务效益可行性分析。即项目的微观效益分析,指对项目的投资成本、销售收入和税金、产品成本、利润等财务数据进行预测,以预测的数据为依据,用科学的方法分析项目本身的财务效益,也就是项目的营利能力和偿债能力。

第三,市场分析。在项目的可行性分析与研究中,市场分析是一项必不可少的内容,对项目的可行与否起着决定性的作用。市场的分析调查主要包括需求分析、供应分析和项目产品进入市场的竞争能力分析。

第四,费用估算。工程项目费用估算应充分考虑项目建设期成本、贷款的利息支出以及各种外部条件,如通货膨胀的影响、意外事件、偶然因素造成的工程延期、费用超支等。费用估算的准确与否对工程项目经济效益的发挥、产品的市场竞争能力以及工程本身的财务状况和还债能力都会产生重大影响。

第五,销售安排。它是指对项目完工投产后产品销售的预先安排。应随着工程的完工和投产事先签订好预销合同,保证产品的顺利销售。由于产品销售有合同保证,这就降低了贷款到期不能归还的风险。

第六,原材料、燃料及基础公用设施的安排。原材料的供应应签订长期的供应合同,合同条件应与该工程的项目规划相符合,按照工程的进度采购原材料,做到原材料供应渠道的稳定、可靠、畅通。辅助材料、燃料及基础公用设施(如运输、水电供应、排水等)的安排必须事先做出,以便与工程本身的规划协调一致。

第七,环境规划。环境规划也是项目可行性研究中的一项重要内容,因为项目建设区域的选择,不但要适应项目本身的要求,而且还要对周围的环境不产生重大影响。

第八,货币规划。项目在建设、营运、采购、投产、销售的每一环节都涉及货币问题,因此应做好工程项目建设各阶段货币收付币种的选择,以有效防止汇率波动的风险。

第九,财务规划。它是指工程项目的筹资规划。应根据工程项目的规模和特点,确定该工程项目的资金需求总额、筹资来源渠道以及具体的借款期限和借款条件。

二、国际项目融资中的常见风险

在项目融资中,风险总是难以完全避免的,也是必须事前加以防范和安排的。项目风险从不同的角度划分,有不同的类型。

(一)信用风险

在大多数情况下,有限追索权项目融资是依靠一定的信用保证结构支撑起来的。因此,组成信用保证结构的各方项目参与者是否有能力履行其合同义务,是否愿意并且能够按照法律文件的规定在需要的时候履行其所承担的对项目融资的信用保证责任,就构成了贯穿于项目融资各个阶段的信用风险。

(二)完工风险

项目完工风险是指项目因故中途停建,或不能按规定的质量标准竣工投产,或不能按期达到设计生产能力或营利能力的风险。完工风险是项目融资的主要核心风险之一,因为如果项目不能按照预定计划完工投产,项目融资所依赖的经济基础就受到了破坏。而且,从国际上的实践经验来看,项目建设期出现完工风险的概率无论在发达国家还是在发展中国家都是比较高的。因此,贷款银行对项目的完工风险都非常重视,通常会要求投资者或工程公司等其他项目参与者提供相应的"完工担保"作为保证。

(三) 生产经营风险

项目的生产经营风险是在项目试生产阶段和生产运行阶段中所存在的技术、资源储量、能源和原材料供应、生产经营等风险因素的总称,它是项目融资中的又一个主要风险。项目生产经营风险的具体表现形式包括:资源储量风险、能源和原材料供应风险、经营管理风险和技术风险等。资源储量风险是指在石油、煤炭、天然气等地下资源开发项目中,资源的实际储量可能小于预测的储量的风险。资源实际储量的多少直接影响着项目的未来收益,从而使项目贷款本息的收回面临风险。能源和原材料供应风险是指项目投产后,项目生产经营所需的能源和原材料的价格、质量和供应量发生变化,从而对项目的生产经营产生重大影响的风险。至于经营管理风险,通常是指由于项目难以获得合格、称职的经营管理人员、技术人员和较高素质的劳动力,从而对项目的经营管理产生影响的风险。

(四) 市场风险

市场风险是指项目产品的市场需求和市场价格的变化对项目收益产生的影响,它包括价格和市场销售量两个要素。项目产品的销售是项目收益的主要来源,是偿还项目贷款本息的根本保证。如果项目产品的市场需求和市场价格发生波动,势必会影响到项目的收益和银行贷款资金的收回。为了降低项目风险,在项目融资中一般都会订立项目产品的长期销售协议,作为对融资的支持,这实际上是买方对项目融资承担了一种间接的保证义务。

(五) 金融风险

项目的金融风险主要表现在汇率风险(又称货币风险)和利率风险两个方面。项目的借款、还款、收入和支出,往往以几种不同的货币计价,如果有关货币之间的汇率发生变化,则会产生汇率风险。至于利率风险,则是指由于贷款利率发生变化而对项目所产生的影响。

(六) 政治风险

在国际项目融资中,投资者、贷款银行和贷款项目往往不在同一个国家,这样就可能面临项目所在国的政治形势和制度环境以及与此有关的政策措施对项目的建设、营运和收益产生不利影响的风险。造成项目政治风险的原因有很多,如战争、内乱、国有化,以及外汇管制、提高税率、控制原材料供应和项目产品定价等。政治风险可分为两大类:一类是国家风险,即项目所在国由于某种政治或外交上的原因,对项目实行征用、没收,或者对项目产品实行禁运、联合抵制,中止债务偿还的可能性;另一类表现为国家政治经济法律稳定性风险,即项目所在国在外汇管理、法律制度、税收制度、劳资关系、环境保护等与项目有关的敏感性问题方面的立法是否健全,管理是否完善,法律是否经常变动。降低政治风险的办法之一就是参加政治风险保险,包括纯商业性质的保险和政府机构的保险,另外还可以采取其他的一些措施来减少项目的政治风险。

(七)环境保护风险

目前世界各国对环境保护越来越重视,普遍开始关注工业项目对自然环境所造成的负面影响。各国纷纷颁布了日趋严格化的环境保护立法,这些立法以及环保政策在一定程度上可能会对项目开发带来不利影响。例如,迫使项目生产效率降低,增加项目生产成本或增加额外投入以改善项目生产环境,可能会使项目无法继续生产经营下去。因此,贷款银行对于项目的环境保护风险也必须加以充分的重视。在一般情况下,应要求项目的投资者或借款人承担项目的环境保护风险,因为投资者被认为对项目的技术条件、生产条件和环境条件的了解比贷款银行要多。同时,贷款银行在对项目贷款的使用进行经常性监督检查时,也应该把环境保护问题列为一项重要的检查内容。

三、项目风险的预防和控制

(一)资源储量风险及其预防管理

项目贷款的资源储量风险是指项目工程因未能开采出一定数量和一定质量的矿产品,而存在着使贷款遭受损失的可能性的风险,它存在于资源开发类项目中。由于开发矿产的主要依据是该矿产的预测报告,因此强调预测报告的准确性就十分重要。对于这类风险的预防管理,贷款人必须首先弄清矿产的所有权在谁手中,同时还应了解项目业主是否已获得政府颁布的开采许可证书及其具体规定如何;其次,贷款人有必要雇用优秀的地质人员进行勘探、预测,以提高预测的准确性。

(二)工程建设阶段中存在的风险及预防

这类风险的主要类别及预防如下。

1. 费用超支风险。它是指由于建造、技术、环境、政策、通货膨胀、汇率等引起的,使得工程建造的实际费用超出原来预算的风险。如果这部分超出的资金得不到落实,工程项目就会因资金缺乏而停工。为防止这种风险的发生对工程进度产生影响,必须通过事先订立合同的方式加以预防和解决。

2. 不能按期完工风险。它是指因工程项目施工进度缓慢,不能按期完工,贷款人发放的贷款也不能按期收回的风险。因此,为减少这种风险,应按规划的要求,选择好的工程师和承包商以保证工程按期完工。

3. 中途停建风险。它是指由于政治、技术、经济或自然因素而导致工程建设中途停顿,以致影响贷款按期偿还的风险。这种风险的预防主要以工程项目承建单位、项目产品买主或设施用户、或其他信誉较好的机构给予担保。

(三) 技术风险的预防与管理

技术风险是指因应用新技术或建设人员技术能力差等原因使贷款人遭受损失的风险。这类风险的预防与管理主要是要求项目主办人或第三者提供保证,保证所选用的建设人员具有较高声誉,并能高质量地完成项目工程。

(四) 营运阶段风险的预防与管理

在营运阶段,由于不可预测因素的存在,如出现工程停工或开工不足,导致项目停产或产量不足,无法按合同向产品购买人或设施用户提供产品或劳务,而使贷款人蒙受损失。为防止贷款人因工程停止或开工不足而蒙受上述风险,一般需签订下述几种合同。

1. 最低支付额合同。该合同由承办单位与产品的购买人签订。合同规定产品的购买人或设施用户即使未购到产品或未使用设施,也承担向贷款人支付一定的最低金额用以抵偿承办单位对贷款人应偿付的债务。购买人之所以签订该合同,是因为该工程项目的产品为国际市场上的紧俏商品,如石油、天然气、稀有金属矿产等,而产品购买人又比较急需。

2. 差额支付协议。该协议一般是由与项目完工有利害关系的一些单位,如东道国政府、中央银行等与承办单位签订的,由它们对贷款的偿付进行担保,若工程收益不足以偿还债务,则由这些单位对不足部分承担支付义务。

3. 项目担保。它是指由担保人为借款人的按期还本付息而向贷款人提供的担保。担保在项目融资中发挥着重要作用,因为在大多数项目融资中,贷款人对项目公司及其财产只具有有限追索权或无追索权,所以对贷款人来说,至关重要的是参与项目的各当事人要构造完整而严谨的担保结构,以将所有的风险漏洞予以堵塞。在项目融资中,充当项目担保的担保人主要有项目发起人、与项目完工有利害关系的第三方当事人及商业担保人三类。

总之,项目贷款的风险种类较多,预防或减少项目贷款风险的方法也多种多样,然而最有效的解决途径是在贷款前进行项目的可行性研究或项目评估。贷款银行在决定向借款人提供项目贷款之前,应对借款人所提交的项目经济可行性报告进行周密的审查和分析,并对贷款的风险及其程度进行科学的预测或评估。

第三节　国际项目融资的筹资方式

一、国际项目融资的资金来源渠道

一般来说,对于大型工程项目,其资金来源有两大渠道:一是股本投资,这是工程项目主办单位和外国合伙人以现金或实物形式投入的;二是借款,这也是最重要的一项资金来源。

(一) 股本资金

股本资金是投资者投入的风险资金,它是项目融资的基础。在资金偿还序列中,股本资金排在最后一位。对于项目投资者,股本资金在承担风险的同时,也会由于项目具有良好的发展前景而为其带来相应的投资收益。在项目融资中,股本资金的比例不一定非常大,但却起着非常重要的作用。

1. 股本资金可以提高项目的抗风险能力。股本资金在资金偿还序列中排在最后一位,它标志着一个稳定的财务基础,因此在项目中股本资金投入越多,项目的抗风险能力就越高,贷款银行的风险也就越小;反之,项目承受的债务越高,现金流量中用于偿还债务的资金所占比例就越大,贷款银行所面临的潜在风险也就越大。

2. 股本资金投入的多少,决定着投资者对项目的关心程度,而相当数量股本资金的投入能在一定程度上降低贷款的风险。因为投资者在项目中投入的股本资金的多少与其对项目管理和前途的关心程度是成正比的,银行总是希望项目投资者能够很好地管理项目,而要求投资者在项目中投入相当数量的股本资金是最好的促进其加强管理的方法之一。

3. 股本资金的投入代表着投资者对项目的承诺和对项目未来发展前景的信心,对于促成项目融资起着很好的激励作用。

(二) 债务资金

如何安排项目的债务资金是解决项目融资来源的核心问题,那么如何选择项目债务资金的形式呢?应从以下几方面来考虑。

1. 债务期限。对于一个所需资金较多、规模较大、期限偏长的大型项目,如果都借用长期贷款,那么债务资金的风险是较大的,成本费用也较高;如果全部借用短期贷款,风险虽然相对较小,但不利于项目的稳定经营。因此,理想的方法是根据工程项目的进度适当安排好长、中、短期贷款,并且配合使用金融市场的一些融资手段,以降低风险和成本。一般来讲,短期贷款的融资利率较低,融资方式也较为灵活,并且可通过适当的展期达到与长期资金相同的效用,且展期的成本比长期成本还要低。

2. 债务偿还。长期贷款一般是根据事先确定的还款计划还本付息的,但在筹集资金的过程中借款人应注意在贷款协议中加列贷款的提前偿还条款,以便根据市场行情的变化随时调整债务结构以降低融资成本。

3. 利率结构。即在项目融资中如何对固定利率和浮动利率进行选择。如果借款人将控制贷款的风险放在第一位,则在适当的时机将利率固定下来是十分有利的,但可能会抬高融资成本;而如果借款人将降低融资成本放在首位的话,则应根据金融市场利率的走势来决定利率结构。

二、国际项目融资的融资途径

一般来说,一个大型项目的融资途径主要有以下几种。

(一) 国际商业银行贷款

国际商业银行贷款是项目融资的主要资金来源。尽管商业银行贷款的某些信贷条件对借款人较为不利,但它也有其独特优势,特别是它拥有专门的融资机构和分析评估机构来分析评估项目的信贷风险。

常见的商业银行贷款形式有以下几种。

1. 工程贷款。即在项目的建设阶段对建筑工程发放的短期不动产贷款。贷款资金按实际需要或按计划分期支付,工程完工后用抵押贷款的资金偿还这笔贷款,利率一般较高。

2. 定期贷款。即对借款人发放的中长期有担保贷款,期限通常为2~10年,按贷款协议的规定分期偿还,主要用于购买资本设备或用做营运资金。

3. 桥梁贷款。其又称转换贷款,这是在借款人需要得到中长期贷款时使用的一种贷款,以满足借款人对资金的临时需求,借款期限不长,具有过渡性的特点。

4. 抵押贷款。即借款人以某项财产的留置权为抵押而取得的银行贷款。

5. 营运资金贷款。即为补充项目公司的营运资金不足而提供的短期贷款。

总体来看,商业银行贷款的优点主要有:①贷款的使用方向没有任何限制,可以从任何国家采购所需设备、商品和劳务,还可采用国际招标方式从国际上选购设备以降低成本。②贷款手续简便,所需时间短。③无须当地政府批准,因此提款和还款方式灵活方便。④借贷货币的选择余地大,可以根据项目的情况借取各种货币形式,便于事先估算货币风险,加强成本核算。

商业银行贷款的弊端是:①贷款按市场利率收取利息,利率高于其他形式的贷款。②贷款采用浮动利率,难以精确估算利息费用支出。③银行除收取利息外,还收取管理费、承担费等费用,因此借款成本较高。

(二) 政府间双边贷款

大型项目可以利用政府间双边贷款来提供资金,政府贷款包括无偿赠与和低息长期贷款两种形式。

政府间双边贷款的优点是:①利率优惠,属于低息或无息贷款。②费用低廉。③偿还期长。

政府间双边贷款的弊端有:①贷款的政治性强,受两国外交关系及贷款国财政预算和国内政策的影响,一旦政治情况发生变化,贷款常常会中断。②贷款指定用途甚至监督使用。

(三) 国际金融机构贷款

大型工程项目可利用世界银行、亚洲开发银行等国际金融机构的项目贷款资金。

国际金融机构贷款的优点是:①利率优惠,费用低廉。②可以根据项目的实际需要制定较为有利的宽限期和偿还办法。③贷款使用无限制,可以广泛利用国际招标方式。

国际金融机构贷款的弊端有:①贷款手续复杂。②贷款的取得在较大程度上取决于该组织对项目的评价。③该组织对项目的贷款直接发放给工程项目的中标厂商,不利于借款单位进行费用核算。

(四) 出口信贷

出口信贷的优点是:①利率固定且低于市场利率。②因出口竞争激烈,便于承办单位从中选择有利方案。

出口信贷的弊端有:①因贷款限于在贷款国使用,购进设备的质量、价格可能不如从第三国购入的或以招标方式购进的,不利于进口商进行价格竞争以降低成本。②利率不因借贷货币软硬不同而变化,增大了贷款风险。③同一些长期优惠贷款相比,期限不是很长。

(五) 发行债券

发行债券的优点是:①能提供较大规模的资金。由于债券是在国际金融市场上公开发行的,市场上存在着大量的机构投资者和个人投资者,其购买潜力是非常大的,规模效应明显。②期限较长。国际金融市场上发行项目债券的平均期限一般都长于商业银行贷款,如墨西哥的 Tribasa 公路债券期限为 18 年,哥伦比亚的 Centragas 电厂债券期限为 16 年。③资金使用比较自由,项目发起人一般不受限制。因为在国际金融市场上发行债券,投资者一般都较为分散,不容易联合起来对发行人的资金使用情况进行干预和监督,只有当发行人不能及时兑付时,投资者才会有所反应。④可以借入多种货币形式。

发行债券的弊端有:①对是否能筹集到预定数额的资金并无把握。因为投资者要考虑债券发行人的资信、财力状况及债券的利率、期限、收益率等因素来选择购买债券,若债券的发行条件不能迎合投资者的需求,发行人就可能筹集不到预定数额的资金,这样也会影响工程的进度。②容易导致管理上的疏忽。由于市场投资者缺乏专门的技术和机构来监督项目的经营和管理,可能会使项目发起人和其他参与者疏于对项目的管理。

(六) 设备供应商提供的信贷

设备供应商提供的信贷是指工程设备的供应商在提供较高金额的大型设备时,允许承办人采用延期付款方式支付货款,这实际上也是在为工程项目提供资金融通。其弊端主要是采用这种方式融资,供应商往往会抬高设备价格,增大项目成本。

(七) 联合国有关组织的捐赠与援助

联合国开发计划署、联合国天然资源开发循环基金等可对工程项目提供资金,用于可行性研究和工程项目的前期准备工作,并提供一定的技术援助,但手续比较烦琐。

(八) 租赁方式

租赁也常被作为项目融资的一项重要的资金来源。在西方国家,根据在租赁协议中承租人和出租人所承担的责任,以及在租赁期间资产的使用价值占该资产全部使用价值的比重不同,将租赁分为经营租赁和融资租赁两类。

1. 经营租赁。其又称服务性租赁。这类租赁的租赁物技术更新期较短,服务性则较强,租赁物的维修、保养、管理及零部件更换均由出租人负责或提供,因此承租人所付租赁费较高。承租人的责任只限于按期缴纳租金,在租赁期结束时有权选择将租赁物退还还是购入。它一般适用于大型电子计算机、复印机、轮船、飞机、建筑机械、铁路及农业机械设备等的租赁。

2. 融资租赁。它是指出租人根据承租人的决定,向承租人所选定的供货人出资购买选定的设备,并约定以承租人支付租金为条件将该机器设备的使用权转让给承租人,并在租赁期内通过连续收取租金而使出租人收回投资。这类租赁租期较长,租赁物的维修、保养由承租人负责,租期结束时,承租人可选择退租、续租或留购。

租赁方式的优点是:①租赁是百分之百的融资,可以降低项目的融资成本。②使项目投资者保持较高的自有资金和银行信用额度,从而有利于把握其他的投资机会和业务发展机会。③对公司的资产负债状况不产生影响。因为大多数国家的财务规定都将租金作为一项固定费用支出而在公司的资产负债表的注脚中加以说明,因此对公司的资产负债状况不产生影响。

租赁方式的弊端有:①租赁方式的资金成本较高。②投资者不能享有设备残值。

第四节 国际项目融资的模式

一、BOT 模式

(一) BOT 的含义及特点

BOT 是英文"Build–Operate–Transfer"的缩写,译意为"建设—经营—转让",是国际项目融资的一种重要形式,是私营企业参与基础设施建设,向社会提供公共服务的一种方式。典型的 BOT 的定义是:政府部门就某个基础设施项目与私人企业(项目公司)签订特许权协议,授权签约方的私人企业来承担该基础设施项目的投资、融资、建设、经营与维护,在协议规定的特许期限内,这个私人企业向设施使用者收取适当的费用,由此来回收项目的投融资、建造、经营和维护成本并获取合理回报;政府部门则拥有对这一基础设施的监督权、调控权;特许期届满,签约方的私人企业将该基础设施无偿移交给政府部门。

BOT 是一种新型的项目融资方式,具有以下特点。

第一,BOT 项目投资的主客体有规定性。BOT 项目投资的主体一方为东道国政府部门,另一方为私营机构的项目公司。

BOT 项目投资的客体是基础设施项目而非一般加工工业项目。BOT 的实质是一种债务与股权相混合的产物,它为私营机构参与基础设施和公共工程建设提供了方便。项目合作双方以签订特许协议的方式使债务与股权均归于投资者,而政府不负担债务,但需授权投资者拥有所有权。

第二,BOT 项目的实施是一项复杂的系统工程,各方协作难度大。BOT 项目需要金融、贸易、保险、技术引进、工程承包、土地使用权、交通能源、通信、广告等各种行业的相互协调与合作,尤其是东道国政府的强有力支持,是关系一个 BOT 项目能否成功的关键。BOT 投资项目的规模决定了参加方为数众多,它要求参加方都参与分担风险和管理。参加 BOT 投资项目的各方只有通力合作才能保证项目的顺利实施和如期竣工。

第三,BOT 项目投资规模大,经营周期长。BOT 项目投资一般都是由多国的十几家或几十家银行或金融机构组成银团贷款,再由一家或数家承包商组织实施的。一方面,利用这种方式可以拓宽吸引外资的渠道,并且银团贷款市场上融资技术颇多,如利率结构的灵活多变、资金风险的调节控制以及融资组合的弹性选择等,有利于降低融资成本,并可带来先进的技术、设备和管理经验等;另一方面,从与东道国政府协商谈判,进行可行性研究,到经营周期最终结束,时间跨度往往达数年、数十年甚至更长,因此,不可避免地存在着多种风险,如政策变动、贸易和金融市场变动等。

第四,BOT 投资方式以特许权为前提。投资者只有取得特许权后才可以从事项目建设。在政府和私人资本相互需要的基础上,通过政府权力让渡,使得私人资本有机会参与对基础设施的投资。政府的这种权利让渡只是出让建设的权利,例如为收回投资而给予投资者一段时间内的经营管理的权限,到期后,投资者将项目所有权归还政府,就是这种权利出让的最好体现。

第五,BOT 方式的经营管理比较特殊。BOT 方式的经营管理,通常是在东道国政府的许可范围内,由项目公司按自身的管理模式进行操作的。作为独立法人的项目公司对其项目财产拥有所有权,但始终是一种不完全的财产所有权。项目公司设立之初,其尚未形成的财产已经抵押给贷款银行,且这一抵押权须征得财产本来所有人的同意;项目建成后,在整个还贷期间,项目财产始终处于抵押权的限制下,且在回报期内,随着回报额的增加和经营期的减少,未来所有人即政府的实际所有权逐步扩大,直至完全拥有该项目资产的所有权。

第六,BOT 投资方式的范围有限制。BOT 投资方式的适用范围比较广,但主要适用于一国的基础设施和公共部门的建设项目,如电站、高速公路、铁路、桥梁、隧道、港口、机场、钢铁企业、教育、医疗卫生基础设施、环保设施等。这些项目一般工程量大,建设时间长、耗资巨大、关系国计民生,并属于急需项目,而且,这些项目的市场需求一般都较好,能够获得较稳定的收入。

(二) BOT 的产生和演变

BOT 的雏形发端于 19 世纪后期的北美大陆。当时,在交通部门中开始允许北方工业财阀投资建筑铁路和一级公路,建成后定期定点向客户收取经营费用,投资及利润收回后,以无偿或低于市价的价格转让给政府公共部门。后来这一方式渐渐推广应用于国内港口码头、桥梁隧道、电厂地铁等公共工程。

20世纪70年代末到80年代初,世界经济形势逐渐发生变化。经济发展、人口增长、城市化等导致对交通、能源、供水等基础设施需求的急剧膨胀;经济危机和巨额赤字使政府的投资能力大为减弱;债务危机使许多国家的借贷能力锐减,从而急需减少投资项目的预算资金,赤字和债务负担迫使这些国家在编制财政预算时实行紧缩政策,转而寻求私营部门的投资。各国逐渐重视挖掘私营部门的能力和创造性,利用私营部门的资金进行基础设施建设。在这种背景下,BOT方式开始在一些国家得到运用和推广。

现代意义上的BOT是由土耳其已故总理厄扎尔在20世纪80年代土耳其国家私营计划框架工程中首创的,以后被世界各国所认同并广泛采用。由于BOT改革了对基础设施项目投资的传统做法,集融资、建设、经营和转让功能于一体,日益得到发展中国家乃至发达国家的青睐,成为国际流行的一种投资方式。自80年代中后期以来,BOT方式在全球发展很快,不仅在发达国家取得了很大成功,而且在发展中国家也有一定程度的发展。例如,英法两国采用这种方式合作建成横穿英吉利海峡连接两国的欧洲隧道,东盟国家运用BOT方式引进了大量的外资参与本国基础设施的建设,我国也采用这种方式建成了高速公路和发电厂等项目。

(三) BOT的操作程序

典型BOT方式的操作程序包括以下几个步骤。

第一,项目选择。政府首先需选择并确定哪些项目可采用BOT方式建设,并对该类项目执行的先后顺序、地点、生产能力状况、布局情况、何时建设等问题做出明确决定。在此阶段,政府的工作就是对项目建设的可能性及必要性进行技术、经济可行性研究,并决定项目的有关技术参数、项目标书和评标标准。

第二,项目招标和审核。根据项目准备情况,政府应准备一些必要的文件,正式对外宣传,邀请有兴趣的投资者进行投标准备,并提交投资者的初步方案,选择私营机构。项目主办人的选择方式包括招标方式和谈判方式。无论采用何种方式,政府与主办人之间都必须经过充分协商,达成完备的特许协议。

第三,特许权合同的谈判及签订。特许权合同是BOT项目中最重要的环节,政府和私营部门的权利义务都要在合同中明确规定,其中包括:①项目的建设地址、内容、规格标准及建设期;②项目的特许权内容及期限;③项目的总投资额、资金构成,境内外融资额及融资方式与条件;④成本构成与费用支付安排计划;⑤收费标准与方式;⑥工程设计、施工、采购、经营、维修、移交的标准和程序;⑦项目的组织实施计划与安排;⑧签约各方风险的分担;⑨签约各方的权利、义务与责任;⑩转让、抵押、征收、终止及不可抗力条款;⑪罚责与仲裁。

第四,成立项目公司,进行项目设计。被选中的项目主办人成立项目公司,在政府的监督和审查下,相对独立地对项目进行设计。该项目公司称为BOT项目公司或特许权公司。成立项目公司的目的主要是为了能有一个责任主体来具体承担该项目的建设与经营。因为前面的投资企业(或称发起单位)通常是由多个私人企业组成的一个松散的联营集团,不是一个独立的法人实体,不能独立承担相应的民事法律责任,因此,由发起单位共同出资成立一个专门从事该项目的BOT项目公司就十分必要。BOT项目公司成立后,该项目的融资、建设和经营管理就全部由该公司负责。

第五,项目融资、建设和经营。项目公司在国际金融市场上融资,一般是为国际银团贷款项目筹资,由项目公司具体负责。大多数BOT项目公司,在筹资上采用将项目发起人提供的股本资金与商业银行、国际金融机构和双边政府放款人等提供的贷款结合在一起的办法。在大多数情况下,股本投入约占整个项目投资的10%~30%,剩余部分以无追索权或有限追索权方式进行筹措。在建设阶段,政府要行使监督权以保证工程质量和工期等。在运营阶段,项目公司在保证项目良好状态的前提下进行经营和管理活动。

第六,项目经营。特许权公司根据自身能力对已建成的投资项目,可以自己进行经营,也可以委托其他公司代为经营。根据BOT合同,外商将在规定期限内拥有项目的经营权以及辅助项目的经营权与开发权。外商对项目经营权的运用可以采取委托经营、联合经营、独资经营三种方式,但未经允许,外商不得将经营权转售。在经营期间,外商有责任接受政府的定期调查并公开自身财务状况,有责任维持项目的简单及扩大再生产,不得人为压低折旧率。在产品定价上,外商有价格浮动权,但政府有制定价格浮动上限的权力。在特许权合同期限到期时,外商有责任为政府提供经营技术资料和培训管理与技术人员。如果外商能很好地履行上述职责,政府可视情况再将项目转包给该外商,这一做法称为"管理合理"。

第七,项目移交。特许期届满,项目公司依协议应将项目完好地移交给当地政府。通常情况下,移交方式有无偿移交方式和象征性支付两种方式。移交完成标志着一个BOT项目融资的结束。

(四)BOT融资的优缺点

1. BOT融资的优点。BOT是典型的以市场换资金的融资形式,BOT融资具有以下优点:

(1)缓解基础设施落后和建设资金不足的双重矛盾。

(2)不需要政府担保,且不需要政府承担债务。

(3)鉴于基础设施建设具有周期长、投资回报慢的特点,BOT 有利于分散项目风险,增加项目成功的因素。

(4)帮助消费者培养付费使用的新观念,有利于提高基础设施的使用效率,从而形成基础设施发展的良性循环。

(5)有利于引进先进管理经验和技术、设备,推动技术进步。

(6)有利于私营企业的参与和在基础设施建设中引入竞争机制。

2. BOT 融资的缺点。BOT 融资的缺点主要体现在以下几个方面:

(1)可能增加融资的机会成本。在 BOT 项目融资中,项目通常必须占用土地,而随着科学技术的进步和人类社会的发展,土地资源的价值可能会逐步提高。

(2)可能导致大量的税收流失。在 BOT 项目融资方式下,项目公司多以外资企业形式出现,尤其是在国际项目融资中,项目公司多有一个或者一个以上的外方发起人,许多国家对于外资有一定的税收优惠条件,从而影响税收收入。

(3)可能造成设施的掠夺性经营。在 BOT 项目中,项目公司为了早日收回投资并取得利润,可能会对项目设施进行掠夺式经营。这样一来,当特许期满,项目资产转让给政府部门时,已经没有多大的潜力可以挖掘,在一定程度上失去了采用 BOT 融资的意义。

(4)可能形成风险分摊的不对称。在 BOT 项目融资的操作中,政府的作用至关重要。但是,在一些 BOT 项目融资模式中,政府往往承担了除政治风险之外的汇率风险和利率风险等,而这些风险一般应由项目经营者承担。

二、BOO 模式

BOO(Building-Owning-Operation,建设—拥有—运营)模式是由企业投资并承担工程的设计、建设、运行、维护、培训等工作,硬件设备及软件系统的产权归属企业,而由政府部门负责宏观协调、创建环境、提出需求,政府部门每年只需向企业支付系统使用费即可拥有硬件设备和软件系统的使用权。这一模式体现了"总体规划、分步实施、政府监督、企业运作"的建、管、护一体化的要求。

BOO 模式的优势在于,政府部门既节省了大量财力、物力和人力,又可在瞬息万变的信息技术发展中始终处于领先地位,而企业也可以从项目承建和维护中得到相应的回报。

BOT 与 BOO 模式最大的不同之处在于:在 BOT 项目中,项目公司在特许期结束后必须将项目设施交还给政府,而在 BOO 项目中,项目公司有权不受任何时间限制地拥有并经营项目设施。从 BOT 的字面含义,也可以推断出基础设施国家独有的含义：作为私人投资者在经济利益驱动下，本着高风险、高回报的原则，投资于基础设施的开发建设。为收回投资并获得投资回报，私人投资者被授权在项目建成后的一定期限内对项目享有经营权，并获得经营收入。期限届满后，将项目设施经营权无偿移交给项目东道国政府。由此可见，项目设施最终经营权仍然掌握在国家手中，而且在 BOT 项目整个运作过程中，私人投资者自始至终都没有对项目的所有权。说到底，BOT 模式不过是政府利用私人投资者在一定期限内对项目设施拥有经营权，但该基础设施的本质属性没有任何改变。换句话说，运用 BOT 方式，项目发起者可拥有一段确定的时间以获得实际的收入来弥补其投资，之后，项目交还给政府。而 BOO 方式中，项目的所有权不再交还给政府。

三、BOOT 模式

BOOT(Build—Own—Operate—Transfer，建设—拥有—经营—转让）是私人合伙或某国际财团融资建设基础产业项目，项目建成后，在规定的期限内拥有所有权并进行经营，期满后将项目移交给政府。

BOOT 与 BOT 的区别体现在两方面：一是所有权的区别。BOT 方式下，项目建成后，私人只拥有所建成项目的经营权；而 BOOT 方式下，在项目建成后，在规定的期限内，私人既有经营权，也有所有权。二是时间上的差别。采取 BOT 方式，从项目建成到移交给政府这一段时间一般比采取 BOOT 方式短一些。

每一种 BOT 形式及其变形，都体现了对于基础设施部分政府所愿意提供的私有化程度。BOT 意味着一种很低的私有化程度，因为项目设施的所有权并不转移给私人。BOOT 代表了一种居中的私有化程度，因为设施的所有权在一定有限的时间内转给私人。最后，就项目设施没有任何时间限制地被私有化并转移给私人而言，BOO 代表的是一种最高级别的私有化。

换句话说，一国政府所采纳的建设基础设施的不同模式，反映出其所愿意接受的使某一行业私有化的不同程度。由于基础设施项目通常直接对社会产生影响，并且要使用公共资源（诸如土地、公路、铁路、管道、广播电视网等），因此，基础设施的私有化是一个特别重要的问题。

对于运输项目（如收费公路、收费桥梁、铁路等）都是采用 BOT 方式，因为政府通常不愿将运输网的私有权转交给私人。在动力生产项目方面，通常会采用 BOT、BOOT 或 BOO 方式。一些国家很重视发电，因此，只会和私人签署 BOT 或 BOOT 特许协议。而在电力资源充足的国家（如阿根廷），政府并不如此重视发电项目，一般会签署一些 BOO 许可证或特许协议。最后，对于电力的分配和输送、天然气以及石油的输送管网来说，这类行业通常关系一个国家的国计民生,因此,建设这类设施一般都采用 BOT 或 BOOT 方式。

四、TOT 模式

TOT(Transfer-Operate-Transfer,移交—经营—移交)通常是指政府部门或国有企业将建设好的项目的一定期限的产权或经营权,有偿转让给投资人,由其进行运营管理;投资人在约定的期限内通过经营收回全部投资并得到合理的回报,双方合约期满之后,投资人再将该项目交还政府部门或原企业的一种融资方式。在这种模式下,首先私营企业用私人资本或资金购买某项资产的全部或部分产权或经营权,然后,购买者对项目进行开发和建设,在约定的时间内通过对项目经营收回全部投资并取得合理的回报,特许期结束后,将所得到的产权或经营权无偿移交给原所有人。

BOT 项目融资是"建设—经营—移交"模式的简称,与之相比,TOT 项目融资方式省去了建设环节,使项目经营者免去了建设阶段风险,项目接手后就有收益。另一方面,由于项目收益已步入正常运转阶段,使得项目经营者通过把经营收益权向金融机构提供质押担保方式再融资,也变得容易多了。

TOT 项目融资,出资者直接参与项目经营,由于利益驱动,其经营风险自然会控制在所能承受的范围内。TOT 项目融资是两个法人主体之间契约行为,经营者在合同期内,仍有独立的民事权利和义务,按合同约定,经营者还可拥有部分财产所有者的权利。经营者取得财产经营权的费用也一次性支付。TOT 项目融资,其项目本身必须是经营性资产,有比较固定的收益。与取得其他开发权融资方式比较,省去了建设环节风险和政策不确定性因素风险,其运作方式对项目所有者和经营者都有益处。

五、TBT 模式

TBT(Transfer-Build-Transfer,转让—建设—转让)就是将 TOT 与 BOT 融资方式组合起来、以 BOT 为主的一种融资模式。在 TBT 模式中,TOT 的实施是辅助性的,采用它主要是为了促成 BOT。TBT 的实施过程如下:政府通过招标将已经运营一段时间的项目和未来若干年的经营权无偿转让给投资人;投资人负责组建项目公司去建设和经营待建项目;项目建成开始经营后,政府从 BOT 项目公司获得与项目经营权等值的收益;按照 TOT 和 BOT 协议,投资人相继将项目经营权归还给政府。实质上,是政府将一个已建项目和一个待建项目打包处理,获得一个逐年增加的协议收入(来自待建项目),最终收回待建项目的所有权益。

TBT 模式有两大特点:

其一,从政府的角度讲,TOT 盘活了固定资产,以存量换增量,可将未来的收入现在一次性提取。政府可将 TOT 融得的部分资金入股 BOT 项目公司，以少量国有资本带动大量民间资本。众所周知，BOT 项目融资的一大缺点就是政府在一定时期对项目没有控制权，而政府入股项目公司可以避免这一点。

其二，从投资者角度来讲，BOT 项目融资的方式很大程度上取决于政府的行为。而从国内外民营 BOT 项目成败的经验看，政府一定比例的投资是吸引民间资金的前提。在 BOT 各个阶段政府会协调各方关系、推动 BOT 项目的顺利进行，这无疑减少了投资人的风险，使投资者对项目更有信心，对促成 BOT 项目融资极为有利。TOT 使项目公司从 BOT 特许期一开始就有收入，未来稳定的现金流入使 BOT 项目公司的融资变得较为容易。

六、BT 模式

BT 投资是 BOT 的一种变换形式，即"建设—转让"（Build-Transfer），政府通过特许协议，引入国外资金或民间资金进行专属于政府的基础设施建设，基础设施建设完工后，该项目设施的有关权利按协议由政府赎回。

通俗地说，BT 投资也是一种"交钥匙工程"，社会投资人投资、建设，建设完成以后"交钥匙"，政府再回购，回购时考虑投资人的合理收益。标准意义的 BOT 项目较多，但类似 BOT 项目的 BT 却并不多见。

采用 BT 模式建设的项目，所有权是政府或政府下属的公司，政府将项目的融资和建设特许权转让投资方。投资方是依法注册的国有建筑企业或私人企业，银行或其他金融机构根据项目的未来收益情况为项目提供融资贷款。政府（或项目筹备办）根据当地社会和经济发展的需要，对项目进行立项，进行项目建议书、可行性研究、筹划报批等前期准备工作，委托下属公司或咨询中介公司对项目进行 BT 招标，与中标人（投资方）签订 BT 投资合同（或投资协议）；中标人（投资方）组建 BT 项目公司，项目公司在项目建设期行使业主职能，负责项目的投融资、建设管理，并承担建设期间的风险；项目建成竣工后，按照 BT 合同（或协议），投资方将完工的项目移交给政府（政府下属的公司），政府（或政府下属的公司）按约定总价（或完工后评估总价）分期偿还投资方的融资和建设费用。政府及管理部门在 BT 投资全过程中行使监管、指导职能，保证 BT 投资项目的顺利融资、建成、移交。

BT 投资模式的缺陷主要在于：T 项目建设费用过大、BT 方式中的融资监管难度大、BT 项目的分包情况严重、BT 项目质量得不到应有的保证。

七、PPP 模式

PPP 模式，又称为公私合营模式，即 Public-Private-Partnership 的字母缩写，起源于英国的"公共私营合作"的融资机制，是指政府与私人组织之间，为了合作建设城市基础设施项目。20世纪90年代后,一种崭新的融资模式(PPP模式)在西方特别是欧洲流行起来,在公共基础设施领域,尤其是在大型、一次性的项目,如公路、铁路、地铁等的建设中扮演着重要角色。

PPP模式是一种优化的项目融资与实施模式,以各参与方的"双赢"或"多赢"作为合作的基本理念,其典型的结构为:政府部门或地方政府通过政府采购的形式与中标单位组建的特殊目的公司签订特许合同(特殊目的公司一般是由中标的建筑公司、服务经营公司或对项目进行投资的第三方组成的股份有限公司),由特殊目的公司负责筹资、建设及经营。政府通常与提供贷款的金融机构达成一个直接协议,这个协议不是对项目进行担保,而是向借贷机构承诺将按与特殊目的公司签订的合同支付有关费用,这个协议使特殊目的公司能比较顺利地获得金融机构的贷款。采用这种融资形式的实质是:政府通过给予私营公司长期的特许经营权和收益权来加快基础设施建设及有效运营。PPP模式的内涵主要包括以下四个方面:

第一,PPP是一种新型的项目融资模式。PPP融资是以项目为主体的融资活动,是项目融资的一种实现形式,主要根据项目的预期收益、资产以及政府扶持的力度而不是项目投资人或发起人的资信来安排融资。项目经营的直接收益和通过政府扶持所转化的效益是偿还贷款的资金来源,项目公司的资产和政府给予的有限承诺是贷款的安全保障。

第二,PPP融资模式可以使更多的民营资本参与到项目中,以提高效率,降低风险,这也正是现行项目融资模式所鼓励的。政府的公共部门与民营企业以特许权协议为基础进行全程合作,双方共同对项目运行的整个周期负责。PPP融资模式的操作规则使民营企业能够参与到城市轨道交通项目的确认、设计和可行性研究等前期工作中来,这不仅降低了民营企业的投资风险,而且能将民营企业的管理方法与技术引入项目中来,还能有效地实现对项目建设与运行的控制,从而有利于降低项目建设投资的风险,较好地保障国家与民营企业各方的利益。这对缩短项目建设周期、降低项目运作成本甚至资产负债率都有值得肯定的现实意义。

第三,PPP模式可以在一定程度上保证民营资本"有利可图"。私营部门的投资目标是寻求既能够还贷又有投资回报的项目,无利可图的基础设施项目吸引不到民营资本的投入。而采取PPP模式,政府可以给予私人投资者相应的政策扶持作为补偿,如税收优惠、贷款担保、给予民营企业沿线土地优先开发权等,通过实施这些政策可提高民营资本投资城市轨道交通项目的积极性。

第四,PPP模式在减轻政府初期建设投资负担和风险的前提下,提高城市轨道交通服务质量。在PPP模式下,公共部门和民营企业共同参与城市轨道交通的建设和运营,由民营企业负责项目融资,有可能增加项目的资本金数量,进而降低资产负债率,这不但能节省政府的投资,还可以将项目的一部分风险转移给民营企业,从而减轻政府的风险。同时双方可以形成互利的长期目标,更好地为社会和公众提供服务。

PPP模式的组织形式非常复杂,既可能包括私人营利性企业、私人非营利性组织,同时还可能包括公共非营利性组织(如政府),合作各方之间不可避免地会产生不同层次、类型的利益和责任上的分歧。只有政府与私人企业形成相互合作的机制,才能使得合作各方的分歧模糊化,在求同存异的前提下完成项目。

案 例

"一带一路"2.8亿美元的PPP项目

甘再水电站PPP项目位于柬埔寨西南部大象山区的甘再河干流之上,距离柬埔寨首都金边西南方向150公里的贡布省省会贡布市外15公里处,项目所在地交通状况良好。大坝为碾压混凝土重力坝,水电站总装机容量为19.32万千瓦,年平均发电量为4.98亿度。甘再水电站的主要功能是发电,同时具备城市供水及灌溉等辅助功能。本项目采用PPP模式实施,建设期为4年,运营期为40年,总投资额为2.805亿美元。

2004年7月,柬埔寨工业部对甘再水电工程进行BOT国际招标,中国水电国际顺利夺得第一标。2005年7月,中柬两国政府首脑出席项目备忘录签署仪式;2006年4月8日,中国总理和柬埔寨首相共同出席开工仪式,2007年9月18日正式开工;2011年12月7日,甘再水电站8台机组全部投产发电;2012年8月1日起正式启用商业发电计量,为柬埔寨经济社会发展提供了强有力的能源保障。

一、项目背景

柬埔寨国土面积18.1万平方公里,人口1 380万,经过连年战乱之后,目前处于相对稳定发展的时期,但从电力供应来看,柬电力供应无法满足本国基本电力需求。截至2014年底,柬全国人均年使用电量为286度,仅42.7%的住户有电可用。除首都金边外,电力供应主要限于大城市和主要省城,农村无电力供应、依靠燃油灯或电瓶照明度日的状况仍较普遍,仅有8 489个村庄(占全国村庄比例的60.3%)的居民有电可用。

甘再水电站的建成,满足了柬埔寨贡布省和茶胶省全部电力需求,以及首都金边白天40%、夜间100%的电力供应,极大地缓解了柬埔寨国内电力紧张局面,为当地经济发展提供巨大支撑。工程还可以有效调节流域内季节性旱涝问题,提高了下游防洪能力,保证下游农田的水利灌溉,减少水土流失,保护生态平衡,改善当地鱼类及野生动物的栖息环境。该项目的基本信息见表6-1所示。

表6-1 项目基本信息

项目名称	柬埔寨甘再水电站 PPP 项目
项目意义	通过国际招标模式开发的柬埔寨最大的水电站 BOT 项目;获得柬埔寨政府颁发的最优秀工程奖;2013 年 12 月获得中国建设工程的最高奖——鲁班奖;被柬埔寨洪森首相誉为柬埔寨的"三峡工程"
项目类型	新建项目
所属行业	电力
主要内容	主要工程内容包括大坝、进水口、引水隧道、230kV 开关站、10 千米 230kV 的双回路输变电线路,以及配套的配电站和导流工程、尾水调节堰,其他临时工程的施工以及机电安装工程。其中: ①水电站大坝为碾压混凝土重力坝,大坝长 593 米,高 114 米,坝顶高程 159 米,混凝土方量为 155 万方 ②主厂房(PH_1)6 万千瓦立式混流水轮机组 3 台;第二厂房(PH_2)2 500 千瓦灯泡式机组 4 台;第三厂房(PH_3)3 200 千瓦卧式混流水轮机组 1 台
合作期限	建设期为 4 年,运营期为 40 年
总投资额	2.805 亿美元
运作方式	BOT
实施主体	柬埔寨工业矿产能源部
社会资本	中国水电国际(现为中国电力建设集团子公司)
项目公司	中国水电甘再水电项目公司,是中国水电国际于 2006 年 4 月 30 日在柬境内注册成立的针对该 BOT 项目的全资项目公司,注册资本金为 100 万美元
融资安排	固定资产投资的 72%(2.02 亿美金)是从中国进出口银行以贷款的形式获得的,贷款期限为 15 年(含 4 年宽限期)
使用者	柬埔寨国家电力公司与中国水电国际签订了 40 年照付不议的购电协议,承担购电和支付义务

二、项目开发过程

1. 融资方案。甘再 PPP 水电站固定资产投资的 72%(2.02 亿美金)是从中国进出口银行以贷款的形式获得的,贷款期限为15年(含4年宽限期)。其担保及支持性安排为:营运期提供项目资产抵押;设立项目托管账户,托管账户质押;在电力购买协议上设置质押;在特许经营协议上设置质押;柬埔寨政府提供还款保证;借款人股权质押;投保境外投资险以及其他担保及支持性安排。同时,为了增强担保的力度,中国进出口银行要求由中国水电国际的母公司中国水电出具风险承诺函,承诺在中国水电国际支持不足时,由中国水电提供担保支持。

2. 项目运作方式。项目采用"建造—运营—移交"(BOT)的运作方式,中国水电国际是该项目的EPC总承包商,与甘再项目公司签订了工程总承包合同。具体的工程实施安排如下:项目可行性研究编制及项目的设计任务由中国水电工程顾问集团公司西北勘测设计院(以下简称"西北院")负责;项目的采购由中国水电国际负责;工程的施工建设具体由中国水电的子公司中国水利水电第八工程局有限公司(以下简称"水电八局")负责。

合同运营方为中国电建海外投资有限公司,实际运营方为中国电建第十工程局。

3. 风险分担。该项目的风险及规避措施见表6-2所示。

表6-2　　　　　　　　项目风险及其规避措施

风险类型	控制和规避风险措施
项目决策、完工风险	由中国水电国际承担
建设风险	由中国水电全资子公司水电八局承担
设计风险	由西北院承担
信用风险	①柬政府出具主权担保;②中国水电国际投保海外投资保险
金融风险	根据购电协议(PPA)的约定,柬埔寨国家电力公司支付的电费中货币比例为美元80%、瑞尔20%。①中国进出口银行提供的贷款为美元;②电费中的当地币部分主要用于项目的运营费用。柬政府《外汇法》规定美元和当地币可以自由兑换,且汇率由市场调节
政治风险	①中国水电国际投保海外投资政治险来规避其较高的国别风险;②柬方政府针对政治风险出具担保函
法律风险	柬埔寨政府通过各种立法,加大对外国投资者权益的保障。对于该项目而言,柬国内的国家电力法律、法规较为健全,此外还有BOT法、投资法保护投资者的利益

续表

风险类型	控制和规避风险措施
环境保护风险	向柬方环境部申请取得环保许可证,对于项目竣工后水库蓄水对于BOKOR国家公园1.42%面积的淹没影响,得到了柬政府的许可
不可抗力风险	通过投保商业保险来规避

三、项目成功经验

1. 中柬政府大力支持,保障项目成功实施。一方面,在项目整个开发、实施过程中,中国有关政府部门、中国驻柬大使馆在帮助处理中资企业、项目公司和当地政府关系方面,中国进出口银行、国家开发银行、中国出口信用保险公司在项目融资和担保方面,都给予了大力的支持。另一方面,柬方政府予以该项目高度的重视和大力的支持。为了促进中方企业落实该项目的融资,柬政府不但提供了担保,而且通过颁布王令,以立法的形式予以确认;为激励中方企业的积极性,柬政府予以该项目诸多方面的优惠政策,例如利润免税期、进口税免征等。

2. 社会资本和金融机构密切配合,融资顺利实施。中国水电甘再项目公司提供了多达14个抵押担保合同,且设置了物权担保、项目权益转让、股东支持等多层次的担保措施,既充分保证承包商的权益,又在很大程度上消除银行疑虑,坚定银行贷款信心。同时,企业和银行间通畅的项目信息交流、银行充分履行其监督责任是境外融资项目顺利实施的保障。

3. 运作方式选择得当,助力项目成功实施。该项目采用国际竞争性招标,维护和促进了柬政府的诚信和廉政建设。作为当时柬埔寨最大外商投资项目,甘再水电站BOT项目的成功极大地提升了柬埔寨的国家形象,为其吸引外资起到了示范作用,增强了外国投资者的信心。工程采用BOT模式,极大缓解了柬政府的财政支出压力,降低了政府赤字,且充分调动了项目发起人的主动性和创造性,在确保项目质量的前提下,加快了项目的建设速度,并能够保证项目运营期的效率和服务质量。

4. 打铁还需自身硬,项目具有良好的社会效益,具体表现为:甘再水电站BOT项目解决了柬国内市场电力严重不足的现实问题;随着项目对柬本地采购量的增大,逐步拉动和培育了当地的市场,金边的建材与设备物资市场逐渐繁荣起来;项目增加了当地政府财政收入,促进了当地劳动力就业。

资料来源:中国电缆工程有限公司(http://www.chinacables.com/xwdt_6954/xyxw/201808/t20180827_191818.html)。

思考题与练习题

1. 简述国际项目融资的概念、特点及适用范围。
2. 国际项目融资中的常见风险有哪些?
3. 如何对国际项目融资中的常见风险进行预防和控制?
4. 简述国际项目融资的主要资金来源渠道及其利弊。
5. 简述 BOT 的含义及特点。
6. 简述 BOT 融资的优缺点。
7. 试搜集资料分析英国开发北海油田项目融资案例。

第七章 政府贷款

政府贷款是国家政府之间具有官方经济开发援助性质的优惠贷款。本章要求理解政府贷款的概念、特点及主要类型，了解政府贷款的机构、程序及条件。在此基础上掌握外国政府贷款的基本内容以及我国政府贷款的发展现状及贷款程序。

学习要点

The government loan is the loan on favorable terms between national governments with the nature of official economic development aid. This chapter requests us to understand the concept, characteristics and main types of government's loan, find out the organization, procedure and terms of the loan. On this basis, we should understand foreign government loan's basic content and grasp the current situations and procedures of our government loan.

第一节　政府贷款的性质及特点

一、政府贷款的含义

政府贷款（Government Loan）也称国家贷款、外国政府贷款、双边官方援助性贷款，是指一国政府利用财政资金向另一国政府提供的优惠性贷款，是由贷款国用国家预算资金直接与借款国发生的信贷关系。根据经济合作与发展组织（OECD）的有关规定，政府贷款主要用于城市基础设施、环境保护等非营利性项目，若用于工业等营利性项目，贷款总额不得超过200万特别提款权。贷款额在200万特别提款权以上或赠与成分在80%以下的项目，须由贷款国提交OECD审核。

政府贷款多数是政府之间的具有双边援助性质的贷款，只有少数是多边援助性贷款，通常以两国政府政治经济关系良好为基础，是国家资本输出的一种重要形式。政府贷款通常由政府有关部门出面洽谈。例如，法国对外提供贷款的主管部门是法国财政部国库司，另外还要听取法国国民议会有关机构的意见；日本政府对外提供贷款的工作主要由外务省、大藏省、通产省和经济企划厅负责，每笔贷款均由内阁总理大臣交给这四个部门协商并提出贷款方案，最后由内阁会议决定。

二、政府贷款的性质

政府贷款是具有双边经济援助性质的优惠性贷款。政府贷款的期限通常比较长，多数贷款属于中、长期，期限一般是10年、20年或30年。

政府贷款根据优惠的程度，可以分为无息贷款和计息贷款两种。无息贷款即贷款免付利息，但要收取一定的手续费；计息贷款即贷款需要支付利息，一般都含有至少25%的赠与成分。

按照国际惯例，优惠性贷款必须含有25%、30%或35%以上的赠与成分，所谓赠与成分（Grant Element, GE），就是根据贷款的利率、偿还期限、每年的偿还次数、宽限期和综合贴现率等数据，计算出衡量贷款优惠程度的综合性指标，通常以百分比表示，即赠与成分占贷款面值的比例。国际通用的计算赠与成分百分比的公式为：

$$GE = 100 \times \left(1 - \frac{\frac{r}{a}}{d}\right)\left(1 - \frac{\frac{1}{(1+d)^{aG}} - \frac{1}{(1+d)^{aM}}}{d(aM-aG)}\right)$$

式中，GE为按贷款面值赠与成分所占百分比；r为年利率；a为每年偿付次数；d为贷款期内贴现率，一般按综合年利率的10%计算；G为宽限期，是第一次贷款支付期至第一次偿还期之间的时间;M为偿还期。

按此公式计算,如无息贷款宽限期为10年,偿还期为30年,每半年还款一次,其赠与成分是82.65%;年利率为3%的贷款,宽限期为5年,偿还期为20年,每半年还款一次,其赠与成分是46.25%;年利率为5%,宽限期为5年半,偿还期为10年,每半年还款一次,该项贷款的赠与成分为25.26%。上述政府贷款的赠与成分均超过25%,所以都属于具有国际经济援助性质的优惠贷款。

三、政府贷款的特点

政府贷款的特点如下。

第一,政府贷款是以政府的名义进行的双边政府间贷款,因此需要经过各个国家的相关权力机构按照法定程序审批并通过。外国政府贷款通常受贷款国财政预算、国际收支、政治倾向、价值观念和外交政策的影响,具有较浓的政治色彩,因此政府贷款一般以两国政治、经济、外交关系良好的情况为基础。

第二,贷款一般为中、长期,期限较长、利率较低,包括低息或者无息贷款,具有双边经济援助性质。按照国际惯例,政府贷款一般都含有25%的赠与成分。据世界银行统计,1978年世界各国政府贷款的平均年限为30.5年,利率为3%。

第三,政府贷款的规模不会太大。一般要受贷款国的国民生产总值、财政收支与国际收支等状况的制约。

第四,贷款与专门的项目相联系。外国政府贷款总量较大,使用时间长,便于国家根据经济发展的需要进行统一计划,统一安排,集中使用,可以最大限度地发挥其规模效益。利用外国政府贷款主要是为了进行政府主导型项目的建设,集中在基础设施、社会发展和环境保护等领域,如一国的交通、农业、卫生等大型开发项目。

第五,政府贷款有时规定购买限制性条款。所谓购买限制性条款,是指借款国必须以贷款的一部分或全部购买提供贷款国的设备。

第六,属主权外债,强调贷款的偿还。外国政府贷款首先是一种外债,是一国政府对外借用的一种债务。在我国,除经国家发展和改革委员会、财政部审查确认,并经国务院批准由国家统还者外,其余由项目业主偿还且多数由地方财政担保。

四、政府贷款的条件

双边政府贷款的条件有一定的优惠性,一般分为以下四种情况。

第一种为"软贷款",也就是政府财政性贷款,一般无息或利率较低,还款期较长,并有较长的宽限期。如科威特政府贷款年利率为1% ~ 5.5%,偿还期为

18~20年,含宽限期3~5年;比利时政府贷款为无息贷款,偿还期为30年,含宽限期10年。这种贷款一般在项目选择上侧重于非营利的开发性项目,如城市基础设施等。

第二种为混合性贷款,由政府财政性贷款和一般商业性贷款混合组成,比一般商业性贷款优惠。如奥地利政府贷款年利率为4.5%,偿还期为20年,含宽限期2年。

第三种由一定比例的赠款和出口信贷混合组成。如澳大利亚、挪威、英国、西班牙等国政府贷款中,赠款占25%~45%。

第四种为政府"软贷款"和出口信贷混合性贷款,称为"政府混合贷款",这是最普遍实行的一种贷款。一般"软贷款"占30%~50%,如法国、意大利、德国、瑞士等国贷款都采用这种形式。关于出口信贷的条件,凡是经济合作与发展组织(OECD)的成员,必须采用该组织的所谓OECD条件(目前利率为7.3596%,偿还期10年,宽限期视项目建设期而定),有的还要收取一定的承诺费、手续费和担保费。贷款一般以外币形式支付,涉及使用贷款国的货币购买贷款国的设备时,直接以设备体现,借款者实际上见不到货币。

外国政府贷款一般由几个单位组成确定贷款的机构,负责选择并确定项目,这些单位多为政府职能部门,也有的由专职的对外援助机构承担。并有的国家需要几个部门共同研究确定提供贷款的项目。负责贷款协议(金融协议)执行的机构一般为银行。

五、政府贷款的影响因素

政府贷款既然是利用国家财政资金向外国政府提供的优惠贷款,它必然受各种政治、经济因素的影响与制约。

第一,政局的稳定与外交关系的改善。提供贷款与借入贷款的国家政局基本上处于稳定或趋于稳定的状态,至少是提供贷款国政府认为借款国政府的局势趋于稳定,这是进行政府贷款的基础。提供贷款与借入贷款的两国政府相互之间的外交关系与政治气氛良好与否,也是影响提供政府贷款的一个因素。

第二,提供贷款国政府的财政收支状况。国家财政收支良好是该国政府能提供较多政府贷款的前提,而当该国财政状况恶化甚至出现危机时,就可能影响贷款提供的规模。但是,有些国家实行赤字财政预算,而且预算赤字规模比较大,也仍然提供一定的政府贷款。

第三,提供贷款国的国际收支状况。政府贷款能够带来的直接影响就是对其国际收支状况的影响,向他国提供优惠性的政府贷款时,主要表现为国际支付的增加;当借款国归还贷款或支付利息时,则表现为国际收入的增加。因此,当提供货款国国际收支状况良好,呈现顺差并且外汇储备具有较大规模的时候,则可能提供的贷款就会多些;而当该国国际收支状况恶化,国际收支出现逆差,黄金或外汇储备流失之时,则可能提供的政府贷款就会减少。

第四,借款国使用政府贷款的经济效益。作为借款国,使用外国政府贷款也必须考虑所用项目的经济效益。如果项目选择得当,建设速度快、质量好,促进了借款国的国民经济增长,则会减轻借款国的债务负担,借入的政府贷款的规模就会稳定增长,贷款国也愿意提供贷款,有利于促进两国政治经济关系的良好发展。否则,政府贷款不但难于增长,而且可能会相对缩减。

第二节 政府贷款的类型、机构及条件

一、政府贷款的类型

政府贷款分无息贷款、计息贷款、政府混合贷款、项目贷款、现汇贷款等几种类型。

(一) 无息贷款

无息贷款是"软贷款"的一种,即贷款国向借款国提供的不收利息的贷款,但要收取一定的手续费,一般不超过1%。这是最优惠的贷款。国际上的无息贷款的主要是国际开发协会向最不发达国家提供的用于建设开发项目的贷款,以及政府间具有援助性质的贷款。国际开发协会的无息贷款收取0.75%的手续费。政府间援助贷款中的无息贷款常与援助国的政治、经济相联系,如贷款给政治上需要扶持或经济上有密切联系的国家。

(二) 计息贷款

计息贷款利息率较低,一般年利率为2%~4%。除贷款利息外,在一些情况下也规定借款国必须向贷款国政府支付不超过1%的手续费。

(三) 政府混合贷款

政府混合贷款是指政府提供的低息优惠性贷款,或者政府提供的将无偿赠款与出口信贷相结合使用的贷款。各贷款的比例根据进出口国的关系及实施的项目分别确定,多数国家提供的外国政府混合贷款的比例为50%的低息或无息政府贷款及50%的出口信贷。不管各种贷款的比例如何规定,原则上都应含有不低于25%的赠与成分。外国政府提供这类混合贷款的目的是通过政府贷款中的赠与成分来改变贷款的结构,降低利率,延长还款期限,以促进本

国资本性商品(机械、成套设备及其劳务)的出口,提高本国资本性商品出口的竞争能力。另外,由于政府混合贷款中的赠与成分带有援助性质,可以扩大贷款国与借款国在政治、经济、科技及金融等各个领域的合作,加强两国的友好关系。

(四)项目贷款

贷款国政府向借款国政府提供将双方协议的建设项目所需的整套物资、设备、技术服务等计价汇总后所得金额的贷款,由两国政府协商确定偿还方式。

(五)现汇贷款

贷款国政府向借款国政府提供可以自由兑换的货币的贷款,由借款国根据自己的需要予以使用。在贷款期限内,借款国必须以同种可自由兑换的货币来偿还贷款及支付利息和手续费。

二、政府贷款的机构及程序

(一)政府贷款的机构

政府贷款是利用国家财政资金所进行的借贷,一般都由政府的财政部或由政府设立的专门机构办理。

美国政府国务院之下设有"国际开发署",是美国国务院隶属下的半独立机构,主要负责政府贷款和对外经济开发性援助;日本政府经济企划厅下设有"海外经济协力基金",负责政府贷款和经济开发性援助,主要面对发展中国家;德国的复兴信贷银行,主要负责向发展中国家贷款或提供援助性赠款,以及通过信贷或提供担保来促进本国经济发展;科威特政府设有阿拉伯经济发展基金会,主要负责向发展中国家提供双边政府贷款。以上这些都是办理政府间双边贷款事宜的专门机构。这些机构具体执行政府的贷款协议,与借款国有关机构签订具体贷款合同,对贷款的使用进行审批、监督和管理。通常是以两国主管外汇的银行为代理行,进行具体的贷款资金支付和偿付。

(二)政府贷款的程序

一般来说,政府贷款程序主要分为三大步骤。

第一,申请贷款。借款国通过对所需贷款的建设项目进行可行性研究,编制出可行性研究报告、建设项目实施计划书以及其他有关贷款申请文件后,一般可经本国驻贷款国的大使馆向贷款国政府转达贷款申请。

第二,审查与承诺。贷款国政府对申请贷款文件进行研究与审查,在认为可行的情况下,结合本国情况,研究决定贷款的金额、利率、使用条件和偿还期限等事宜,并将做出的决定由外交部门通知贷款国。这一过程即为承诺。

第三,协商与签字。两国政府就贷款条件和事项进行协商,达成协议后,签字并宣布生效。如一笔贷款包含几个建设项目,可在贷款总协议签订后逐项签订贷款分协议,也可由总协议一次签订。如贷款必须分年度使用,可分年度再签订协议。所有贷款协议均由专门机构执行。

三、政府贷款的期限

政府贷款的期限比较长,通常为 10~20 年,更长的可以达到 30 年。政府贷款的期限均在贷款协议中予以规定。具体划分如下。

第一,贷款的使用期,或称提取期限,即贷款的支付期限。一般规定为 1~5 年。

第二,贷款的偿还期。一般规定从某年开始在 10 年、20 年或者 30 年内,每年分一次或两次偿还贷款的本金和利息。

第三,贷款的宽限期,即贷款使用后的一段时间内不必偿还本息或只付息不还本的期限。一般规定为 5 年、7 年或者 10 年。

四、政府贷款的附加条件

尽管政府贷款属低息或无息、长期的优惠性贷款,但其政治色彩较浓,服务于贷款国的政治、经济利益,因此,政府贷款往往带有一些附加条件。

第一,借款国所得贷款限于购买贷款国的货物、技术或劳务,从而带动贷款国产品出口,扩大其商品输出规模。

第二,限制取得贷款的国家采用公开招标方式,或者只能从包括经济合作与发展组织成员国在内的以及发展援助委员会所规定的发展中国家和地区的"合格资源国"采购商品。

第三,使用政府贷款时,连带使用一定比例贷款国的出口信贷。这样既可带动贷款国民间金融资本的输出和商品输出,又可以获得使用出口信贷时进口国应付的 5%~15% 的现汇收入。

第四,由于政府贷款含有赠与成分,应重点支持那些社会效益好,但依靠自身的现金流量无法通过商业贷款完成的,双方政府又都感兴趣的行业的项目,这些行业主要是环保类、基础设施建设、农业及公益事业。由此可见,政府贷款具有二重性,即优惠性(利率低、期限长)与苛刻性(表现在附加条件上),有时苛刻的条件会抵消其优惠条件。因此,借款国在利用政府贷款时,不能只见优惠性,忽视其苛刻性。

第三节　世界主要国家的政府贷款

一、美国政府贷款

(一) 美国政府贷款组织

1961年11月3日,美国约翰·肯尼迪总统签署命令建立了美国国际开发署(USAID)。美国国际开发署是美国历史上第一个对外援助组织,它强调美国长期的经济和社会发展援助计划,从而在政治和军事上避免了其前身所经历的困境。美国国际开发署可以直接对世界上所有的发展中国家提供援助,它与美国已经存在的发展计划相一致,与国际合作署(ICA)的经济和技术援助机构相互合作,并且与开发借贷基金(DLF)和进出口银行(EIB)的贷款行动,以及与受援助地区的金融流通部门密切合作,还与农业发展及食物和平计划署的剩余农产品的分配行动相结合。美国的对外援助是按援助的条件和受援的要求进行分类的。

(二) 美国政府贷款种类

美国国际开发署的政府贷款基本类别分为转让援助、信贷援助和其他援助三大类。

1. 转让援助。这类援助在三大类援助中是条件最为优惠的,有些具有赠与性质,但往往也附有一定的条件,而且多半是政治性条件。转让援助包括军事和经济技术转让援助。经济技术转让援助主要是农产品处理的援助(包括为解救饥荒、紧急救济和有关食品的运输费用等)。

2. 信贷援助。这类援助多属于政府间低息长期贷款协议项下的经济援助。贷款以美元或当地货币提供,也以美元或当地货币偿还。接受贷款援助的国家限于较为贫困的发展中国家,即按1976年的美元计算,每人年平均国民收入低于550美元的国家。这种贷款在一定年限内偿还,通常是带利息的,但比商业信贷要优惠。利息率的高低基本取决于两国政府的关系、相互需要程度以及当时国际金融市场的利率水平等条件。1977年,美国国际开发署的开发贷款平均利率是2.8%,贷款平均期限为36.9年,贷款平均宽限期为9.7年。随着发展中国家经济的发展,贷款利率相应提高,贷款期限也相应缩短。这些信贷大多通过国际开发署和进出口银行以及商品信贷公司来进行。

3. 其他援助。这类援助包括通过国际金融机构的投资贷款,在农产品援助项下对受援助拖欠方应偿付的本金、利息或其他开支的延缓支付。

(三) 美国政府贷款政策的演变

美国国际开发署的发展援助计划主要由两部分组成：①开发借贷基金组织的主要目标是致力于发展"开发经济资源和提高生产力"方面的项目和计划。例如,在基础设施建设方面的大额资金投入。②开发借贷基金组织主要致力于援助人类资源的开发,并主要通过在不发达国家中进行技术合作与开发项目得以实现。

在1961年颁布的对外援助法案(FAA)中还包括另外三项重要的经济援助计划：①保障计划(即现在的海外私人投资公司),它为美国在海外商业活动中所面临的风险提供保障。②支持援助计划(即现在的经济支持基金计划),它主要保证经济、政治的稳定。③突发事件专用基金。当时的对外援助法强调的重点是致力于长期的经济发展计划(需要国家对资源进行长期的、有计划的规划和管理),发展的重点是实现发展中国家的经济增长、民主化和政治的稳定。

其间,美国对外援助法案经历了多次调整,到克林顿政府时又开始重新修订对外援助法。1994年,政府提出了和平、繁荣和民主法案(PPDA),它将取代原来的对外援助法,并提出了新的对外援助计划的价值取向。新的对外援助计划的目标是把以前分散的行动计划组合在同一个账户之下。这样,开发援助机构和那些主要致力于国际开发的组织,将由同一个账户提供资金。这具有相当大的灵活性,并且是为对外援助行动所提供的最好方式。同时,立法期限也被取消了,参议院将不再对法案进行审查,众议院的各委员会将不再对法案进行讨论和审批,像过去那样对法案进行多次修订的局面将不会再出现。

从2002年开始,美国的行政机构开始强调外援首先要为"反恐战"服务。据美国国会研究报告,国务院大大增加了对30个反恐前线国的援助,如对巴基斯坦的援助就由2001年的170万美元增至2004年的2.75亿美元。在美国2008财年对外援助单上,以色列以24亿美元名列第一,伊拉克紧随其后为18亿美元,埃及17.21亿美元列第三,阿富汗列第四,获得10.67亿美元援助。这些重点援助国大多与美国反恐战争密切相关。随着美国加快在东欧部署导弹防御系统,波兰、捷克、乌克兰等东欧国家也逐渐成美国重点援助对象。

二、日本政府贷款

(一) 日本政府贷款概况

日本对发展中国家的经济援助最重要的形式是官方开发援助(Official Development Assistance,ODA)。日本的官方开发援助是指根据经济合作与发展组织(OECD)的下属机构开发援助委员会(DAC)的规定,由日本政府实施的对发展中国家的双边赠与、日元贷款和向国际组织的多边出资,主要由日元贷款、无偿资金援助、技术合作三方面构成。官方开发援助分为两类:一类是多边援助,即向国际机构(联合国开发计划署、世界银行及地区性开发银行)出资和捐款;另一类是双边援助,占官方开发援助总数的2/3。双边援助分为:直接贷款(含项目贷款、商品贷款、紧急救济等),由日本海外经济协力基金负责实施;赠款(含一般赠款、粮食援助、紧急援助等),由日本国际协力事业团负责实施;技术援助,包括接受研修生、派遣专家和调查团(主要做项目可行性研究)、派遣青年海外协力队、提供器材等,由日本国际协力事业团负责实施。

日本进行对外经济合作由有关政府省厅共同研究决定。日本官方开发援助贷款(即协力基金贷款)由日本经济企划厅、外务省、大藏省和通产省(简称三省一厅)协商决定,其中外务省是对外窗口,也是牵头单位。赠款由外务省决定;技术援助由外务省、通产省、农林水产省等协商决定;多边援助由大藏省、外务省、文部省、厚生省、农林水产省等协商决定。

日本对外经济援助的特点是利息低、还款期长,一般年利率为2.5%~3.5%,还款期近30年(含10年左右宽限期)。

日本政府贷款主要包括日本海外经济协力基金贷款、输出入银行贷款和"黑字还流"贷款。"黑字还流"贷款是日本针对本国巨额贸易顺差(在财会表上用黑字反映),为减轻西方国家的压力而设立的一种贷款,现已停止发放。

(二)日本海外经济协力基金贷款

日本海外经济协力基金(Overseas Economic Cooperation Fund, OECF),简称协力基金,是负责办理日本政府向发展中国家提供政府贷款的专门机构。日本协力基金贷款是我国利用外国政府贷款的重要组成部分。

1. 基本情况。协力基金于1961年3月16日成立,目的是促进海外经济协作,帮助东南亚地区及其他发展中国家的产业开发和经济发展,提供从日本输出入银行及一般金融机构难以获得的项目所需资金业务。协力基金主要从事以下业务:帮助东南亚等地区的产业开发和促进与日本的经济交流,对重要的开发事业提供贷款;为实施开发事业,在特别重要的情况下,代替上述其他贷款进行投资;提供为开发事业做准备而进行的调查或开发事业的试验性实施所需的资金贷款;为促进东南亚地区的经济稳定,对该地区的外国政府提供贷款(包括外国政府机构提供进口重要物资所需的资金贷款,不包括开发事业所需资金);提供与上述各项业务有关的,并且涉及海外经济协作的重要调查所需的资金贷款。协力基金由日本政府经济企划厅领导。

2. 贷款种类。协力基金贷款主要来源于大藏省提供的官方开发援助资金。

其主要业务包括：一是直接向发展中国家提供贷款；二是向参与发展中国家开发工程项目的日本企业提供贷款或投资。协力基金对外直接贷款的种类包括以下几种。

(1) 项目贷款。为能源、交通、通信、工农业、公共事业等特定开发项目采购设备材料及技术服务等提供所需资金。我国利用的日本协力基金贷款主要是项目贷款。

(2) 设备供应贷款。提供国家开发计划中特定部门和地区为开发项目而采购设备所需的资金。

(3) 商品贷款。为进口各种双方同意的商品提供所需资金，主要目的是改善借款国的国际收支状况。

(4) 两步贷款。通过发展中国家的某金融机构向某项开发计划提供所需的资金。

(5) 技术服务贷款。为工程准备阶段的咨询服务提供所需的资金。

(6) 经济结构调整贷款。为受援国经济调整项目的建设而需购买设备、原材料和咨询服务提供的贷款。

(7) 地方费用贷款。由于项目使当地费用开支过大而提供的部分资金（一般不超过项目贷款总额的30%）。

(8) 联合贷款。项目投资太大，由国际金融机构或其他双边贷款机构联合提供贷款。

(9) 不需换文的贷款。对工程项目的超支或建成项目的维修，基金可在不需日本政府和借款国政府换文的情况下，直接提供有限的补充资金。

3. 贷款条件、领域及使用范围。协力基金贷款的年利率为 2.5%～3.5%，还款期多为 30 年（含 10 年宽限期）。用于借款国优先建设的基础设施项目，主要领域为农业（含支农工业，如化肥项目）、水利、交通（铁路、港口、公路、桥梁、机场等）、通信、电力（水电、火电）、城市基础设施（地铁、供水、煤气、污水处理）及环保等。

协力基金贷款一般用于项目所需的设备、技术、材料（主要是钢材、木材、水泥）的采购，如经中方有关部门和日本协力基金同意，也可用于支付项目所需的部分当地费用，最多可达项目总投资额的 85%。我国一般将协力基金用于采购项目所需的设备、技术和建筑材料（即项目的外币部分）。

(三) 日本输出入银行贷款

日本输出入银行贷款的基本情况、贷款特点、贷款领域及条件如下。

1. 基本情况。日本输出入银行是具有自主权的政府金融机构，主要目的是为了促进日本与外国经济的交流，其资金来源于大藏省，通过提供信贷，支持和弥补商业银行及其他金融机构所进行的金融活动,同时根据日本政府的有关政策进行有关的金融活动,起到促进日本企业出口业务的发展的作用。近年来,日本输出入银行又提供"资金协力贷款",用于大的基础设施竞争性工业项目和出口创汇项目的贷款。

贷款业务分为五大类:①出口信贷;②进口信贷;③海外投资信贷及海外事业信贷;④经济合作信贷(不附带条件的直接贷款);⑤过渡性贷款(短期直接贷款)。

2. 贷款特点。与官方政府贷款相比,日本输出入银行贷款的特点如下。

(1)其实质上是一种出口信贷,但因为日本输出入银行是官方金融机构,资金来源主要由日本政府提供,且贷款金额较大,因此在谈判时需双方政府协商。

(2)日本输出入银行和海外协力基金都属日本政府机构,但其职能各不相同,前者比后者更具备银行的性质。输出入银行在贷款条件方面,利率低于一般商业贷款,又高于海外协力基金贷款;赠与成分在25%以下;贷款金额比海外协力基金大;借款手续比较简单;采购方式基本不受限制,贷款除国外采购外,一部分还可用于国内费用,但贷款协议中一般规定借款国必须在国外采购的比例。

(3)日本输出入银行是日本的进出口银行,其任务主要是促进日本的对外贸易,因此,对外放贷直接或间接与外贸有关。

(4)日本输出入银行是官方金融机构,有帮助日本民间银行的责任。因此,输出入银行经常与民间银行联合贷款。

3. 贷款领域及条件。日本输出入银行的"资源开发项目贷款",专门用于石油、天然气和煤炭等能源项目的开发。到目前,已进行了三次能源贷款。其贷款偿还期为15~18年(含5~7年的宽限期),年利率为4.55%。

根据日本输出入银行的采购原则,应采用国际招标方,但有三种例外:国内设备采购;采购钢材(包括各种型材、钢板及管材等);500万美元以下的采购合同。日本能源贷款可以用于支付贷款项目建设所需的设备、材料、技术服务及其他主要的当地费用,但其中的石油项目国外采购金额不应低于项目贷款总额的70%,煤炭项目不应低于35%。

1999年10月1日日本输出入银行与日本海外经济协力基金合并为日本国际协力银行,合并后,原日本输出入银行业务被称为官方发展援助业务。在合并后的新机构中,两块业务仍单独运作。

(四)日本政府"黑字还流"贷款

日本"黑字还流"贷款(Capital Recycling Loan)起源于20世纪80年代,主要是由于20世纪70年代以来,日本对西方各国和发展中国家存在高额贸易顺差(例如,1981—1990年日本累计顺差达5 945亿美元,平均每年顺差额近600亿美元),导致贸易摩擦事件不断发生,来自各国的政治压力也越来越大。为了缓解这些矛盾,日本政府提出"黑字还流"计划。"黑字"即贸易顺差,"黑字还流"就是将部分贸易顺差变成贷款返还给逆差国,以帮助这些国家出口产品的技术改造和升级换代,从而提高其对外出口能力,减少高额贸易逆差。"黑字还流"贷款实际上是日本政府为减少高额贸易顺差而提供的一种援助性贷款。该贷款属于不附带条件贷款,采用比较典型的双阶段贷款模式,即由银行借入后再转贷给下游借款人。上游贷款人对于项目的选择、确定以及管理不是非常严格,转贷款人可以根据条件,取消或更换项目。

日本"黑字还流"贷款主要通过两条渠道支援发展中国家的经济发展:一是通过向国际金融机构(世界银行、亚洲开发银行、非洲开发银行等)提供赠款和设立日本特别基金的方式贷款给各国;二是通过日本海外经济协力基金和日本输出入银行及日本的民间银行直接向发展中国家提供长期低息贷款。关于"黑字还流"贷款的条件,两条渠道存有差别,前者贷款年利率为2.5%,贷款期为30年(含10年宽限期);后者的贷款年利率一般为4.8%,贷款期为20年(含10年宽限期)。需要指出的是,协力基金和日本输出入银行所提供的贷款均称"黑字还流"贷款,但基金提供的贷款属于政府贷款,而日本输出入银行提供的贷款严格意义上不属于政府贷款,而是属于该行办理的不与项目结合的贷款。

(五) 特别日元贷款

1998年11月,日本政府宣布为促进遭受亚洲金融危机影响的亚洲国家恢复经济,1999—2001年为这类国家提供总额为6 000亿日元的贷款。此次特别日元贷款是以受亚洲金融危机影响的各国为对象,在一般的日元贷款框架外提供的。日本政府规定,受援项目必须充分利用日本的设备和专有技术,并能够推进这些国家的经济结构调整。

(六) 我国对日本政府贷款的使用

我国从1979年开始使用日本政府贷款,到2010年为止,我国已实际利用日本政府贷款金额约2.6万亿日元。其中一至四批日元贷款25 807亿日元(约合215亿美元),项目138个,主要用于农林、水利、交通(铁路、公路、港口、桥梁、机场)、通信、能源(水电、火电)、城建、环保等国家重点基础设施项目,其中农林水利占贷款总额的11%,交通通信占49.2%,能源占17.6%,城建环保占12.6%,其他占9.6%。项目遍及全国31个省、自治区、直辖市,大多是我国重点建设项目。其中已有一大批重点项目建成投产。第一批日元贷款(1979—1983年)的贷款金额为3 309亿日元,项目6个;第二批日元贷款(1984—1989

年)的贷款金额为 4 700 亿日元,项目 16 个;第三批日元贷款(1990—1995 年)的贷款金额为 8 100 亿日元,项目 42 个;第四批日元贷款(1996—2000 年)的贷款金额为 9 698 亿日元,项目 74 个。日本政府向我国提供的政府贷款共分两类:一是日本政府项目贷款(也称日本政府特别日元贷款);二是日本政府"黑字还流"贷款。

日本政府项目贷款是日本政府通过日本国际协力银行向中国提供的政府贷款。目前,每年可利用贷款额度约为 500 亿日元。贷款条件是:年利率为 0.75%~1%;还款期为 40 年(含 10 年宽限期)。贷款币种是日元。贷款使用领域包括:铁路、机场、港口、桥梁、地铁、水电站、环保、天然气管道等。采购要求是:贷款金额的 51% 以上需包括从日本或日本在华三资企业采购,其余部分可以用来从中国或第三国采购。贷款一般用于项目的设备、技术、材料(主要是钢材、水泥、木材)采购,如经中央有关部门和日本国际协力银行同意,也可用于支付项目所需的部分当地费用。

我国利用"黑字还流"贷款是从 1988 年开始的,每年可利用的"黑字还流"贷款额度约为 2 000 亿日元。贷款条件是:年利率为 0.75%~2.2%;还款期为 30~40 年(含 10 年宽限期)。贷款币种是日元。贷款使用领域包括:铁路、公路、机场、港口、桥梁、轻轨、地铁、水电站、农业、林业、水利、环保、市政设施(供水、污水处理、天然气管道)、河流疏浚、教育等,按中日两国政府贷款协议的规定,经国务院批准,也可用于轻工、纺织、原材料、农业四个行业出口创汇企业的技术改造。采购要求是:大部分项目可从全世界所有国家采购,但有部分项目限制在中国和日本采购。日本"黑字还流"贷款将在 2018 年结束。

此外,2000 年 10 月,日本政府向中国提供 172 亿日元(折合 13 亿元人民币)的特别日元贷款,用于西安咸阳机场扩建和北京城市铁路建设。

从 2001 年开始,日本政府对日元贷款的合作方式已从分批改为单年度承诺贷款方式。贷款领域从以基础设施为主转为生态建设、城建环保、人才培养、公共卫生及扶贫开发等方面,贷款地域从面向全国变为面向中西部地区。2004 年度日本向中国提供了总额为 858.75 亿日元的政府贷款(约 8 亿美元),比上一年度减少 11%。

日本政府已经向中国提出方案,准备从 2005 年度起,分阶段削减在对华政府开发援助(ODA)中占大部分的日元贷款,到 2008 年为止原则上终止新的日元贷款项目。2000 年度,日本对华政府开发援助达到最高峰 2 273 亿日元,之后开始大幅减少。2003 年度减少到 1 080 亿日元,其中大部分是日元贷款,为 967 亿日元,无偿资金援助和技术合作所占比率很小。日本政府提出的方案计划从 2010 年开始,每年削减对华日元贷款 100 亿至 200 亿日元。

三、澳大利亚政府贷款

澳大利亚国际发展援助局(AIDAB),简称澳援局,是澳大利亚政府贷款的管理机构。澳大利亚政府贷款的领域主要包括:能源(坑口电站、褐煤利用、供电控制软件、煤代油项目、洗煤设备和火电站等);钢铁和有色金属(铜冶炼、铝加工、镀锌、钒精炼及与其相关的环保工程);交通(城市交通通信系统、公路测试、城市轻轨交通、机场设计与服务、港口开发与管理);通信(国内通信系统);城市供水、污水处理、煤制气;包装技术(水泥包装袋等);畜牧业(人工授精、贮存、家禽家畜饲养、种草技术、肉类加工、皮毛等加工技术、乳品加工业、林业伐木设备、制冷设备、电化教育等)。

中方使用澳大利亚政府优惠贷款的项目必须是国家或省市的优先发展项目,必须符合澳援局的发展原则,达到如增加妇女就业和保护环境等发展目标。澳大利亚政府贷款采取混合贷款的方式,其中包括35%的赠款,不同贷款货币采用不同的贷款条件:①美元贷款。8年贷款期为无息贷款(含2年宽限期);12.5年贷款期(含2.5年的宽限期)的年利率为1.5%;20年贷款期(含5年宽限期)的年利率为3.75%。②英镑贷款。贷款期为20年(含5年宽限期),年利率为4%。③日元。贷款期为15年(含5年宽限期),无息贷款。

贷款项目物资设备的采购应符合的条件是:澳大利亚的资本性货物或在澳大利亚生产的设备,由澳大利亚居民提供的服务;中国生产的货物和中国居民提供的服务,但其价值不能超过上述头两条的15%。

我国曾利用澳大利亚政府贷款建设全国水文要素采集自动化项目,已经于2003年全部完成建设实施,达到了预期目标,2004年4月3日,通过了验收。

四、德国政府贷款

德国经济合作部负责对外提供政府贷款,并授权德国复兴信贷银行(KFW)具体执行。该行成立于1948年,总部设在法兰克福,资本约4亿美元,大多来自联邦政府。德国复兴信贷银行是一个具有政治和经济双重性质的银行,一方面它通过提供投资贷款和出口信贷及提供担保促进德国经济,另一方面,它自己贷款或根据政府援助计划赠款给发展中国家。贷款主要用于基础设施、人类基本需要、环境保护、促进市场经济发展等领域的项目,一般性工业项目原则上不能使用此贷款。

德国复兴信贷银行的贷款条件为:①对人均低于100美元的最贫穷国家提供无偿赠款,不再提供贷款;②对发展中的石油输入国提供最优惠贷款,利率为0.75%,期限为40年(含10年宽限期);③对较发达的发展中国家提供一般优惠贷款,利率为4.5%,期限为20年(含5年宽限期);④对其他发展中国家提供更为优惠贷款,利率为2%,期限为30年(含10年宽限期)。

德国政府贷款原则上仅能用于支付从德国厂商引进的物资设备和服务的费用,并主要用于项目的固定资产投资,引进的设备和服务通过在德国境内公开招标获得。

五、科威特政府贷款

阿拉伯经济发展基金会(KFAED)负责对外提供政府贷款,它是按照科威特国第35号法律,于1961年成立的官方金融机构,是当前发展中国家中提供双边政府贷款的主要机构之一,不受经济合作与发展组织的限制。我国已安排利用科威特贷款的领域有:机场、水电、冶金、化工、汽车、港口、原材料、医药等。

科威特政府贷款条件一般为年利率1.5%~5%,期限为18~20年(含3~5年宽限期)。根据具体项目确定贷款条件,对未用贷款的部分收取0.5%的手续费。科威特政府贷款不超过项目总投资额的50%,贷款的使用采取国际竞争性招标采购方式,但进口的设备和材料或供货商品以及所有船只须不在阿拉伯国家抵制的黑名单上,并且在航行中不停靠黑名单上的任何港口。

自1982年起阿拉伯经济发展基金会开始向我国提供政府优惠贷款,截至2002年2月底,科方共向我方承诺提供七批政府贷款,总金额约为2.2亿科威特第纳尔(按当时汇率折算,约合7.4亿美元)。我方共安排32个大中型项目,主要分布在基础设施、能源、石化、建材、冶金及农业灌溉等领域,影响较大的项目有宁夏扶贫扬黄灌溉工程、安徽宁国水泥厂、厦门机场、天津微型汽车厂、深圳机场及内蒙古准东铁路等。目前,大部分贷款项目已经建成投产。

六、加拿大政府贷款

加拿大是经济合作与发展组织(OECD)成员国。从1986年11月起,加拿大政府开始向我国提供优惠混合贷款,两国间经贸额不断扩大。加拿大政府至今已向我国提供了六批贷款,承诺总金额达23.8亿美元。前五批贷款共安排项目177个,使用贷款约14亿美元。2001年2月,中加双方签署协议,加方承诺向中国提供第六批总额为1.8亿加元(约合1.2亿美元)的优惠贷款。加拿大主管政府贷款业务的机构是出口发展公司(EDC),隶属于加拿大外交贸易部。

加拿大政府贷款使用领域包括:邮电、通信、水电、能源、石化、纸浆造纸、轻工建材、城市建设等。加拿大政府贷款的条件是:贷款以政府混合贷款为主,其中政府"软贷款"一般占贷款总额的30%~40%,贷款期限为40~50年(含15年宽限期),无息;出口信贷一般占贷款总额的60%~70%,贷款期限为10~12年

(含2年宽限期),年利率一般为5%左右。加拿大政府贷款总额的85%用于购买加拿大设备、货物、服务及技术,其余的15%可由承包商在第三国采购。此外,加方还要按合同总额的0.25%收取一次性管理费,对签约未使用的贷款每年收取0.3%的承诺费,每半年收一次。

加拿大政府混合贷款的优点,一是手续简单,加方一般不派专家对贷款项目进行评估,方便借款;二是贷款成本较低,其中政府贷款均为无息贷款;三是贷款期限长,最长贷款期限可达50年。加政府混合贷款较适用社会公益性项目和基础设施项目。

七、丹麦政府贷款

丹麦政府贷款由政府"软贷款"和出口信贷混合组成,丹麦外交部国际开发署(DANIDA)负责对外提供政府贷款。

丹麦政府贷款目前主要用于非营利性项目,如城市供水、污水处理、风力发电、垃圾处理、集中供热、医疗卫生、食品加工及环境保护等。丹麦政府贷款由50%的"软贷款"和50%的出口信贷混合组成,其中政府"软贷款"的偿还期为25年,宽限期为7年,本金在宽限期结束后每半年一次等额偿还。管理费和承诺费由国内转贷银行和丹麦有关金融部门商定。丹麦政府贷款原则上只能用于支付购买丹麦货物或安装调试等服务的费用,不能用于支付贷款国当地费用。目前丹麦混合贷款是一种无息或低息的8~15年期的贷款,最长贷款期限可达30年。对1 500万美元以上的项目,试投产后分15年还款。贷款货币是美元时年利率为0.5%,贷款货币是欧元时无息。200万特别提款权以下的工业性小项目,试投产后分8年还款,无息,贷款资助合同金额的85%。丹麦政府贷款借方需支付0.375%的管理费(一次性收齐)和最高为每年0.25%的承诺费(以未支付部分为计算基础)。

丹麦是向我国提供政府贷款较早的国家之一。1982—2000年,丹麦政府共向我国提供了混合政府贷款7.8亿美元,生效了约80多个项目,双方已经合作过的项目主要涉及风力发电、城市供水、污水处理、集中供热、医疗卫生、食品加工、水泥、铸造等行业领域,其中绝大多数都取得了较好的社会和经济效益。丹麦政府十分重视两国财政合作,并将其与贸易和投资并列称为中丹经贸关系三大重点。目前,在我国利用其他发达国家政府贷款呈萎缩状态的情况下,中丹财政合作仍保持着很好的发展势头。在2000年10月举行的中丹双边财政合作工作会议上,丹方表示今后每年可向我国提供的贷款为5 000万~7 500万美元。

八、英国政府贷款

英国负责对外提供政府贷款的机构是英国贸工部(DTI)、海外开发署

(ODA)和出口信贷担保局(ECGD)。赠款由英国海外开发署负责。

英国政府向我国提供的政府混合贷款,由英国政府混合贷款和援助与贸易基金(ATP)组成。英国政府混合贷款由25%的政府赠款和75%的出口信贷混合组成。偿还期为12年(含3年宽限期)的,年利率为1.5%;偿还期为20年(含5~7年宽限期)的,年利率为5%。贷款主要用于能源、交通、城建和环保等,原则上仅能用于支付从英国厂商引进的物资设备和咨询、技术服务费用,合同定金也可用贷款支付。

援助与贸易基金对合同总价的30.1%~35.1%提供赠款,对合同总价余下的69.9%~64.9%提供出口信贷或由买方自有外汇支付。贷款主要资助在竞争中获得项目及合同的英方公司,资助由英国公司供应的在英国本土制造的资本性货物的销售(或有某些欧盟成员国成分的产品)、技术合作项目和基础项目。

九、法国政府贷款

法国财政部国库司和对外经济关系司,负责对外提供政府贷款。贷款只能用于从法国进口的资本性货物和服务以及支付由法国船运公司承运的运费和法国保险公司投保的保险费等。

法国政府贷款为混合贷款,由国库贷款和出口信贷组成。其中国库贷款占贷款总额的35%以上,年利率为0.5%,贷款期为30年(含宽限期10年);贷款其余部分为银行担保的出口信贷,使用经济合作与发展组织(OECD)统一利率(目前约为5%~6%),贷款期为10年(宽限期为项目建设期)。

法国政府贷款目前的币种为欧元,贷款主要用于能源、交通、通信、化工、原材料加工、机械制造、医疗设备、供水、污水处理、垃圾处理、煤制气、天然气、电子、信息处理等领域。贷款要求项目合同金额的85%用于采购法国设备,15%可用于第三国采购。据了解,法国政府不向任何国家预先承诺贷款额度,提供政府贷款主要依据双方对具体项目的感兴趣程度。

另外,法国开发署作为法国进行官方发展援助的主要执行者也对外提供贷款。法国开发署的贷款期为12~17年(含3~5年宽限期),采用浮动利率,以6个月期欧洲银行间同业拆借市场利率(EURIBOR)减1%确定;为避免出现负利率,设定利率浮动的下限为0.25%;在提款期结束后,或已经提取较大数额款项后,浮动利率将转换为固定利率。贷款的币种为欧元。贷款为不附带条件贷款,贷款国供货比例没有限制,采用国际竞争性招标方式采购,也可用于中国本地采购。该类贷款的领域有:①可再生或替代能源类,如小水电、沼气、风能、太阳能、天然气;②提高能源利用效率类,如电气化铁路、城市交通(地铁、轻轨、城市快速公交BRT);③农业发展类,如植树造林(经济林及副产品)、农村可持续发展(土壤改良、棉耕种技术,灾区农业生产恢复);④中间信贷类,即向中小银行提供贷款专项用于节能、清洁能源类50万~200万欧元小型项目。

十、荷兰政府贷款

荷兰外交部发展合作总司与荷兰经济部主管对外政府贷款,通过促进发展的出口计划(ORET)和环境与经济自足计划(MILIEV)的实施,经办机构是设在海牙的荷兰对发展中国家投资银行。主要贷款领域包括:交通、造船、邮电通信、畜牧业、农产品加工、电子工业、水处理、医疗卫生、环保、天然气输配管线、交通控制、节水灌溉(喷灌滴灌等)、农业加工等非营利项目。商定的项目由荷兰外交部提供40%的赠款,另外60%为商业贷款,可由双方政府认可的任何一个金融机构提供。两者混合使用,其赠与成分高于35%,对一个项目可提供的最高赠款额为2 500万荷兰盾。原则上赠款总预算50%的资金将用于合同金额在1 000万荷兰盾以下的项目。每个项目最小贷款金额为250万荷兰盾。贷款条件是:年利率在3%时,还款期为20年(含7年宽限期);年利率在2.5%时,还款期为15年(含7年宽限期);无息贷款时,还款期为10年。

荷兰贷款币种为欧元或美元。与经济合作与发展组织(OECD)其他成员国的政府贷款不同的是,荷兰政府贷款不支持200万特别提款权以下的中小型营利性工业项目。荷兰政府贷款审批手续相对较复杂,周期较长,适用范围比较小。目前两国政府已就简化程序和提高效率进行了交流。另外,根据荷兰政府审批要求,项目编制和提交的可行性研究报告必须符合经济合作与发展组织(OECD)的要求。

荷兰政府从1987年起开始向中国提供政府混合贷款。

十一、意大利政府贷款

意大利政府外交部负责政府贷款,中央中期信贷银行负责出口信贷。我国已经利用意大利政府贷款的领域有电站、钢铁、石油化工、通信、农产品加工、汽车制造等。意大利政府混合贷款中50%为政府"软贷款",50%为经济合作与发展组织条件的出口信贷。"软贷款"的利率为1.0%~2.5%,偿还期为20年(含10年宽限期),只能用于购买意大利的货物、技术和服务。保险费按出口信贷金额的1.5%收取。

2005年3月,意大利政府批准了中意双边财政合作2004—2006年项目环保领域合作计划。根据该计划,意方将于3年内向中方提供7 000万欧元纯"软贷款"用于环保项目。条件如下:贷款期限为25年(含5年宽限期);贷款利率为无息。采购比例不低于50%意大利成分,其余可采购中国本地产品、货物和服务。贷款领域为土地资源治理,如防风治沙,生态林业、水土保持及生态治理;水资源项目,如饮用水处理及管网系统、工业及生活节水、小型节水灌溉项目;生物多样性,如野生动物保护区、珍稀物种保护等。单个项目贷款金额300万~1 000万欧元。

十二、韩国政府贷款

韩国政府贷款被称为经济发展协力基金(EDCF)贷款,始于1987年,是韩国政府对发展中国家进行双边官方援助的一种形式。韩国经济发展协力基金由韩国进出口银行负责。韩国经济发展协力基金就发展中国家的政府或公司的要求提供贷款的种类主要有:项目贷款,用于经济发展计划项下的特定贷款;设备贷款,用于发展计划中核定领域或地区购买设备和其他原材料;两步贷款,使它们便于向用户转贷,购买项目所需设备和其他材料;商品贷款,用于两国协议商品的进口,以期达到经济稳定;项目准备贷款,用于项目发展的准备工作,包括可行性研究和详细设计。

韩国政府贷款条件是:贷款金额为外汇费用的总额,年利率为3.5%,偿还期为20年(含宽限期5年)。实际的贷款条件可在标准内调整,在进行调整时将考虑发展中国家的经济发展阶段或人均收入水平的因素。

我国从1994年开始使用韩国政府贷款(1995年韩国政府开始与受援国政府签署贷款总协议)。迄今为止,韩国政府共向我国提供四批贷款,累计承诺金额约2.3亿美元。

十三、挪威政府贷款

挪威政府贷款由政府赠款和出口信贷混合组成,挪威国际开发署(NORAD)负责对外提供政府贷款及赠款,挪威出口信贷公司和信贷担保局负责出口信贷部分,并负责贷款项目的组织实施。贷款领域(目前主要投向)包括城市基础设施、环保等。政府贷款为项目合同总额的85%(其中35%为赠款),其余为出口信贷。贷款可以与世界银行、地区性银行或其他金融机构的贷款或赠款结合使用。贷款条件是(以美元计):还款期为10年,无息;贷款本金在宽限期结束后每半年还一次,等额偿还。管理费和承诺费由国内转贷机构与挪威有关金融部门商定。贷款原则上用于支付购买挪威货物或安装调试等服务费用,不能用于支付贷款国当地费用,购买非挪威货物不能超过合同价格的15%,且由挪威供货商负责采购。合同价格15%的定金由项目单位在合同生效后1个月内用现汇支付。每个利用挪威政府贷款项目的最高贷款额一般不超过5 000万挪威克郎,约合700万美元。

挪威作为经济合作与发展组织(OECD)成员,已向23个发展中国家的113个项目提供了近17亿挪威克郎的混合贷款,其中中国有52个项目,约5亿挪威克郎的政府贷款。

十四、西班牙政府贷款

西班牙负责对外提供政府贷款的机构是西班牙发展援助基金部际委员会（CIFAD），贷款是由政府"软贷款"和出口信贷组成的混合贷款。贷款币种为美元、欧元两种。贷款主要使用领域为：铁路、地铁、渔业、风电、太阳能、水处理、垃圾处理、环保、交通控制、医疗、农村通信、农业（包括农产品深加工、灌溉、玻璃温室等）和各类小型工业项目（贷款额在200万特别提款权以下）。

西班牙政府混合贷款的条件是："软贷款"一般占40%～50%，出口信贷为50%～60%；"软贷款"年利率为1.5%～2%，还款期为20～30年（含10年宽限期）。合同预付定金可用贷款支付。其他费用包括：综合费用（按出口信贷金额的0.2%～0.35%收取）；出口信贷保险费，一般为出口信贷金额的2%～4%等。西班牙政府混合贷款原则上只能用于支付从西班牙进口的资本性货物和咨询、技术费用，第三国采购不得超过合同总额的10%。西班牙不派专家对贷款项目进行评估，手续比较简单。

西班牙政府自1985年开始向我国提供政府贷款。

十五、瑞典政府贷款

瑞典政府贷款由政府赠款和出口信贷混合组成。瑞典国际经济技术合作署（BITS）负责对外提供政府贷款及政府赠款，瑞典出口信贷公司（SEK）负责提供出口信贷。贷款领域包括：能源、通信、农畜产品加工、造纸及森林木材加工等，但目前主要投向城市基础设施建设、环保、水电等领域。政府贷款额度为商务合同金额的85%（其中政府赠款占35%），其余为出口信贷。贷款的条件是：无息，偿还期10年。贷款本金每半年还一次，等额偿还。商务合同价格的15%由项目单位在合同生效后1个月内用现汇支付，管理费和承诺费由国内转贷银行与瑞典有关金融部门商定。贷款主要用于支付购买瑞典货物或安装调试等服务费用，不能用于支付贷款国当地费用。采购第三国设备和技术最多不能超过贷款额的15%，并由瑞典供货商负责采购。

中国和瑞典有着悠久的合作历史和传统的友好关系。1983年，瑞典国际经济技术合作署（BITS）开始向我国提供优惠贷款用以资助两国合作项目。瑞典总共批准了45个项目使用优惠贷款，总金额约为4.4亿美元，这些项目主要在造纸、木材加工、程控电话、化工、食品及冶金等领域。

十六、瑞士政府贷款

瑞士对外经济部（BAWI）负责对外提供政府混合贷款。混合贷款是瑞士政府为帮助本国商品和技术服务出口，而向进口方提供的一种"软贷款"，由赠款和商业贷款组成。贷款主要用于非营利性项目。贷款金额一般在830万~1 660万瑞士法郎(500万~1 000万美元),其中政府赠与成分约占贷款总额的40%~50%,具体比例根据项目情况确定。贷款最高支付额为项目总合同金额的85%,另外15%由项目单位自筹,并且从瑞士购买技术、设备的金额不少于贷款额的50%,其余部分可用于第三国采购。

自1984年起,瑞士政府与我国先后签订四批混合贷款协定,政府贷款是无息的,偿还期为20年(含10年宽限期)。瑞士政府贷款以瑞士法郎结算,贷款大部分用于中小型建设项目,主要用于轻纺项目、邮电通信、机电设备和科教卫生行业。利用瑞士政府贷款的省市主要是江西省、辽宁省、陕西省和安徽省。

十七、比利时政府贷款

比利时外交外贸发展合作部负责对外提供政府贷款,出口信贷部分由比利时通用银行负责。贷款领域包括:能源、通信、电子、医药、化工、纺织机械、轻工及食品加工等。贷款条件是:政府"软贷款"为商务合同价格的43%,无息,偿还期为30年(含10年宽限期),其余57%由借款方付现汇或使用比利时出口信贷。管理费和承诺费由借款方的转贷银行与比利时有关金融部门商定。贷款主要用于支付购买比利时货物或安装调试等服务费用,不能用于支付贷款国当地费用。采购第三国设备和技术最多不能超过贷款额的20%,并由比利时借贷商负责采购。比利时一般不派专家对贷款项目进行评估,手续比较简单。

比利时是最早向中国提供政府贷款的国家之一,且均为无息贷款,还款期为30年(含宽限期10年)。

十八、以色列政府贷款

为了促进以色列对中国的出口业务,以色列财政部和中国财政部于1994年签署了一份双边合作协议,并与以色列外贸风险保险公司合作。2004年11月以色列财政部和中国财政部签署了《第二号财政协议》,协议的额度已经从原来的2.5亿美元增加到5.5亿美元,贷款条件也更为灵活。截至目前,以方承诺优惠贷款总额10亿美元,其中约5.5亿美元已生效,生效贷款项目190余个,项目涉及29个省(自治区、直辖市)、新疆生产建设兵团以及部分中央企业。

2010年5月11日至15日,财政部副部长李勇率团访问以色列,与以色列财政部长斯泰尼茨进行双边财政合作会谈,并签订了《中华人民共和国政府和以色列国政府第三号财政合作议定书》。该议定书规定由以色列政府提供4亿美元优惠政府贷款,用于中方医疗卫生、农业开发、教育培训、智能交通管理、通信、消防、水处理、节能减排及其他高科技领域项目。

以色列政府贷款的优势是:贷款利率优惠,贷款期限较长,最长可达15年,还款方式灵活多样;外方批准程序简单,一般可在一个月内批准;以色列成分要求较合理,一般为40%~60%;在成分满足的前提下,可支持土建。

以色列政府贷款的条件:①项目金额15%的预付款可由预付款贷款融资,预付款贷款的固定利率为年率1.5%;②长期融资(项目总金额的85%)在金融协议生效后18个月开始每半年还款一次,根据贷款年限的不同,有多种还款方式可供选择。

第四节　我国的政府贷款

一、我国利用外国政府贷款概况

我国利用外国政府贷款始于新中国成立初期。1950年2月14日中苏两国签订了由苏联向我国政府提供3亿美元贷款的协定,这是我国政府与外国政府签订的第一个政府贷款协定,到1960年,我国向苏联借款总额达15亿美元,此后于1965年全部清偿完毕。从1965年至1978年,我国再没有举借任何外国政府贷款。

1979年12月,日本首相大平正芳来访,代表日本政府承诺为中国三个大型项目的建设提供长期低息政府贷款,拉开我国改革开放后利用外国政府贷款的序幕。20世纪80年代,政府贷款成为我国利用外资的主要形式。1979—2000年,我国借用外国政府贷款(不包括日本政府贷款,下同)累计签约额为183.72亿美元。其中,德国、法国、西班牙分别以39.4亿美元、24.5亿美元和21.8亿美元居前三位。截至2014年年底,我国借用外国政府贷款达1 542.79亿美元。20世纪90年代以后,由于受经合组织有关规定的限制及贷款国有关政策限制的调整,我国利用外国政府贷款主要集中在基础设施、社会发展和环境保护等领域。目前我国同日本、德国、法国、西班牙、意大利、加拿大、英国、奥地利、澳大利亚、瑞典、科威特、荷兰、芬兰、丹麦、挪威、瑞士、比利时、韩国、以色列、俄罗斯、卢森堡、波兰及北欧投资银行、北欧发展基金共24个国家或机构建立了政府(双边)贷款关系。除英国、澳大利亚、俄罗斯三国以外,其余上述国家及金融机构目前均有贷款余额。

外国政府贷款第三国采购比例过去多为10%~15%,即贷款总额的85%~90%用于购买贷款国的设备和技术。为了推动外国政府贷款的使用,促进竞争,适应中外双方有关政策(如我国国产化比率要求调整)的变化,通过谈判,近期部分国家扩大了本国贷款在第三国及中方当地的采购比例。德国、丹麦、挪威、瑞典、芬兰等国家承诺其贷款的第三国采购比例由15%提高到50%;西班牙由原贷款的10%上调为30%,其中15%可采购我国设备;加拿大第三国采购比例上调为30%；奥地利为25%。

从国外贷款程序来看，西班牙、奥地利相对简单一些，政策较为灵活，德国、意大利、瑞士注重项目前期工作，程序相对要复杂一些。

从贷款评估要求来看，德国、意大利、荷兰、瑞士和北欧四国及机构需要对贷款项目进行考察评估，法国视情况而定，其他国家则不需要进行考察评估。

从确定贷款额度和规模的情况看，德国、意大利、西班牙、荷兰等国采用先确定贷款规模，后确定贷款项目的方式，而奥地利、法国、瑞士、比利时等国是以项目定额度，批准项目就是确定贷款额度。此外，在贷款规模内，许多国家对某些行业和项目制定了特定的贷款计划，如环保项目贷款计划、特别通信贷款计划、小型工业项目特别信贷等。小型工业项目特别贷款，大多在280万美元以下，这类项目主要有德国银行中间信贷、西班牙一揽子银行信贷和意大利中小企业信贷等。这部分贷款主要用于我国非国有中小企业的发展。

外国政府贷款是我国目前所借国外贷款中条件最优惠的贷款，其赠与成分一般在35%。贷款的利率比较优惠，一般为0.2%～3%，个别国家的政府贷款为无息。贷款的偿还期限长，通常为10～40年，并含有2～15年的宽限期。同时，外国政府贷款金额大，使用时间长，便于国家根据经济发展的需要进行统一计划，统一安排，集中使用，可以最大限度地发挥规模效益。在我国实行改革开放，进行经济建设的过程中，起到了弥补国内建设资金不足、赢得建设时间和加快发展速度的作用。根据目前情况分析，今后几年外国政府贷款总量（不含日本）有可能维持在每年10亿美元左右。

二、我国利用外国政府贷款的主要类型

（一）纯"软贷款"

纯"软贷款"主要有德国财政合作资金，意大利环保贷款，科威特、韩国、波兰政府贷款。西班牙对一些项目也提供100%"软贷款"或纯赠款。

（二）混合贷款

混合贷款是各国普遍采用的贷款方式。第一种是赠款加出口信贷，提供这类贷款的国家主要有荷兰和瑞士，荷兰政府提供35%的赠款加65%的出口信贷，瑞士政府提供40%的赠款加60%的出口信贷。这类贷款，通常要签两个协议，即赠款协议和出口信贷协议。第二种是"软贷款"加出口信贷，如西班牙、法国、加拿大的政府贷款。其"软、硬贷款"的比例大体各占50%。"软贷款"利率一般低于1%；"硬贷款"利率执行国际商业参考利率（CIRR）。大部分政府贷款属于这种类型。第三种是优惠贷款，有奥地利、以色列和北欧四国的政府贷款。

(三) 特种贷款

特种贷款主要有北欧投资银行贷款、美国贴息贷款等。

三、我国利用外国政府贷款的特点

第一，属主权外债，强调贷款的偿还。利用外国政府贷款首先是一种外债，是我国政府对外借用的一种债务。除经国家发改委、财政部审查确认，并经国务院批准由国家统还者外，其余由项目业主偿还，且多数由地方财政担保。

第二，贷款条件优惠。外国政府贷款的赠与成分一般在35%以上，最高达80%。贷款的利率一般为0.2%~3%，个别贷款为无息贷款。贷款偿还期限通常为10~40年，并含有2~15年的宽限期，是我国目前所借国外贷款中条件比较优惠的贷款。

第三，限制性采购。多数国家政府贷款(科威特除外)的第三国采购比例为15%~50%，即贷款总额的50%~85%用于购买贷款国的设备和技术。通常情况下不能自由选择贷款币种，汇率风险较大。

第四，投向限制。外国政府贷款总量较大，使用时间长，便于国家根据经济发展的需要进行统一计划，统一安排，集中使用，可以最大限度地发挥其规模效益。外国政府贷款主要用于政府主导型项目建设，集中在基础设施、社会发展和环境保护等领域。

第五，具有政府间援助性质。外国政府贷款通常受贷款国财政预算、国际收支、政治倾向、价值观念和外交政策的影响，具有较浓的政治色彩。

四、我国对利用外国政府贷款的审批程序

根据2005年2月28日国家发展和改革委员会颁布的《国际金融组织贷款和外国政府贷款暂行管理办法》(国家发改委28号令)，国家发展和改革委员会按照国民经济和社会发展规划、产业政策、外债管理及国外贷款使用原则和要求，编制并下达年度国外贷款备选项目规划。未纳入国外贷款备选规划的项目，国务院各有关部门、地方各级政府和项目用款单位不得向国际金融组织或外国政府等国外贷款机构正式提出贷款申请。在纳入国外贷款备选项目规划之后，再行项目审批、核准或备案。待外方承诺贷款，国内银行承诺转贷，设备正式招标前，项目单位通过地方发改委向国家发展改革部门提交项目资金申请报告，并与国内银行正式签署转贷款金融协议后，根据有关规定到有关发展改革部门办理国家鼓励发展的内外资项目确认书手续。

第一，由贷款国有关机构向我国受理外国政府贷款的对外窗口部门提出贷款意向，窗口部门将贷款国的贷款意向及要求上报国家发展和改革委员会。按

国务院规定,日本能源贷款的对外窗口是中国银行,此外,各国政府贷款的对外窗口是我国财政部。

第二,国家发展和改革委员会根据贷款条件,以及地方、部门上报的项目,或者批准的项目建议书、可行性研究报告,按照国家有关政策、行业规划、项目建设条件及贷款偿还能力等选择备选项目,报国务院批准后下达备选项目安排方案。

第三,由对外窗口单位向贷方机构提出国家发展和改革委员会下达的备选项目方案并进行谈判,对方承诺贷款后,双方签署贷款协议。

第四,国家发展和改革委员会和相关主管部或省(区)、直辖市的计划部门按管理权限审批项目的可行性研究报告及利用外资方案。

第五,项目主办单位按照国内及贷款国有关规定对外进行技术、设备、物资和商务谈判,并签订商务合同。

第六,财政部授权银行根据政府贷款协议和商务合同与外方签订金融协议,并办理国内转贷手续。有关转贷银行接到财政部的通知后即可按照《关于外国政府贷款转贷管理的暂行规定》(财债字〔1999〕230号)开展项目的转贷工作。

第七,商务合同生效后,项目进入实施阶段。采购公司应按照财政部及有关部门关于外国政府贷款项目采购业务的相关规定,开展招标采购和商务谈判工作。

另外,贷款国政府机构对华提供政府贷款的条件以及对财政部对外提出项目的贷款承诺,应以财政部发布的信息或通知为准。为避免多头对外而引起工作混乱,在未经财政部批准之前,任何单位不得以申请利用该国贷款为由,要求贷款国政府机构(包括贷款国驻华使馆)对财政部尚未提出的贷款项目提供贷款条件、采购比例及贷款承诺。

五、使用外国政府贷款应注意的问题

我国利用外国政府贷款积累了一定的经验,形成了一套比较系统的、切实可行的管理办法。同时,在某些方面也还存在着问题,应该引起重视。

第一,汇率风险。借用外国政府贷款一般使用贷款国货币,使用外币贷款均存在汇率风险。这种汇率风险带来的损失有时会远远超过利用外国政府优惠贷款和用硬货币采购所带来的好处。因此,应该充分考虑汇率变化因素,讲求贷款的综合效益。如日元贷款,在20世纪80年代初我国开始借用外国政府贷款时,仅注意到日元贷款的条件优惠,赠与成分较高,对汇率风险估计不足,在随后的10多年,日元不断升值,1980年日元与美元的平均汇率为227∶1,而到了1990年,这一汇率变为145∶1,日元升值56%。据统计,1990—1992年的

3年间，我国共偿还日本政府贷款161.7亿日元，若按日元对美元145：1计算，折合1.1亿美元，比按借款时汇率折合的0.7亿美元多支付0.4亿美元，债务负担增加0.6倍。而在1997年7月开始的亚洲金融危机以来，由于受国内经济政策和政局不稳的影响，日元对美元汇率连续大幅度贬值，日元对美元的汇率以140：1甚至更高的幅度波动。若是我们抓住这个时机，主动地偿还日本债务，那么与日元升值时期相比，就会减轻债务负担。这种汇率风险带来的损失，已远远超过利用外国政府优惠贷款和用硬货币采购所带来的好处。不仅日元贷款有汇率风险，其他升值货币贷款也有类似问题。因此，我们在继续利用外国政府贷款时，应该充分考虑汇率变化因素，讲求贷款的综合效益，采取各种可能的措施，对汇率风险加以有效防范。

第二，项目选择。双边政府贷款大部分是用来采购物资和设备的，贷款国往往以购买该国生产的物资和设备作为提供优惠贷款的前提条件。因此，选择项目首先要考虑该国的生产技术特点，看所提供的设备能否符合我方项目的技术要求，该设备技术质量水平是否高于国际上同类产品等，技术上可行时方可接受贷款。根据国家产业政策，外国政府贷款应当优先用于能源、交通运输、原材料、通信、农业等基础设施和基础产业，同时也要符合贷款国的政策要求和技术特点。近年来，经济合作与发展组织加强了对政府贷款使用领域的限制，规定政府贷款只能用于较贫困地区的基础设施、扶贫、环保和其他非营利性项目，我们在选择项目时必须考虑到这一点。选择项目还有一个前提条件，即申请使用贷款的项目必须首先完成国内审批手续。凡未批准立项，配套资金不落实，没有还贷担保的项目一律不得借款；还贷欠佳的地方和部门报送的项目，一般也不予考虑新的贷款。

第三，竞争采购。政府贷款有一定的优惠性，但优惠是有条件的，尤其是规定必须采购贷款国的设备，而不能进行国际招标。因此，要分析采购价格比实行竞争的国际价格高多少，把这个因素与贷款利率优惠值、政策性免关税优惠值等因素进行综合比较，衡量贷款成本的高低，进行选择和决策。在可能的条件下，对项目所需设备应在国际上公开询价招标，利用多家竞争，在价格水平比较合适的基础上，再争取对方提供政府贷款。这样对我们比较有利，有可能取得技术条件好、成交价格低和贷款条件优惠的综合效益。还可以在对外询价书中明确提出，把卖方能否提供优惠贷款作为中标的重要条件之一，价格和贷款条件同时作为竞争内容。

第四，债务管理。外国政府贷款项目，不管贷款金额大小，无论出自何种原因，只要不能按时还本付息都会直接影响我国的对外信誉。因此，在借用贷款时，更要重视还款，及时制订还贷计划，采取必要措施，切实保证对外按期如数偿还贷款。外国政府贷款偿还期较长，有的长达40年，必须建立一套行之有效的制度确保对外按期还贷。要健全外债管理体系和监测、偿还制度,包括设专人负责债务的信息跟踪预报、管理和催还。为了解决还贷过程中可能出现的拖欠问题,要建立偿债基金,同时也应改革现行转贷方式。

第五,政治因素。政府双边贷款是我国和贷款国政治、经济交往的一部分,是双边经济贸易活动,同时也有较强的政治因素。因此,在贷款活动中要坚持平等互利的原则,讲究信誉就显得尤为重要。借用政府双边贷款,必须确保按时履约,维护国家的信誉。

六、我国向外国提供的政府贷款

尽管我国经济并不发达,而且也急需外来资金,但自成立以来,我国就一直坚持向一些贫穷国家和部分发展中国家提供无偿援助及低息优惠贷款。1950—1978 年,我国向朝鲜、越南、阿尔巴尼亚、波兰、坦桑尼亚、赞比亚、印度尼西亚等国家提供了大量的经济援助和贷款,从新中国成立到 1978 年年底,我国共向 66 个国家提供了援助,帮助其中 38 个国家建成了 880 个成套项目。改革开放以后,我国对外政府贷款经过调整、改革,进入了一个新的发展阶段,到 1994 年年底,我国通过向亚洲、非洲、拉丁美洲和太平洋岛国等发展中国家提供援助,建成了工业、农业、水利、交通、能源、电信、文教卫生、社会公共设施等成套项目 1 426 个,并提供了大量物资援助和各类技术援助,累计派出援外专家近 50 万人次,为受援国培养了大批技术力量。

1995 年 5 月,我国国务院决定在保持传统的援外方式的同时,开展对外优惠贷款业务,并指定中国进出口银行为该项贷款的承贷银行,负责优惠贷款的项目评审、贷款协议的签订、贷款发放、贷后管理和本息回收等工作。对外经济贸易部(即现在的商务部)为该项业务的政府归口管理部门,负责对外商签政府间框架协议,并向中国进出口银行推荐优惠贷款项目。优惠贷款的条件较为优惠,年利率一般为 2%~5%,贷款期限不超过 15 年。优惠贷款的资金由中国进出口银行自筹,优惠贷款利率与中央银行基准利率之差由国家财政给予贴息。贷款对象可以是受援国政府或受援国金融机构,经对方政府同意,也可以贷给中外企业。这些项目促进了我国机电产品和成套设备的出口,也为我国有实力的企业开拓国际市场提供了有力的政策性金融支持。

2005 年 9 月 14 日,国家主席胡锦涛在联合国成立 60 周年首脑会议发展筹资高级别会议上宣布:中国将进一步扩大对重债穷国和最不发达国家的援助规模,并通过双边渠道,在今后 2 年内免除或以其他处理方式消除所有同中国有外交关系的重债穷国 2004 年年底前对华到期未还的全部无息和低息政府贷款;中国将在今后 3 年内向发展中国家提供 100 亿美元优惠贷款及优惠出口买方信贷,用以帮助发展中国家加强基础设施建设,推动双方企业开展合资合作。截至 2014 年年底,中国已累计免除非洲、亚洲等 50 个重债穷国和最不发达国家近 400 亿元人民币债务。

这些援助贷款对于帮助受援国发展民族经济,促进其走上自力更生、独立发展经济的道路,提高人民生活水平做出了贡献。我国严格尊重受援国的主权,绝不附带任何政治条件,从不要求任何特权,充分体现了真诚合作、友好互助的精神,树立了我国良好的政治形象,提升了我国的国际政治地位。

目前中华人民共和国商务部国际经济合作事务局具体负责我国对外援助工作,其职责是拟订并执行对外援助政策和方案,签署并执行有关协议;编制并执行对外援助计划,监督检查援外项目执行情况,管理援外资金、援外优惠贷款、援外专项基金等我国政府援外资金;推进援外方式改革。中国进出口银行为我国向外提供政府贷款的承贷银行。

案 例

中以财金合作硕果累累
——中以政府贷款合作 20 周年纪念研讨会召开

2016 年是中国以色列政府贷款合作 20 周年,中以财政议定书签署 20 周年是标志着两国财政关系发展的重要里程碑。20 余年不懈合作,中以政府贷款成果丰硕。截至目前,以色列政府共承诺向我国提供优惠贷款 26 亿美元,累计生效项目 330 余个,贷款总额约 17 亿美元。项目主要集中在医疗卫生、农业开发、教育培训、水处理、通信以及其他高科技领域,遍及我国 29 个省、自治区和直辖市。财政部副部长史耀斌在日前召开的"中以政府贷款合作 20 周年纪念研讨会"上透露,两国财政部正在酝酿一期新的 3 亿美元合作议定书,专门用于节水、农业技术和可再生能源等清洁技术领域的贷款项目。

以色列在农业、制药、信息技术、新能源等方面有很先进的技术和很强的技术创新能力,中以经济存在很强的互补性和广阔的合作空间。截至 2015 年底,中以双边贸易额达 114.2 亿美元,我国对以色列实际投资额超过 60 亿美元,以在华实际投资额超过 10 亿美元。我国已成为以色列在亚洲的第一大贸易伙伴,也是其全球第三大贸易伙伴。史耀斌表示,两国应在现有良好合作的基础上,抓住创新发展战略所提供的历史机遇,继续深化双边财金合作,全面提升中以政府贷款合作的成效。他提出三点建议:一是借鉴和学习以色列的创新之路,引进和吸收以色列的创新成果,学习以色列的创新模式,应成为中以财金合作的重点方向和政府贷款项目的着力点。二是双方应以中以政府贷款合作为载体,在环保、农业、节能和信息技术等重点领域加强合作,引进以色列的先进经验、技术和设备,树立合作项目的典范并通过示范效应带动双方合作的全面提升。三是在中以财金合作的带动下，两国政府应鼓励两国企业、社会机构和民间机构开展形式多样的互利合作，努力吸收社会资本参与合作项目，共同打造两国间多主体、全方位、跨领域的互利合作新平台。

发展科技和激励创新一直被以色列奉为国策。虽然地处沙漠、严重缺水，但以色列却在荒漠之中创造出诸多奇迹。在与以色列的贷款合作中，通过利用以方优惠资金，中方项目单位引进了先进经验、技术和装备。中以双方的政府贷款合作已成为我国在对外财金合作领域"引资、引技、引智"的典范。2012年中以双方签订专项财政合作议定书，以方向我国提供政府贷款3亿美元，支持陕西、甘肃、青海、宁夏、新疆西北五省区实施农田水利建设项目。作为项目实施省份之一的宁夏，水资源短缺，这与以色列极为相似，其先进设备、管理理念等优势可以与宁夏发展形成互补。据宁夏回族自治区财政厅介绍，以色列政府贷款农田水利建设项目总投资约4.7亿元，其中使用以色列政府贷款6 000万美元，用于引进以色列高效节水灌溉技术、设备。项目围绕水资源的开发、利用、节约、保护，提高水的利用率和水分生产率，实现区域水资源优化配置，特别是与宁夏生态移民、贺兰山东麓葡萄产业带相结合，推动农业结构调整，促进农业产业化发展和农民增收。目前在以色列采购的货物已分6批次到货，共有21套灌溉系统安装交付农户使用，4万亩农田得到精确灌溉。项目区主要种植作物为酿酒葡萄，采用水肥一体化的滴灌设施后，单位面积耕地的耗水量大幅下降，水的利用效率大大提高。经测算，每亩灌溉用水量比大水漫灌减少310立方米，节水50%以上，亩均减少肥料费用180元，肥料利用率提高30%~50%，省工40%以上，产出的葡萄含糖度高，适宜于酿造优质的葡萄酒，亩均增收700元以上。

"以色列是目前我行转贷外国政府贷款最活跃的国别之一，以色列政府贷款是项目单位最愿意选择的国别贷款之一。"据中国进出口银行介绍，截至2016年9月，共转贷以色列政府贷款项目83个，协议金额约8.69亿美元，贷款余额约3.89亿美元。与其他国别贷款相比，以色列政府贷款具有以下优势：一是支持领域广泛，包括医疗、农业、电信、能源、电力、工业、水处理等社会经济基础设施领域；二是贷款利率优惠，贷款期限较长，最长可达15年，且还款方式灵活多样；三是外方审批流程简单快捷，贷款一般可在一个月内获批；四是以色列供货成分要求占贷款总金额的比例不低于合同金额的40%，这在所有外国政府贷款中的采购限制要求是比较低的。

以色列驻华大使马腾表示，以色列政府一直致力于促进中以经贸发展，希望在中以企业之间搭建合作桥梁。中以政府贷款合作项目就是中以合作的桥梁之一，希望合作项目可以取得更大成功。

资料来源：《中国财政》，2016(23)。

思考题与练习题

1. 政府贷款的含义是什么？政府贷款的特点有哪些？
2. 简述政府贷款的类型及附加条件。
3. 试述外国政府贷款的特点。
4. 什么是赠与成分？
5. 我国使用外国政府贷款应注意哪些问题？

第八章 国际金融组织贷款

第二次世界大战以来，国际金融组织提供的贷款对于各国解决其国际收支逆差与长期经济建设所需的外汇资金，起着日益重要的作用。本章要求掌握国际货币基金组织、世界银行及区域国际金融组织贷款的宗旨、资金的来源以及贷款的类型，并在此基础上掌握国际金融组织对我国贷款的概况。

学习要点

Since World War II, loan provided by the international financial organizations plays an increasingly important role in solving the deficit of balance of payment and providing the foreign exchange fund for long-term economic development. This chapter requests us to grasp the loan's objective, sources and types of International Monetary Fund, World Bank and the region international financial organizations. On this basis, we should grasp the situations of our government loan from international financial organizations.

第一节　国际货币基金组织贷款

国际金融组织可分为全球性的国际金融组织和区域性的国际金融组织两种。全球性国际金融组织,有国际货币基金组织、世界银行、国际清算银行等;区域性的国际金融组织,有亚洲开发银行、泛美开发银行、非洲开发银行、欧洲复兴开发银行、国际清算银行等。这些国际金融组织的共同特点是,有许多国家政府参加,并向特定的对象国政府提供优惠性的多边信贷。目前,向我国提供多边贷款的国际金融组织主要有世界银行、国际农业发展基金组织和亚洲开发银行,曾经提供过信贷的有国际货币基金组织。

一、国际货币基金组织概述

国际货币基金组织的建立,宗旨及其组织机构如下。

(一) 国际货币基金组织的建立

国际货币基金组织(International Monetary Fund,IMF),是政府间的国际金融组织,它是根据1944年7月在美国新罕布什尔州布雷顿森林召开的联合国和联盟国家国际货币金融会议上通过的《国际货币基金组织协定》而建立起来的。IMF于1945年12月27日正式成立,1947年3月1日开始办理业务,同年11月15日成为联合国的一个专门机构,但在经营上有其独立性。我国于1980年4月正式加入基金组织,在该组织的份额有近24亿特别提款权(SDRs)。

(二) 国际货币基金组织的宗旨

根据《国际货币基金组织协定》的规定,其宗旨如下。

1. 建立一个永久性的国际货币机构,通过会员国在国际货币问题上的磋商与协作,促进国际货币合作。

2. 促进国际贸易的扩大与平衡发展,以达到和维持高水平的就业和实际收入,并增加会员国的生产能力。

3. 促进汇率稳定,维持会员国之间有秩序的外汇安排,避免竞争性的外汇贬值。

4. 协助会员国之间建立经常性交易的多边支付体系,取消妨碍国际贸易发展的外汇管制。

5. 在具有充分保障的前提下,向会员国提供临时性的融通资金,以增强其信心,协助其改善国际收支状况,避免采取有损于本国和国际经济繁荣的措施。

6. 根据以上目标,缩短会员国国际收支失衡的时间,并减轻其程度。

(三)国际货币基金组织的组织机构

国际货币基金组织的组织机构如下。

1. 理事会。理事会是国际货币基金组织的最高权力机构,由各会员国按其自行决定的方法委派正、副理事各 1 名组成。各国一般委派本国的财政部长或中央银行行长担任理事,因此能有权威地代表各国政府行事。理事任期 5 年,可连选连任。副理事仅在理事缺席时有投票权。理事会推选 1 名理事为理事会主席。

2. 执行董事会。执行董事会是国际货币基金组织处理日常业务的常驻机构,由执行董事组成,由总裁任主席。现有 24 名执行董事,其中 8 名由单个国家(主要是在基金中占份额最多的国家)委派,现在由美国、英国、德国、法国、日本、沙特阿拉伯、中国和俄罗斯委派,其余 16 名由各会员国按地区划分组成 16 个选举团选举产生。执行董事每 2 年选举一次。

3. 总裁和办事机构。总裁是国际货币基金组织工作人员的行政首脑,负责在执行董事会的指示下处理国际货币基金组织的业务工作,并在执行董事会总的监督下负责有关工作人员的组织、任命及辞退。总裁由执行董事会选举产生,是执行董事会的当然主席,任期 5 年,可连选连任。按惯例,总裁应是欧洲人,或至少是非美国人(世界银行行长一般是美国人)。理事或执行董事皆不得兼任总裁。总裁可出席理事会,但无表决权,在执行董事会一般也不参加表决,但在赞成票与反对票相等时可投决定性一票。

4. 临时委员会。1974 年 6 月,国际货币基金组织成立"临时委员会",由 24 个部长级成员组成,就国际货币制度的管理和运作、国际货币基金组织协定的修改以及应付对国际货币制度造成威胁的动荡局势等问题向理事会提出建议。

5. 发展委员会。和临时委员会一样,发展委员会也由国际货币基金组织的 24 名部长级官员组成。它的主要任务是就发展问题向国际货币基金组织和世界银行的理事会提出报告和建议。

二、国际货币基金组织资金的来源

国际货币基金组织的资金来源主要有以下三种:

一是会员国缴纳的基金份额。会员国应缴份额的多少,是根据一国的国民收入、对外贸易额、黄金外汇储备的多少,由基金组织与会员国磋商决定的。会员国认缴份额每 5 年核定一次,根据当时确定的国际货币基金总额和认缴份额,确定会员国应缴基金份额数。目前,份额以基金组织创立的记账单位特别提款权来表示。

二是借款。基金组织有权以借款形式扩大其资金来源,它可以通过与会员国协商,以其他会员国国内银行或者贷款机构来筹借该会员国的货币,作为提供资金融通来源；它可以选择任何货币和任何来源寻求所需款项，不仅可以向官方机构借款，也可以向私人组织借款，包括向商业银行借款。

三是信托基金。基金组织于 1976 年 1 月决定，将其持有黄金的 1/6（2 500 万盎司）出售，以所获得的溢价利润和会员国捐款作为信托基金，向低收入的会员国提供优惠贷款。

三、国际货币基金组织贷款的类型

国际货币基金组织的主要业务活动，就是在会员国的国际收支发生暂时不平衡时，通过出售特别提款权或出售其他货币换取会员国货币的方式，对会员国提供短期资金借贷。它不向会员国提供一般的项目贷款，不针对会员国地区性的项目贷款，属于主权性贷款。国际货币基金组织贷款的条件比较严格，会员国取得贷款的多少，一般根据会员国向基金组织缴纳的份额多少来确定，以及按会员国所面临国际收支困难的程度和解决困难的政策能否奏效等条件来确定。国际货币基金组织贷款的种类很多，而且随时在变化，比较重要的有以下几种。

（一）普通贷款

普通贷款（Normal Credit Tranche）是国际货币基金组织最基本的一种贷款，主要是为了解决会员国短期性的国际收支失衡，期限一般是 3~5 年。贷款分为储备部分贷款和信用部分贷款。

1. 储备部分贷款（Reserve Tranche）实际上是提取回会员国缴纳国际货币基金组织份额时以特别提款权或外汇支付的那一部分，占会员国份额的 25%。这一部分贷款是无条件的，不付利息。如果由于其他会员国的购买，国际货币基金组织持有某会员国的货币下降到其份额的 75% 以下，就形成超储备部分贷款，这部分贷款也可以无条件提取，当会员国国际收支发生逆差时，申请只需说明平衡国际收支，即可提取这部分款项。

2. 信用部分贷款（Credit Tranche）相当于会员国缴纳国际货币基金组织份额的 100%，其中又分成四个档次，每个档次为份额的 25%。这一部分贷款是有条件的，不同档次的贷款条件都不同。第一档贷款称为低档贷款，掌握较松，第二档以上称为高档贷款，掌握较严。申请贷款时要求提供国际收支的调整计划。

（二）补偿与应急贷款

补偿与应急贷款（Compensatory & Contingencing Facility，CCF）的前身是出口波动补偿贷款（CFF），设立于 1963 年，主要用于解决会员国因出口物资国际市场价格下降，或因自然灾害使得出口物资减产而造成的经济困难，重点是解决初级产品出口国的困难。后来对进口粮食费用超支的国家也提供这种贷款。贷款条件是借款国必须同意与 IMF 合作执行国际收支的调整计划,贷款额度相当于份额的 125%,期限不超过 5 年。

(三) 缓冲库存贷款

缓冲库存贷款(Buffer Stock Financing Facility,BSFF)于 1969 年 5 月设立,主要用于帮助会员国建立适当的进口商品库存,以缓和价格波动的冲击,从而清除影响外汇收入的因素。贷款的最高额为份额的 50%,贷款期限为 3~5 年。

(四) 中期贷款

中期贷款(Extended Fund Facility)于 1979 年 9 月设立,专门为了解决会员国较长期的结构性国际收支赤字,而且其资金需要量比普通贷款所能借取的贷款额度要大。贷款条件是:①确认申请贷款的会员国的国际收支困难确实需要比普通贷款期限更长的贷款才能解决。②申请国必须提供整个贷款期中有关货币和财政等经济政策的目标,以及在 12 个月内准备实施的有关政策措施的详细说明。并且在以后 12 个月内都要向 IMF 提出有关工作进展的详细说明,以及今后为实现计划目标将采取的措施。③贷款根据会员国为实现计划目标执行有关政策的实际情况分期发放。如果借款国不能达到 IMF 的要求,贷款可以停止发放。此项贷款的最高借款额可达借款国份额的 140%,期限为 4~10 年,备用安排期限为 3 年。此项贷款与普通贷款两项总额不得超过借款国份额的 165%。

(五) 补充贷款

补充贷款(Supplementary Financing Facility)设立于 1977 年 4 月,总计 100 亿美元,其中石油输出国提供 48 亿,有盈余的七个工业国家提供 52 亿。IMF 与这些国家签订了借款协议,以借款资金配合 IMF 原有的融资计划,加强对国际收支发生严重赤字的国家提供贷款。当会员国遇到严重的国际收支不平衡,借款总额已达 IMF 普通贷款的高档信用部分,而且仍需要大数额和更长期限的资金时,可以申请补充贷款。贷款期限为 3~7 年,每年偿还一次。利率前 3 年相当于 IMF 付给资金提供国的利率加 0.2%,以后则加 0.325%。贷款的备用安排期限为 1~3 年,最高借款额可达会员国份额的 140%。补充贷款提供完毕以后,1981 年 5 月又实行了扩大贷款政策(Enlarged Access Policy),其目的和内容与补充贷款一样,1985 年规定 1 年的贷款额度为份额的 95%~115%,3 年累计的限额为份额的 280%~345%,累计最高限额为 408%~450%。此后贷款限额又进一步降到 1 年为 90%~110%,3 年累计为 270%~330%,累计最高限额为

400%~440%。

(六) 信托基金贷款

信托基金(Trust Fund)贷款是 IMF 用出售黄金所得利润建立的,按优惠条件向低收入发展中国家提供的贷款。取得信托基金贷款的条件是:第一期为 1973 年的人均国民收入低于 300SDRs;第二期为 1975 年的人均国民收入低于 520 美元(合 444.19SDRs)。同时申请贷款国的国际收支、外汇储备和其他发展情况,经 IMF 审核,证实确有资金需要且又有调整国际收支的适当计划。信托基金贷款期限为 10 年,支用 5 年半后开始还款,分 10 次还清,利率仅为 0.5%。两期接受贷款的国家共 120 个。

(七) 石油贷款

石油贷款(Oil Facility)设立于 1974 年 6 月,专门向由于石油价格上涨引起国际收支困难的发达国家和发展中国家发放。石油贷款的资金来源是 IMF 向石油输出国及部分发达国家(德国、荷兰、瑞士)借入,再转贷给赤字国家,专款专用,不能挪作他用。贷款的最高额度 1974 年规定为份额的 75%,1975 年提高到 125%,贷款期限规定为 3~7 年,申请石油贷款也须提出中期的国际收支调整计划。石油贷款是临时性的,已于 1976 年 5 月届满,共有 55 个会员国利用这一项目获 69 亿 SDRs 的贷款资金。

(八) 结构调整贷款

结构调整贷款(Structural Adjustment Facility,SAF)于 1983 年 3 月设立,主要目的是为了帮助低收入的会员国调整经济结构,增强国际收支地位。这项贷款的资金来自信托基金贷款偿还的本息,贷款额占份额的 63.5%。1987 年年底又设立了扩大结构调整贷款(ESAF),贷款最高额度为份额的 250%。两项贷款的偿还期均为从借款之日起的第 5 年半开始,到第 10 年为止,每半年偿付一次,分 10 次还清;利率为 1.5%,利息并入捐款国的捐款中使用。获得结构调整贷款和扩大结构调整贷款的会员国仍能获得基金组织一般资金和特殊贷款的资助。

(九) 体制转换贷款

1993 年,为了促使苏联和东欧国家经济转轨,国际货币基金组织设立了体制转换贷款(Systematic Transformation Facility),向因传统支付安排被严重打乱而发生国际收支困难的前经互会成员国和苏联解体后的各共和国提供不超过其份额 50% 的贷款。在 1995 年,它给墨西哥提供了 1.7 亿美元以上的贷款,给俄罗斯提供了 0.52 亿美元以上的贷款,有效帮助了这两个国家正在进行的经济改革。

四、国际货币基金组织贷款的限定条件

国际货币基金组织的贷款有一定的限定条件,主要如下。

第一,贷款对象只限会员国官方财政、金融当局,而不与任何私营企业进行业务往来。

第二,贷款仅限于弥补会员国国际收支逆差或用于经营项目的国际支付。

第三,贷款一般都是短期信贷,期限为 1~5 年不等。

第四,贷款采用浮动利率再加一差额,除利息外每笔还加收手续费(费率 0.5%)。

第五,贷款额度与贷款国份额成正比。

第六,会员国向基金借款是以本币购买,还款时则以外汇购回本币,术语称"购回"。

五、国际货币基金组织贷款的特点

国际货币基金组织所经营的主要业务就是发放贷款,但它所发放的贷款不同于国际金融市场上的贷款,而是划分为若干类型,具有以下特点。

第一,贷款方式特别,以采用会员国的本国货币"购买"外汇(即弥补国际收支差额所需的外汇)的形式出现。会员国还款时,则以原来购入的外币购回本国货币。

第二,贷款对象仅限于会员国政府,对私人企业和组织概不贷款。它只与会员国的财政部、中央银行或其他类似财政金融机构往来。

第三,贷款用途仅限于解决会员国国际收支不平衡的短期资金需要,用于贸易和非贸易经常项目支付。贷款期限一般为 3~5 年,贷款利率在总体上低于国际金融市场利率。

第四,贷款额度受会员国缴纳的份额限制,贷款数量与会员国向其缴纳的份额成正比。使用特别提款权计值,费用用特别提款权缴付。会员国借款需向国际货币基金组织支付手续费、承诺费、利息等费用,国际货币基金组织对其使用的会员国的货币也应支付酬金。

第五,会员国要获得贷款必须制定符合国际货币基金组织要求的政策措施,还必须达到一定的实施标准,以确保会员国能在一定时期内取得可维持的国际收支状况和持续的经济增长,并确保使用国际货币基金组织的资金是暂时性的。

六、国际货币基金组织贷款的作用和问题

国际货币基金组织是一个旨在稳定国际汇价,消除妨碍世界贸易的外汇

管制，并通过提供短期贷款解决会员国国际收支暂时不平衡问题的国际机构。国际货币基金组织不仅直接向重债务国提供贷款，而且在促进商业银行和官方贷款机构向重债务国提供贷款。国际货币基金组织的贷款有时是数量巨大且非常及时的，在解决二战以来发展中国家的债务危机，平衡国际收支，维护国际金融体系稳定方面发挥了重要作用。

但是，在国际货币基金组织目前的权力架构中，美国凭借17%的表决权对组织内的所有重大决策享有一票否决权。与此同时，美、英、法、日、德、意、加组成的七国集团，控制了约半数以上的投票权，其结果导致基金组织内的所有重大决策，包括基金规模、黄金销售、汇率安排、资源分配、债权人地位补偿等事务的最终决定权，都集中在以美国和欧盟为代表的少数会员国手中，发展中国家、贫困和高负债国家无法得到应有的救助和金融支持。

国际货币基金组织在贷款给有经济问题的国家时，对贷款国规定甚严，必须要它们做到合乎西方，尤其是美国的经济游戏规则。因此国际货币基金组织在一定程度上成了发达国家的代言人。20世纪80年代以来，趁发展中国家资金短缺和对发展中国家提供援助之机，国际货币基金组织逼迫借贷国和受援国接受苛刻的附加条件，包括直接要求发展中国家改革国内体制，甚至要求其进行宏观经济政策调整和政治体制改革。国际货币基金组织的做法集中体现了发达国家的意图，实际上等于把发达国家的经济政治制度强加给发展中国家，为发达国家主导经济全球化服务。

自2009年由希腊债务危机引发的欧债危机发生以来，以中国、巴西、印度和俄罗斯为代表的金砖四国已经成为推动世界增长的主要力量，要求国际货币基金组织（IMF）进行规则调整与制度改革的呼声日趋高涨。

第二节　世界银行集团贷款

世界银行集团是目前世界上最具影响力的国际金融组织之一，成立于1945年12月，当时的正式名称是国际复兴开发银行，简称世界银行。以后随着国际形势的发展，又相继于1956年7月成立了国际金融公司，1960年9月成立了国际开发协会等机构，从而形成了现在通称的"世界银行集团"。目前的世界银行集团是由国际复兴开发银行（IBRD）、国际金融公司（IFC）、国际开发协会（IDA）、多边投资担保机构（MIGA）和解决投资争端国际中心（ICSID）五个机构组成。

一、世界银行的贷款

（一）世界银行的形成及组织机构

世界银行的形成及组织机构如下。

1. 世界银行的形成。世界银行和国际货币基金组织是同时建立的。1944年7月,为重建国际货币金融体系,在美国布雷顿森林举行了联合国货币金融会议,会议通过了两个协定,一个是《国际货币基金组织协定》,另一个即是《国际复兴开发银行协定》。1945年12月27日,28个国家的代表签署了《国际复兴开发银行协定》,正式成立了"国际复兴开发银行"(International Bank for Reconstruction and Development,IBRD),俗称"世界银行"(World Bank)。世界银行于1946年6月25日正式开业,1947年11月成为联合国的专门机构之一,总部设在华盛顿。我国于1980年5月恢复了在世界银行的合法席位。

2. 世界银行的组织机构。世界银行包括以下几个组成部分。

(1)理事会(Board of Governors)。理事会是世界银行的最高权力机构,由成员国各指派1名正理事和1名副理事组成,任期5年,可连选连任。正理事一般由各国财政部长、中央银行行长或其他相当地位的高级官员担任,副理事只有在正理事缺席时有投票权。理事会每年举行一次会议,一般与国际货币基金组织理事会联合举行。必要时经理事会、5名理事或具有全部投票权1/4的会员国提议,还可召开特别会议。理事会会议必须有行使全部投票权的2/3以上理事参加。

(2)执行董事会(Board of Executive Directors)。执行董事会是负责处理世界银行日常业务的机构,负责执行理事会决议及行使由理事会授予的其他职权。它由22名执行董事组成,每名执行董事任命1名副执行董事,在执行董事缺席时代理行使职权。22名执行董事中有5名由在银行中持有股份最多的5国指派,即美国、英国、德国、法国和日本各指派1人,其余17人由其他会员国按地区划分为17个选区,每个选区推选1人,事实上,俄罗斯、沙特阿拉伯和中国得以单独选区选派执行董事。执行董事任期2年。执行董事会设主席1人,由世界银行行长兼任。

(3)行长和办事机构。世界银行的办事机构由行长、副行长和工作人员组成,负责银行的日常业务。行长是世界银行的行政首脑,应由执行董事会选举理事和董事以外的人担任,但是实际上历任行长总是由美国政府选择。行长任期5年,可连选连任。行长可参加理事会会议,但无投票权。行长同时是执行董事会的当然主席,但在董事会中一般也无投票权,只在双方票数相等时可投决定性一票。行长的主要职责是根据执行董事会的指示,负责领导银行总部和办事机构的日常工作,任免银行的高级职员和工作人员。行长下设副行长若干,一般是18人,协助行长工作。世界银行有一个庞大的办事机构,其华盛顿总部内按地区和专业所设的局就有50多个,各局又下设很多处。另外,世界银行还在50多个国家设有办事处或代表处。

(4)行政法庭。1984年,世界银行下设立了一个行政法庭,以求通过司法方式解决世界银行集团工作人员与管理机构之间的争端。

(二) 世界银行的宗旨

1. 对用于生产目的的投资提供便利,以协助会员国的复兴与开发;鼓励较不发达国家生产与资源的开发。

2. 利用担保或参加私人贷款及其他私人投资的方式,促进会员国的外国私人投资。当外国私人投资不能获得时,在条件合适时,运用本身资本或筹集的资金及其他资金,为会员国生产提供资金,以补充外国私人投资的不足,促进会员国外国私人投资的增加。

3. 用鼓励国际投资以开发会员国生产资源的方法,促进国际贸易的长期平衡发展,并维持国际收支的平衡。

4. 在贷款、担保或组织其他渠道的资金中,保证重要项目或在时间上紧迫的项目,不管大小都能优先安排。

5. 在业务中适当照顾各会员国国内工商业,使其免受国际投资的影响。

(三) 世界银行的资金来源

世界银行的资金主要有三个来源:会员国缴纳的股本、借款和债权转让。

1. 会员国缴纳的股本。世界银行成立初期,法定股本为 100 亿美元,以后又多次增加资本,至 1988 年 6 月底法定股本增至 1 713.62 亿美元。认缴股本为 914.36 亿美元。会员国实际缴付的股本大大低于认缴的股本,仅占认缴额的 1/10。世界银行成立时,法定资本为 100 亿美元,分为 10 万股,每股 10 万美元,根据《国际复兴开发银行协定》第 7 条第 5 款,会员国应以认股的方式取得会员资格及在银行的投票权。会员国根据各国的经济和财政力量,并参照它在国际货币基金组织缴纳份额的大小,来决定它认缴的份额。会员国的认股分为两部分,参加银行时以现金先缴付股金的 20%,其中 2% 在银行开业 60 周以内以黄金或美元缴纳,世界银行可随时使用;另 18% 以本国货币缴纳,在会员国同意下可使用。会员国有义务维持本国货币价值的稳定,在其货币贬值时,需补足原认股价值之不足部分,而在认股国货币升值时,可要求世界银行退回升值部分。剩余的 80% 以待缴股权方式认购,存放于各国中央银行,作为世界银行的担保资本,应于银行催缴时缴纳。但迄今为止,世界银行还未要求各国缴纳剩下的 80%。自成立以来,世界银行的法定资本已经过多次调整。

2. 借款。世界银行通过发行债券,从外国贷款的办法来筹集资本。它曾在美国、德国、日本等许多国家发行债券,近年来还向石油输出国组织借款。世界银行并不要求会员国足额缴纳股金,因此其实有资本是有限的,它的资金主要来自国际金融市场借款。世界银行向国际市场借款的方式多种多样,如通过发行贴现票据、发展货币互换业务等来筹集资金。它还主要通过两种方式出售债券取得借款：一是直接向会员国政府、政府机构或中央银行出售中、短期债券；二是通过投资银行、商业银行等中期包销商向私人投资市场出售长期债券。世界银行借款的宗旨是保证银行借款资金来源的可靠性，并使银行及其借款国家的资金来源成本最小化。据统计，约 2/3 强的世界银行贷款的资金来自借款。

3. 债权转让。世界银行为了扩大贷款能力，还把贷出资本的债权转让给私人投资者，主要是美国金融资本，以收回一部分资金，扩大银行贷款资金的周转能力。

另外，世界银行的资金来源还包括其本身的营业净收入和会员国偿还到期的贷款。

（四）世界银行的贷款方向

1. 农业。世界银行成立初期的贷款在农业方面主要支持的项目有道路、水坝、港口等，这只能使农业生产暂时受益。20 世纪 60 年代开始，世界银行对农业的贷款趋向多样化，包括改进耕作活动，提供技术援助以促进农业发展。

2. 能源。自 1973 年石油持续大幅度涨价以来，世界银行十分重视帮助进口石油的发展中国家发展包括可再生和不可再生能源的生产。在可再生能源方面，重视水利资源的开发；在不可再生能源方面，对石油天然气和煤方面的贷款也迅速增加。

3. 开发金融公司。对当地政府设立的开发金融公司，世界银行也给予贷款，再由开发金融公司将贷款发放给当地的生产性企业。

4. 教育。世界银行宣布发放教育贷款有四项原则：①条件许可，应向全体人民提供最低限度的基本教育；②应该有选择的提供进一步的教育和训练，以便从数量和质量上进一步增进人们的知识和技能，使其更好地完成经济、社会和发展方面的任务；③全民教育制度应该包括正规和非正规教育在内；④为了提高劳动生产率和促进社会平等，受教育机会应该尽可能均等。对较贫穷的国家，注重资助基本教育和农村劳动力培训项目；对发展水平较高的国家，则注重资助中等教育和高等教育项目。

5. 人口计划。人口增长过快是许多发展中国家经济、社会发展的巨大障碍，为此，世界银行设立人口、保健和营养局，制定发放人口项目贷款政策。世界银行一方面提供技术指导，另一方面随时准备资助会员国在执行计划生育方面需要建立的设施。

6. 旅游。1969 年，世界银行设立了旅游项目局，并通过它积极提供旅游项目贷款。但是，目前旅游贷款在贷款总额中所占比重仍然很小。

(五)世界银行的贷款种类

1. 具体的投资贷款,即项目贷款。这是世界银行业务的主要组成部分,这类贷款占世界银行提供贷款的一半以上。通常用于发展中国家经济和社会发展的基础设施以及大型生产性投资。世界银行在农业和农村发展、教育、能源、工业、交通、城市发展和供水等方面的大部分贷款属于这一类,并由世界银行工作人员负责评估和监督完成。

2. 部门贷款,又称行业贷款。部门贷款的范围较广,按性质可分为以下三种。

(1) 部门投资贷款。部门投资贷款的使用重点是改善部门政策和投资重点,以及增强借款国制定和执行投资计划的能力。如交通运输部门贷款、教育部门贷款、农业部门贷款等。在项目安排、资金使用等方面比较灵活,贷款金额较大,支付速度较快,一般用款周期为3~5年。

(2) 金融中介贷款。金融中介贷款主要包括开发性金融公司和农业信贷机构的贷款,借款者主要是私人企业,由借款国的金融机构用转贷的形式借给本国私营企业,拨款期为3~7年。世界银行十分强调转贷国的金融机构在客户服务质量、转贷利率、机构建设等方面的竞争。

(3) 部门调整贷款。当借款国总体经济管理和改革状况或经济规模不允许进行结构调整时,可选用部门调整贷款。这类贷款主要是支持某一部门的全面政策和体制改革,通常为其进口提供所需外汇,预先确定收益人,拨款期一般为1~4年。

3. 结构调整贷款。这类贷款主要用于帮助借款国调整宏观经济、部门经济和体制改革,以克服经济上的困难。特别是在国际收支不平衡时使用较广。提供此种贷款,条件比较苛刻,借款国必须承担义务,迅速采取有效措施,改善经济情况,否则即停止拨款。这类贷款执行期短,一般为1~2年。

4. 技术援助贷款。这种方式贷款旨在支持借款国有关制定和执行政策、参与经济发展战略规划的机构,或为大型投资项目准备实施和管理的机构进行咨询服务、课题研究和人员培训。这类贷款占世界银行贷款的3%左右,一般用款周期为2~5年。

5. 紧急复兴贷款。这种贷款目的是帮助借款国由于自然灾害或其他灾难所造成的经济困难。贷款用于灾后的重建工作,以恢复生产、安定人民生活。例如,为有些国家遭受地震提供建设资金等。

6. 联合贷款。这种贷款是世界银行与其他贷款者(如有关国家政府)一起共同为借款国的项目融资,以有助于缓解发展中国家不断增长的资金需求与世界银行资金相对有限的矛盾。办理联合贷款的具体做法是:①世界银行对同一项目提供两笔贷款,一笔贷款的资金全部由世界银行按其标准提供,另一笔贷款的资金大部分由商业银行组成的银团按欧洲货币市场条件提供,世界银行最多参资25%。②借款国首先要偿还商业银行的贷款,对世界银行贷款的偿还集中在贷款将到期的最后几年。这种做法的目的在于吸引商业银行的资金,并延长后一笔贷款的期限。

(六) 世界银行的贷款条件

1. 世界银行对单一国家的贷款限额为135亿美元。
2. 贷款利率为每6个月调整一次的浮动利率,1998年1月1日起国际复兴开发银行的贷款利率为6.3%。
3. 贷款偿还期限为15~20年(含宽限期5年),承诺费为0.25%~0.75%。
4. 借款费用一般在财政年度中期进行审查,每12个月做一次估算,对新批准的贷款征收手续费。
5. 贷款的对象是会员国政府。

2005年8月9日,世界银行宣布降低贷款费用,并把对单一国家的贷款最高限额提高至145亿美元,反映出其财政能力的提升。由世界银行执行董事会批准的这一决定影响到从世界银行集团机构之一的国际复兴开发银行借款的国家,将有助于增强世界银行为中等收入发展中国家的贫困人口提供更多资源的能力。国际复兴开发银行把现行的费用减免从50个基本点提高到75个基本点,从而把先征费降低了25个基本点(贷款额的0.25个百分点)。降低费用影响到从2005年7月1日起提交执行董事会的所有贷款项目,并适用至2006年6月30日。世界银行于1998年推出的100个基本点的先征费,在2005财年开始先实行部分减免,减免幅度为50个基本点。

提高贷款限额是世界银行自1997年规定单一借款国限额为135亿美元以来的首次,其动因是其股权基础有所加强和国际复兴开发银行的贷款信用质量得到改善。在2005财年,国际复兴开发银行的股权与贷款的比率从上年的29.4%上升至31.4%,而同期贷款损失准备金从35亿美元降低至30亿美元。

(七) 世界银行的贷款特点

1. 贷款条件比较优惠。主要表现在贷款利率低于市场利率,甚至免收利息,贷款期限和宽限期均较长,借款者主要承担贷款货币汇率变动的风险。
2. 贷款须与特定的工程项目相联系。世界银行贷款立项认真、严格,一般是与特定的工程项目相联系,并对这些项目进行精心挑选、认真核算、系统分析和严格监督。借款国必须向银行提供有关经济、财政等情况以及贷款项目的全部资料。银行提供项目建设费用的全部或部分外汇需要。项目中的当地费用开支部分,世界银行只在特殊情况下才提供使用。

  3. 贷款期限较长。世界银行贷款短则数年,最长可达 30 年,平均约为 17 年,宽限期在 4 年左右。期限较长,是因为贷款结合建设项目进行,这也是世界银行贷款受借款国欢迎的主要原因之一。

  4. 贷款利率参照资本市场利率,但一般低于市场利率。世界银行资金来源主要依靠在国际金融市场上发行债券,借入资金的成本较高,因此,它的对外贷款的利率必须参照市场利率。但是,由于它有一定数额的流动资金,尤其有不需支付红利的净资产(包括会员国实际缴纳的股金和准备金),使其有条件按低于市场利率的水平发放贷款;同时贷款收取杂费很少,只对签约及未使用的贷款额收取 0.75% 的承担费。

  5. 手续严密。从提出项目到取得贷款,一般需要 1 年半到 2 年。世界银行审定贷款的手续总的来说是科学严谨的,借款国取得贷款不仅可以得到利率较低的资金,而且可以学到较为先进的技术知识和管理经验,有利于贷款使用的经济效果和提高借款国的还款能力。世界银行的贷款一般经济效益较好,这是与贷款申请核批手续严谨、审查科学分不开的。

  6. 借款国承担汇率风险。世界银行贷款都以美元计值。借款国如提用其他货币,银行按贷款协议的美元数额,并按当时汇率付给它所需要的货币。借款国还款时必须以同样的货币还本付息,并按当时汇率折合美元。这样,借款国就要承担汇率风险。

(八)世界银行贷款的限制条件

  1. 限于会员国。如贷款对象为非会员国政府,则该项贷款须由会员国政府、中央银行或世界银行认可的机构进行担保,以保证本金的偿还与融资费用的支付。

  2. 贷款额度根据贷款国经济发展、信用程度及投资的可行性等诸多因素而定。审批周期在 1 年半到 2 年左右。

  3. 申请的贷款必须用于有助于该国生产发展与经济增长的项目。贷款的重点为基础设施项目,环保公用事业,发展农村和农业建设项目,以及教育建设事业项目等。世界银行只提供总投资额的 20%~50%,其余部分由贷款国自行筹备。

  4. 贷款必须专款专用,并接受世界银行的监督。世界银行不仅在使用款项方面,同时也在工程的进度、物资的保管、工程管理等方面进行监督。世界银行除派员进行现场考察外,还要求借款国随时提供工程进度或偿还借款的有关资料。

  5. 贷款期限一般为数年,最长可达 30 年,宽限期为 5~10 年。贷款实行浮动利率,随金融市场利率的变化定期调整,稍低于市场利率。与国际资金市场收取承诺费相似,世界银行对已订立借款契约,而未提取部分,按年征收 0.75%的手续费。

6. 贷款使用不同的货币对外发放。对贷款项目,一般用所属国的货币支付。对本地供应的物资,用借款国货币支付;如购买进口物资,即用该出口国的货币支付。

7. 贷款到期归还,不能拖欠,还款日期不得改变,汇率风险由贷款国自负。

二、国际金融公司的贷款

(一)国际金融公司的宗旨

世界银行向私有企业贷款时,要求相关政府提供还款保障,这很大程度上限制了其业务范围。国际金融公司(International Financial Corporation, IFC)是为了弥补这一不足而建立的,它是帮助欠发达国家的计划的一部分。国际金融公司的宗旨是:鼓励会员国,特别是欠发达国家中有生产能力的私人企业的增长,为其新建、改建和扩建等项目提供资金,促进它们的经济发展。

(二)国际金融公司的组织结构

国际金融公司的组织机构与世界银行一样,也分为理事会、执行董事会、总经理和员工三级。国际金融公司的正副理事、正副执行董事也就是世界银行的正副理事和正副执行董事,总经理由世界银行行长兼任。国际金融公司有自己独立的一套行政人员,但某些机构人员也由世界银行相应的机构人员兼任。国际金融公司有自己独立的办公地址,具有完全的法人地位,是一个独立的国际金融机构,并在 1957 年与联合国签订协定后,成为联合国的专门机构之一。

(三)国际金融公司的资金来源

国际金融公司的资金来源是会员国的认股、借款和公司留存收益等。会员国认缴的股本是该公司的主要资金来源。国际金融公司成立时原始法定资本为 1 亿美元,后经数次增资,到 1995 年达到 24.5 亿美元。借款是指国际金融公司凭借其资信在国际金融市场上通过发行债券等方式筹资,这已成为目前公司最大的资金来源。除了在国际市场上借款外,国际金融公司每年还以优惠条件从世界银行得到一定数量的贷款。公司留存收益也是国际金融公司的重要资金来源,这部分资金主要用于支付公司的行政管理费用、促进资助私人企业项目投资以及技术援助所需费用等。

（四）国际金融公司贷款的条件

1. 贷款的对象。国际金融公司的贷款主要面向会员国的私人企业或私人同政府合资经营的企业。

2. 提供资金的方式是提供贷款或协助筹措国内外资金。提供贷款时，一般只承担其中的25%，贷款额最低为100万美元，最高为3 000万美元。但对大型项目，国际金融公司除本身投资外，还可另外筹措大额资金进行股本投资。对发展程度较低的会员国中低于限额100万美元的项目、试点项目和试办公司，国际金融公司也尽可能参与投资。

3. 贷款偿还期限一般为3~13年，并根据项目建设期长短确定宽限期，最长可达8年。

4. 贷款利率由国际金融公司在批准贷款时，视资金投放风险、预期收益、国际金融市场利率变化情况和每一项目的具体情况制定，在贷款期限内不变，它的贷款利率一般高于世界银行贷款的利率。

5. 贷款一般以美元为计算单位，也可用其他可兑换货币；偿还贷款时须以原借入货币偿还，并可按1年一次或1年四次分期偿还，对未提用的贷款部分每年征收1%的承诺费。

（五）国际金融公司贷款的特点

国际金融公司的贷款业务不同于只贷款给政府的国际复兴开发银行和国际开发协会的贷款，它通过提供长期贷款、股本投资、担保和"备用融资"风险管理，以及准股本证券（比如附属贷款、优先股和收入票据）等方式，帮助促进会员国私营部门的发展。其资金来源是：约80%通过公开发债或私募的方式从国际金融市场借款，20%借自国际复兴开发银行。

国际金融公司贷款的政策包括：贷款项目必须对所在国的经济发展有利；项目必须有营利的前景；必须是无法以合理条件得到足够私人资本的项目；所在国政府不反对所拟议贷款的项目；本国投资者在项目开始施工时已经参与投资。除贷款外，国际金融公司还对发展中国家的私人企业直接投资或入股，投资的方式、组成和条件，视各个项目的具体情况、有关风险和预期收益而定，较为灵活。国际金融公司在审核每一项目时都要考察下列因素：一是政府所有权和控制程度；二是企业的性质和管理效率；三是将来扩大私人所有权的可能性等。

国际金融公司的业务活动主要是对私人企业贷款，其贷款特点如下。

1. 对象限于会员国领土内的生产性私人企业，而且这些企业不能以合理条件从其他渠道获得资本。"生产性"指公司资助的企业应能对会员国的经济发展有所贡献。

2. 期限一般是 7~15 年,还款时需用原借入货币进行支付。贷款的利率不统一,视投资对象的风险和预期收益而定,但一般高于世界银行贷款的利率。对于未提用的贷款资金,公司按年率 1% 收取承诺费。

3. 申请借款应该具有健全的资本结构,一定的管理能力和能够获利的项目,不需政府担保。

4. 贷款利率略高于世界银行的贷款利率,年利率一般达到 7%。

5. 贷款可以用各种货币支付,退还时必须用借入的币种偿还。国际金融公司贷款分为 A 与 B 两种,A 种是由公司自身提供的贷款,B 种是由公司出面组织国际商业银行提供的银团贷款。两种贷款均不需要政府担保。除贷款外,国际金融公司还可以对企业进行投资,直接入股。在其参股的企业中,国际金融公司的投资一般不超过 25%,但投资收益率一般要在 10% 以上,因此对投资项目的选择较严格。国际金融公司一般不进行投票或参与日常管理,但可能有其他方面的特殊要求。由于参股时国际金融公司是私人企业的股东,它对这些企业的管理等各方面帮助很大。

(六) 国际金融公司贷款的优势和特殊作用

1. 贷款无须政府或国家银行担保,其贷款也就不纳入国家外债计划。

2. 国际金融公司与项目承办者及其他投资者共同承担风险,其贷款的安全性完全依靠项目本身的资产和收入。

3. 与一般商业银行相比,国际金融公司突出的优势在于其很强的带动能力。带动融资的方式包括联合投资、银团贷款、国内外资本市场债券及股票承销、提供担保等。带动能力中也包括介绍外国经营伙伴、技术伙伴加入项目。

4. 国际金融公司是项目的长期投资者,如果项目需要,其贷款可长达 12 年(从国际金融公司董事会批准项目起);贷款宽限期可长达 4 年。国际金融公司对其投入资金的用途和方法无限制,可以用于项目上的任何开支,如固定资金、流动资金、技术设备,设备采购也无方式及国别限制。

5. 国际金融公司的参加可增强项目各方的信心。

6. 国际金融公司帮助企业组织项目结构,以使其更易得到资金支持。

三、国际开发协会的贷款

(一) 国际开发协会的宗旨

国际开发协会(International Development Association,IDA)成立于 1960 年 9 月,目的是向最贫困的发展中国家提供资金,即给没有能力向国际复兴开发银行借款的国家提供优惠性贷款,也称为世界银行"软贷款"。用于满足这些国家在重要发展方面的资金需要,推动其经济发展,补充世界银行的信贷活动,促进世界银行目标的实现。国际开发协会把优先发展的重点转向农业和农村,同时增加了对能够提高其生产力、增加就业机会的项目贷款(如农村发展的小型企业项目等),以及对能够直接减轻贫困现象,为贫困人口造福的项目增加贷款。国际开发协会的宗旨是促进欠发达国家成员的经济发展,对这些国家的公共工程和发展项目提供条件较宽的长期贷款,以协助世界银行的贷款工作。

(二)国际开发协会的组织机构

国际开发协会的组织机构也分为理事会、执行董事会、会长和工作人员三级。协会的会长就是世界银行的行长,理事和董事也就是世界银行的理事和董事,与世界银行是一套人马,两块牌子,因此又称为"第二世界银行"。鉴于此,也有人认为它不是独立于世界银行的机构,但实际上国际开发协会是一个独立的政府间国际经济组织,它在法律上和财务上都是独立于世界银行的,二者的股本、资产和负债相互分开,业务也分别进行。为了弥补因办理协会业务而增加的开支,世界银行每年向协会收取一笔管理费。

(三)国际开发协会的投票权与议事规则

国际开发协会的投票权安排与世界银行和国际金融公司不完全相同。每个会员国自动取得 500 个基本投票权,即相当于投票总数的 0.25%,其余投票权依认股额确定。投票权的这种分配方法在一定程度上有利于维护发展中国家的利益。为了避免因股权增加而带来的投票权的增加,国际开发协会规定,协会成立以后,会员国的认股或捐款不应导致相关会员国投票权的增加。这种情形一直持续到 1971 年。

1971 年后,会员国达成协议,同意发达国家的投票权之确定应参照各国捐款的数额。各国同时决定发展中国家可以自行决定全部以本国货币缴纳认股,以增加投票权。至 1994 年 6 月 30 日,国际开发协会第一部分会员国,即发达国家会员国,共有投票权 5 977 692 票,相当于投票总额的 61.1%;第二部分会员国,即发展中国家会员国的投票总数为 3 760 349 票,相当于投票权总数的 38.9%。

除非另有规定,国际开发协会的一切事务都采用简单多数通过的议事规则。

(四)国际开发协会贷款的主要资金来源

国际开发协会贷款的资金来源主要是会员国认缴的股金,会员国和其他资助国无偿赠与的补充资金和特别捐款,世界银行每年从其净收益中拨给协会的一部分赠款,以及协会信贷的偿还。

(五) 国际开发协会贷款的条件

1. 按人均收入衡量的符合低收入要求的发展中国家,即提供给人均年收入低于 925 美元的国家。

2. 受援国从传统来源借款的渠道和信誉有限。

3. 受援国的经济成就,包括受援国有效利用资金的能力和是否有合适的项目。

4. 贷款对象仅限于会员国政府,并且当受援国的经济发展和借款信誉前景已达到按商业条件衡量可借入相当数量的借款时,即不能再享受该协会的无息"软贷款"。

5. 无息贷款,即每年只对未偿还部分征收 0.75% 的手续费,另外加收 0~0.5% 的承诺费(即对已由世界银行承诺,但借款人还未支取部分的贷款征收的费用)。

6. 贷款偿还期限,从 1987 年起,规定为 35 年(含宽限期 10 年)。

7. 贷款以特别提款权为计算单位,也可以部分或全部用本国货币偿还。

(六) 国际开发协会贷款的特点

国际开发协会的业务主要是提供项目贷款。国际开发协会被称为世界银行的"软贷款窗口",它的贷款是一种长期低利的贷款。在贷款业务中,国际开发协会的贷款被称为"信贷",以区别于世界银行的贷款活动。这种贷款有以下特点。

1. 贷款对象只能是国家,而且主要是最贫穷的发展中国家。从地域上看,这些国家主要集中在南亚和非洲。

2. 根据国际开发协会章程,信贷活动一般是针对特定项目,在特殊情况下,也可提供规划性贷款或非项目贷款。协会成立初期,资金主要投向交通、电力、港口等基础设施和基础产业。20 世纪 70 年代后,由于意识到低收入国家往往非常倚重农业,因此国际开发协会的信贷比较集中于农村开发项目。协会还对其他长期才能产生效益或者很难用收入来表示的项目,如教育和其他人力资源等进行贷款。

3. 协会的信贷是非营利性的,不收利息,只收 2.75% 的手续费。

4. 协会的信贷是长期贷款,期限长近 50 年。头 10 年不必还本;第二个 10 年,每年还本 1%;其余 30 年,每年还本 3%。贷款可以全部或部分用本国货币偿还。

四、金砖国家开发银行

金砖国家开发银行(BRICS Development Bank,俗称金砖银行)是由金砖国家组织成员共同建立的国际性金融机构。

设立金砖国家开发银行的想法是在2012年提出的。全球金融危机以来,金砖国家为避免在下一轮金融危机中受到货币不稳定的影响,计划构筑一个共同的金融安全网,可以借助这个资金池兑换一部分外汇用来应急。

2013年3月,第五次金砖国家领导人峰会上决定建立金砖国家开发银行,成立开发银行将简化金砖国家间的相互结算与贷款业务,从而减少对美元和欧元的依赖。

2014年7月15日至16日,金砖国家领导人第六次会晤在巴西举行,此次峰会终于"敲定"呼吁已久的金砖国家开发银行。金砖国家开发银行类似世界银行和国际货币基金组织(IMF),启动资金为1 000亿美元。

2015年7月9日,金砖国家开发银行在莫斯科举行了首次理事会会议,以完成正式运营前的组织准备工作。在本次会议上,来自印度的瓦曼·卡马特被任命为首任银行行长,任期5年,之后将按巴西、俄罗斯、南非、中国的顺序轮流产生。会议还产生了成员国驻银行董事会的代表名单。根据协定,金砖银行的创始成员为印度、巴西、俄罗斯、南非、中国等金砖五国,成员资格向联合国成员开放。该银行总部设在中国上海,法定资本1 000亿美元,初始认缴资本500亿美元,在五个创始成员间平均分配,实缴比例为20%。金砖国家还同意设立1 000亿美元应急储备基金,旨在打击金融危机,中国将出资410亿美元,南非50亿美元,其他三国各出资180亿美元。

金砖银行和应急储备安排是国际金融体系的重大变化,标志着以金砖国家为代表的新兴经济体将成为未来世界金融秩序治理的重要力量,在补充、健全、完善的同时重塑现在由西方主导的国际金融体系。金砖国家开发银行将成为继IMF和世界银行之外的另外一家重要的国际金融机构,意味着国际金融体系的一次重大变革,也是新兴市场国家南南合作的标杆性机构。金砖五国GDP占到全球经济体量的20%以上,但在IMF和世界银行的发言权和影响力却远未及此。金砖银行的建立将为金砖国家以及其他发展中国家提供另一条融资渠道,在融资上给予其更大的控制权。

第三节 国际农业发展基金组织贷款

一、国际农业发展基金组织

国际农业发展基金组织(International Fund for Agricultural Development,

IFAD)是按照世界粮食会议决议,于 1977 年 12 月成立的一个联合国专门机构,总部设在罗马。该组织是联合国第 15 个专门机构,是专门为发展中国家发展农业,特别强调为加强粮食方面的生产、消除贫困及营养不良这两个基本目标,提供优惠性贷款的国际组织。

国际农业发展基金组织现有 162 个成员,这些国家共分为三个类别:Ⅰ类国家——经济合作与发展组织成员国,共 21 个国家;Ⅱ类国家——石油输出国组织成员国,共 12 个国家;Ⅲ类国家——发展中国家,共 129 个国家。

国际农业发展基金组织将其全部权力授予理事会,由理事会选举该组织的主席和执行委员会委员。执行委员会每年开会 3~4 次,全面负责该组织的业务活动,批准对各个项目的贷款和赠款。每个贷款项目需经执行委员会半数以上票数通过才能成立。执行委员会共有委员和候补委员各 18 名,三种类型的成员国各占 1/3 的名额。

二、国际农业发展基金组织贷款的宗旨和任务

国际农业发展基金组织旨在向发展中国家提供可能的资金、资源的帮助和技术援助,寻求更有效的国际合作,以促进农业生产,特别是促进发展中国家农业生产的持续、稳定和有效的增长。

国际农业发展基金组织贷款主要用于增加最贫穷的缺粮国的粮食生产,包括畜牧业和渔业的发展,以及提高贫穷人口的营养水平。在增加粮食生产方面,有短期性项目,主要是扩大和改进现有的灌溉设施,改良品种,改进耕作技术和土壤管理,以提高耕地产量。还有长期项目,主要是新垦荒地,移民定居,兴修水利工程等。另外还有政策支持性项目,如支持政府实行促进生产的土地、价格、信贷、销售等政策所需的投资。

三、国际农业发展基金组织贷款的资金来源

国际农业发展基金组织贷款的资金来源主要包括:①创始基金;②成员国补充捐款;③非成员国和来自其他方面的特别捐款;④国际农业发展基金组织的投资收益。

国际农业发展基金组织资金的筹措由三个类别的国家协商提出认捐总额:Ⅰ类和Ⅱ类成员国是国际农业发展基金组织的主要捐助国;Ⅲ类成员国是国际农业发展基金组织的主要受援对象,但也根据自愿的原则捐助部分资金。国际农业发展基金组织每 3~5 年进行一次资金补充,到目前为止,共进行了五次补充资金认捐,累计总额达 41 亿特别提款权(包括创始基金)。

四、国际农业发展基金组织贷款的种类

由于国际农业发展基金组织贷款的政策和标准不同,贷款主要分为三类:

①高度优惠贷款。每年收取0.75%的服务费(1994年以前收取1%),贷款期为40年(1994年以前为50年),含宽限期10年。凡人均国民生产总值不超过805美元的国家均可使用此类贷款。②中度优惠贷款。年利率相当于其他国际金融机构浮动利率的50%(现为3.54%),贷款期为20年,含宽限期5年。人均国民生产总值在806~1 305美元的国家适用此类贷款。③普通贷款。年利率相当于其他国际金融机构浮动利率的100%(现为7.07%),贷款期为15~18年,含宽限期3年。适用于人均国民生产总值在1 306美元以上的发展中国家,每年发放3亿美元。

五、国际农业发展基金组织贷款的限制条件

使用国际农业发展基金组织贷款采购设备、招聘专家等要采取国际招标的办法,并有相对灵活的做法。由双方商定,对5万美元以上的每批机械设备采用国际招标方式;对5万美元以下的可根据借方当地采购程序,就地采购。对土木工程,由借方的合适机构,以双方满意的,既经济又有效的办法进行建设。对种子和肥料等,可按当地采购程序采购,当地不能供应的,可在国际农业发展基金组织三个以上的成员国间择优选购。总的原则要求是,国际农业发展基金组织对为贷款项目所采购的物资和劳务,要通过国际竞争性招标来实施。受资金的限制,在一般情况下,国际农业发展基金组织只资助项目的一部分,对于国际农业发展基金组织以外所提供的资金的使用,则可根据对这些资金的规定办理,或是按国际农业发展基金组织、招标单位及项目单位都同意的有关采购程序来进行。

第四节　区域国际金融组织贷款

近几十年来,大量的地区性开发银行也活跃在国际信贷领域,主要有:亚洲开发银行(Asian Development Bank, ADB)、非洲开发银行(African Development Bank, AFDB)、泛美开发银行(Inter-American Development Bank, IADB)、欧洲复兴开发银行(European Bank for Reconstruction and Development, EBRD)、北欧投资银行(Nordic Investment Bank, NIB)、加勒比海开发银行(Caribbean Development Bank, CDB)、伊斯兰开发银行(Islamic Development Bank, IDB)等,它们的活动范围基本上涵盖了整个美洲、亚洲、欧洲、非洲,许多国家参与了这些银行的国际信贷活动。

一、亚洲开发银行的贷款

亚洲开发银行(Asian Development Bank, ADB),也可简称为亚行,是亚

洲、太平洋地区的一个区域性国际金融组织,于 1966 年 11 月成立,总部设在菲律宾的马尼拉。目前,包括我国在内的亚行成员国共有 56 个,其中 40 个成员在亚洲及太平洋地区,称为本地区成员,另外 16 个是来自欧洲和北美洲的非本地区成员。我国于 1986 年 3 月 10 日成为亚行正式成员国。

(一)亚洲开发银行的组织机构

1. 理事会。它是亚行的最高权力机构,负责接纳新成员,变动股本,选举董事和行长,修改章程等。由各成员国委派正、副理事各 1 名组成,一般每年开会一次。董事会是亚行的执行机构,由理事会选出的 12 名董事组成,其中 8 名为亚太区域的代表,4 名为其他区域的代表。除日、美和中国董事外,其他董事均代表几个国家或地区。董事任期 2 年,可连任,常驻亚行总部。

2. 董事会。董事会根据理事会的授权,负责业务的总政策方向和日常业务。

3. 行长。行长是亚行的合法代表,须是本区域成员国的国民,由理事会选举产生,任期 5 年,可连任。行长无表决权,但一旦董事会表决,有关两方票数相等时,他拥有决定性的一票表决权。副行长由行长提名,董事会任命。

(二)亚洲开发银行的宗旨和任务

亚洲开发银行是亚洲、太平洋地区的一个区域性国际金融组织,亚洲开发银行的贷款宗旨是:不以营利为目的,而以提供援助为宗旨,向成员国提供贷款和技术援助,帮助协调成员国在经济、贸易和发展方面的政策;同联合国及其专门机构合作,促进亚太地区经济的增长与发展。

亚洲开发银行的具体任务如下。

1. 促进公有、私人资本对本地区的投资。

2. 为本地区发展中成员国的发展筹集和提供资金,优先考虑最有利于整个地区经济协调发展的项目和规划。还应特别考虑本地区较小的或较不发达的成员国的需要。

3. 根据本地区成员国的要求,帮助其进行发展政策和规划的协调,以便其更好地利用自身资源,更好地在经济上取长补短,并促进对外贸易,特别是本地区贸易的发展。

4. 为拟订、融资和执行发展项目及规划提供技术援助,包括编制具体的项目建议书。

5. 在亚行的章程范围内,以亚行认为适当的方式,同联合国及其附属机构,向本地区发展基金投资的国际公益组织、其他国际机构以及各国公、私营实体合作,并向上述组织机构提供投资和援助的机会。

(三) 亚洲开发银行的资金来源

亚行自身开展业务的资金分为三部分:一是普通资金,用于亚行的"硬贷款"业务;二是亚洲开发基金,用于亚行的"软贷款"业务;三是技术援助特别基金,用于进行技术援助业务。此外,亚行于1988年建立了日本特别基金,用于赠款性质的技术援助业务。

1. 普通资金(Ordinary Capital Resource)。普通资金是亚行开展业务活动的主要资金来源,它由股本、储备、净收益以及从国际资本市场获得的借款构成。

亚行建行时法定股本为10亿美元,后来经过多次增资,截至1996年年底,亚行的核定股本增至501.3亿美元,其中493.68亿美元已被各成员国认缴。认缴股本的7.03%为实缴股本,92.97%为待缴股本。实缴股本可用于普通资金贷款的拨付,而待缴股本则作为亚行从国际资本市场筹集资金的后盾。日本和美国是亚行最大的出资国,其认缴股本额相等,均占亚行总股份的16.054%。中国认缴额在亚行总股份中占6.628%,居第三位。

2. 亚洲开发基金(Asian Development Fund)。亚洲开发基金始建于1974年6月28日,专门对亚太地区贫困成员国发放优惠贷款。该基金主要由亚行发达成员国捐赠,并经常得到补充。除捐赠外,亚行理事会还根据亚行章程的规定,从各成员国缴纳的未核销实缴股本中拨出10%的款项作为亚洲开发基金的一部分来源。

3. 技术援助特别基金(Technical Assistance Special Fund)。亚行于1967年建立了技术援助特别基金,用于资助发展中成员国聘请咨询专家,培训人员,购置设备进行项目准备,项目执行,制定发展战略,加强技术力量,从事部门研究并制定有关国家和部门的计划和规划等。技术援助特别基金的资金来源为亚洲成员国的捐款,亚洲开发基金拨款,普通资金贷款净收益拨款,日本特别基金捐款以及多边和双边赠款。截至1996年年底,技术援助特别基金的资金总额为6.3亿美元,其中5.119亿美元已被利用,还剩下1.81亿美元。

4. 日本特别基金(Japan Special Fund)。1987年,日本在亚洲开发银行第20届年会上表示,愿意出资建立一个特别基金,用于加速亚行发展中成员国的经济增长。1988年3月10日,亚行和日本政府正式签署成立日本特别基金的协议。日本特别基金旨在帮助亚行发展中成员国调整经济结构,以适应整个世界经济环境的变化,开拓新的投资机会,在此基础上使本地区资本富裕成员国和地区的资本回流到发展中成员国和地区。截至1996年年底,日本政府对该项基金的拨款为 6.34 亿美元。

5. 联合融资。亚行除了用自己筹集到的资金从事贷款和技术援助以外,还通过联合融资这一形式为本地区的经济发展筹集更多的开发资金。亚行的联合融资是指一个或一个以上的外部经济实体与亚行共同为某一开发项目融资。亚行最大的融资伙伴是官方机构,官方融资总数为 177.23 亿美元,占联合融资总额的 72.04%。另外,商业融资为 24.88 亿美元,占 10.11%。出口信贷为 43.9 亿美元,占 17.84%。

6. 日本扶贫基金。2000 年 5 月 23 日,亚行决定建立"日本扶贫基金",用以资助亚行的扶贫项目。该项基金是根据日本大藏大臣宫泽喜一在亚行第 33 届年会上的提议建立的。日本计划向亚行捐款 100 亿日元,用于帮助亚行发展中成员国的扶贫项目和其他社会发展项目。基金重点支持那些直接向贫困人口提供经济和社会服务的项目,帮助贫困人口获得自我发展的能力,使亚行贫困成员国的脱贫计划能够持续进行。

(四)亚洲开发银行的贷款方向和种类

亚洲开发银行作为区域性金融机构,其主要业务活动是进行项目贷款,技术援助,股本投资和联合融资。重点贷款方向和业务领域包括:农业、能源、工业、开发金融机构、交通运输和通信、供水、城市发展、环境保护、教育卫生,扶持妇女事业,促进私营资本对本地区开发的投资等方面。20 世纪 90 年代的业务重点是以发展中国家的农业,能源开发和环保,消灭贫困,促进私营部门的发展等为主。

亚洲开发银行的贷款原则是根据本地区成员国所提出的贷款项目和要求,经有关专家进行可行性研究和评估鉴定后才确定是否贷款和贷多少款。亚行对农业的贷款领域,主要是农业和农产品加工业,重点支持水利、林业和渔业。对能源工业的贷款,主要领域是电力,特别是水电的发展。对工业的贷款,主要领域是化工、水泥、机械制品、采矿和科技开发。对交通运输及通信的贷款,重点是支持港口、铁路、公路、电信等项目。对基础设施和社会发展的贷款,主要领域是排水、环境保护、城市发展、住房、卫生、教育、人口控制等。

亚行在其章程范围内,以适当的方式,与向联合国及其附属机构和本地区发展基金投资的国际公益组织以及各国公私营实体合作,提供投资和援助的机会。向发展中成员国提供贷款是亚行援助中最具实质意义的内容。亚行的贷款一般直接贷给发展中成员国政府或由发展中成员国政府担保借给发展中成员国的机构。亚行提供的贷款总起来说都具有一定的优惠性,这当然是相对于商业贷款而言的。亚行贷款的优惠性主要表现在贷款时间长、利率低、其他费用少。该类贷款又分为普通贷款(即"硬贷款")和特别基金贷款(即"软贷款")。

1. 普通贷款。主要提供给经济状况较好的成员国,贷款期为 10~30 年,宽限期为 2~7 年。利率是浮动利率,随金融市场的变化而调整,每半年浮动一次,是亚行的平均借款成本加 0.4% 的手续费得出的。普通贷款自贷款协定正式签字 2 个月后计收承诺费,计收基数不是承诺额全额,而是承诺额全额的一定百分比,即第 1 年的基数是 15%,第 2 年是 45%,第 3 年是 85%,3 年过后是承诺额的全部余额。每年的基数减去累计支付金额,构成承诺的计收基数。年承诺费率为 0.75%,承诺费按天计算。普通贷款主要用于农业、农村发展、能源、交通以及教育、卫生等基础设施。

2. 特别基金贷款。特别基金贷款是用亚洲开发基金提供的贷款,仅提供给人均国民收入低于 670 美元而且还款能力有限的发展中成员国,分为亚洲发展基金和技术援助特别基金。特别基金贷款期限长达 40 年,软硬混合贷款的期限为 35 年,含 10 年的宽限期。特别基金贷款不收取利息,只收取 1% 的手续费。特别基金主要资助经济与科技落后的成员国,为其项目的筹备和建设提供技术援助和咨询等。

二、非洲开发银行的贷款

1964 年 11 月,非洲开发银行(African Development Bank,AFDB)宣布正式成立。1966 年 7 月 1 日开始营业。总部设在科特迪瓦阿比让。截至 2001 年,非洲地区成员包括非洲 53 个独立国家。1982 年 5 月银行理事会通过决议,欢迎非洲以外的国家参加,包括中国、阿根廷、巴西、加拿大、美国等非洲以外的 24 个成员国先后加入。

(一)非洲开发银行的宗旨和任务

非洲开发银行的宗旨是通过提供投资和贷款,利用非洲大陆的人力和资源,促进成员国经济发展和进步,优先向有利于地区的经济合作和扩大成员国间的贸易项目提供资金和技术援助,帮助研究、制定、协调和执行非洲各国的经济发展计划,以逐步实现非洲经济一体化。

非洲开发银行的主要任务是:促进地区内各成员国的社会进步和经济发展;利用自身所拥有的资源为一些项目和投资计划提供资金,跨成员国投资项目资金优先;与双边和多边开发机构一起,动员资源联合投资;促进与非洲开发相关问题的国际对话与咨询;通过当地适当的改革,促进非洲公共与私人投资;向非洲提供其选择、研究和准备开发计划所需的技术援助。

(二)非洲开发银行的组织机构

1. 理事会。是最高权力机构。由各成员国委派 1 名理事组成,一般为成员国的财政和经济部长,通常每年举行一次会议,必要时可举行特别理事会。理事会会议讨论制定银行的业务方针和政策,决定银行重大事项,并负责处理银行的组织和日常业务。理事会年会负责选举行长和秘书长。

2. 董事会。由理事会选举产生,是银行的执行机构,负责制定非洲开发银行各项业务政策。共有 18 名执行董事,其中非洲以外国家占 6 名,任期 3 年,一般每月举行两次会议。

3. 行长。由董事会提名并由理事会选举产生。行长是非洲开发银行的最高权威和法人代表,他要在董事会领导下,负责管理非洲开发银行的日常事务,任期 5 年,可连任一届。

(三)非洲开发银行的资金来源及贷款

非洲开发银行的资金主要来源于成员国认缴的股本。此外,还有国际金融市场的贷款,发达国家的捐款以及银行的经营利润。

非洲开发银行贷款的对象是非洲地区成员国,主要用于农业、运输和通信、供水、公共事业等。该行主要向成员国提供普通贷款和特别贷款。普通贷款是该行用其普通股本资金提供的贷款和担保偿还的贷款。特别贷款是用该行规定专门用途的特别基金开展的优惠贷款,条件比较优惠,期限较长,最长可达 50 年,不计利息。2001 年,该行向非洲国家提供贷款 23.6 亿非洲开发银行记账单位(2001 年 1 非洲开发银行记账单位平均合 1.27 美元)。截至 2001 年,该行贷款总额已达 284.9 亿非洲开发银行记账单位。

三、泛美开发银行的贷款

泛美开发银行(Inter-American Development Bank,IADB)建立于 1960 年 1 月 1 日,于 1960 年 10 月 1 日正式营业,总部设在华盛顿。从 1976 年开始,泛美开发银行决定接纳西半球以外的其他国家作为成员。目前日本、德国、西班牙、法国、意大利和英国等都是它的成员国。

(一)泛美开发银行的宗旨

泛美开发银行的宗旨是动员美洲的内外资金,为拉美成员国经济和社会发展提供项目贷款和技术援助,以促进拉美经济的发展和"泛美体系"的实现。

(二)泛美开发银行的组织机构

1. 理事会。最高权力机构,由各成员国委派 1 名理事组成,每年举行 1 次会议。
2. 执行董事会。理事会领导下的常设机构,由 14 名董事组成,其中拉美国家 9 名,美国、加拿大和日本各 1 名,其他国家或地区 2 名,任期 3 年。

3. 行长和副行长。在执行董事会领导下主持日常工作。行长由执行董事会选举产生,任期5年。副行长由执行董事会任命。

(三)泛美开发银行的资金来源及贷款

泛美开发银行的资金也分为普通业务资金和特别业务基金两部分。其资金来源和管理结构与亚洲开发银行非常相似,主要是成员国认缴的股本和通过发行债券在国际金融市场筹措的资金,以及由几个成员国存放在该行并由该行管理的社会进步信托基金。

泛美开发银行的贷款主要分为两部分,其普通贷款主要向成员国政府或公私机构的特定项目提供,贷款条件和期限仅具有较少的优惠性质;其特别贷款主要通过其下属的各类基金发放,贷款条件、期限和还款方式均较为优惠。

泛美开发银行的贷款政策与亚洲开发银行类似,但更具有典型性,主要有以下几方面。

1. 其贷款主要向区域内的成员国,特别是发展中国家的成员国发放。

2. 借款方只有在无法以合理的条件从商业融资途径取得贷款的条件下,才可申请取得泛美银行贷款。

3. 借款方通常须在融资项目取得了股权性投资(通常为50%)的条件下,方可取得泛美银行贷款。

4. 借款方或其担保方须有一定的资金信用能力。如果借款方为私人企业,通常要求项目所在地政府提供担保;如果借款方为半官方机构,通常须由所在国国家银行提供担保。

5. 其贷款协议通常要求排除借款方所在国法律适用和司法管辖,但不一定主张其国际协议性质,也不要求提交联合国秘书处登记。

四、欧洲复兴开发银行的贷款

欧洲复兴开发银行(European Bank for Reconstruction and Development, EBRD)建立于1991年,资本总额为100亿欧洲货币单位(约合120亿美元),欧盟委员会(前欧洲共同体委员会)、欧洲投资银行和39个国家在该行中拥有股权。最大股份拥有者是美国,占10%,其次是法国、德国、意大利、日本和英国,各占8.5%,东欧国家总共拥有股份11.9%。理事会为最高权力机构,由每个成员国委派正、副理事各1名,每年举行年会1次。董事会代理事会行使权力,由23名董事组成,董事任期3年。董事会负责指导银行的日常业务工作,并负责选举行长。董事会主席任该行行长,行长任期4年。截至2000年5月,该银行共拥有61个成员(包括59个成员国和2个国际机构:欧盟委员会和欧洲投资银行)。

欧洲复兴开发银行是一个政治色彩很浓的国际金融组织，其宗旨是在考虑加强民主、尊重人权、保护环境等因素下，帮助和支持东欧、中欧国家向市场经济转化，以调动上述国家中个人及企业的积极性，促使它们向民主政体和市场经济过渡。贷款援助项目达300多项，包括金融、农业、化工、食品、电信、交通、环保、旅游以及文教各个领域。但接受贷款的单位必须是私有企业或正在私有化的国有企业。

欧洲复兴开发银行的贷款条件是：贷款期限为2~10年，贷款利率按照伦敦市场的利率计算，另外根据项目的风险程度和抵押条件上浮2~5个百分点。该银行的主要业务为：①提供必要的技术援助和人员培训；②帮助受援国政府制定政策及措施，推动其经济改革，帮助其实施非垄断化、非中央集权化及非国有化；③为基本建设项目筹集资金；④参加筹建金融机构及金融体系，其中包括银行体系及资本市场体系；⑤帮助支持筹建工业体系，尤其注意扶持中小型企业的发展。欧洲复兴开发银行的经营方针是"发展银行业务及商业投资银行的业务兼顾"。

五、北欧投资银行的贷款

北欧投资银行(Nordic Investment Bank，NIB)是由丹麦、芬兰、冰岛、挪威及瑞典五国共同组成的地区性金融机构。除作为北欧各国金融机构业务的补充外，还积极开拓国际金融业务，建立新的贷款措施，向发展中国家的投资项目提供贷款，且日益发展成为具有欧洲投资银行和地区性开发银行等类似标准和地位的多边金融机构。北欧发展基金组织是由丹麦、芬兰、冰岛、挪威及瑞典五国组成，是北欧投资银行的组成部分，该组织主要针对环保及人类基本需要等一些具有良好社会效益、无直接经济效益的项目提供贷款资助，并且由北欧发展基金与北欧投资银行联合为上述项目提供贷款。其中，北欧发展基金贷款占贷款总额的1/3，贷款条件为偿还期40年(含宽限期10年)，无息，手续费每年0.75%；其余2/3的贷款由北欧投资银行提供。这种联合贷款的总体赠与成分约占30%。

北欧投资银行贷款的领域是在北欧传统上有竞争力的项目，如水电、交通通信、造纸、饲料加工、森林工业产品加工、渔业食品加工、工业现代化及新技术工艺等，即"北欧感兴趣"的项目。其原则是优先对有两个或更多北欧国家的公司、厂商共同参与合作的项目给予贷款。但在实际操作中，并不严格要求须有两个以上北欧国家参与一个项目，只要北欧供货商能提供项目建设所需的货物或劳务，或在借款国举办合资企业，都可获得贷款。北欧投资银行贷款的条件为：一般向可行的项目提供合同总额100%的中长期贷款，贷款的币种有美元、欧元等，借款人可以自主选择；贷款利率按筹资成本加利差，固定利率和浮动利率均可，并收取0.5%的承诺费；偿还期为10~15年(含宽限期2~5年)。具体贷款条件视项目具体情况而定。

北欧投资银行贷款属商业性质,在向我国提供贷款时不受经济合作与发展组织(OECD)有关规定的限制。北欧投资银行贷款在对外支付时,实际贷款额度最高可达项目合同金额的110%。北欧投资银行贷款可灵活用于所资助项目的特殊部分,且不完全限于支付北欧的供货合同。一般来说,在北欧供货商作为总承包人的条件下,非北欧货物和服务可占合同总额的30%～50%,在特殊情况下,贷款也可灵活地按一定比例用于直接采购非北欧的货物和服务,因此,在一定程度上也是非限制性采购方式。北欧投资银行贷款还可以资助项目的各项费用,包括当地基础设施、流动资金、经营费用、预付定金及建设期利息等。贷款也可以用于双边和多边发展援助机构、出口信贷、商业贷款和其他金融机构资金的补充。

六、加勒比开发银行的贷款

加勒比开发银行(Caribbean Development Bank,CDB)是一个次地区性国际金融机构,根据1969年10月18日在牙买加的金斯顿(Kingston)签署的"建立加勒比开发银行协议"而宣告成立,1970年1月26日正式开业,总部设在西印度群岛岛国巴巴多斯的圣·迈。

加勒比开发银行的创始国包括加勒比地区16个英语国家,以及作为非本地区创始国的加拿大和英国。目前,该行有26个成员国,其中本地区成员国20个,非本地区成员国有6个,目前,苏里南、瑞典和荷兰正在申请加入。加勒比开发银行章程规定,本地区成员国的总投票权不得少于60%。

加勒比开发银行的宗旨是"促进加勒比地区成员国经济,特别是欠发达国家经济的增长和发展,推进经济合作及本地区的一体化"。具体包括:帮助本地区成员国经济发展,促进其经济的互补和贸易的有序发展,鼓励本地区私人和公共投资以及资本市场的发展,对本地区成员国提供技术援助等。

加勒比开发银行的资金来源有两个渠道:一是成员国认缴股本以及从外部的借款,称为"普通资本来源";二是成员国和非成员国的捐款,称为"特别资金来源"。加勒比开发银行的"普通资本来源"主要包括各成员的实缴股本,从欧洲投资银行(European Investment Bank,EIB)借款,从泛美开发银行借款,从世界银行借款和从国际金融市场借款等。"特别基金来源"又分为两类,一类为"特别发展基金"(Special Development Fund,SDF),另一类为"其他特别基金"(Other Special Funds)。特别发展基金的来源现在基本上只有捐资,它着重向借款国最优先的社会和经济发展领域提供非常优惠的贷款。"其他特别基金"的资金来源是附带条件的捐资,以符合加勒比开发银行宗旨为准则进行管理和适用。加勒比开发银行"其他特别资金"包括委内瑞拉信托基金以及加拿大、特立尼达和多巴哥、美国、泛美行、国际发展协会、欧洲投资基金、欧洲发展基金、欧洲投资银行等提供的资金。

七、伊斯兰开发银行的贷款

伊斯兰开发银行(Islamic Development Bank,IDB)是伊斯兰国家为加强区域经济合作而建立的国际金融机构。1974年8月12日成立,1975年10月20日正式营业。行址设在沙特阿拉伯的吉达。伊斯兰开发银行的法定资本为20亿伊斯兰第纳尔,分为20万股,每股1万伊斯兰第纳尔。伊斯兰第纳尔是该银行记账单位,币值等同于国际货币基金组织分配的特别提款权。伊斯兰开发银行的最高权力机构是理事会。理事会由会员国各选派1名理事(一般由该国的财政部长出任)组成。理事会每年召开一次会议,决定银行的重要政策和经营方针。董事会是该行的执行机构,由11名董事组成,其中5名由4个认股最多的国家指派,其余6名则由其他成员国分小组选举产生。

伊斯兰开发银行的宗旨是向伊斯兰国家和非伊斯兰国家的穆斯林社会提供无息贷款,促进其经济发展和社会进步,扩大成员国间的贸易,特别是生产设备交流。

伊斯兰开发银行不办理有息借款和存款,而是通过参股方式资助发展项目,或提供只收取管理费用的无息贷款。这类贷款多用于对成员国社会经济有长远影响的基础设施项目。银行还对成员国提供技术性援助,主要是可行性研究。对工业和农业项目参股,开展设备租赁,还对出口贸易,尤其是对成员国之间的贸易提供援助。此外,还设立特别援助账户,对非成员国的伊斯兰国家的教育提供资金支持。

八、亚洲基础设施投资银行的贷款

亚洲基础设施投资银行(Asian Infrastructure Investment Bank,简称亚投行,AIIB)是一个政府间性质的亚洲区域多边开发机构,重点支持基础设施建设,成立宗旨是促进亚洲区域的建设互联互通化和经济一体化进程,并且加强中国及其他亚洲国家和地区的合作。该行总部设在北京,法定资本1 000亿美元。

2013年10月2日,习近平主席提出筹建倡议,2014年10月24日,包括中国、印度、新加坡等在内21个首批意向创始成员国的财长和授权代表在北京签约,共同决定成立亚洲基础设施投资银行。

2015年6月29日,《亚洲基础设施投资银行协定》签署仪式在北京举行,亚投行57个意向创始成员国财长或授权代表出席了签署仪式。截至2015年11月25日,共有55个国家正式签署了该协定,科威特、菲律宾、南非三国尚未签署协定。各方商定将于2015年年底之前,经合法数量的国家批准后,《亚洲基础设施投资银行协定》即告生效,亚投行正式成立。

2015年11月4日第十二届全国人民代表大会常务委员会第十七次会议决定：批准2015年6月29日由中华人民共和国代表在北京签署的《亚洲基础设施投资银行协定》。

截至2015年12月25日，包括缅甸、新加坡、文莱、澳大利亚、中国、蒙古、奥地利、英国、新西兰、卢森堡、韩国、格鲁吉亚、荷兰、德国、挪威、巴基斯坦、约旦等在内的17个意向创始成员国（股份总和占比50.1%）已批准《亚洲基础设施投资银行协定》并提交批准书，从而达到协定规定的生效条件，即至少有10个签署方批准且签署方初始认缴股本总额不少于总认缴股本的50%。

2016年1月16日，亚洲基础设施投资银行在北京宣告正式开业。

亚洲基础设施投资银行（AIIB）不仅将夯实经济增长动力引擎的基础设施建设，还将提高亚洲资本的利用效率及对区域发展的贡献水平。基础设施投资是经济增长的基础，在各类商业投资中潜力巨大，增长带动力强。

研究"如何将亚洲的高储蓄变成高投资"将是筹建亚洲基础设施投资银行的任务之一。中国提倡筹建亚洲基础设施投资银行（AIIB），一方面能继续推动国际货币基金组织（IMF）和世界银行（WB）的进一步改革，另一方面也是补充当前亚洲开发银行（ADB）在亚太地区的投融资与国际援助职能。亚洲基础设施投资银行（AIIB）的建立，将弥补亚洲发展中国家在基础设施投资领域存在的巨大缺口，减少亚洲区内资金外流，投资于亚洲的"活力与增长"。

亚洲基础设施投资银行（AIIB）是继提出建立金砖国家开发银行（NDB）、上合组织开发银行之后，中国试图主导国际金融体系的又一举措，这也体现出中国尝试在外交战略中发挥资本力量的努力。更值得期待的是亚洲基础设施投资银行将可能成为人民币国际化的制度保障，方便人民币"出海"。

第五节　国际金融机构对我国的贷款

目前，向我国提供多边贷款的国际金融组织主要是世界银行、国际农业发展基金组织和亚洲开发银行，曾经提供过信贷的有国际货币基金组织。

一、世界银行在我国的贷款业务

我国作为世界银行创始成员之一，于1980年5月15日恢复了我国在世界银行的合法席位。根据世界银行规定：人均国民生产总值小于410美元的为贫穷国家，贷给"软贷款"；人均年国民生产总值在410~730美元的国家可获得混合贷款；超过730美元的国家只能获得"硬贷款"。但规定包括中国在内的六个国家除外，即只贷给混合贷款。我国取得世界银行贷款的分配比例为"硬贷款"60%，"软贷款"40%。世界银行每年给我国的贷款约25亿美元。1981年，世界银行向中国提供第一笔贷款,用于支持中国的大学发展项目。为应对2003年上半年爆发的非典疫情,财政部还与世界银行合作启动了非典紧急援助项目,使用了世界银行已注销或将注销的1 000万美元"软贷款"和1 000万美元的赠款。截至2010年6月底,世界银行对我国的贷款总承诺额累计超过478亿美元,用于支持326个项目。目前,我国的贷款余额在世界银行各借款国中居首位。从投资结构上看,世界银行贷款主要用于能源、交通等国民经济瓶颈部门及相对落后的地区,在解决经济发展中的瓶颈问题和促进区域平衡发展方面,发挥了积极作用。

利用世界银行贷款在引进国际发展经验,推动我国制度创新、技术创新等方面也发挥了明显作用。通过世界银行贷款引进的竞争性招标机制、工程师监理制度、业主负责制已成为我国重大工程项目的标准做法。通过世界银行项目引进的供水、污水收费制度已在全国推行,为我国水资源的可持续管理提供了基础。由于中国的财政状况不断改善,国内资金利率较低,使得中国对外来资金的需求减少,世界银行在2003年至2005年的3个财政年度对中国的贷款额度近34亿美元,用于24个项目。世界银行贷款重点支持了中国发展西部落后地区和应对快速城市化带来的挑战。

世界银行驻中国代表处负责管理世界银行的中国业务。财政部是世界银行集团在中国开展业务活动的主要对口部门,国家发展和改革委员会对合作计划的制订也起着极为重要的作用。世界银行和中国政府每年就双方的3年滚动贷款计划进行磋商,双方都可以提出项目建议,所有贷款项目都须经过充分的技术、经济、财务、环境和社会评估之后再提交贷方和借方的决策机构做最后审批,双方对每个贷款项目的实施进展情况进行定期监督检查。世界银行作为我国在国际资本市场融资的来源之一,对于帮助我国发展国内资本市场,支持我国经济和社会发展的作用十分明显。

鉴于中国在过去20年取得的举世瞩目的发展成就,中国已于1999年7月1日从向世界上最贫困的发展中国家提供无息贷款的国际开发协会毕业,至此该协会便停止了对我国的"软贷款"。

世界银行集团下属的国际金融公司于20世纪80年代中期进入中国,主要投资中国金融业以及帮助包括中小企业在内的本土私营部门和金融行业进行海外融资。目前中国已成为国际金融公司第九大投资国,截至2004年年底,国际金融公司已参与了50多个中国项目,投入资金约为13亿美元。

二、亚洲开发银行贷款业务在我国的发展

我国于1986年加入亚洲开发银行,已成为亚洲开发银行第一大借款国。亚洲开发银行贷款有力地促进了我国基础产业的发展,支持了我国中小企业的技术改造,提高了产品档次。截至2004年年底,我国共获得亚洲开发银行承诺

贷款项目112个,贷款签约额约为149亿美元。其中无须政府担保的亚洲开发银行私营部门贷款项目4个,贷款额约为1.2亿美元。目前,亚洲开发银行在华贷款项目执行情况良好,对此亚洲开发银行给予了很高的评价。亚洲开发银行贷款在促进我国国民经济发展,特别是缓解交通、能源瓶颈制约状况,以及提高我国经济管理和技术水平方面起到了积极的作用。我国使用的亚洲开发银行贷款主要是普通资金贷款,也就是亚洲开发银行"硬贷款"。尽管我国符合亚洲开发银行特别基金贷款的条件,但亚洲开发银行特别基金来源有限,实际上目前只能贷款给最贫穷的成员国家。另外,亚洲开发银行贷款只针对成员国政府,而不面对成员国的个别地区。因此,虽然目前亚洲开发银行"硬贷款"比世界银行"硬贷款"的利率低,但由于没有"软贷款"的平衡,我国目前基础性项目承受纯"硬贷款"的利率有一定困难,也就不可能过多的安排基础设施项目,而是要适当地安排些工业项目。

今后,利用亚洲开发银行贷款仍是我国政府与亚洲开发银行合作的核心。我国将继续利用亚洲开发银行贷款服务于经济发展,尤其是支持西部大开发战略和振兴东北老工业基地。同时,中国政府利用亚洲开发银行贷款的领域也将向社会发展领域有所倾斜,支持农村地区的经济、社会统筹发展,进一步体现国际金融组织贷款的准公共性。预计在2006年至2008年的3年中,亚洲开发银行将计划向中国提供约45亿美元的贷款。其中,约85%将投向相对落后的中西部地区。

2005年3月11日亚洲开发银行批准中国在亚行设立一项2 000万美元的技术援助基金,该基金将用于促进亚洲发展中国家的扶贫和区域合作。亚洲开发银行驻中国代表处称,该基金是亚洲开发银行第一笔由其发展中成员国设立的基金,也是中国第一次在国际组织设立基金。该基金旨在通过资助区域合作和扶贫项目计划,促进亚洲地区经济和社会的更快发展。

三、国际农业发展基金组织与我国的贷款合作

中国于1980年正式加入国际农业发展基金组织,并承诺认捐。1980年下半年,中国提出"北方草原与畜牧发展项目"的申请,与国际农业发展基金组织开始了实质性的合作。以后基本上是每年一个项目。作为第Ⅲ类成员国,中国在与国际农业发展基金组织合作早期曾交替使用过高度优惠贷款和中度优惠贷款。自1987年以后,国际农业发展基金组织一直向中国提供高度优惠贷款。到目前为止,国际农业发展基金组织共向我国提供了16笔优惠贷款,协议贷款额4亿美元。国际农业发展基金组织贷款项目覆盖了我国的17个省、市、自治区的150个贫困县(市),约有900万贫困农民直接受益。

目前,国际农业发展基金组织向我国提供贷款的项目有:河北平原项目、北方草原项目和广东综合淡水养鱼项目。前两个项目的大部分招标采购工作已

经基本完成,所采购的设备和材料已经在生产中发挥了很好的作用,取得了明显的效益。广东综合淡水养鱼项目的招标采购工作目前基本完成,成效显著。2003年2月,国际农业发展基金组织和我国授权代表正式签署了中国宁夏/山西环保和扶贫项目。此项目是由国际农业发展基金组织和世界粮食计划署联合投资的。其中国际农业发展基金组织提供高度优惠贷款2 860万美元,用于项目区的农业基础设施建设,新技术示范推广,生态环境改善,农村金融服务以及农村社会综合发展等多个领域,项目覆盖山西、宁夏两省(区)的12个县,约有147万农民直接受益。

案 例

浅析亚洲基础设施投资银行和世界银行的比较

一、职能定位

在各自的宗旨定位上,亚洲基础设施投资银行(以下简称"亚投行")旨在通过在基础设施及其他生产性领域内的投资,促进亚洲经济可持续发展,创造财富,并改善基础设施互联互通;与其他多边和双边开发机构紧密合作,推进区域合作和伙伴关系,应对发展挑战。世界银行的宗旨重点在于通过对生产性事业的投资,帮助成员经济建设,实现复兴;鼓励私人资本对外投资,在成员无法通过合理方式获得私人资本支持时,利用自身资金对成员所需进行补充;鼓励国际投资活动,促进成员国际贸易的平衡,改善国际收支状况。

二者相比较,我们不难发现,亚投行从成立之初就有非常明确的投资重点,即基础设施及其他生产性领域内的投资。笔者认为亚投行在投资重点上是优于亚洲开发银行的,亚洲开发银行涵盖面较广,它的最终目的在于帮助亚洲脱离贫困,但是由于亚洲近代以来长期遭受战争和殖民统治的荼毒,使得亚洲在基础设施建设上十分薄弱。亚投行集中资金在基础设施建设上,可以帮助亚洲提升基础设施建设水平,日后亚洲就可以借助本身资源丰富的优势,发展亚洲区域内贸易,带动沿线地区的经济发展和城市建设,进而提高国家的经济实力和现代化建设水平。在职能定位上,亚投行鼓励区域内各种资本进行投资,包括公共资本和私人资本,尤其要引导其在基础设施上进行投资,促进基础设施领域的发展;利用银行本身可支配资金为本区域内的发展事业提供融资支持,重点关注区域内欠发达成员的需求;鼓励私人资本参与区域内的投资活动,尤其是基础设施和其他生产性领域发展的项目、企业和活动,在特殊情况下对私人资本的投资进行补充。世界银行的职能在于用合理的治理方式,促进全世界经济的可持续发展;重点关注弱势人群,援助贫穷地区进行经济建设,努力实现消除贫穷的目标。亚洲开发银行的职能定位于协调成员内部的经济发展政策,合理配置成员的资源,积极同各机构展开合作,为成员发展经济提供资金和技术的支持。

因此,我们不难总结出亚投行的一个突出特点——建立一个资金筹募平台。这与亚投行自身的情况有比较大的关系,亚投行本身绝大多数成员都是发展中国家,自身经济实力较弱,难以拿出足够多的资金认购亚投行的股本,因此亚投行本身的法定资金比较少。但是亚洲的基础设施普遍较差,这就意味着亚洲的基础设施建设市场很大,亚洲国家薄弱的经济实力和亚投行不多的内部资金就迫切地要求私营资本进驻,为亚洲的基础设施建设提供资金支持。

二、组织结构

在组织结构上,亚投行使用的是与世界银行和亚洲开发银行相类似的、由高到低的三层管理体系。具体而言,最高层的是理事会,银行的一切权利归属于理事会。亚投行的每名成员都可以在理事会中派驻自己的代表,并在此基础上任命一名理事和一名副理事,除理事缺席的情况下,副理事没有投票权。中层的是董事会,董事会负责领导银行的总体业务,可以在理事会授权范围内行使一切权力。董事会由12名董事组成,其中,9名董事由域内代表投票选举产生,余下3名董事由域外代表投票选举产生。此外,每一名董事可以任命一名副董事,在董事缺席时行使董事的权力。董事任期2年,可以连选连任。底层的管理层是银行总部,包括银行行长和副行长,他们管理着综合业务部、风险管理部、秘书部、仲裁部,负责亚投行的日常运营和具体业务的开展等。

值得一提的是,亚投行的行长最长任职周期只有10年,并非终身制或者一直由某个国家的公民担任,体现了中国在设立亚投行之初承诺的公平性和中国并不一家独大的理想。

相比较之下,世界银行的行长一直是美国籍,世界银行设立之初订立的条款虽然没有明确规定行长必须由哪国公民担任,但是长期以来由美国公民担任世界银行行长已然成了世界银行的一项惯例。

三、资金来源

亚投行的资金来源主要是成员对于银行股本的认缴。亚投行成立之初的法定股本共100万股,每股10万美元,法定股本总额为1 000亿美元。这1 000亿美元的法定股本由两部分组成,一个是总价值800亿美元的待缴股本,一个是总价值200亿美元的实缴股本。成立之初,初始成员对于法定股本的实缴股本和待缴股本比例为2∶8,日后新加入的成员对于法定股本的认缴比例由理事会决定。国际复兴开发银行成立之初的法定股本总额为100亿美元,共计10万股,每股10万美元。与亚投行的认购机制相同,国际复兴开发银行的股本认缴仅限于成员,而希望成为国际复兴开发银行的会员,就必须首先成为国际货币基金组织的成员。和亚投行和世界银行的做法大致相同,亚洲开发银行对于银行本身的股本认购也仅限于成员本身。亚洲开发银行的法定股本共计10亿美元,共10万股,每股1万美元。截至2016年,亚洲开发银行的认缴股本总额已经超过1 500亿美元,日本以15%的认缴比例成为最大出资比例方,其次是美国。中国在成为亚洲开发银行成员之后,不断增加自身的认缴股本,目前认缴总额为110亿美元,约占认缴股本总额的7.1%。

因此我们不难发现,亚投行的另一个巨大创新在于:中国不追求在亚投行中的一票否决权。亚投行的总投票权由股份投票权、基本投票权以及创始成员享有的创始成员投票权组成。按现有各创始成员的认缴股本计算各国投票权占总投票权的百分比。在决策上采用简单多数、特别多数和超级多数原则进行决策。依照协定的机选规则,中国认缴的股本总额为297.804亿美元,因此享有26.06%的总投票权。虽然目前中国在亚投行中占有最大的投票权,但是随着越来越多的国家认购亚投行的股份,成为亚投行的会员,中国所占有的股份和投票权的比例必然会持续减少。亚投行的这种规定相比于大多数多边投资机构所使用的单边决策机制是具有极大的创新性的。以世界银行为例,美国在创立之初占有15.85%的投票权股份,尽管有其他国家加入进来成为新的会员,美国依然在世界银行中保留有相同比例的投票权股份,因此美国也在世界银行中享有实质上的一票否决权,对世界银行几十年来的重大决策保留有极大的话语权和控制权,美国这种对于世界银行实质性的掌控也一直饱受诟病。

四、其他方面的对比

与世界银行和亚洲开发银行相比,除了在宗旨职能、资金来源和组织结构上的不同以外,亚投行还有许多独特之处,我们在此不一一赘述,仅仅从整体背景和常驻董事会方面加以比较。

进入21世纪以来,亚洲国家的经济普遍得到了飞跃式的发展,根据亚洲开发银行的预测,2010年至2020年亚洲每年的基础设施建设投资大约需要8 000亿美元。考虑到2008年金融海啸的影响,目前世界经济依然处于低迷停滞的阶段,各个发达国家的经济情况不容乐观,这也包括作为亚洲开发银行最大股东的日本。由于日本经济持续低迷,要求日本向亚洲开发银行增资显然是不现实的。目前,亚洲基础设施建设资金供给远远不足,资金需求却越来越强劲,而亚投行专注于基础设施建设投资,弥补亚洲开发银行和世界银行在上述方面的缺位。另外,纵观过去数十年的历史,亚洲开发银行和欧洲复兴开发银行等地区性开发机构的创设,并未撼动世界银行在国际金融中的地位,相反,它们弥补了世界银行在各自区域内的缺失,更好地促进了当地经济的繁荣和稳定。因此我们没有理由认同西方政治家们对亚投行的无端揣度,亚投行的出现不会对世界银行和亚洲开发银行在亚太地区的金融地位产生威胁。

资料来源:高宇,《法律经纬》,2019(12)。

国 际 信 贷

思考题与练习题

1. 简述国际货币基金组织贷款的类型及特点。
2. 国际货币基金组织贷款的限定条件包括哪些?
3. 世界银行的贷款方向是什么?
4. 亚洲开发银行贷款的资金来源有哪些?
5. 试述国际农业发展基金组织贷款的特点和条件。

第九章 国际租赁信贷

国际租赁既是一种对外投资或引进外资的方式，又是一种融资和贸易的方式。本章要求熟练掌握国际租赁的概念及其主要形式，了解国际租赁业务合同及流程并掌握租金的计算方法。重点掌握我们在进行租赁决策分析时要决策的一系列问题，如是购买还是租赁？选哪一种租赁方案更合理？采用什么标准来衡量？选择哪一家租赁机构？

学习要点

International lease is an approach of investing to the outside world and attracting foreign investment, as well as the approach of financing and trading. Learning this chapter, we must know well the concept and forms of international lease. We can learn about contracts and produces of international lease and should master how to account rents. The main questions we should solve in making decision are whether we buy what we need or lease it, if lease it, how can we choose an optimal project, which standard can be suitable to weigh the project, which lease company is qualified.

第一节 国际租赁的概念及形式

一、国际租赁的概念

关于国际租赁（International Lease），英国设备租赁协会的定义如下：所谓租赁，就是承租人从制造商或卖方处选择租用资产，而在出租人和承租人之间订立合同，根据该合同，出租人保留该资产的所有权，承租人在一定期间内支付规定的租金以取得使用该资产的权利，当以上活动跨越国界进行时，便称为国际租赁。国际租赁通常并不是单纯的设备租赁，而是将贸易融资、贷款发放、设备购买、设备租赁等活动融为一体，既提供外资，也提供先进技术设备，所以这种国际租赁常被称为国际融资租赁，以突出其作为一种国际筹资手段的作用。

国际融资租赁是由出租人、承租人、供货方和金融机构共同参与进行的一项新型信贷活动，体现了信贷资金与实物租借之间的有机结合。国际融资租赁自 20 世纪 50 年代在美国出现以来，受到越来越多的国家，特别是发展中国家的欢迎。它除了具有一般融资租赁的特点之外，还具有国际融资租赁自身的特点，主要涉及以下几个方面。

第一，国际融资租赁涉及的出租方、承租方、供货方三方当事人一般不属于同一国家和地区。

第二，国际融资租赁涉及的商务合约至少有一个是涉外合约。

第三，国际融资租赁的最终资金往往来源于国际金融市场。资金的顺利融通是国际融资租赁得以顺利进行的前提条件。资金来源主要包括国际金融市场的短期贷款，中长期贷款，发行债券筹资等。

第四，国际融资租赁的风险所涉及的范围较一般的国内融资租赁要大。在国际融资租赁的风险中，除了一般的由承租方或出租方引起的经营风险、信用风险、政治风险、利率风险等外，还有一个更重要的风险，即汇率风险。

二、国际租赁的形式

国际租赁的形式很多，根据不同的划分方法，会有多种类型的租赁业务。下面主要介绍几种常见的国际租赁形式。

（一）金融租赁和经营租赁

从利用租赁的目的和收回投资的角度，租赁可分为"完全支付"的金融租赁和"不完全支付"的经营租赁两种基本形式。维修租赁、衡平租赁、综合性租赁和回租租赁都是在这两种基本形式上发展起来的租赁方式。

1. 金融租赁。金融租赁(Finance Lease)又称融资租赁,是指企业在需要筹款添置机械设备时,租赁公司不是向其直接贷款,而是将代其购入的机械设备租赁给企业,从而以"融物"代替"融资"。根据这种租赁形式的性质,租赁合同一经签订,就不得解约,租期也较长,租赁物的选择、修理、保养、管理均由承租人负责和承担。合同期满后,机械设备按合同规定处理。一般处理方法有三种:合同期满后将设备退还租赁公司;续租;留购,即以名义货价(或象征性价格)把设备买下,办理产权转移的法律手续。

金融租赁的主要特点如下。

(1)金融租赁是一项涉及三方当事人——出租人、承租人和供货商,并至少有两份以上合同——买卖合同和租赁合同构成的三边交易。

(2)定金付清。基本租期内的设备只租给一个特定用户使用。租金总额的计算公式为:

租金总额=设备货价+前项资金的延付利息+租赁手续-设备期满时的残值

(3)租期较长且合同不可撤销。

(4)承租人自行选定设备,出租人只负责按承租人的要求融资购买设备,因此设备的质量、数量、规格、技术上的鉴定验收以及维修、保险等事宜均由承租人负担。

(5)设备的所有权和使用权分离,法律上所有权属于出租人,经济上使用权属于承租人。

(6)租赁合同期满时,承租人对设备有权选择留购、续租和退租三种方法。

2. 经营租赁。经营租赁(Operation Lease)也称服务性租赁(Service Lease),是一种不完全支付租赁。规定出租人除提供融资外,通常也提供特别服务,如保险和维修等。

经营租赁具有以下特点。

(1)不完全支付。基本租期内,出租人只能从租金中收回设备的部分垫付资本,需通过该项设备以后多次出租给多个承租人使用,才能补充未收回的那部分投资和其应获利润,因此其租期较短,短于设备有效寿命。

(2)可撤销。在租赁期满前,承租人预先通知出租人就可中止合同,退回设备,以租赁更先进的设备。

(3)租赁物由出租人批量采购。这些物件多为具有高度专门技术,需专门保养管理,技术更新快,购买金额大,通用性较强,有较好二手货市场,垄断性强的设备,需要有特别服务的厂商。出租人提供维修管理、保养等专门服务,并承担过时风险,负责购买保险,因此,租金较金融租赁高得多。

(4)在经营租赁方式下,承租人账务上仅作为费用处理,而资产仍在出租人的账簿上。这种租赁业务一般由制造厂商租赁部或租赁专业公司经营。

3. 维修租赁。金融租赁加上多种服务条件即为维修租赁(Maintenance Lease)。

维修租赁具有以下特点。

(1)租赁费包括服务费,较为昂贵。

(2)租期较长,通常为2年以上。

(3)租赁物多以车辆为主,其目的是减轻承租人对车辆等的维修、管理业务。

(4)在合同期限内,原则上不能中途解约。

4. 衡平租赁。衡平租赁(Leveraged Lease)也称杠杆租赁或代偿贷款租赁,是金融租赁的一种特殊形式,是一种真正的租赁。出租人一般只需投资购置设备所需款项的20%~40%,即可在经济上拥有设备的所有权,享受如同对设备100%投资的同等税收待遇。设备成本的大部分由银行、保险公司和证券公司等金融机构的贷款提供。银行等金融机构提供贷款时,需要出租人以设备第一抵押权及租赁合同和收取租金的受让权作为对该项借款的担保,购置成本的借贷部分称之为杠杆。通过这一财务杠杆的作用,交易双方均可获得更多的经济利益。对出租人来讲,这种杠杆作用可使出租人的投资扩大3~5倍,而且能使出租人以较少的现款投资,享有设备成本100%的全部减税优惠。同时银行的融资通常不能向出租人追索,它靠出租设备的租费来偿还。对承租人来讲,出租人所得的减税或免税优惠可使其以较低租赁费的形式将设备转让给承租人。

衡平租赁具有以下特点。

(1)衡平租赁是一项采用特殊形式的定金付清的真实租赁,在法律上至少涉及三方面关系人——承租人、出租人和长期贷款人。

(2)贷款人提供的贷款成为该项租赁交易的基本部分,而且对出租人没有追索权。

(3)出租人购买出租的设备,至少必须付出价格的20%作为其自身的投资。

(4)出租人的投资虽然只有设备成本的20%~40%,却可获得100%的所有权的税务优惠。

(5)出租人对承租人使用设备不加任何限制。

(6)租金不得预付或延期偿付,而且租金的偿付必须是平衡的,即各期所付租金的金额大致相当。

(7)租赁期满,出租人必须将设备的残值按市价售予承租人,但承租人不得以象征性价格付款购买设备。

5. 综合性租赁。综合性租赁是租赁和其他贸易方式相结合的一种租赁方式。如它与补偿贸易、来料加工、包销、买方信贷、卖方信贷、信托投资、合资经营、合作经营等方式相结合,从而形成与纯粹租赁有别的一种租赁形式。例如,租赁和补偿贸易相结合的综合租赁形式,是指出租人将机器设备租给承租人,而承租人以所租赁机器设备生产的产品来偿付租金;租赁和加工装配相结合的租赁,是指承租人用租赁方式引进设备,开展来料加工业务,以加工费分期支付租金。这种结合的方式较多,具体的选用取决于租赁设备的种类、承租人的财务状况等多种因素。

(二) 节税租赁和非节税租赁

按有关税收优惠,融资租赁可分为节税租赁和非节税租赁。

1. 节税租赁。节税租赁在美国被称为真实租赁(True Lease),亦即在税收方面能真正享受租赁待遇的租赁。在节税租赁中,出租人有资格获得加速折旧、投资优惠等税收优惠,并以降低租金的形式向承租人转让部分税收优惠,承租人支付的租金可当做费用从应纳税利润中扣除。

2. 非节税租赁。非节税租赁(Non-tax Lease),在英国被称为租购,而在美国则被称为销售式租赁。这类销售式租赁在税收方面被视做一项买卖交易,享有与买卖交易相同的税收待遇,即由承租人而不是出租人作为设备的所有者享受税收折旧优惠和期末残值,但其所付的租金不能当做费用从成本中扣除。

节税租赁和销售式租赁两种形式的最大区别在于经营节税租赁的租赁公司因能享受税收优惠且能从期末资产残值中获益而降低租赁利率,致使租赁实际成本低于贷款成本,承租人因此而受惠;而销售式租赁因其内含实际利率不可能比贷款利率低而使租赁成本在一般情况下不会低于贷款成本。

(三) 直接租赁、转租赁和回租租赁

从出租人设备贷款的资金来源和付款对象来看,租赁融资可分为直接租赁、转租赁和回租租赁。

1. 直接租赁。直接租赁指购进租出的做法,即由出租人用在资金市场上筹措到的资金,向制造商支付货款,购进设备后直接出租给用户。普通的直接租赁一般由两个合同构成:出租人与承租人之间的租赁合同;出租人与厂商之间的买卖合同。

2. 转租赁。转租赁是租进租出的做法,即由出租人从租赁公司或从制造厂商租进一项设备后转租给用户。普通的转租赁一般由三份合同构成,有三种不同的模式。

第一种模式如图 9-1 所示。

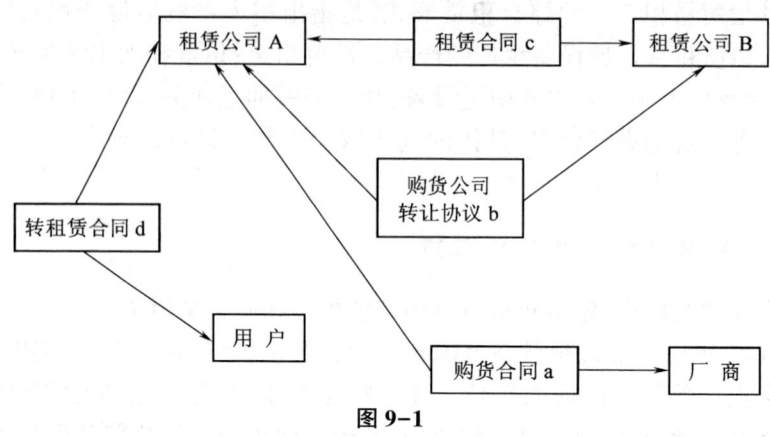

图 9-1

a. 租赁公司 A 与厂商签订购货合同；

b. 租赁公司 A 与租赁公司 B 签订购货合同转让协议，仅把物权转让给租赁公司 B，保留其他权利；

c. 租赁公司 A 以承租人身份与租赁公司 B 签订租赁合同；

d. 租赁公司 A 以出租人身份与用户签订转租赁合同。

第二种模式如图 9-2 所示。

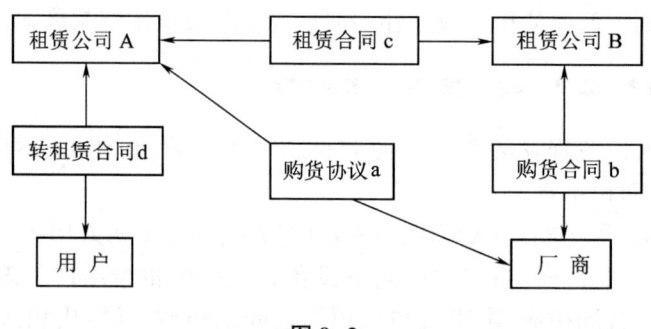

图 9-2

a. 租赁公司 A 与厂商签订一项购货协议；

b. 在购货协议的基础上租赁公司 B 按租赁公司 A 与厂商设定的设备型号、价格、交货期等要求，与厂商签订购货合同；

c. 租赁公司 A 以承租人身份与租赁公司 B 签订租赁合同；

d. 租赁公司 A 以出租人身份与用户签订转租赁合同。

第三种模式如图 9-3 所示。

a. 租赁公司以承租人身份与厂商直接签订租赁合同；

b. 租赁公司再以出租人身份与用户签订转租合同。

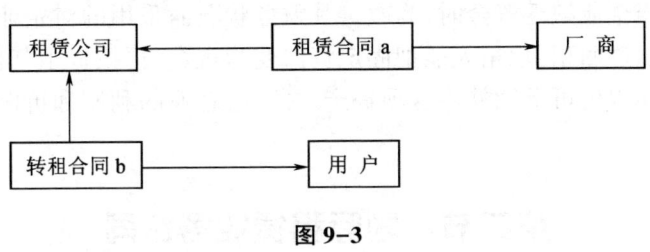

图 9-3

直接租赁与转租赁的主要区别是：转租赁从租赁公司获得租赁融资便利，直接租赁则从银行、金融机构处以传统信贷方式直接获得融资便利。一般情况下，只有在租赁内含利率低于贷款利率时，租赁公司才会考虑转租赁，否则再加上自己的利润，租赁成本便会大大高于贷款购买成本，从而失去竞争性。当然在其从银行筹措不到资金，别家租赁公司又乐于向其提供融资时（一般发生在跨境租赁中），租赁公司也会采用转租赁。

3. 回租租赁。回租租赁，也称售后租赁，有两种方式：一是指由设备物主将自己拥有的部分资产（如设备、房屋）卖给租赁公司，然后再从该租赁公司租回；二是国内租赁机构根据企业要求，先从国外购进企业所需物件，再以相同价格转租给国外租赁公司，取得贷款后，再从国外租赁公司租回该物件转租给国内企业使用，以取得租金。如图 9-4 所示。

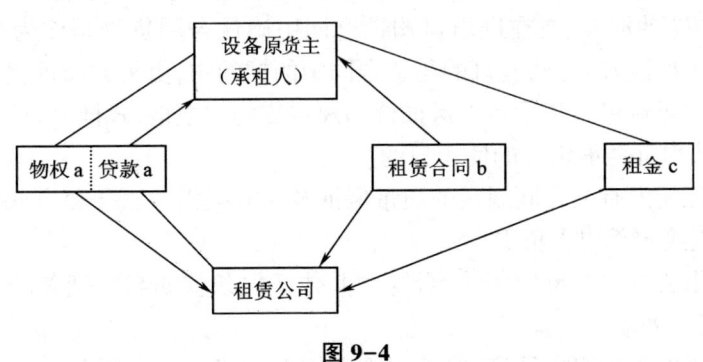

图 9-4

a. 设备原货主将设备出售给租赁公司,租赁公司得到设备的物权,设备原货主得到设备的贷款;

b. 设备原货主以承租人身份与租赁公司签订意向租赁合同,将出售的原设备租回使用;

c. 租期开始,承租人向出租人付租金。

回租是当企业缺乏资金时,为改善其财务状况而采用的对企业非常有利的一种做法。通过回租,承租人能把固定资产变为现金,再投资于其他业务方面,但同时在租期内仍可继续使用这项资产。此外,企业的利润和折旧在资产出售时便可收回。

第二节 国际租赁业务合同

一、国际租赁业务合同的构成

一笔国际租赁业务涉及多方当事人,因此,国际租赁业务合同较复杂,应由多份合同组成,至少包括出租人与供货人签订的进出口购销合同,出租人与金融机构签订的贷款合同,出租人与承租人签订的租赁合同,以及承租人与供货人签订的设备维修保养合同和保险合同等。

(一)进出口购销合同

进出口购销合同是由出租人作为买方,按照承租人与供货商磋商达成的条件,就买卖某项设备各自应享有的权利和应承担的义务,由代承租人与供货商签订的,并由承租人签字确认同意的书面协议。

进出口购销合同的基本内容和性质与一般进出口合同相类似,但其中还包含一些与租赁有关的条款,这些条款包括以下内容。

1. 卖方(供货人)要在进出口购销合同中确认合同货物是作为买方(出租人)和用户(承租人)之间签订的租赁合同中的标的物,由买方向承租人出租。

2. 卖方要对买方和承租人保证合同规定货物的规格、式样、质量、性能及其他全部条件均符合承租人的使用目的。

3. 保证期内有关合同规定的质量保证及卖方提供的服务和应承担的义务,均由卖方直接向承租人负责。

4. 与租赁有关的特别条款(合同中其他任何条款如与特别条款有抵触时,以特别条款为准)。

5. 合同由买卖双方签字,但承租人要同意并确定此合同条款,一般要求承租人在合同中附签。

(二) 贷款合同

贷款合同又称融资合同,是出租人与有关金融机构之间达成的融通资金协议。其主要内容包括:融通资金的双方当事人,融资目的、金额与期限,借款利率,还款资金来源及还款方式,各方权利义务,担保条款及违约责任等。

(三) 租赁合同

租赁合同是出租人和承租人为租赁一定财产而明确相互权利与义务的协议。租赁的法律形式主要表现在租赁合同中,因此租赁合同是租赁业务众多合同中的主要部分。租赁合同通常包括一般性条款和专业性特殊条款两类法律条款。

二、国际租赁合同的内容

(一) 一般性条款

一般性条款包括以下内容。

1. 合同说明条款。说明合同的名称,当事人的名称、住所、国籍,合同签订的日期、地点,出租人应承租人要求购进承租人选定的设备,按照双方共同商定的条款租赁给承租人使用。这一说明明确了出租人只承担融资责任。

2. 合同实施的前提条件条款。租赁合同须在履行了前提条件或生效条款后方能生效。其实施的一般前提条件有:项目批准文件,进出口许可证和偿还租金保证函等。

3. 租赁设备条款。此条款写明租赁设备的名称、制造厂家、出厂日期、规模、型号、数量、设备的技术性能、交货地点和使用地点等。

4. 租赁设备的交货和验收条款。此条款规定,承租人确认出租人与供货人之间有关进出口销售合同中的租赁设备是承租人根据自己的需要所选定的,承租人须向出租人提供出租人认为必要的各种证明。另外,该条款还应规定设备交付和验收时各方所负的责任。

5. 税款费用条款。租赁交易中涉及的进口关税、进口工商税和海关当局规定的增值税和产品税等税款的费用,如果未做其他规定,则应由承租人支付。支付方法在租赁合同中应做出规定。

6. 租期和起租日期条款。租期即合同有效期或承租人使用租赁设备的基本期限,其长短可由双方当事人协商而定。起租日即租金开始计算日,一般有付款日、提单日、开证日或交货日等几种算法。租期的起止应有明确规定。

7. 租金支付条款。租金是租赁合同的主要内容。除明确规定除非因出租人的过错,承租人有义务按照租赁合同规定向出租人支付租金外,此条款还应明确规定租金的构成和租金的计算方法。

(二) 特殊性条款

1. 购货合同与租赁合同的关系条款。在金融租赁交易中,租赁合同是购货合同成立的前提,是主合同;购货合同是租赁设备的依据,是辅合同。

2. 租赁设备的所有权条款和使用权条款。

3. 承租人不得中途解约条款。

4. 对出租人负责和对承租人保障的条款。由金融租赁的性质所决定的关于租赁设备的质量、性能、适用与否等问题,出租人对承租人不承担任何责任。但为了保障承租人的利益,在租赁合同中应规定出租人将对租赁设备供货人的索赔权转让给承租人。

5. 对承租人违约和对出租人补救的条款。

6. 租赁设备的使用、保管、维修和保养条款。

7. 保险条款。对租赁物件的保险是为了保证承租人和出租人不受意外损失而采取的一项重要措施。这一条款应规定承租人或出租人必须向双方选定的保险公司为租赁物件投保以出租人为受益人或以出租人和承租人为共同受益人的财产险和第三者责任险,并由承租人承担有关的保险费用或由出租人通过提高租金的形式从承租人处得到补偿。投保的租赁物件价值不应低于物件总的成本价或租金总额或全价更换此物件的价值。在此条款中,必须列明保险的范围、投保人、保险公司的选择、投保的时间、保险的受益人等内容。

8. 租赁保证金和担保条款。在金融租赁中,是出租人通过融通资金购买租赁物件并出租给承租人使用,因此出租人面临着承租人违约而难以收回投资的风险。为此,出租人往往要求在租赁合同中规定必要的担保,以转移或减少自身可能面临的风险,确保自身的经济利益不受损失。金融租赁的担保一般有两种形式:一是保证金;二是第三者的信用担保。

9. 租赁设备租赁期满的处理条款。对于租赁设备期满如何处理的问题,不同国家有不同的法律规定。在我国,金融租赁的承租人有三种选择权——留购、续租或退租。但在现行金融租赁交易中,大多数承租人在租赁期满将应缴的租金及其他款项付清后,只需支付名义货价即可获得租赁设备的所有权。

10. 对第三方的责任条款。规定了涉及第三方(出租和承租双方以外的有关方面)的权益的条款。

11. 转租赁条款。在租赁期间,承租人有权要求将租赁设备转租给其他人使用,但必须取得出租人的书面同意。

12. 租赁债权的转让和抵押条款。出租人有权在未经承租人同意的条件下,在不影响承租人对拥有设备使用权的前提下,可以将租赁合同规定的全部或部分权利转让给第三者,或提交租赁物件作为抵押。

13. 预提所得税条款。预提所得税是指非本国境内的企业、银行及其他经济组织在将本国所得的利息、股息等汇出本国时需向本国税务机关缴纳的所得税。在国际金融租赁中,如果承租人和出租人分属不同国家,出租人在合同条款中往往要求写明由承租人为其代交预提税。

14. 争议解决条款。在履行租赁合同期间,双方当事人在出现争议时,采取何种形式解决,需在合同中明确规定,在国际融资租赁中,解决争议的一般方式为以下三种:双方协商、仲裁、法院审理。

(三) 租金的计算

一般说来,租金有五个构成要素:购买或租赁资产的货款;预计的名义货价,也称设备残值,指租赁物件在租赁期满后的市场价格;利息,指出租者为给承租者购置租赁设备而向银行贷款所支付的利息;租赁手续费,指出租者为承租者办理租赁资产所支出的营业费用(如办公费、工资、差旅费、税金等)和利润;租赁期限。

租金的计算方法,主要介绍以下几种。

1. 附加率法。附加率法是在租赁资产的设备货价或概算成本上再加上一个特定的比率计算租金的方法。其公式为:

$$R = P_V \frac{(1+n \times i)}{n} + P_V \times r$$

式中,R 为每期税金;P_V 为租赁资产的货价或概算成本;n 为还款次数,可按月、季、半年或年计算;i 为与还款次数相应的折现率;r 为附加率。

例如,某个租赁项目的概算成本为 1 000 000 元,租赁双方商定分 3 年 6 期偿还租金,即从起租日起,以后每隔半年等额偿还一次租金。年利率为 8%,附加率为 5.5%。求平均每期租金和租金总额。

解:已知 $P_V = 1\ 000\ 000$,$n = 6$,每期利率 $i = 8\% \div 2 = 4\%$,则每期平均租金为:
$R = 1\ 000\ 000 \times (1 + 6 \times 4\%)/6 + 1\ 000\ 000 \times 5.5\% = 261\ 666.67(元)$

租金总额为:
$R_{总} = 6R = 6 \times 261\ 666.67 = 1\ 570\ 000(元)$

2. 年金法。以现值理论为基础,将一项租赁资产在未来某个租赁期间内的租金额按一定比例折现,使其租金总和等于租赁资产的概算成本,这种计算租金的方法称为年金法。年金法的计算又分为以下几种。

(1) 等额年金法。该方法包括后付公式和先付公式。

后付即在每期期末支付租金(见图 9-5),后付公式为:

$$R = P_V \frac{i(1+i)^n}{(1+i)^n - 1}$$

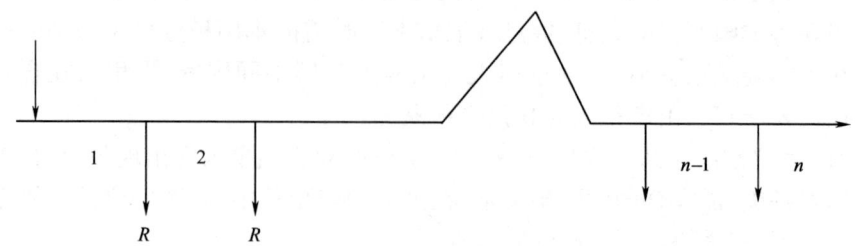

图 9-5

先付即在每期期初支付租金(见图 9-6),先付公式为:

$$R = P_V \frac{i(1+i)^{n-1}}{(1+i)^n - 1}$$

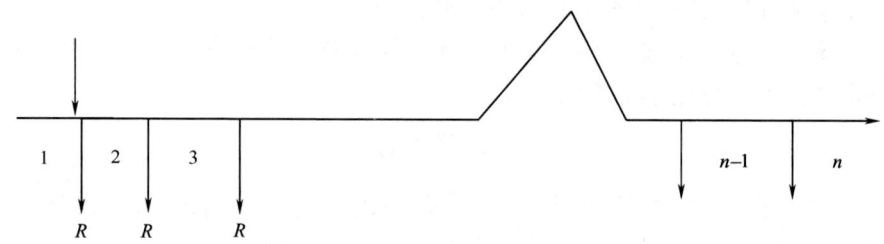

图 9-6

(2) 等差变额年金法(见图 9-7)。

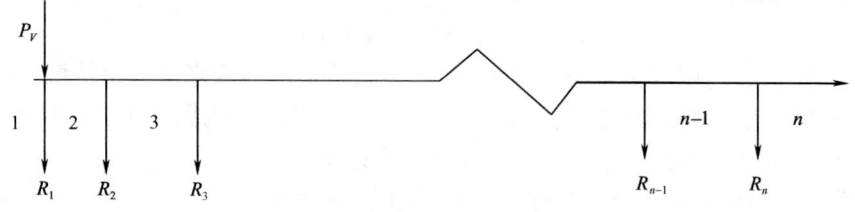

图 9-7

等差变额年金法即从第二期开始,每期租金比前一期增加一个常数 d。因此有:
$$R_1=R_1, R_2=R_1+d, R_3=R_1+2d,\cdots,R_n=R_1+(n-1)d$$

其公式为:
$$R_n = R_{n-1}+d$$
$$R_1 = \frac{1}{(P_A|A,i,n)}\left\{P_V+\frac{d}{i}[n-(P_A|A,i,n)]\right\}-nd$$

式中,$(P_A|A,i,n)=\dfrac{(1+i)^n-1}{i(1+i)^n}$ 为年金现值系数。

该式即为等差变额年金法第一期租金的计算公式,并由此推导出租金总额的计算公式为:
$$\sum R = \frac{n}{2}[2R_1+(n-1)d]$$

(3)等比变额年金法(见图9-8)。

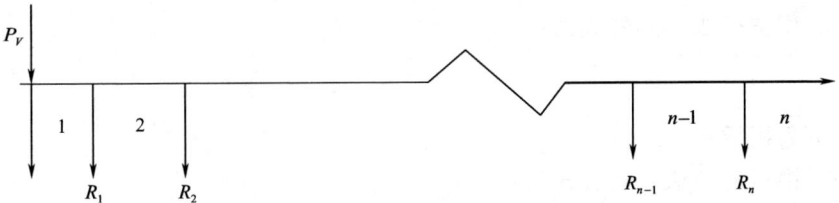

图 9-8

等比变额年金法即从第二期开始,每期租金与前一期租金的比值是一个常数 $q(q>0)$。等比租金的构成公式为:
$$\frac{R_n}{R_{n-1}}=q$$
$$R_1=P_V\frac{(1+i-q)}{1-\left(\dfrac{q}{1+i}\right)^n}$$

租金总额的计算公式为:
$$\sum R = R_1\frac{(1-q^n)}{1-q}$$

3. 递算式计算法。其公式为:
$$R=多期占款本金数\times年利率\times占款年数+各期应还本金额$$

假设一笔租赁业务,租赁资产的概算成本为150万元。租赁期为3年,每年年末支付租金,利息和手续费的年率 7%,试用该方法计算各年租金(见表 9-1)。

表 9-1

	占款年数	本金余额	应付本金	利息额	租金 R
1	1	150	50	10.50	60.50
2	1	100	50	7.00	57.00
3	1	50	50	3.50	53.50
应付总额				21.00	171.00

4. 年息法。其公式为:

$$R = P_V \cdot \frac{c}{n}$$

式中,c 为年息数;n 为租期。

5. 租赁率法。其公式为:

$$R = P_V \frac{(1+y)}{n}$$

式中,y 为租赁率。

6. 银行复利法。其公式为:

$$\sum R = P_V \left(1 + \frac{i}{m}\right)$$

式中,m 为复利次数;i 为年利率。

7. 平均分摊法。其公式为:

$$R = \frac{(P_V - 预计残值) + 利息 + 手续费}{租赁期数}$$

8. 浮动利率法。浮动利率法是在租赁期内,租赁利率按国际金融市场利率变动,一般是按伦敦银行同业拆借利率(LIBOR)变动。

第三节 国际租赁的流程

国际租赁是国际经济合作的一种重要方式,也是国际市场上融通资金和引进国外先进设备的重要手段和途径。由于国际租赁是跨国界的业务活动,其主体涉及不同国籍的法人或自然人,主要包括国内承租人、国内租赁公司、国外租赁公司、国外生产厂商。承租的对象主要是一些价值比较高的动产或不动产,如成套设备、轮船、飞机等。此外,国际租赁活动还涉及租赁物件的进出口报关、订舱、租赁物件运输保险以及租金的币种选择等一系列问题。目前我国开办的国际租赁业务主要是进口租赁。从承租方的角度来考虑，我国把国际租赁划分成四种类型：直接购买进口租赁、进口转租赁、进口回租赁和国际介绍租赁。本节将详细地介绍进口租赁业务的流程，以及办理国际租赁业务时需要加以注意的若干事项。

一、进口国际租赁业务流程

从承租方角度来看，进口租赁业务又分为四种类型：直接购买进口租赁、进口转租赁、进口回租赁和国际介绍租赁。下面一一介绍它们的业务流程。

（一）直接购买进口租赁的业务流程

直接购买进口租赁是指国内出租人运用自有外汇资金或向国内外金融机构筹集的外汇，按照国内用户的要求，以买方的身份与国外供货厂商签订买卖合同，购进技术设备，然后以所有者的身份将设备出租给国内承租人使用的一种租赁方式，可按以下流程来办理。

1. 国内租赁公司受理国内承租人的租赁申请和委托。承租人首先向租赁公司提交租赁委托书、租赁设备订单（其中列明设备型号、规格及生产厂家等具体内容）、项目建议书、可行性研究报告、项目计划任务书、固定资产投资计划和进口批文等一系列文件和资料。租赁公司对承租人提交的租赁项目进行认真审查。审查的主要内容涉及产品是否有销路，原材料、能源是否有保障，租赁项目是否立项并列入年度计划，承租人的管理水平、技术力量能否适应承租设备的生产需要，经济效益和实际偿还能力等方面。

2. 物色租赁设备的供货厂商及购前调查。承租人在委托国内租赁公司办理项目租赁之前，有的已经预先选好设备的供货厂商，甚至可能已与国外供货厂商进行了有关的技术洽谈。国内租赁公司接受委托之后，可以依照承租人已经选定的供货厂商，也可通过自己的对外联系渠道，选择新的供货厂商。国外供货厂商选定后，需要掌握有关的资料，便于在谈判中争取主动。承租人可以要求国内租赁公司邀请国外供货厂商来访，也可派遣技术人员和国内租赁公司的业务人员去国外实地考察，了解第一手资料。

3. 组织技术谈判和商务谈判。谈判主要涉及技术和商务两方面的内容。国内租赁公司组织谈判，由承租人、国内租赁公司和国外供货厂商三方进行。有关技术交流、设备选型、技术服务等技术方面的商谈，应以承租人为主进行；而有关设备价款、供货方式、运输方式等商务方面的商谈，应以国内租赁公司为主进行。如果租赁设备经承租人确认，达成一致意见，国内租赁公司就可与国外供货厂商签订购货合同。

4. 签订租赁合同。购货合同签订后,承租人与国内租赁公司按预先商定的条件签订租赁合同。租赁期内,承租人根据此合同向国内租赁公司分期缴纳租赁费用。

5. 国内租赁公司办理购买设备的信用证。国内租赁公司最迟在买卖合同规定的租赁设备交货期前半个月,向所在地中国银行办理购买设备的信用证。信用证的开证申请人是国内租赁公司,受益人是外国供货厂商,通知行为供货厂商所在地的银行。信用证付款方式按买卖合同的规定条款执行,一般可以是即期付款,也可以是分期付款。

6. 做好报关和订舱。租赁设备到货前,国内租赁公司要将买卖合同、租赁合同、项目批文、订货卡片等文件提交给当地海关申请进口。对于按FOB(装运港船上交货价)计价条件的租赁设备,国内租赁公司应在租赁设备交货前2个月,办理租船订舱手续。

7. 投保、检验和索赔。对于按FOB和CIF(成本加运费、保险费价)计价的设备,国内租赁公司在接到供货厂商的装船通知后,应立即凭通知单向保险公司办理投保手续。检验既可以在国内的卸货港进行,也可以在承租单位进行。检验由保险公司、海关和商品检验局进行,由商品检验局具体执行。如发现问题,须在索赔期内向供货厂商索赔。

8. 验单、办理付款手续。收到国外供货厂商的装船单据后,国内租赁公司要将单据与买卖合同、信用证进行核对。承租人可以进行复审,确认无误后才能履行付款手续,凭单据到开证银行验单付款。开证银行对外付款之日,即为租赁业务的正式成交日。国内租赁公司将具体日期通知承租人,承租人收到通知后,按租赁合同要求,按期缴纳租金。

9. 办理租赁设备所有权转让手续。在承租人向国内租赁公司付清最后一笔租金以后,国内租赁公司向承租人签发设备所有权转让证明书,证明承租人已按租赁合同付清了全部租金。自该证明书签发之日起,原租赁设备的所有权就转让给承租人。至此,承租人变更为购买人,原来的租赁合同作废,租赁交易完全结束。

(二)进口转租赁的业务流程

进口转租赁是指国内租赁公司按国内承租人所提交的设备订单,先以承租人的身份,从国外租赁公司租入设备,然后再以出租人的身份将所租设备转租给国内最终承租人的一种租赁形式。

进口转租赁的业务流程如下。

1. 国内租赁公司与国外供货厂商签订购买合同。与直接购买进口租赁业务的前四个步骤类似,国内租赁公司接受承租企业的委托,物色国外供货厂商,组织技术谈判和商务谈判。最后,国外供货厂商与国内租赁公司签订购买合同。同时,国内承租人与国外供货厂商签订技术服务协议。但由于进口转租赁涉及国外租赁公司,因此,与直接购买进口租赁程序有所不同。首先,国内租赁公司根据国内最终承租人的要求,向国外租赁公司提交租赁委托书。其次,国外租赁公司必须与国内租赁公司及国内承租人一起同供货厂商进行商务谈判。为了确保租赁设备的质量,必须要求国外租赁公司在租期内对设备的质量承担连带保证责任。

2. 国内租赁公司、国外供货厂商与国外租赁公司签署购买合同转让书(Assignment)。购买合同转让书又称销售备忘录(Memorandum of Sale),明确规定由国外租赁公司作为融资方,直接向供货商支付货款。通过购买合同转让书,将原购买合同中买方(即国内租赁公司)应向国外供货厂商履行的权利和义务,转让给国外租赁公司执行。在法律上,国外租赁公司成为购买合同中的买方。购买合同转让后,国外租赁公司要与国外供货厂商签订供货协议。

3. 国内租赁公司与国外租赁公司、国内租赁公司与国内承租人分别签订租赁合同。国内租赁公司根据购货合同的有关规定同国外租赁公司洽谈租赁条件,明确各自的权利和义务,并签订租赁合同,将设备从国外租赁公司租入。同时,国内租赁公司还要与国内承租人签订转租合同。国内租赁公司还应向国外租赁公司提交由中国银行或其他国内金融机构出具的不可撤销的保证函,以保证国内租赁机构支付租赁费。

4. 执行购买合同。国外供货厂商按照购货合同的交货期装船交货,并向国外租赁公司提交正本装运单据,同时向国内租赁机构提供副本单据并发送装运电报。国外租赁公司验单无误,并经国内租赁机构认可后,对供货商办理付款手续,并且随即向国内租赁机构寄送正本单据及签发支付租金通知书,通知起租日和每期应付的租金金额。该通知书应由国内租赁公司审核并签字确认。租赁设备到港后,由国内租赁公司通知承租人提货。提货前的投保、验货及索赔手续,与直接购买进口租赁相同。

5. 执行租赁合同。国内租赁公司依据其与国外租赁公司签订的租赁合同分期支付租赁费。国内承租人根据转租合同按期向国内租赁公司支付租赁费。

6. 租赁合同结束手续。国内租赁公司与国外租赁公司签订的租赁合同期满时,由国外租赁公司向国内租赁公司签发"设备所有权转让证明书"。同时,国内租赁机构在向国外租赁公司履行最后一次支付租赁费义务时,要多付一笔象征性金额作为购买租赁所有权的付款凭证。当国内租赁公司与国内承租人签订的租赁合同期限届满时,国内租赁公司要向国内承租人提交"租赁设备所有权转让证明书"。至此,租赁业务宣告完成。

(三)进口回租赁的业务流程

进口回租赁是指国内租赁公司根据国内承租人的要求,先从国外设备供应商手中用现汇购进所需的设备,再将设备的所有权卖给国外租赁公司,收回设备的等额价款,然后再与国外租赁公司签订回租合同,取得设备的使用权,最后将租回的设备转租给国内的承租人使用的一种租赁方式。

进口回租赁实际上是由一笔回租和一笔转租业务组成。进口回租赁业务包括三份以上合同:国内租赁公司与国外供货厂商签订的购货合同;国内租赁机构与国外租赁机构签订的回租合同;国内租赁机构与国内承租企业签订的转租赁合同。

在进口回租赁中应注意:国内租赁公司与国外租赁公司签订的不是租赁合同而是回租合同,即并不转让前者执行购货合同的义务,国外租赁公司仅仅只是提供融资便利。通常情况下,国内租赁公司把国外租赁公司在当地的往来银行作为开立信用证的付款行,由国外租赁公司直接向供货厂商支付租赁设备的货款。

进口回租赁的业务如下。

1. 签订购货合同。国内租赁机构与国外供货厂商签订购货合同,同时,国内承租人与国外供货厂商签订技术服务协议。

2. 签订回租合同与转租赁合同。国内租赁机构与国外租赁机构进行回租赁谈判,签订转售协议和回租合同,然后再由国内租赁机构与国内承租人签订转租赁合同。

3. 购货合同的执行。这要分以下三步。

(1)国内租赁公司通过开证银行向国外供货厂商开立购买租赁设备的信用证。

(2)国外供货厂商收到信用证后,向国内租赁机构发送设备,同时将装船单据交给国外租赁公司。国内租赁公司将设备转运给国内承租人。

(3)国外租赁公司收到装船单据之后,通知供货厂商所在地的往来银行支付货款。

4. 租赁合同的执行。国内承租人向国内租赁机构分期支付租金。国内租赁机构向国外租赁公司分期支付租赁费。

5. 结束租赁合同。租赁期届满时,国外租赁公司向国内租赁公司办理设备所有权转让手续;国内租赁公司向国内承租人办理所有权转让手续。

(四)国际介绍租赁的业务流程

国际介绍租赁,是指由国内租赁机构介绍,国内承租人直接向国外供货厂商签订购货合同(但由于目前国内进口通关的需要,需由国内租赁机构与国内承租人一起作为买方在购货合同上签字),并直接同国外租赁公司签订租赁合同,国外租赁公司根据租赁合同和由国内租赁机构或中国银行等其他金融机构开立的支付租赁费的担保函,将设备出租给国内承租人使用。国内承租人分期向国外租赁公司支付租赁费。

国际介绍租赁的业务流程如下。

1. 购货合同的签订。这要分以下三步。

(1)国内租赁机构根据国内承租人的要求,向国外租赁机构委托项目。国外租赁机构在接受项目之后,选择国外供货厂商。

(2)国内承租人与国外供货厂商进行技术交流,并签订技术服务协议。

(3)国内租赁机构会同国内承租人与国外供货厂商进行项目的商务洽谈,并签订购货合同。

2. 国内承租人与国外租赁公司签订租赁合同。

3. 国内租赁公司向国外租赁机构寄送购货合同转让书,而后国外租赁公司与国外供货厂商签订供货协议书。

4. 国外供货厂商向国内承租人交货。国内承租人向国内租赁公司支付租赁费;国内租赁机构代替国内承租人向国外租赁机构分期支付租赁费。

二、办理国际租赁业务需注意的若干事项

第一,在现行浮动汇率制度下,合同应附加处理汇价风险问题的条款。在交易币种的选择上,进口或支付租金时应争取选用汇价趋于下浮的软货币,产品出口则应争取选用汇价趋于上浮的硬货币。

第二,要防止国外出租人乱收费用。一般而言,承租人除了支付租金外,不承担其他任何费用,所以诸如承担费、代理费、杂费、管理费等各种在银团贷款中才会出现的费用,承租人应予拒绝。此外,在国外出租人在收取租金之外,另要单独收取手续费时,必须在确认原租金不包括此项费用的条件下,方能同意支付。

第三,在技术把关上,国内承租人务必了解国内外有关行业的技术进展概况,进行必要的预测,以防止租赁物件由于无形损耗而在租赁期内就丧失使用价值。

第四,重合同,守信用,严格履行义务。像其他合同一样,国际租赁合同一经签订,就具有法律效力,因而承租人不得无故不履行合同规定的各项义务。但如发现合同不合理,则可根据国际惯例,及时提出重新谈判,进行修改或更正。

第四节　国际租赁决策

一、租赁决策的基础理论

无论是评价购买方案还是评价租赁方案，一般都采用动态分析方法，即考虑货币的时间价值。只有通过对货币数额和时间变化关系的动态分析，我们才能较完整地反映租赁或购买方案的经济效益，做出正确的决策。

(一) 贴现和复利现值换算系数

贴现是将一笔未来资金，按一定的期限和一定的贴现率换算成一笔等价的现在的资金。贴现时所用的利率或折扣率即为贴现率。复利现值换算系数是计算复利现值时的系数，它是一个货币单位在不同时期的现值。其计算公式为：

$$p=\frac{1}{(1+i)^n}$$

式中，p 为复利现值换算系数；i 为贴现率；n 为年数。

(二) 现值换算

现值换算即用贴现的方法，将一笔资金换算成某一个时间点上的现值。其计算公式为：

$$P=F\frac{1}{(1+i)^n}=F(P/F,i,n)$$

式中，F 为终值。

(三) 净现值

净现值(NPV)是指对企业一个项目建设预计的现金流入与现金流出的差额，按照规定贴现率贴现到计算基准年的现值。其计算公式为：

$$NPV=\sum_{t=0}^{n}(CI_t-CO_t)\frac{1}{(1+i)^t}$$

式中，CI_t 为年份 t 的资金流入量；CO_t 为年份 t 的资金流出量；$\frac{1}{(1+i)^t}$ 为年份 t 的贴现率的换算系数。

(四) 内含收益率

内含收益率(IRR)是指现金流入量与流出量的现值正好相等，即净现值等于零的贴现率。其计算方法较为复杂。如果收入是规则的,先计算年金现值系数,后查年金的现值系数表,则可确定内含收益率。收入不规则的内含收益率的计算则要采用试算法。可以试着选用一个偏高的和一个偏低的贴现率,据此推断内含收益率一定在某个范围内,然后用插入法计算出结果。即:

$$\text{内含收益率} = \text{偏低的贴现率} + \frac{\text{偏低贴现率净现值} \times \text{两个贴现率的差额}}{\text{两个贴现率净现值绝对值之和}}$$

也可以表示成:

$$IRR = i_0 = i_{+1} + \frac{NPV_{i_{+1}} \times (i_{-1} - i_{+1})}{|NPV_{i_{-1}}| + |NPV_{i_{+1}}|}$$

式中,i_{-1} 和 i_{+1} 为试算出的偏高和偏低贴现率,且 $i_{-1} > i_{+1}$。

下面来看一个计算 IRR 的实例。

假设某公司预计一项新增资产可能会产生以下的税后现金流量,计算IRR。

时间	现金流量
现时	-10 000
1~8 年	1 900
第 8 年(残值)	1 000

计算过程如下:

先计算 IRR 的大致范围:

$$\frac{(1\ 900 \times 8 + 1\ 000)}{80\ 000} = 20.3\%$$

然后以 20% 为贴现率计算现值:

时间	现金流量	折现系数	现值
现时	-10 000	1	-10 000
1~8 年	1 900	3.871 6	7 290
第 8 年	1 000	0.232 568	232

故知 $i_{-1} = 20\%$,$NPV_{i_{-1}} = -2\ 478$。取 $i_{+1} = 10\%$,计算得 $NPV_{i_{+1}} = 603$。代入公式可得:

$$IRR = 10\% + (20\% - 10\%) \times \frac{603}{603 + 2\ 478} = 0.119\ 6$$

即该项目内含收益率为 0.119 6 或 11.96%。

(五) 六个常用的复利计算公式(见表9-2)

表 9-2　　　　　　　　　六个常用复利计算公式汇总

公式名称	已知 i,n 已知	已知 i,n 求解	系数 x	公式
复利终值公式	P	F	$(1+i)^n$ 或 $(F/P,i,n)$	$F=P(1+i)^n=P(F/P,i,n)$
复利现值公式	F	P	$\dfrac{1}{(1+i)^n}$ 或 $(P/F,i,n)$	$P=F\dfrac{1}{(1+i)^n}=F(P/F,i,n)$
年金现值公式	A	P	$\dfrac{(1+i)^n-1}{i(1+i)^n}$ 或 $(P/A,i,n)$	$P=A\dfrac{(1+i)^n-1}{i(1+i)^n}=A(P/A,i,n)$
资金回收公式	P	A	$\dfrac{i(1+i)^n}{(1+i)^n-1}$ 或 $(A/P,i,n)$	$A=P\dfrac{i(1+i)^n}{(1+i)^n-1}=P(A/P,i,n)$
年金终值公式	A	F	$\dfrac{(1+i)^n-1}{i}$ 或 $(F/A,i,n)$	$F=A\dfrac{(1+i)^n-1}{i}=A(F/A,i,n)$
资金存储公式	F	A	$\dfrac{i}{(1+i)^n-1}$ 或 $(A/F,i,n)$	$A=F\dfrac{i}{(1+i)^n-1}=F(A/F,i,n)$

注：系数可通过查复利系数表取得。

二、租赁决策的一般方法

(一) 现金流量分析

现金流量分析是长期投资决策中运用的最基本的概念之一。它包括现金流入量和现金流出量。考察任何一个长期投资项目，在整个过程中，首先是资金在一个时间序列内的投入，从投资者账户上反映出的是资金的源源流出，称为"现金流出"；从某个时刻起项目开始生效，新产品产出并获销售收入，或者是原有生产产量增加，成本降低，使现金收入增加，这从投资者账户上反映的是资金的源源流入，称为"现金流入"。根据货币银行学的理论，同一单位的货币在两个不同的时点上其价值应是不同的，其差额即是货币时间价值。货币时间价值的大小取决于资金或资本的"生息能力"的大小，而这所谓的"生息能力"最终决定于当期整个社会的平均利润率(可视不同情形称之为利息率、收益率、利润率或报酬率等)。我们在进行现金流量分析时所对比的正是现金流量所代表的实际价值，而不是其表面上的绝对数额。一般在投资开始的那一刻开始折现比较，从而使成本和收益的对比分析合乎实际结论。

例如，我们考察一个投资项目：第1年需投资100万元，预计1年后有收益10

万元。若市场利率为12%,那么按市场利率1年后这100万元应值112万元。实际投资1年后只有110万元,我们显然不能认为第2年已经营利,相反却应认为是亏损了2万元。

(二) 收益成本比率法

任何租赁项目关于其收益的评估分析都要明确预测租赁期内较接近实际的现金流量。首先要通过预测确定租赁项目的期限,其次需要确定期限各时点的现金流出量(项目在相应时期的成本)和现金流入量(相应时期的项目收益)。最后把不同年份的成本和收益的预测值折现,分别得出成本现值总额和收益现值总额,进行对比就可对项目效益做出评价。故投资项目分析中把收益现值与成本现值的比值称为益本比,用 BCR 表示。假设现金的流出量即成本是 $C_k(k=0,1,2,\cdots,n)$,现金的流入量即收益是 $B_k(k=0,1,2,\cdots,n)$,那么 BCR 的计算公式为:

$$BCR = \frac{\sum_{k=0}^{n} \frac{B_k}{(1+i)^k}}{\sum_{k=0}^{n} \frac{C_k}{(1+i)^k}} = \frac{P_B}{P_C}$$

从此公式可以看出,一旦现金流量被确定,BCR 的大小就唯一被分析者所选定的贴现率 i 决定。也就是说,当 B_k 和 C_k 被确定之后,对每一个选定的贴现率 i,BCR 的值都有三种可能:$BCR=1$,$BCR>1$,$0<BCR<1$。当 $BCR=1$ 时,说明项目在选定贴现率下所得等于所失,或者说赢利水平就是折现率 i 的水平;当 $BCR>1$ 时,得大于失,项目的赢利水平高于选定的贴现率,而且 BCR 越大,说明营利能力越强;$0<BCR<1$ 时,项目的获利能力未达到贴现率水平,BCR 越小,项目效益就越差。如果选择银行利率为贴现率,某项目的益本比 BCR 仍旧小于1,那么对该项目进行投资肯定是徒劳无益的,不如干脆存在银行。

(三) 净现值法

所谓净现值(NPV),就是一个项目的收益现值总额和其成本现值总额之差。如果 C_k 和 B_k 表示项目寿命期内的现金流入量和现金流出量,那么净现值 NPV 的公式为:

$$NPV = \sum_{k=0}^{n} B_k(1+i)^{-k} - \sum_{k=0}^{n} C_k(1+i)^{-k} = P_B - P_C$$

净现值也有三种情况,即正数、负数和零。显然,如果净现值大于零,说明投资收益大于投资支出,进行该项目投资是有利的。

(四) 内含报酬率法

我们已经知道,无论是益本比还是净现值,都是人为选定贴现率 i 的函数,在分析项目收益时,主观因素的影响较大。到底有没有一个较为客观的指标来衡量其经济效益呢?那就是内含报酬率。

一般来说,内含报酬率越高,说明其效益越好,反之则其效益越差。内含报酬率在数值上等于这样一个折现率,即以此折现率计算出来的项目净现值恰好为零,或者说益本比为1时的折现率。

三、租赁决策分析

租赁决策分析是基于项目本身有效益的基础上,对不同的融资方式的可行性及投资效果进行分析比较,以选择出最佳的筹资方案。项目投资者之所以面临是否选择租赁这种融资方式的决策,或是因为其自有资金不足,或是立项者认为进行负债经营可能取得更大的利润。首先要决定是租赁还是购买。

(一) 租赁与购买决策分析

某项资产设备是租赁还是购买,必须经过严密的可行性分析之后,才能做出决策。影响租赁决策的因素很多,对这些因素加以分析归纳,大体有以下几种:租赁费用、现金流转时间和数量、机会成本、税收因素、法律因素和风险因素等。下面主要利用几个例子加以说明。

1. 租赁与自有资金购买比较。对于承租人而言,关键的问题是要决定是租赁还是购买,最简单的方法是将租赁成本和购买成本加以比较,取成本较低者。这里的租赁成本不仅包括租金的支付,还包括在租赁期内维持设备正常状态所需的生产运转费用;购买成本不仅包括设备价款,也应包括使用设备所发生的运转费用、维修费用。在决策中使用的基本标准是将租赁成本与购买成本的全部现值都减少到最小值。举例分析说明如下。

例如,某公司需一台机器设备,设备货价(包括运输费、保险费在内)为185 000美元,寿命为10年,预计设备残值为500美元,此项设备每年营运费用为25 000美元,各种维修费用为每年3 000美元,若向租赁公司租用,每年租金为25 500美元,在贴现率假定为10%的情况下,哪一种方式对企业更为有利?

经分析,此项融资性租赁的成本现值计算如下:

租赁成本的每年成本为:

$$25\ 500+25\ 000+3\ 000 = 53\ 500(美元)$$

由于年金现值公式为:

$$P=A\frac{(1+i)^n-1}{i(1+i)^n}$$

将 $i=10\%, n=10$ 代入,可计算出租赁成本为328 704美元。

同样道理，购买的成本中包括设备价款、每年的营运费用和维修费用。购买的设备价款一次性支付无须折现，只需将营运费用和维修费用折现，另外，残值是作为收益，应折现后从购买的成本现值中扣除，计算如下：

$$购买的成本现值 = 185\ 000 + (25\ 000 + 3\ 000)\frac{(1+i)^n - 1}{i(1+i)^n} - 500\frac{(1+i)^n - 1}{i}$$

其中营运费用和维修费用是用年金现值公式，而残值 500 是用年金终值公式，代入 i,n 后，可得出购买的成本现值为 356 839 美元。

由此可见，租赁设备对企业较为合算。

2. 租赁与借款购买比较。当承租人决定要添置设备而资金又不足时，可以考虑租赁或向银行借款来购买设备。租赁要付租金，借款要支付利息和本金，此时也要比较哪种方案成本最低。

（1）在不考虑税收情况时的比较。

例如，某企业决定添置一套新设备，如采用租赁方式，每年年末需付等额租金 140 105 美元；如果借款购买，则设备价为 450 000 美元，借款利率为 10%，借款期为 4 年。设备寿命期为 4 年，无残值。在不考虑税收的情况下，企业该租赁设备还是借款购买？我们采用年末比较的方式：

若租赁，则 4 年内每年所付年金为 140 105 美元；若采用借款方式，4 年内每年还本付息数为：

$$A = P\frac{i(1+i)^n}{(1+i)^n - 1} = 450\ 000 \times \frac{10\%(1+10\%)^4}{(1+10\%)^4 - 1} = 141\ 956(美元)$$

可见，租赁比借款购买更合算一些。

（2）在考虑税收影响时的比较。由于每个企业都要就其收入交税，我们还应把税收因素考虑进去，选择税后收益更大的方案。

例如，某企业需要一套生产流水线设备，有家租赁公司答应为其融资，代价是企业每年应付给租赁公司 37 470 元的租金，每年年末支付。另一家银行也答应贷款给企业，设备价款为 90 000 元，代价是要企业每年等额还本付息 36 190 元。设备的寿命期为 3 年，无残值。假设企业应付的收入税税率为 46%，哪种方案更为有利？

如果借款购买，则为：

年份	年初欠款	利息	归还本金	还本付息
1	90 000	9 000	27 190	36 190
2	62 810	6 281	29 909	36 190
3	32 901	3 290.1	32 899.9	36 190

如果借款购买，企业可以将折旧及借款利息计入成本而免税。如果采用租赁方式，企业可将租金支出计入成本而免税。即：

年份	利息	直线折旧额	借款购买减税额	租赁减税额
1	9 000	30 000	39 000	37 470
2	6 281	30 000	36 281	37 470
3	3 290.1	30 000	33 290.1	37 470
总减税额			108 571.1	112 410

以上是在没有考虑资金的时间价值情况下进行的比较,租赁所引起的税收减免额总数大于借款购买。下面再引进资金的时间价值来进行比较(假设企业预定的折现率为15%)。

借款购买可减免税额的现值为:

$39\,000/(1+15\%) + 36\,281/(1+15\%)^2 + 33\,290.1/(1+15\%)^3 = 83\,235.4(元)$

租赁所产生的可减免税额的现值为:

$37\,470(P/A,15\%,3) = 85\,544(元)$

租赁所获得税收减免的现值依然大于借款购买所带来的税收优惠。由于税率为46%,则实际的税收减免额分别为:

借款购买:$83\,235.4 \times 46\% = 38\,288.3$(元)

租赁:$85\,544 \times 46\% = 39\,350$(元)

(二)租赁投资方案的优选分析

租赁投资方案的选择,是指企业已经决定利用租赁方式进行设备更新或技术改造,而对几种不同的租赁方案进行比较,从而使所选择的方案达到最优。它可用租赁成本现值比较法和净现值比较法两种方法进行分析。

1. 租赁成本现值比较法。租赁成本现值比较法是对几种不同的租赁方案的成本,分别用贴现的方法,将其换算成现在同一时期的资金,然后再对几种不同的租赁成本现值进行比较的一种方法。

例如,某企业拟租赁一台价值为19 000元的设备,设备的使用期限是3年,估计残值是1 000元,利率为10%,贴现率与利率相同,有两种租赁方案可供企业选择:

甲方案,为期3年的租赁,手续费、保险费和租金共计2 000元,规定承租人每年末支付租金8 000元,投资减税优惠由出租人享有,同时在第3年末还要额外支付给出租人500元。

乙方案,为期3年的租赁,手续费、保险费和租金共计2 000元,规定承租人每半年支付一次租金3 990元,同时还要预付两期租金,投资减税优惠转让给承租人(假定第1年初得到的投资减税额为设备价值的10%)。

上述甲、乙两方案的计算结果如表9-3所示。

表 9-3　　　　　　　　租赁成本现值比较法分析结果　　　　　　　　单位:元

	租金现值	租赁期满时支付金额的现值	投资减税额的现值	租赁成本总现值
甲方案	19 894	376	—	20 270
乙方案	22 128	—	-2 000	20 128
差额(甲-乙)	-2 234	+376	+2 000	+142

注:计算结果保留整数;差额结果如为"+"号表示乙方案优势,"-"号表示甲方案优势。

从上表中可以看出,乙方案比甲方案租金现值多 2 234 元,但由于甲方案需要一笔最后付款,因此有一笔不利的差额达 376 元。最后,在租赁乙方案中转让给承租人的减税优惠为 2 000 元,这就是乙方案同甲方案比,为什么会有 142 元的节省额的原因,这一点对承租人在进行租赁决策时很有帮助。

2. 净现值比较法。租赁成本现值法所考虑的只是与租赁有关成本的现值;而净现值法除了要考虑现金流出因素外,还考虑使用租赁物将给企业带来的效益,然后进行评价。

现仍以上述的甲乙租赁方案为例,做如下补充:该项设备在 3 年寿命期内,分别产生 7 000 元、8 500 元、9 500 元的效益,固定费用、人工费用等暂不考虑。求出每种方案的净现值。计算结果如表 9-4 所示。

表 9-4　　　　　　　　净现值比较表

项目 方案	租金现值①	租赁期满时支付金额的现值②	投资减税额的现值③	资金流出现值总额④	资金流入现值总额⑤	净现值 ⑥=⑤-④
甲方案	19 894	376	—	20 270	20 525	255
乙方案	22 128	—	-2 000	20 128	20 525	397
差额(甲-乙)	-2 234	+376	+2 000	+142		-142

根据上述计算结果,甲方案减去乙方案的净现值差额为 142 元,这说明乙方案的现金流出量小于甲方案的现金流出量。因此乙方案对承租人来说更有吸引力,企业选择乙方案是较有利的,同上述的成本现值比较法的结论完全一致。

（三）承租企业对租赁机构的优选分析

通过租赁与购买的比较分析，假定我们选择了租赁，又进一步通过租赁投资方案的优选分析，我们确定了某一个租赁方法，那么，在实施的过程中，承租企业还必须对租赁机构再做优选分析，否则可能会因为租赁机构选择不当而使我们以前的分析前功尽弃。选择租赁机构时，主要从以下几个指标来分析。

1. 租赁机构的信用度。一般来说，信用度是对租赁机构过去经营业绩的舆论评价，能较为准确地反映租赁机构的经营态度和水平。承租企业既可通过相关的金融机构进行调查，也可向曾与该租赁机构发生过业务关系的其他企业调查；还可直接要求租赁机构提交它以往及现在业务状况的报告书。

信用度高的租赁机构，其贸易渠道也多，能及时从国内外生产厂家购入或租入符合要求的优质租赁标的物，而且能千方百计地争取优惠价格，并以低租金的方式将优惠部分转给承租企业。加上它们信息反馈快，技术力量强，能够保证租入或购入设备的技术水平。相反，信用度低的租赁机构在交货时间、设备质量、租期内的服务等方面可能都会差很多。

2. 租赁机构的经济实力。实力雄厚的租赁机构多以财团或金融机构为依托，容易取得较低的贷款利息，争取到更多的税收等优惠待遇。为增强竞争力，许多租赁公司联合成为实力更强大的公司，有些国家还成立了多边租赁组织。许多大租赁公司更是积极争取从本国政府或其他有关设备供应国获得进口信贷优惠。还有的租赁机构结合各种租赁业务的特点，运用高明的融资手段，借入来源不同、期限不同的各种有利的贷款，降低租赁成本中的贷款利率，都可能间接导致租赁成本的降低，从而给承租企业带来好处。

（四）租赁合同的质量

租赁合同是出租方和承租方为租赁一定财产而明确彼此之间权利、义务的协议。在租赁合同中，对合同的主要内容及相关条款应做出明确规定，尽量避免由于合同出现漏洞或规定不详而带来财产损失的风险。在保证合同公正、翔实的基础上，承租企业应尽量争取各种优惠待遇或有利条件，而这些优惠待遇或有利条件的取得与否也是承租企业选择租赁机构的一个参考因素。

四、租赁决策中的不确定性分析

在租赁决策分析过程中，有众多因素需要考虑，这些因素随着时间、地点、条件的改变而改变。我们要进一步探讨这些不确定因素对各方案经济效益的影响。

（一）敏感性分析

敏感性分析是长期投资决策分析中应用最为普遍的一个分析方法。其基本目的是考察一个项目分析结果的稳定性，即一个投资分析结果以多大的程度随着其影响因素的变化而变化，通过分析，可使决策者对项目的风险程度有一个量化的概念。

影响融资租赁决策的因素有税收优惠、保证金、设备残值、所得税率、贷款利率等。这些因素中，有的因素发生很大的变化，而分析结果却只有微小变化；有的因素仅发生很小的变化，却导致分析结果很大的变化。也就是说，决策分析结果（如净现值、内部收益率等）对前者不敏感，对后者很敏感。决策因素的变化也有个发生概率的问题：如果分析结果对所有那些变化可能性大的因素都不敏感，那么分析结果就较为可靠稳定；如果某一因素变化的可能性很大，而分析结果对它又很敏感，则分析结果就不可靠了，这时决策更需谨慎。

假设变化因素为 $X_1, X_2, \cdots, X_n$，NPV 与 IRR 都是它们的函数，即：

$$NPV = f(X_1, X_2, \cdots, X_n)$$
$$IRR = g(X_1, X_2, \cdots, X_n)$$

分别求全微分：

$$dNPV = fX'_1 dX_1 + fX'_2 dX_2 + \cdots + fX'_n dX_n$$
$$dIRR = gX'_1 dX_1 + gX'_2 dX_2 + \cdots + gX'_n dX_n$$

显然，偏倒数 $fX'_1, fX'_2, \cdots, fX'_n, gX'_1, gX'_2, \cdots, gX'_n$ 分别表示 NPV，IRR 随其相应因素变化而变化的程度。我们可以将这些偏倒数定为敏感系数，以其绝对值大于还是小于 1 以及偏离 1 的程度来衡量其敏感性的强弱。

（二）临界值分析

所谓临界值，就是允许其因素变化的最大幅度。以租金为例，租金和残值不同，一般被认为是确定性因素，因为各期应付租金由租约规定，一般不会改变。但租金可高可低，其金额由合约双方谈判协定，因而它属于另一种形式的不确定因素，可以对其进行临界点分析，即求出临界租金。了解到租金变化的幅度对谈判和决策显然十分有利。

求临界租金的方法是假设 NPV 等于出租方可以接受的最低值，如 $NPV=0$，并假设各期租金相等，可求得一个租金值，这就是临界租金，它对于租金的最终确定有重要的参考价值。

可用类似方法求出其他的影响经济效益的重要因素的临界值用于决策分析。

临界值分析法有两个局限性：一是没有考虑不确定性因素各种取值的概率；

二是不能分析多种因素同时变化对项目经济效益的综合影响,这就需要其他分析方法来加以弥补。

(三) 风险调整贴现率

另一个不确定性分析方法,是根据风险大小调整求解净现值时所用的贴现率。一般先确定一个基础贴现率,然后根据风险大小,或者说根据不确定程度的高低,适当调整原来的基础贴现率。这种调整,除了依据企业性质、投资目的、投资期限和现金流量特点等因素之外,在一定程度上还要依赖于决策分析者的水平。在调整贴现率时,前者的分析尚可进行,而后者则相当困难。现将前者诸因素分析如下。

1. 企业性质。企业因经营范围、人员素质、规模大小等的不同而在资信程度、偿债能力诸方面差异较大,因而对它们所从事的投资项目显然不能用同一贴现率来分析净现值。例如,某个落后国家的边远地区的小企业,其资信和偿债能力一般无法与发达国家的大企业相提并论,因而对前者使用的贴现率要调高。

2. 投资目的。投资目的对贴现率的确定也有影响。如企业将租入设备用于新产品开发,在进行项目分析时采用的贴现率要调高,因为新产品开发的失败率是相当高的,且风险也大。相反,租入设备用于调换将要淘汰的设备,所用贴现率则可低些,因为有一定经验基础,投资的目的多半易达到。

3. 现金流转期限。现合流转期限长的项目,风险贴现率应适当高一些,反之则低。因为现金流转期越长,对将来现金流量的估计准确性就越难把握。有时候在同一租赁期内,也可根据现金流量发生的先后顺序调整,近期用较低的贴现率,远期则用较高的贴现率。

4. 现金流量的特点。各种现金流量的不确定性有时和它们的发生时间无关,而与组成现金流量的各个项目的特点有关。如折旧、工人工资、纳税额等固定成本一般较稳定,较易预测,但是产品销量、材料消耗量、原料采购单价等受市场影响变幻难测。在进行投资项目分析评估时可根据组成现金流量的各个项目的特点及其对现金流量的影响程度来调整贴现率。

第五节 我国的国际租赁

一、中国融资租赁业的形成

在改革开放之初,荣毅仁先生借鉴国外经验,率先在我国开创了融资租赁业务。1981年,中国国际信托投资公司先后组建了中国东方国际租赁有限公司和中国租赁有限公司。经过几十年的发展实践,目前,经原外经贸部审批成立的中外合资租赁公司已有 42 家,经中国人民银行审批成立的金融租赁公司有 15 家,还有近 200 家非银行金融机构兼营融资租赁业务。生产厂家和流通领域成立的租赁公司要求开展融资租赁,进行设备和产品促销的呼声也日益强烈。融资租赁作为一个新兴行业已在我国初步形成。

二、国际租赁在我国的应用

国际租赁是我国利用外资的主要形式之一,具有融资和贸易的双重职能。我国的国际租赁始于 20 世纪 80 年代初。截至 2002 年,我国已有中外合资租赁公司 39 家。2001 年我国加入 WTO 后,更多外国租赁公司希望在中国开展国际租赁业务。我国的租赁市场已成为世界租赁市场中一个生机勃勃的成长型市场。

(一)我国国际租赁的发展特点

数十年来我国国际租赁的发展呈现出以下几个特点。

1. 中外合资租赁企业是我国租赁业的生力军。目前在我国境内专营租赁业务的租赁公司中,中外合资设立的租赁公司占一半以上。这是因为中外合资租赁公司不仅熟悉国际租赁业务和国际惯例,而且也符合我国利用外资,引进先进技术设备的外向型经济发展战略。

2. 我国的租赁企业以融资租赁方式为主。由于我国企业技术设备落后和资金短缺,因而我国的租赁企业多从事进口融资租赁业务,租赁外国的运输工具和先进的技术设备成为中国租赁公司的主要业务内容。

3. 我国利用融资租赁的行业广泛,并以技术改造为主。我国开展国际租赁业务起步晚,但利用租赁进行融资的行业较多,包括运输、邮电、电力、机电、轻纺等行业。80%以上的融资租赁项目都是技术改造项目,其中相当一部分是出口创汇项目。

4. 承租人可以提前向出租人偿还租金。在西方国家一般不允许承租人提前偿还租金,而我国在租金的偿还上,允许承租人在许可的情况下按规定的金额提前偿还租金。

(二)我国的飞机租赁

飞机租赁是我国交通运输业租赁的典范,其选择国际融资租赁的主要原因如下。

1. 依照国际惯例操作。作为资本技术密集型产品,飞机的价值昂贵,航空公司仅靠自身积累是很难扩充机队规模并发展壮大的,因此必须利用外部融资。

2. 国际融资租赁有国内融资不可比拟的优势。一是可以锁定利率。国内融资因资本市场不发达,金融工具不完备,难以锁定人民币贷款利率,国际融资租赁却可将利率固定下来。二是能降低成本。国内美元贷款成本较高,又需自有资金配比,操作手续繁杂。而国际融资租赁一般为政府信贷,有的甚至有政府贴息,成本较低。三是有一套规范残值的操作流程,在资金到位方面也能很好配合,可以保证交易的顺利完成。

3. 国家宏观调控的要求。由于我国长期处于资金尤其是外汇短缺状态,所以一直把国际融资租赁飞机作为利用外资的重要渠道。

4. 国际融资租赁飞机在实践中取得了良好效果。我国民航采用的是利用租赁引进设备的现实途径。1980年,我国民航总局采用美国投资减税杠杆租赁方式,引进了第一架波音747-SP飞机。由于出租人能享受10%的投资减税、加速折旧和贷款利息扣减等优惠税收收益,因而能以降低租金的形式把部分利益转让给承租人,使我国民航企业从中受益。在租赁方式上,我国飞机租赁以杠杆租赁、融资租赁为主,以经营租赁为辅,并灵活运用转租、回租、尾款租赁等方式。租赁促进了我国民航业技术装备水平的迅速提高和规模的快速扩张,在很短的时期内提高了航空公司的市场竞争力和市场占有率,适应了市场需求,实现了跨越式发展。我国大型运输装备国际租赁的成功经验表明,租赁是扩大利用外资,加快引进国外先进技术装备,促进技术装备现代化的重要途径。

三、我国在开展国际租赁业务中存在的主要问题

第一,缺少一个统一的全国性的管理部门。中外合资的租赁公司由商务部负责审批,其他类型的租赁机构则由中国银保监会(局)审批,以致我国的租赁业缺乏统一管理,难以有效利用外资。为避免因盲目、重复引进技术或设备所造成的混乱,急需建立一个统一主管全国租赁业务的管理机构。

第二,租赁立法尚待系统完善。我国的租赁法规处于初创阶段,尚无较完整的租赁立法,某些规定又不尽合理,必须尽快系统完善,以免口径不一,有碍租赁业务的发展。

第三,外汇平衡及以外汇偿付国外租金尚无保证。以国际租赁方式引进设备,须以外汇偿付租金,但承租企业所生产的产品,若不出口或出口较少,不具备足够的出口创汇能力,往往会使须以外汇支付租金的问题无法平衡,因此就会欠付租金,影响国际租赁合同的执行与租赁业务的继续。如以调剂外汇来解决,国内承租企业又因调入时汇率的上涨而难以把握住经营成本,这种问题在中小企业利用国际租赁时尤为突出。且因国际租赁的成本较高,如果国内企业能顺利获得银行外汇贷款,一般也就不愿使用国际租赁方式了。

第四,对我国租赁公司自营进口租赁的加速折旧问题尚未妥善解决。西方国家对租赁公司所拥有的设备产权,均规定可加速折旧,从而可得降低及推迟税金缴纳的好处。我国租赁公司的自营进口租赁对所拥有的设备产权若能加速折旧,将相应降低成本,从而可降低租赁费,这对发展租赁业务或增强我国产品的出口竞争能力,扩大出口,增收外汇,均会产生较好的影响。

第五,我国银行和金融机构利用所吸收国外资金从事自营租赁业务,不能享受像中外合资的租赁公司的减免税金等优惠待遇,有失公允。国内资本从事国际租赁业务的公司,因业务开展得不景气,也大多经营亏本。

案例

工银租赁与英国BP航运公司签署租赁协议

英国当地时间2015年10月21日,工银金融租赁有限公司(ICBC Leasing,以下简称"工银租赁")与英国BP航运公司(BP Shipping,以下简称"BP航运")签署了价值8.69亿美元18艘油轮的租赁协议,这是工银租赁与BP集团的第一笔业务合作,8.69亿美元的业务规模也是BP航运百年来单笔金额最大的融资项目。工商银行董事长姜建清表示,本次签约为工银租赁进一步开拓与世界著名油气企业之间的业务合作奠定了良好基础,书写了中英两国航运领域金融合作的崭新篇章,也为中国工商银行和中国金融业的国际化进程做出了重要贡献。

近年来,中英两国之间的经贸合作保持了良好的发展势头,在更多领域上寻求突破已成双方共识。此次习近平主席访英期间,中英两国企业接连在核电、高铁、金融等领域完成多项重量级签约。根据协议,工银租赁将通过租赁的形式为18艘油轮提供一揽子租赁安排,作为船东将船舶光船租赁给BP航运运营,租赁期限为10年,BP航运按期支付相应租金。整个合作都体现了双方极具创新力和灵活性的设计和安排。该交易方式充分体现了租赁的灵活性和竞争力,工银租赁与BP航运也借此建立起友好、可持续的合作关系。

据悉,本项目是BP航运2012船队复兴计划的一部分。BP航运此前邀请了包括工银租赁在内的全球主要潜在融资合作伙伴参与竞争性投标。最终,工银租赁凭借其方案的灵活性以及企业综合优势被选为项目合作方。

工银租赁作为船舶和海工租赁行业的领军企业之一,近年来一直坚持"走出去"战略,奋力开拓欧洲、美洲等市场的航运海工金融业务,为近十家当地客户提供租赁服务,租赁余额达30亿美元(约合人民币190亿元)。工银租赁通过极具竞争力的租赁产品在全球航运市场发挥着越来越积极的作用。截至2015年9月末,工银租赁拥有318艘船舶(含在建船舶),境内外航运租赁资产余额约445亿人民币,已成为国内外航运公司、船厂、大型货主等企业的重要合作伙伴。

BP 航运为英国 BP 石油集团的全资子公司,公司成立于 1915 年,是具有全球影响力的原油、成品油、液化天然气运输公司之一。2013 年,BP 航运实际控制船队规模 93 艘,年货运量达 2.03 亿吨。

资料来源:工银金融租赁有限公司。

思考题与练习题

1. 国际租赁有哪些形式?各有何特点?
2. 简述租赁决策的一般方法。
3. 简述国际租赁业务合同的构成。
4. 简述进口国际租赁业务流程。
5. 计算题:

(1)某企业需要引入一套设备作为其更新项目,在国际市场上价格是 100 万美元。该企业若在国内银行贷款完成该项投资,外汇贷款年利率是 15%。而某租赁公司向该企业提出如下租赁方案:租赁公司购买此设备租给企业,租期 15 年,每年年末由企业付给租赁公司租金 20 万美元,租赁公司每年会返还企业租金 10% 税收减免,15 年后,该企业象征性付给租赁公司 1 美元而获此设备所有权,残值约为 10 万美元。问可否采用此项方案?

(2)某国租赁公司 A 对一租赁设备订立租赁条件如下:预付 10% 的保证金,年利率为 7.5%,在保证金不从概算成本中扣掉和在概算成本中扣掉两种情况下分别计算平均每期租金和租金总额(保证金抵做最后 1 期租金的一部分)。

6. 请登录国际统一私法协会网址 www.unidroit.org,阅读并翻译《国际金融租赁公约》(UNIDROIT Convention on International Financial Leasing)。

第十章 国际债券融资

本章要求在理解国际债券的概念和类型的前提下,着重掌握国际债券的发行及偿还各环节,同时能够准确计算国际债券的收益率。在此基础上了解我国国际债券的基本情况,掌握国际债券发行的法律文件的内容。

学习要点

Based on the understanding of concept and types of international bond, the emphases of learning this chapter should be international bond issuing and maturity. Meanwhile, precisely calculating the yield rate of international bond is important. On the basis of this, we should master the basic things of international bond of China and the documents of international bond.

第一节 国际债券的概念和类型

一、国际债券的概念

债券(Bond)是证明债券持有人(即投资者)有权向债券发行人(债务人)定期收取利息,并在债券到期时收回本金的债权证书。

国际债券是指一国政府当局、金融机构、工商企业以及国际组织机构,为了筹措资金,在国际债券市场上以某种货币为面值而发行的债券。它在国际经济实践中,是吸收和利用外国资本的重要国际融资形式之一。国际债券的重要特征,是发行者和投资者属于不同的国家,筹集的资金来源于国外金融市场。国际债券的发行和交易,既可用来平衡发行国的国际收支,也可用来为发行国政府或企业引入资金从事开发和生产。

国际债券的基本特征有以下三点:①国际债券的发行人与投资人分别属于不同的国家或地区,其发行、交易与债务清偿受到不同国家法律的支配,这不同于国内债券;②国际债券本质上是一种债权凭证,它体现了债券发行人与债券持有人之间的债权债务关系,这不同于国际股权证券;③国际债券是证券化的可自由流转的债权凭证,其发行与交易受到有关国家证券法规则的支配,这不同于国际贷款债权文件。此外,典型的国际债券通常还具有无记名证券,这种债券有固定的到期日和固定的利率。

二、国际债券的类型

国际债券分为外国债券和欧洲债券及其他几种类型。

(一)外国债券和欧洲债券

国际债券一般可分为外国债券(Foreign Bond)和欧洲债券(Euro Bond)两类。

1. 外国债券。外国债券是指某国举债人(债券发行人)通过国外某金融市场的银行或金融组织,发行以该市场所在国货币为面值的债券。其特点是举债人的法人地位属于某个国家,而债券的面值货币和发行市场属于另一个国家。如我国的中国银行在日本东京市场发行的以日元为面值的债券,中国财政部在德国发行并在法兰克福交易所上市的政府债券,中国银行在日本发行并在东京交易所上市的"武士债券",中国银行在美国发行并上市的"扬基债券"等均属此类。

发行外国债券时对发行地国家的要求比较高。为了使债券能顺利地发行,快速地筹集到资金,一般要求发行地国家符合以下条件:一是该国政局比较稳定,法制比较健全;二是该国证券市场活跃,资本市场资金充裕;三是该国的货币信用较高。因此,被选做外国债券发行地的国家不多,主要有美国、日本、德国、瑞士等。外国债券按其面值货币的不同,可分为美元债券、日元债券、瑞士法郎债券等。20世纪70年代中期前,美元债券在外国债券的发行领域中始终处于霸主地位。1976年,美元债券是瑞士法郎债券的2倍,但到了1979年,后者的发行总值已是前者发行总值的2倍多。从发展的趋势来看,美元债券的地位有所下降,而瑞士法郎债券的发行总值在迅速增加。

2. 欧洲债券。欧洲债券是指某国举债人通过国外的银行或金融组织在另一个或另几个外国的金融市场上所发行和推销的以欧洲货币(境外货币)为面值的债券。其特点是举债人属某个国家,债券在另一个或另几个外国金融市场发行与推销,而债券的面值货币为欧洲货币。如菲律宾某公司通过伦敦某银行,发行了以欧洲美元为面值的债券,而且该债券能同时在法兰克福和卢森堡市场销售。根据欧洲债券的面值货币不同,它又可进一步分为欧洲美元债券、欧洲英镑债券、亚洲美元债券、亚洲英镑债券等。

欧洲债券产生于20世纪60年代,是随着欧洲货币市场的形成而兴起的一种国际债券。60年代以后,由于美国资金不断外流,美国政府被迫采取一系列限制性措施。1963年7月,美国政府开始征收"利息平衡税",规定美国居民购买外国在美发行的债券,所得利息一律要付税。1965年,美国政府又颁布条例,要求银行和其他金融机构限制对国外借款人的贷款数额。这两项措施使外国借款者很难在美国发行美元债券或获得美元贷款。另一方面,在60年代,许多国家有大量盈余美元,需要投入借贷市场获取利息,于是,一些欧洲国家开始在美国境外发行美元债券,这就是欧洲债券的由来。

欧洲债券最初主要以美元为计值货币,发行地以欧洲为主。20世纪70年代后,随着美元汇率波动幅度的增大,以德国马克、瑞士法郎和日元为计值货币的欧洲债券的比重逐渐增加。同时,发行地开始突破欧洲地域限制,在亚太、北美以及拉丁美洲等地发行的欧洲债券日渐增多。欧洲债券自产生以来,发展十分迅速。1992年债券发行量为2 761亿美元,1996年的发行量增至5 916亿美元。在国际债券市场上,欧洲债券所占比重远远超过了外国债券。欧洲债券之所以对投资者和发行者有如此巨大的魅力,主要有以下几方面的原因。

第一,欧洲债券市场是一个完全自由的市场,债券发行较为自由灵活,既不需要向任何监督机关登记注册,又无利率管制和发行数额限制,还可以选择多种计值货币。

第二,发行欧洲债券筹集的资金数额大、期限长,而且对财务公开的要求不高,方便筹资者筹集资金。

第三，欧洲债券通常由几家大的跨国金融机构办理发行，发行面广，手续简便，发行费用较低。

第四，欧洲债券的利息收入通常免交所得税。

第五，欧洲债券以不记名方式发行，并可以保存在国外，适合一些希望保密的投资者的需要。

第六，欧洲债券安全性和收益率高。欧洲债券发行者多为大公司、各国政府和国际组织，它们一般都有很高的信誉，对投资者来说是比较可靠的。同时，欧洲债券的收益率也较高。

除发行市场方面的差异外，外国债券和欧洲债券还具有以下基本区别：①在债券承销上，外国债券通常由债券发行地所在国的金融公司、证券公司或投资银行承销；而欧洲债券通常由国际性金融公司、证券公司或投资银行组织不同国家（通常为债券发行地）的分销商共同承销，即所谓"全球发售"。②在债券面值货币上，外国债券所使用的货币只限于债券市场所在国的货币；而欧洲债券的发行人则可以根据货币的汇率、利率和集资用途，选择某种主要货币标明债券面值。③在适用法律上，外国债券的发行必须受发行地国家法律的支配，并且往往须履行特定的申请和注册程序，它在法律上被视为某种外国证券；而欧洲债券的发行一般不受债券发行地国家法令的管制（但受上市地国家法律的管理），通常也无须向发行地国家履行申请和注册程序，其法律适用问题通常须在债券发行文件中确定。④在发行税收上，外国债券的发行人原则上须按照市场所在国法律接受预扣证券发行税（但许多国家和地区给予免税优惠）；欧洲债券的发行人通常不需缴纳证券发行税，由于欧洲债券可以保留在国外，故此类债券的交易所得税也不予征收，这对于投资者来说也颇有吸引力。值得说明的是，由于证券交易市场的存在以及各国证券市场的日益国际化，外国债券与欧洲债券在进入二级市场后的区别将趋于弱化。

（二）国际债券的其他种类

国际债券除在整体上分为外国债券和欧洲债券两大类外，还可按照债券发行利率、债券发行货币、债券可转换性、债券发行主体、债券兑付期限等标准进行不同的分类。例如，按照国际债券的利率确定方式，可将其分为固定利率债券、浮动利率债券、零息债券等；按照国际债券（实际上限于欧洲债券）的发行货币，可将其分为单一货币债券、双重货币债券、货币选择债券等；按照国际债券的转换性，可将其分为直接债券、可转换债券、认购权证、转让贷款证券等；按照国际债券的发行主体，可将其分为政府债券、金融债券、企业债券等；按照国际债券的兑付期限，可将其分为长期债券、中期债券、短期债券和短期票据等。以下是几种常见的国际债券类型。

1. 固定利率债券(Fixed Rate Bond)。固定利率债券是指具有固定利率、固定利息息票和固定到期日的债券;债券代理机构通常按照规定向息票持有人支付利息,并于到期日向债券持有人偿付本金。固定利率债券是国际债券的传统类型,也是目前国际债券融资中采用最多的典型形式。

固定利息债券通常在市场利率相对稳定的条件下发行,当市场利率不断发生较大变化时,将会对债券发行人或债券投资人构成风险,影响债券的发行条件和发行效果。20世纪80年代以后,欧洲债券市场上开始出现了一些固定利率债券的变形,其中最典型的为可撤销债券(Retractable Bond),此种债券将债券期限分为若干期,发行时仅固定第一期利率,其后每期均另确定利率,以此来克服固定利息债券自身的缺陷。

2. 浮动利率债券(Floating Rate Notes)。浮动利率债券是指利息率可按一定条件浮动变化的债券。它产生于1970年,具体特点在于:①其债券利息可根据短期存款利率的变化每6个月或3个月(依债券发行条件规定)调整一次。②其利息率通常是在伦敦银行同业拆借利率(LIBOR)基础上略提高一些,并且利息率浮动通常定有最低下浮限制,并可附有利息率浮动上限。③浮动利率债券依其具体发行条件可附有不同的息票,通常每6个月或3个月支付一次。④浮动利率债券通常为中长期债券,期限多为5~15年;浮动利率债券多为可转让的无记名债券。该债券结合了中期银团贷款和长期欧洲债券的优点,一方面它可为借款方提供期限长于银团贷款的中长期借贷资金,另一方面它又使投资者减少了因利率上升而引起的资金贬值风险。证券市场参与者通常认为,浮动利率债券具有将风险平均分配于借款方和贷款方的作用,为双方提供了公平躲避利率变动风险的条件;从市场表现来看,浮动利率债券的市场价格较为平稳,其买卖差价较小,债券发行人所负担的利率与LIBOR的差额不大,该券种的流动性也较高,这充分体现了此种创新性金融工具的作用。浮动利率债券自20世纪80年代以后得到了长足的发展,成为国际资本市场上重要的金融创新工具,其品种和发行条件也日趋多样化和复杂化,该类债券的发行人多为从事贷款业务的金融机构。

3. 零息债券(Zero-Coupon Bond)。零息债券的具体特点在于:①该类债券以低于面值的贴现方式发行,由其发行贴现率决定债券的利息率。②该类债券的兑付期限固定,到期后将按债券面值还款,形式上无利息支付问题。③该类债券的收益率具有先定性,对于投资者具有一定的吸引力。④该类债券在税收上也具有一定优势,许多国家的法律规定,此类债券可以免交利息所得税。零息债券在国际债券融资市场中占有相当大的份额,我国在国内债券市场上也曾成功地发行过零息债券,但其债券期限较短。

4. 可转换债券(Convertible Bonds)。可转换债券是指按照固定利率条件发行，但可按照投资者的意愿和约定条件转换为对发行人(或担保人)公司股票的公司债券，通常简称为 CB。其具体特点在于：①此类债券的发行人仅限于其资本业已股份化的股份有限公司或有限责任公司。②此类债券是一种固定利率债券，其利息率通常较低，以平衡转换选择权的利益。③此类债券在发行条件中附有转换选择权，债券持有人有权在约定的转换日期以约定的每股转换价格(Conversion Price)要求将该债券转为对发行人公司(或担保人公司)的普通股股票，也有权不将其转换为股票而要求将其转换为一般的固定利率债券；在通常情况下，可转换债券的每股转换价格应高于债券发行时该公司股票的市场价格。④此类债券的转换日期通常为发行条件中约定的某一利息支付日，并应规定合理的申请准备期间。

可转换债券为发行人提供了一种在不扩张股本条件下的低利息率融资工具，其融资效率往往高于股票发行和一般债券发行。对于投资者来说，可转换债券的吸引力实际取决于其转换升水(转换日股票市场价格高于约定每股转化价格的差额之百分比)，它大大提高了该债券的收益潜力。不仅如此，由于债券二级市场的存在，可转换债券的市场价格实际上与发行人公司的股票价格具有一定的相关性，从而直接提高了可转换债券的投资价值。20 世纪 80 年代以后，国际证券市场又产生了所谓双重选择权的可转换债券，债券持有人依此可以选择要求将其债券转为发行人公司的股票，也可要求将其转为担保人公司的股票。

5. 短期票据。短期票据在美国称为商业票据(Commercial Paper)，在欧洲称为欧洲票据(Euro Notes)。它原本为一种货币证券，仅可提供短期资金信用，并不属于严格意义上的债券。但自 20 世纪 80 年代以后，金融机构通过一系列金融安排，使之成为某种中短期融资工具。实践中称之为"短期票据的便利化使用(Note Facility)"，并被誉为现代资本市场的四大金融创新之一。在短期票据便利化的安排下，借款人通常须与负有承销责任的金融机构签署包括贷款承诺、票据承销、贷款展期承诺和还款担保在内的一系列协议文件；然后由借款人签发一系列短期票据(通常为本票)，交由承销人安排以贴现价承销和余额承购，而背书转让(或无记名发票)制度、票据贴现市场和承销人贷款承诺则为借款人的短期票据融资提供了有效的保障；在初次短期票据即期后，借款人通过续期短期票据和承销人的展期承诺实现所谓"循环承销安排"(Revolving Underwriting Facilities)，以此自然延长了贷款期限，由此可形成 1~7 年的中短期融资。短期票据的便利化使用具有手续简便和筹资成本低的特点，在短期资金市场发达且法律管制宽松的国家中，此种短期票据的发行甚至不需要有承销机构，借款人不必支付任何承销费用，即可实现发行筹资目标。通常认为，短期票据的便利化使用综合了票据工具、信贷技术与证券化融资技术的特点，它与传统的国际债券融资和贷款融资均不完全相同；此类金融工具在国际融资市场中占有相当大的份额并有不断上升之趋势,其中不仅包括欧洲票据,还包括被称之为"票据发行贷款"的某些金融品种。

第二节 国际债券的发行、偿还及收益率

一、国际债券的评级与上市

(一)债券评级的目的

在市场上公开发行债券之初,债券的发行人要做的一项重要工作就是请专门的证券评级机构对将发行债券的信用等级进行评定。

所谓债券的信用评级,是指专门的、不属于国家的证券统计机构用某种标志来表示拟发行或已发行债券的质量级别的活动。债券的级别一般分为四种,分别表示最高级别、中等级别、投机级别和最低级别。

债券评级的目的是将发行人的信誉和偿债能力告之投资者,以保护投资者的利益,尽量避免由于信息不足或判断不准而造成的损失。尽管证券法规定公开发行债券应向投资者充分披露信息,但由于所公布信息内容多、专业性强,并不是所有的投资者都有能力根据公开信息准确判断债券发行人的信誉和偿债的可靠程度。所以由专业的证券评级机构使用简单易懂的符号,向投资者提供有关债券质量和安全性的信息就显得十分重要。另一方面,债券评级也有利于提高发行人的社会知名度,从而在一定程度上降低证券发行人的筹资费用,方便其债券的销售和流通。所以,虽然一些国家的证券法并不强迫债券发行人必须取得债券评级,但没有评级的债券在市场上往往没有销路,使得除国债以外的其他债券发行人都自愿向证券评级机构申请评级。

(二)债券信用评级的根据

对债券的评级并不是评价该种债券的市场价格、市场销路和债券投资收益,而是评价该种债券的发行质量、债券发行人的资信状况和投资者所承担的投资风险。证券评级机构在债券评级过程中主要根据以下三个因素。

1. 债券发行人的偿债能力。即考察发行人的预期赢利,负债比例,能否按期还本付息。

2. 债券发行人的资信状况。即考察发行人在金融市场上的信誉,历次偿债情况,历史上是否如期偿还债务等。

3. 投资者承担的风险水平。主要分析发行人破产可能性的大小,另外还要预计在发行人一旦发生破产或其他意外时,债权人根据破产法等有关法律所能

受到的保护程度和所能得到的投资补偿程度。

(三) 证券评级机构与等级

证券评级机构是指专门从事证券投资研究、统计咨询和质量评估的公司。目前世界上著名的证券评级公司主要有：美国的穆迪投资者服务公司、标准·普尔公司和惠誉国际公司，日本的日本公社债研究所、日本评级研究所和日本评级公司，英国的艾克斯特尔统计服务公司，加拿大的债务级别公司等。目前中国较为著名的证券评级机构有：中国诚信证券评估有限责任公司，大公国际资信评估有限责任公司，长城资信评估有限责任公司，深圳市资信评估有限责任公司，上海远东资信评估有限公司，上海新世纪投资服务公司等。

债券的信用级别根据风险程度的大小一般分为10个等级，最高是AAA级，最低是D级。由于资金供求双方对级别精确性提出了更高要求，从1982年起，美国穆迪公司又在AA至B五级之后，加上了数字1,2,3，如AA1,AA2等，以更精确地表明债券的风险程度。目前，我国有关部门统一制定的债券信用级别及表达符号的含义如表10-1所示。

表10-1　　　　　　　　债券信用等级及含义

符号	符号含义	品　质　说　明
AAA	最高级	最高级品质,本息具有最大的保障
AA	高级	高级品质,对本息的保障条件略逊于最高级债券
A	中高级	中上品质,对本息的保障尚属适当,但保障条件不及以上两种债券
BBB	中级	中级品质,目前对本息的保障尚属适当,但未来经济情况发生变化时,约定的条件可能不足以保障本息安全
BB	中低级	中下品质,具有一定的投机性,保障条件属中等
B	半投机性	具有投机性,而缺乏投资性,未来的本息缺乏适当的保障
CCC CC	投机性	两者都具有投机性,CC级比CCC级更差,债息尚能支付,但是经济状况不佳时,债息可能停付
C	充分投机性	债信不佳,本息可能已经违约停付,专指无力支付债息的公司债券
D	最低等级	品质最差,不履行债务,前途无望

二、国际债券的发行条件

(一) 发行额

发行额(Amount of Issue)应根据发行者的筹资需要、发行市场的具体情况、发行者的信誉水平、所发债券种类及承购辛迪加的销售能力等因素来决定。发行额必须适当,过少会不敷发行者的资金需要,过多则会恶化发行条件,或使销售发生困难,或对该债券在二级市场上的售价产生不良影响。

(二) 偿还年限

应根据发行者使用资金的需要同时考虑不同市场的做法与法令规定、投资者的选择意图以及利率变化趋势等因素,来确定债券的偿还年限(Maturity)。

(三) 票面利率

债券票面利率的高低,应随发行市场、发行时期、国际金融形势和发行者信誉的不同而变化。对购买债券的投资者,票面利率越高越有吸引力,因这将增加其利息收益;对发行者而言,票面利率越低越好,因可使其节省利息。如果债券的实际收益率低于银行存款利率,或低于投放于其他证券所得的收益率,债券将难以销售出去。

(四) 利息的支付和计算

1. 利息的支付方法。利息的支付方法也称付息频率,指债券在购买者的持有期间内,将间隔多长时间才得到一次支付的利息。它基本上可分为以下两大类型。

(1) 一次性付息。它可以在债券到期还本时进行,也称利随本清;也可在债券发行时一次性支付给债券购买人,也称贴现发行,这种贴现发行的债券也称为"零息债券"。

(2) 分次付息。分次付息又分为三种形式:①按年付息,在债券的有效期限内,按债券的票面利率每年付息一次。最后一次付息与还本同时进行。②每半年付息。③按季付息。

2. 利息的计算方法。利息的计算方法,指举债人在发行债券时所确定付息水平的方法,这种计算方法主要有以下两种。

(1) 采用固定利率。举债公司按票面利率计算后支付利息,无论当时市场利率发生何种变化,利息支付额都不改变。

(2) 采用浮动利率。举债公司的付息水平与市场上的某一基准利率挂钩,随其浮动,但须在此基础上再加利差计收。

(五) 发行价格

债券的发行价格(Issue Price)以债券的出售价格与票面金额的百分比来表示。可分为以下三种情况。

1. 发行价格是票面金额的 100%，称为等价发行（At Par）。如票面金额 1 000 美元的债券，以 1 000 美元价格出售。

2. 发行价格小于票面金额的 100%，即以低于票面金额的价格发行，称为低价发行（Under Par）。

3. 发行价格大于票面金额的 100%，即以超过票面金额的价格发行，称为超价发行（Over Par）。

发行价格的高低与票面利率的高低相互配合，可起到出售时与当时的市场利率保持一致的作用。票面利率定得偏高时，可相应提高发行价格；定得偏低时，可适当降低发行价格，用以调节发行者与购买者的利益。浮动利率债券通常都以等价发行。

三、国际债券的发行费用

国际债券的发行费用包括最初费用和期中费用。

（一）最初费用

最初费用包括以下费用。

1. 承购手续费。这是支付给承购团的承购费、发行工作中的管理费、销售费等，约占债券发行额的 2%~2.5%。
2. 偿还承购债券银行所支付的实际费用，如差旅费、通信费等。
3. 印刷费。印刷债券凭证、说明书及合同等费用，发行 1 亿美元债券，约需 5 000~7 000 美元的印刷费。
4. 上市费。进入债券市场的手续费、广告宣传费等。
5. 律师费。每次发行约需 3 万~5 万美元的律师费。

（二）期中费用

期中费用包括以下费用。

1. 债券管理费。
2. 付息手续费。一般为所付利息的 0.25%，付给财务代理人。
3. 还本手续费。一般为还本金额的 0.125%，也是付给财务代理人。

四、国际债券的偿还方式

国际债券的偿还方式分为以下几种。

（一）到期偿还、期中偿还和展期偿还

到期偿还也叫满期偿还，是指按发行债券时规定的还本时间，在债券到期

时一次全部偿还本金的偿债方式。

期中偿还也叫中途偿还，是指在债券最终到期日之前，偿还部分或全部本金的偿债方式。

展期偿还是指在债券期满后又延长原规定的还本付息日期的偿债方式。

（二）部分偿还和全额偿还

部分偿还是指从债券发行日起，经过一定宽限期后，按发行额的一定比例，陆续偿还，到债券期满时全部还清。

全额偿还是指在债券到期之前，偿还全部本金。

（三）定时偿还和随时偿还

定时偿还亦称定期偿还，它指债券发行后待宽限期过后，分次在规定的日期，按一定的偿还率偿还本金。

随时偿还也称任意偿还，是指债券发行后待宽限期过后，发行人可以自由决定偿还时间，任意偿还债券的一部分或全部。

（四）抽签偿还和买入注销

抽签偿还是指在期满前偿还一部分债券时，通过抽签方式决定应偿还债券的号码。

买入注销是指债券发行人在债券未到期前按照市场价格从二级市场中购回自己发行的债券而注销债务。

五、国际债券的收益率

国际债券的收益率分为名义收益率、本期收益率、到期收益率等几种类型。

（一）名义收益率

名义收益率是指根据债券每年的固定利息与债券面额之比，计算出来的投资者每年的收益率，其计算公式为：

$$名义收益率 = \frac{债券年利息}{债券面额} \times 100\%$$

（二）本期收益率

本期收益率是债券每年的固定利息与债券本期市场价格之比。投资者可以通过对市场上各证券本期收益率的计算和比较，做出投资哪种证券的决定。本期收益率的计算公式为：

$$本期收益率 = \frac{债券年利息}{本期市场价格} \times 100\%$$

(三) 到期收益率

债券的到期收益率是指投资者从买入债券到债券到期时止的收益率，也就是债券的收益对其成本的年率。一种简单的债券到期收益率计算公式为：

$$债券到期收益率 = \frac{到期本息和 - 发行价格}{发行价格 \times 偿还期限} \times 100\%$$

由于债券持有人可能在债券偿还期内转让债券，因此，债券的到期收益率还可以分为债券出售者的收益率、债券购买者的收益率和债券持有期间的收益率。其计算公式分别为：

$$债券出售者的收益率 = \frac{卖出价格 - 发行价格 + 持有期间的利息}{发行价格 \times 持有年限} \times 100\%$$

$$债券购买者的收益率 = \frac{到期本息和 - 买入价格}{买入价格 \times 剩余期限} \times 100\%$$

$$债券持有期间的收益率 = \frac{卖出价格 - 买入价格 + 持有期间的利息}{买入价格 \times 持有年限} \times 100\%$$

在单利到期收益率的基础上，如果再将利息再投资因素考虑进来，就可得到复利的到期收益率。复利到期收益率的计算较为烦琐。

第三节 国际债券发行的法律文件

在国际债券发行开始前，参与债券发行的金融中介机构负责审查，协助债券发行人和牵头经理人准备债券条款及细则、债券发行说明书、有关的专业性报告、承销认购协议与分销协议、支付代理协议、信托契据文件、债券清算登记代理协议及其他相关的法律文件，还须协助发行人取得国际债券发行所需的一切来自政府部门和证券监管部门的批准、许可或授权。此种由金融中介机构和专业性中介机构协助发行人从事的工作过程统称为发行准备。其中有关债券发行文件和法律文件的准备是这一段工作的核心，它通过一系列权利义务的联系和一系列证据文件的支持，保障着国际债券融资的结构。

一、国际债券条款及细则

债券条款又称为"债券票面条款"，它是明确债券发行人与债券持有人之间债权债务关系的证券性文件，具有当事人间协议的效力，同时又表明了其持有人可自由转让之特性。在形式上，债券条款可简要载于债券之正面与反面，但更常见的是通过细则性文件专门规定并援引于债券。典型债券条款及细则的主要内容如下。

第一,债券名称。债券上应当简要载明债券之名称、发行人所在国、发行人名称、债券的具体性质或类型、债券面值与币种等事项,并应当有债券发行人的签章。

第二,债券发行条件。债券通常以概述方式说明具体的发行人、发行总额、到期日、年利息率(对于浮息债券来说还须载明利息浮动期间与浮息规则)、有无担保、担保人、担保性质、上市交易事项、本次债券发行的授权批准、债券本息支付办法、支付代理协议之签署与信托契据签署等事项。在实践中,上述条件事项通常在债券背面以直叙方式一体概括。

第三,债券及息票的所有权。本条款应载明债券的无记名属性、发行方式、债券面值、债券及息票的所有权推定、债券交付或登记转让规则等。在多数情况下,国际债券以不记名方式发行,附有息票,债券息票所有权于交付时移转,凡持有债券及任何息票的当事人均被发行人、支付代理人及信托受托人视为合法的持有者,而无须提交其取得证据或证明持有人身份。

第四,债券持有人地位。本条款通常须载明债券持有人具有发行人的债权人之地位。通常还应载明债券持有人之债权与其他债权人之关系,在债券发行人破产倒闭时,债券持有人享有的权利和承担的责任等。

第五,担保条款。对于有担保的债券来说,本条款中须载明担保人名称、担保性质、担保条件、信托契据对担保的记载等事项。在通常情况下,担保人应在担保文件和信托契据中声明其担保为"无条件及不可撤销的担保",并应说明对支付债券本息所负担的担保责任内容。

第六,消极担保承诺。在本条款中,通常由债券发行人承诺并保证,在债券清偿完毕之前,将不以其现有资产和收入设为抵押或其他类型的担保,并且此项承诺将持续至全部债券清偿完毕时止。

第七,财务限制条款。对于无担保债券来说,债券条款及细则中通常对发行人定有严格的财务限制,其作用在于限制发行人恶化其偿债能力,保护债券持有人利益。其限制多包括:限定发行人未来的长期负债所不得超过的比例,要求发行人不得超过其净利润的一定比例进行股东分配,限制发行人以关联交易方式转移其利润或支付能力等。

第八,利息条款。本条款应当载明债券持有人领取利息的时间、每债券面值下的利息数额、计付息时间、年息率、领取利息的办法和凭证等。在通常情况下,债券持有人应自规定日期起凭债券和息票向支付代理机构领取利息。

第九,赎回与购回。债券赎回是指债券发行人在债券到期时或到期前,因某些约定事项的发生,以债券发行说明书中规定的参照价格买回其发行在外的债券的行为;而债券购回则是指债券发行人在债券到期前,以市场价格买回其发行在外的债券的行为。赎回与购回条款中应当载明赎回的时间限制(通常须在发行1年后的利息支付日)、赎回原因(通常为发行人所在国税法变更)、自愿赎回与强制赎回规则、购回规则、债券注销事项等。

第十,税项。本条款应载明债券持有人是否负担利息预提税,发行人负担利息预提税的条件和特殊情况下的预提税责任等。对于欧洲债券来说,条款中通常载明债务持有人无须负担预提税,但如果因债券持有人延迟领息和政府税制度变化而产生的税赋,债券持有人应按比例分担。

第十一,支付条款。本条款应载明发行人支付债券本息的地点、时间、币种、方法、支付代理机构等事项,同时还应当就发行人违约情况下的提前偿付事项做出规定。根据通常的债券条款,凡发行人拖欠本息达到15天的,发行人或担保人违反债券条款和信托契约持续经过一定期间的,发行人或担保人根据所在国法律将进入破产或解散程序的,经过债券持有人会议有效决议的通过,发行人即应当按照债券发行说明书中规定的赎回价格提前还款。

第十二,债券条款与细则的修改。本条款通常应规定债券持有人会议和决议的程序、会议决议的效力、债券条款与细则修改或变更的条件与限制、信托受托人的权力等事项。在通常情况下,凡发行人违反债券条款、信托契据或其他债券发行文件,对债券持有人可能造成利益损害时,债券持有人会议可通过特别决议对债券条款与细则进行保护性修改,信托受托人还有权依决议对信托文件、支付代理协议等文件进行技术性修改。

除上述条款外,根据具体的债券发行类型,债券条款及细则中还可能包括放弃主权豁免条款、法律适用条款、重要事项通知条款等内容。

二、国际债券发行说明书

债券发行说明书是详细披露债券发行条件、债券发行人具体情况、债券条款及细则及作为债券发行基础的其他一切事实情况的基本文件。债券发明说明书的概念有广义与狭义之分。广义的债券发行说明书,既包括公开发行债券所使用的债券发行章程(Prospectus),也包括债券私募所使用的信息备忘录(Information Memorandum);狭义的债券发行说明书仅指债券发行章程。各国证券法对于债券发行说明书的信息披露要求程度不尽相同,但通常对于正式的债券发行章程的要求较严,而对于信息备忘录的要求较松。债券发行说明书的主要内容通常包括首页、责任承诺与声明、正文、附录四部分。

(一)首页

债券发行说明书应于首页以标题方式载明债券发行人名称、发行币种、发行总额、债券面值、发行价格、发行债券类型、偿还期限、利息率、担保人、上市交易所名称、牵头经理人与共同经理人、支付代理人等内容。

(二) 责任承诺与声明

债券发行说明书的责任承诺与声明部分应由发行人、牵头经理人及主承销人依法律要求的方式承诺其确信债券发行说明书的内容中不存在虚假、重大遗漏或误导成分,声明其对债券说明书内容的真实性和完整性承担责任。

(三) 正文

债券发行说明书(募债章程)的正文部分内容较多,它主要包括以下项目。

1. 借款之用途。本项目应当载明发行人募集债券所筹资金的投向或用途,各国法律对此用途并无特殊限制,可以仅概括说明该债券募集为发行人及其所属企业的一般性融资。

2. 预期时间表。本项目应当载明债券申请认购的起止时间(精确到时)、认购申请全部或部分不获接纳之退款日期、债券交割日期、债券上市或开始交易日期等。

3. 绪言。本项目应简要说明债券发行人发行债券所依据的法律和债券发行说明书的目的。其中公募债券的法律依据至少须包括债券市场所在地的证券法及上市证券交易所的规则,债券发行说明书的目的通常是为各界人士提供有关发行人和担保人的资料。

4. 债券发行条件。本项目所述债券发行条件为当事人依承销认购协议所确定的最终条件,它不仅包括发行总额、发行币种、年息率、有无担保、担保性质、上市交易事项、债券本息支付办法等内容,而且包括最后确定的发行价格(该价格不一定与面值价相同)。

5. 定义条款。本项目应当对债券发行说明书所使用的概念、专用术语和缩写加以定义,以精简债券发行说明书的内容。

6. 发行债券的有关当事人。本项目应当详细列明债券发行所涉及当事人的名称、住所、电话与电传;该当事人通常包括债券发行人、担保人、牵头经理人、经理人、各承销人、发行人法律顾问、承销人法律顾问、审计师兼申报会计师、支付代理人、财务代理人、信托受托人、收款银行、债券清算与登记机构等。

7. 债券条款及细则。本项目应重点摘录债券条款及细则的内容,这通常包括债券及息票的所有权、债券持有人地位、担保条款、消极担保条款、财务限制条款、利息条款、赎回与购回条款、税项条款、支付条款、条款与细则修改等。

8. 市场指数与债券赎回价格的相互关系图表。本项目应以图表方式说明根据债券上市的证券交易所的某一指数的变化、债券赎回价的浮动和调整情况。

9. 债券应计利息表。本项目应以表格方式详细列出每面值债券发行后,债券及息票持有人每一天按约应可获得的利息额(应计利息)。对于固定利息债券来说,这实际表现为一线性变化。

10. 债券发行人情况介绍。本项下通常须依据法律要求或市场惯例披露发行人的历史变动、主要股东及其权益、营业现状、资产负债、近期信用评级、损益状况、赢利预测、发展前景、董事会成员、董事权益等。

11. 会计师关于发行人的报告。本项目下应披露会计师对发行人前若干年财务状况的审计报告和对未来赢利和现金流量预测的审核函。所审计的财务状况包括发行人的资产负债、损益和现金流量状况,同时应摘录发行人的会计报表并对重大财务事项做附注披露。

12. 担保人情况。本项目应对担保人的历史变动、营业现状、资产负债、或有负债、近期信用评级、损益状况、赢利预测以及与发行人的关系做详细披露,以使投资者对第二债务人有较详细的了解。

13. 会计师关于担保人的报告。本项目下应摘录会计师对担保人的财务状况审计与未来财务状况预测的审核结论,其内容与会计师关于发行人的报告项目无异。

14. 税项。本项目应详细披露与债券发行人有关的税赋,这通常包括发行人所在国对其征收的营业税、所得税、利息所得预提税、其他税费科目、税收优惠等。

15. 印花税。本项目通常要披露债券市场所在国对于债券发行、债券交易和资金交割所征收的税赋。按照许多国家和地区的法律,对于外国债券和欧洲债券通常免予征收发行税和交易税。

16. 认购及出售。本项目应当对于债券认购、预交款、有效认购之确定、不获接纳之退款、认购通知、债券交割等事项加以规定。

17. 法定及一般资料。本项目下应按照市场所在国法律要求,简要概括与债券发行人及债券发行有关的资料,通常包括发行人情况、发行人所在国及其法律、发行人下属公司及其权益、承销认购安排、发行人近期重大合约、涉讼事项、专业机构的同意书、募债文件的注册与备查等。

(四) 附录

债券发行说明书的附录部分依法须披露由专业机构出具的审计报告、法律意见书、发行人组织章程、债券条款细则、发行人所在国有关法律摘录、债券申购表格等文件。

三、专业机构的结论性报告

国际债券发行通常要求国际会计师对于发行人的财务状况出具审计报告，并以之作为债券发行说明书的附件。该审计报告应当对于发行人的资产负债状况、损益状况和财务状况的变动情况（现金流量表）得出结论性审计意见，说明其财务报表的准确性、公允性，列示其应披露的重大财务事实，并应附上符合债券上市地会计准则的国际会计报表。

国际债券发行要求的专业结论性文件通常还包括由发行人法律顾问和承销人法律顾问出具的法律意见书。不同法律顾问出具的法律意见书内容不尽相同。它们主要须说明债券发行人的主体资格和营业能力的合法性、债券发行人资产和权利的合法性、债券发行人进行的债券发行已得到其公司股东会的合法授权、债券发行人进行的债券发行已得到其所在国政府应有的批准和许可、本次债券发行所涉及全部合同文件和法律文件均为合法有效、本次债券发行的招募说明书所涉及的法律事实以及对发行人所在国法律的摘录均经过验证等。

国际债券发行通常以债券评级机构所做的债券评级结论为基本依据。在通常情况下，债券评级机构所做的债券评级报告并不提供于发行人，而以报刊公示的方式披露于公众，因而对于债券发行人具有意义的仅为其债券评级的等级结论。债券评级结论大多采取三等九级的标准，它们并不评价债券发行人财务状况的优劣，而是根据违约可能性、担保与否、发行人受法律文件的约束程度等因素，仅仅评估该债券偿还的可靠性或违约风险程度。

四、承销认购协议与分销协议

（一）承销认购协议

承销认购协议（Subscription Agreement）是由牵头经理人代表全体承销人与债券发行人签订的旨在承销全部发行债券的协议。它是国际债券发行中最重要的文件之一，通常在债券发行准备阶段即已准备和草签，而正式签署则是在债券发行说明书披露之前。承销认购协议的基本内容通常如下。

1. 发行债券条款。主要说明拟发行债券的面值、币种、利率、类型、担保情况、债券期限结构等事项。

2. 发行条件条款。应载明发行总额、发行价格、发行日期等具体条件，其中发行价格条款通常在发行前的最后时刻方确定签署。

3. 承销与认购。须由牵头经理人或主承销人确认承销方式、承销期限、承销数额、承销条件与价格等内容。国际债券承销不一定采取包销方式，因而牵头经理人、经理人或主承销人通常在此条款中留有退出承销的条件。

4. 转款条款。须订明承销终止日期、转款日期、收款银行、转款条件等内容。

5. 税务条款。须说明与债券发行及资金交割有关的印花税、其他捐税或官方收费的支付办法。

6. 承销费用。须明确承销费用、经理人费用和其他有关费用的比例、数额及支付办法。

7. 先决条件。此项目下除须列明国际融资中常用的先决条件文件外，通常还须列明债券评级结论。

8. 陈述与保证。除采用国际融资中常用的关于合法性的陈述与保证外，发行人通常还须保证债券发行说明书内容的真实合法性，保证债券发行具备了其本国法要求的一切条件，保证其财务报表真实准确且遵守了债券上市地要求的会计准则，保证其债券发行说明书和经审计的财务报表与发行上市申请表格中所申报的内容没有实质性差别等。

9. 放弃主权豁免条款。在发行人或担保人可享有主权豁免的情况下，通常须由其明示放弃司法管辖豁免、诉讼程序豁免和执行豁免。

10. 上市条款。须载明已经取得的上市承诺、上市保荐与相关具体安排。

11. 相关文件签署安排。通常由发行人承诺将签署支付代理协议、信托契据以及其他依惯例应签署的协议和责任声明文件。

12. 不可抗力条款。承销人通常要求明确其免负承销责任或终止承销协议的不可抗力条件，其中对于"市场动荡"的界定往往概括了各种不利于债券承销的情况。

13. 赔偿责任条款。通常规定在债券发行人违背陈述与保证，违反各类协议性文件，特别是在债券发行说明书内容失实而招致赔偿责任时发行人的赔偿责任。此条款实质上是对承销人的免责规定。

14. 法律适用与司法管辖条款。其内容多采用国际融资的共同条款。

(二) 分销协议

分销协议又称为"承销团协议"，它是由主承销人（牵头经理人）与全体承销团成员签署的关于明确分销事项和承销团内部权利义务关系的协议。该协议通常以电传方式签署。分销协议正文的主要内容如下。

1. 债券条款与发行条件条款。主要说明债券发行人、拟发行的债券及发行条件，其内容等同于承销协议并可援引承销协议。

2. 承销经理人条款。主要确认牵头经理人与经理人的权力、职责及承销组织安排。

3. 分销条款。须明确不同承销人的承销份额、分销安排、份额调整与包销责任。

4. 承销价格与承销费用。须明确承销最低定价、折扣方法和承销人有权提取的费用比例。

5. 销售限制条款。通常约定禁止承销团成员在招募文件内容之外披露信息，禁止低于约定价格销售债券，禁止在某些地区发售债券等。

6. 收款与交割安排。须明确分销期限、向收款银行转款的办法、转款日期及债券交割安排。

7. 免责条款。可以约定当事人免责的条件和范围。

8. 法律适用与争议解决条款等。

五、支付代理协议

支付代理协议（Paying Agency Agreement）是债券发行人与支付代理人（通常由总代理人代表多家支付代理银行机构）签署的关于委托支付代理机构代为办理债券还本付息事项和相关财务事项的协议。

支付代理协议的主要内容如下。

第一，主体条款。主要约定总支付代理人、全体支付代理人及其下属的支付代理机构。

第二，委托授权条款。主要明确债券发行人对于支付代理人的授权及支付代理原则。

第三，债券条款。主要明确发行人所委托支付代理的债券名称、面值、币种、期限、利率、还本付息结构与方法等。

第四，本息支付条款。主要规定债券发行人向支付代理人汇付债券本息的时间、方法及总代理人的责任。

第五，支付代理人责任。通常约定支付代理人负有通知债券持有人受领利息之责任、代理发行人还本付息之责任、办理本息支付账册登记之责任、检查回收债券息票并交还发行人之责任、向发行人和受托人报告之责任等。

第六，补发债券息票条款。遇有债券持有人债券或息票灭失损毁时，支付代理人可按约代表发行人补发或换发债券及息票。

第七，支付代理人变更。根据债券发行人、担保人及受托人的合议，通常可以更换支付代理人。本条款可对更换支付代理人的条件、程序和规则加以具体约定。

第八，代理费用条款。本条款应约定支付代理人的受托费用、工作支出费用的具体数额和支付办法。

第九，违约责任。通常须约定债券发行人违约时应负的责任、支付代理人责任之排除，以及支付代理人遭受损失时的救济手段等内容。

第十，法律适用与争议解决条款。本条款多采用国际融资的共同条款。

六、信托契据文件

信托契据又称为"信托证书"(Trust Deed)，它是由债券发行人签署的以独立金融机构(可以为多家)为信托受托人，以债券持有人为受益权人的单方法律文件。其内容通常规定债券发行人承诺的各种义务与责任以及债券持有人的各种权利与救济，它是国际债券发行中的重要法律文件之一。

信托契据的主要内容如下。

第一，债券票面条款。本条款应载明债券名称、发行人、债券类型、债券期限、币种、利率与利息等内容。

第二，债券发行条件。本条款应说明债券发行总额、发行价格、发行方式、债券资金用途等内容。

第三，债券偿还条款。本条款主要应载明债券付息期限、偿本付息安排、利息计算方法等内容。

第四，支付代理条款。本条款应载明支付代理人及其所有代理机构、支付代理人的权利和责任、支付代理还本付息办法等。

第五，债券持有人条款。本条款应载明债券的交易与清算登记安排、债券持有人定义、债券持有人地位与权利等。

第六，受托人条款。本条款主要应载明受托人代表债券持有人主张权利之地位、受托人组织召集债权人会议之权责、受托人代表进行集团诉讼之权利等内容。

第七，财务限制条款。本条款下须由发行人承诺接受旨在避免其财务状况恶化的限制，包括对负债率的限制、对分派息红的限制、对现金流转状况的限制和对投资放贷的限制等。

第八，消极担保条款。本条款下须由发行人承诺接受旨在避免债券受偿位次下降的限制，包括对其提供担保的限制、对售出物回租的限制、对公司财产优先权的限制等。

第九，资产处分限制条款。本条款下须由发行人承诺接受旨在避免有碍偿债的资产处分的限制，如对其主要营业及资产转让之限制、对其出让重要子公司股权之限制、对其有利益冲突的关联交易之限制等。

第十，违反信托责任。本条款主要载明发行人违反信托契据和违反偿本付息合同责任时的法律救济手段等。

第四节 国际债券市场

国际债券市场是指由国际债券的发行人和投资人所形成的金融市场，具体可分为发行市场和流通市场,即初级市场和二级市场。发行市场(初级市场)组织国际债券的发行和认购。流通市场(二级市场)安排国际债券的上市和买卖。这两个市场相互联系,相辅相成,构成统一的国际债券市场。与国际债券分为外国债券和欧洲债券相对应,国际债券市场也分为外国债券市场和欧洲债券市场。

一、外国债券市场

下面主要对美国、日本、瑞士的外国债券市场进行阐述。

(一)美国的外国债券市场

美国的外国债券叫"扬基债券(Yankee Bond)",它具有以下特点。

1. 发行额大,流动性强。20 世纪 90 年代以来,平均每笔扬基债券的发行额大体都在 7 500 万~15 000 万美元。扬基债券的发行地虽在纽约证券交易所,但实际发行区域遍及美国各地,能够吸引美国各地的资金。同时,又因欧洲货币市场是扬基债券的转手市场,因此,实际上扬基债券的交易遍及世界各地。

2. 期限长。20 世纪 70 年代中期扬基债券的期限一般为 5~7 年。80 年代中期后可以达到 20~25 年。

3. 债券的发行者为机构投资者,如各国政府、国际机构、外国银行等;购买者主要是美国的商业银行、储蓄银行和人寿保险公司等。

4. 无担保发行数量比有担保发行数量多。

5. 由于评级结果与销售有密切的关系,因此非常重视信用评级。

(二)日本的外国债券市场

日本的外国债券叫"武士债券"。日元债券最初是 1970 年由亚洲开发银行发行的。1981 年后数量激增,1982 年为 33.2 亿美元,1985 年为 63.8 亿美元,超过同期的扬基债券。日本公募债券缺乏流动性和灵活性。不容易做美元互换业务,发行成本高,不如欧洲日元债券便利。目前,发行日元债券的筹资者多是需要在东京市场融资的国际机构和一些发行期限在 10 年以上的长期筹资者,再就是在欧洲市场上信用不好的发展中国家的企业或机构。发展中国家发行日元债券的数量占总量的 60% 以上。

(三)瑞士的外国债券市场

瑞士的外国债券是指外国机构在瑞士发行的瑞士法郎债券。瑞士是世界上最大的外国债券市场,其主要原因是:①瑞士经济一直保持稳定发展,国民收入持续不断提高,储蓄不断增加,有较多的资金盈余;②苏黎世是世界金融中心之一,是世界上最大的黄金市场之一,金融机构发达,有组织巨额借款的经验;③瑞士外汇完全自由兑换,资本可以自由流进流出;④瑞士法郎一直比较坚挺,投资者购买以瑞士法郎计价的债券,往往可以得到较高的回报;⑤瑞士法郎债券利率低,发行人可以通过互换得到所需的货币。

瑞士法郎外国债券的发行方式分为公募和私募两种。瑞士银行、瑞士信贷银行和瑞士联合银行是发行公募债券的包销者。私募发行没有固定的包销团,而是由牵头行公开刊登广告推销,并允许在转手市场上转让。但是至今为止,瑞士政府不允许瑞士法郎债券的实体票据流到国外,必须按照瑞士中央银行的规定,由牵头行将其存入瑞士国家银行保管。

二、欧洲债券市场

下面主要对欧洲美元债券市场、欧洲日元债券市场及以多种货币为面值的欧洲债券进行阐述。

(一)欧洲美元债券市场

欧洲美元债券是指在美国境外发行的以美元为面额的债券。欧洲美元债券在欧洲债券中所占的比例最大。欧洲美元债券市场不受美国政府的控制和监督,是一个完全自由的市场。欧洲美元债券的发行主要受汇率、利率等经济因素的影响。欧洲美元债券没有发行额和标准限制,只需根据各国交易所的上市规定,编制发行说明书等书面资料。和美国的国内债券相比,欧洲美元债券具有发行手续简便、发行数额较大的优点。欧洲美元债券的发行由世界各国知名的公司组成大规模的辛迪加认购团完成,因而较容易在世界各地筹措资金。

(二)欧洲日元债券市场

欧洲日元债券是指在日本境外发行的以日元为面额的债券。欧洲日元债券的发行不需经过层层机构的审批,但需得到日本大藏省的批准。发行欧洲日元债券不必准备大量的文件,发行费用也较低。欧洲日元债券的主要特点是:债券发行额较大,一般每笔发行额都在200亿日元以上;大多与互换业务相结合,筹资者首先发行利率较低的日元债券,然后将其调换成美元浮动利率债券,从而以较低的利率获得美元资金。

20世纪80年代以来,欧洲日元债券增长较快,在欧洲债券总额中的比例日益提高。欧洲日元债券不断增长的原因除了日本经济实力强、日元一直比较坚挺、日本国际贸易大量顺差、投资欧洲日元债券可获利外,还在于日本政府为了使日元国际化,使日元在国际结算和国际融资方面发挥更大的作用,从1984年开始,对非居民发行欧洲日元债券放宽了限制。具体表现在以下几点。

1. 扩大了发行机构。将发行机构由原来的国际机构、外国政府扩大到外国地方政府和民间机构。

2. 放宽了发行条件。将发行公募债券的信用资格由 AAA 级降到 AA 级。

3. 放宽了数量限制。在发行数量上,取消了对发行笔数和每笔金额的限制。

4. 扩大了主办银行的范围。除了日本的证券公司外,其他外国公司也可以担任发行债券的主办机构。

(三) 以多种货币为面值的欧洲债券

欧洲债券多数以美元、日元、欧元、英镑等货币单独表示面值,但也有以多种货币共同表示面值的。由于单一通货的汇率经常变动,风险较大,用多种货币表示面值的欧洲债券呈增加趋势。

第五节 我国的国际债券融资

一、我国国际债券的发行情况

我国发行国际债券始于 20 世纪 80 年代初期。当时,在改革开放的政策指导下,为利用国外资金,加快我国的建设步伐,我国的一些金融机构率先步入国际资本市场,以发行债券的形式筹资。

1982 年 1 月,中国国际信托投资公司在日本东京资本市场上发行了 100 亿日元的债券,期限为 12 年,利率为 8.7%,采用私募方式发行。这是我国国内机构首次在境外发行外币债券。1984 年 11 月,中国银行在东京公开发行 200 亿日元债券,标志着中国正式进入国际债券市场。随后,在 20 世纪 80 年代中后期,福建投资信托公司、中国银行、上海国际信托投资公司、广东国际信托投资公司、天津国际信托投资公司、财政部、交通银行等,也先后在东京、法兰克福、中国香港地区、新加坡、伦敦发行国际债券,发行币种包括日元、港元、美元等,期限均为中长期,最短的 5 年,最长的 12 年,绝大多数采用公募方式发行。20 世纪 90 年代以后,随着我国综合国力的不断提高,我国的国际债券信用等级也不断上升。1993 年 9 月,财政部首次在日本发行了 300 亿日元债券,标志着我国主权外债发行的正式起步。特别是在 1996 年,我国政府成功地在美国市场发行扬基债券,极大地提高了我国政府的国际形象,在国际资本市场上确立了我国主权信用债券的较高地位和等级。

据统计,1984 年以来,财政部、国家开发银行、进出口银行、中国国际信托投资公司、中国银行、建设银行等国内机构持续在境外发行外币债券,发行覆盖了欧洲、美国、日本、中国香港地区、新加坡等市场。截至2014年年底,我国对外发行债券余额为110亿美元,集中于美元、日元和欧元三个币种。可以说,国内机构境外发行外币债券是我国债券最早的对外开放。

二、我国国际债券的管制

由于目前我国金融体系和金融市场的发展还不完善,出于防范金融风险的需要,境内机构境外发债需要经过严格审批,还没有完全放开。在我国,将发行国际债券融资和借用国际银行贷款一起纳入国际商业贷款,实行严格的宏观管理,在境外发行债券需要事先审批,必须纳入国家利用外资计划,由中国人民银行批准的可对外发债的金融机构办理。

对于发展中国家来说,国际债券的发行通常要受到发行人所在国较之国际贷款更为严格的管制,称之为国际债券发行的发行国许可管制,此种管制通常包括:①对国际债券发行主体的管制,即仅允许特定的主体(如政府财政部门、金融机构、许可的商业组织)发行国际债券;②对贷款额度的管制,即对债券发行的最高限额的管制;③对国际债券发行实行批准许可程序的管制,非经主管部门的审查批准和许可,任何机构均不得发行国际债券;④对发债金融机构准备金和银行头寸的管制,这主要指强制发行债券的金融机构向所在国中央银行增加存入无利息准备金,或者依银行净外币头寸(指其外币总资产轧平外币债务后的余额)限制其发行规模,以此来引导金融机构减少使用国际债券工具。

我国现阶段对于国际债券的发行采取较为严格的管制政策,相关的法律制度不甚健全。概括地说,我国目前对国际债券的管制主要包括以下几方面的政策。

(一)债券发行主体特许制度

我国目前可以直接从事国际债券发行的主体须取得国家的授权特许,而在法律上尚未设主体条件规则。从实践来看,我国已经在境外发行国际债券的机构主要有:财政部、中国银行、中国国际信托投资公司、建设银行、交通银行、福建国际信托投资公司、上海国际信托投资公司、广东国际信托投资公司、天津国际信托投资公司等。

(二)计划管理制度

我国的国际债券发行均须纳入国际贷款计划(外资额度),年度外资额度由国家发改委综合平衡后下达。债券发行人在外资额度内发行国际债券还必须报国家发改委审批,以审定其债券发行的最高限额、筹资目的与用途、偿债安排等是否符合计划要求。

(三) 发行审批制度

债券发行人在发行准备阶段须向国务院或其授权的监管部门(中国人民银行总行)申报债券发行准备文件以供审查,并取得其批准。上述批准文件通常被作为国际债券发行的必备文件。

(四) 外债登记制度

根据《外债统计监测暂行规定》,国际债券发行人在首次发行国际债券时应当向国家外汇管理局办理外债登记,领取外债登记证;并应当定期向外汇管理局报告其外债偿还情况。

三、我国债券市场的对外开放

债券市场是一国金融市场和资本市场的重要组成部分,从一些发达国家和新兴债券市场的发展经验看,债券市场的对外开放是金融市场与资本市场自由化和国际化的突破口,是国家经济增长和金融发展的重要体现。随着经济全球化进程的加快,各国债券市场的开放程度日益提高,国际化趋势日益明显。在这一背景下,不断促进我国债券市场的开放也成为一种必然的选择。

(一) 债券市场对外开放的含义

债券市场的对外开放是指以债券形式为媒介的资金在国际上的自由流动,即债券类有价证券的发行、投资和交易超越了一国的国界。一般认为,狭义上的一国债券市场的对外开放主要包括以下两个方面的内容:一是债券筹资的开放,即外国政府、企业、金融机构以及国际性金融机构在本国的债券发行和本国的政府、企业、金融机构在外国及国际债券市场上的债券发行;二是债券投资的开放,即外国投资者对本国的债券投资和本国投资者对外国的债券投资。而广义上的债券市场的对外开放除了以上两方面的内容以外,还包括了债券业务经营(包括债券发行、投资和交易等中介服务)的开放,即一国法律对外国债券业务经营者进入本国债券市场和本国债券业务经营者到国外债券市场从事相关业务的规定。

(二) 债券市场对外开放的意义

债券市场对外开放是世界金融市场的一大发展趋势,其本质是国际资本跨国间的自由流动,这是生产国际化和资本国际化的必然要求,也是经济全球化的必然结果和金融全球化、国际融资证券化趋势的必然要求。一国债券市场的对外开放对该国的经济、金融市场和债券市场的发展具有非常重要的意义。

1. 债券市场的对外开放可扩大中国在国际资本市场上的信誉和影响,增强投资者对中国经济发展的信心,提升我国的国际形象。通过对外开放,可以提高人民币在国际上的声誉,增强投资者对人民币的信心,进而推动人民币的国际化,为我国资本账户的有序开放积累经验,提升我国的经济地位和金融地位。

2. 债券市场的对外开放有利于学习、借鉴国际经验,推动国内债券市场在较高起点上规范发展。通过对外开放不仅有利于借鉴国际债券市场的制度规范、运作方式、信用评级和担保、支付清算、监管体系等金融基础设施,而且可以借鉴国际债券市场在品种结构、期限结构等方面的金融技术,促进国内债券市场制度的改革以及人才、技术与信息等金融基础设施的建设,从而使国内债券市场获得更规范、更快速地发展。

3. 债券市场的对外开放可促进债券市场发展,实现债券市场国际化,有利于争取亚洲债券市场建设中的主导权。债券市场对外开放有利于吸收外部资源发展本国经济,更好地发挥债券市场在更大范围、更广领域的资源配置功能。通过对外开放不断促进国内债券市场发展,完善有关制度,规范监管体系,逐步培育一个国际化的债券市场,有助于我国在未来亚洲债券市场建设和金融合作的进程中发挥更大的作用,争取本国在亚洲金融合作中的主导权,并可充分利用本区域的资源为本国经济发展服务,更有利于区域金融合作和区域经济的稳定健康发展。

4. 债券市场的对外开放可在一定程度上改善现行的债券市场运行机制。引进境外发行者可以增加债券的有效供给,为境内投资者提供高品质的投资品种,丰富投资者的资产选择;可以增强资本市场的吸引力,有效提高资金使用效率,提升资本市场将储蓄转化为投资的功能;可以改变债券发行者结构,增加发行者之间的竞争,促使境内企业改善公司治理,规范运作。引进境外投资者可以改善境内债券市场的投资者结构,引入先进的投资理念,增加资金来源,有利于构建合理的收益率曲线。债券市场对外开放的过程也是向国际规则、国际惯例靠拢的过程。在这一过程中,境内的债券发行制度、证券评级制度、信息披露制度、证券监管制度等必须做出相应的变革,这有利于推动境内资本市场的市场化和国际化。

(三)积极采取措施迎接债券市场的对外开放

根据我国实际,债券市场的对外开放应在以下四个方面采取措施。

1. 逐步引入国外市场主体。考虑到我国资本项目尚未开放,我国目前可允许境外机构在境内发行人民币债券和外币债券,所筹集资金只能投资于境内。为防止过多的境外机构进入国内债券市场造成对境内债券市场乃至整个国家经济的冲击,在初期,可只允许少数信用级别高的国际金融机构在我国境内银行间债券市场发行人民币债券。目前,我国全国银行间债券市场已经发展成为以机构投资者为主体、市场机制较为健全的债券市场,成为我国债券市场的主体。因此,在初期可将境外金融机构债券的发行安排在全国银行间债券市场上进行。

2. 丰富债券市场工具,提高流动性,建立有效价格发现机制。通过金融创新,开发更多高效的金融产品,提高市场效率,以完善市场功能,增强市场的国际竞争力,对债券市场的对外开放至关重要。中国债券市场的金融创新可重点围绕以下两方面的创新展开:一是工具创新。随着债券市场的发展和利率市场化程度的提高,对于规避市场风险的金融衍生产品的需求越来越强烈。金融衍生产品不仅有利于规避市场风险,而且有利于价格发现以及提高市场流动性。二是制度创新。运行良好的债券市场必须具有良好的市场流动性,通过制度创新提高债券市场流动性,促进债券价格的有效发现。

3. 大力加强信用评级机构建设,有效规避风险。随着债券市场的国际化,债券发行主体的多元化,特别是企业债券的增加,建立和完善资信评级制度将成为债券市场发展的头等大事。应建立主要债权人监控下的信用评级制度,评级机构由债券的主要债权人或潜在债权人选择产生,发债主体接受中介机构定期或不定期的跟踪信用评级并定期向社会公布,建立评级机构退出机制,以保证评级的客观公正。可引进国际权威评级机构,允许中外资中介服务机构合作或重组,逐渐培养出一批具有国际声誉的中国自己的大型评级公司。

4. 促进中央证券托管结算机构的联网,为债券市场对外开放提供便捷的技术平台。在经济全球化的背景下,未来我国债券市场的开放是全方位的,在平等、安全、规范的前提下,以"互联、互信、互利"为基本特征,稳步推进中央国债登记结算公司与境外其他中央托管结算机构的合作,实现内地和国外不同债券市场之间的跨境发行、交易、结算,为债券市场的对外开放提供便捷的技术平台。这是积极推进我国债券市场改革开放的必要条件,也是我国债券市场发展的必然方向。

案例

40亿美元:中行"一带一路"债券成功发行

2015年6月24日,中国银行成功完成了40亿美元"一带一路"债券发行定价——这是中国银行业迄今规模最大的境外债券发行,也是国际金融市场首笔以"一带一路"为主题的债券。

据悉,此次债券发行选取了中行布局在"一带一路"沿线的阿布扎比、匈牙利、新加坡、中国台北、中国香港等5家海外分支机构作为发行主体,筹集资金将主要用于满足"一带一路"沿线分支机构的资金需求。

中国银行副行长张金良6月25日在媒体发布会上称,这既是国际债券市场发行方式的创新,也是中行落实国家"一带一路"倡议实现资金融通的创新,充分显示了中行卓越的跨境协调能力及全球资源高效配置能力。当日,针对媒体关心的问题,中行相关业务部门负责人一一进行了详解。

一、创造多项市场第一

据介绍,"一带一路"债券在中行境外中期票据计划(MTN)下提取发行。本次债券包括固定利率、浮动利率两种计息方式,含50亿元人民币、23亿美元、5亿欧元、5亿新加坡元四个币种。

"这次债券发行,是首笔中资银行5家海外分行10个债券品种同日发行与定价,同步交割与上市,开创了中资银行海外筹集资金新模式。"张金良说。

据悉,本次债券将分别在迪拜纳斯达克交易所、新加坡交易所、台湾证券柜台买卖中心、香港联合交易所、伦敦交易所五个交易所挂牌上市,覆盖2、3、4、5、7、10、15年等7个期限,共计10个债券品种。

本次债券发行规模创中资金融机构单次高级债券最高发行金额纪录,并创造了多项市场第一:发行期限丰富,可满足不同投资者收益率需求,其中10年期美元债券为中资银行首次发行,完善了中资银行国际市场收益率曲线;四个币种同时发行定价,系国际市场上最多币种交易,其中新加坡元为中资银行首次发行;此外,本次发行投资者广泛,并具有发行分行当地特征,除亚太市场外,中东欧、中东市场投资者基础得到拓展。

"一带一路"沿线国家多属于发展中国家、新兴国家和转型国家,资金融通需求强烈。据悉,此次债券发行在国际金融市场反响热烈,全球承销商积极参与,亚太、欧洲、中东等地均获得了投资者平均3.4倍的超额认购。

二、市场化融资将成主要资金来源

中行为何选择发债融资的方式来支持"一带一路"建设?"我们发债的直接原因,是满足'一带一路'项目中长期建设的需求。"中行司库副总经理刘承钢解释,相对于存款和市场拆放来说,发债期限比较长,本次发债就从2年一直到15年,对应"一带一路"中长期项目的需求。

而从国际监管趋势看,刘承钢认为,通过发债获取一些中长期的稳定性资金,对于提高银行流动性比例、改善长期发展后劲也有好处。此外,当前及未来一段时间,美元、欧元、新加坡元等国际主要货币市场流动性相对充裕、融资价格较低,为债券发行提供了较好的时间窗口。

"我国利率市场化即将完成,直接融资不断推进,哪家银行能更好地适应、引领市场化,哪家银行就能在未来占据主动。"张金良表示,市场化融资将成为客户存款之外最重要的资金来源,与存款等传统被动负债相比,发行债券等新型主动负债具有自主性强、期限灵活、节奏可控等优点。

数据显示，2014年末，中国银行集团口径应付债券（含补充资本性质的债券）余额2 780.45亿元人民币，在负债合计中占比1.98%。从国际主要商业银行的负债结构来看，市场化发行的债务工具在负债中的占比约为5%~15%，特别是美国、澳洲的银行发债融资占比较高，约为15%左右。

在回答记者提出的关于是否还有进一步的发债、对提高债券在总负债中的占比有何计划时，张金良表示："在利率市场化进程中，债券融资在负债结构中占比逐步提高，将成为未来银行业发展趋势。发行债券等融资工具在中行负债中仍有较大的上升空间，且中行在国外积累的经验完全可以移植到国内来，债券在中行负债来源当中所占的比例肯定会持续上升。"

三、提升海外资产利润占比

"国家更加积极的对外开放和更加活跃的外交活动，为中行的发展提供了广阔的发展舞台和成长空间。"张金良表示，中行正在加快提高国际化经营水平，逐步使海外机构的资产和利润在集团中的占比达到40%。

2015年6月6日，中国政府与匈牙利政府签署了《中华人民共和国政府和匈牙利政府关于共同推进丝绸之路经济带和21世纪海上丝绸之路建设的谅解备忘录》，此次中国银行匈牙利分行发行欧元债券，成为第一家响应落实国家上述战略部署的商业银行。

"本次债券为中行提供了稳定的中长期资金，主要用于支持相关海外分行'一带一路'沿线项目融资，包括码头、电力、交通、机场建设等。"张金良表示，中行正努力建设"一带一路"金融大动脉，联通当前全球低成本富余资金和"一带一路"经济合作项目，提升沿线各国在全球供应链、产业链和价值链上的地位。

目前，中行建立了公司金融"一带一路"重大项目储备库，并广泛挖掘"一带一路"重大项目的配套商业性项目，作为中行业务重点一并纳入项目储备库统筹管理。截至2015年5月末，中国银行跟进的"一带一路"沿线境外重大项目近300个。

截至今年一季度末，中行累计支持中资企业"走出去"项目1 763个，累计提供贷款承诺1 258亿美元。

根据计划，2015年中行对"一带一路"建设的授信规模为200亿美元，未来三年达到1 000亿美元。目前中行已在"一带一路"沿线16个国家及地区设立机构，未来将实现沿线国家（地区）覆盖率在50%以上，努力成为亚投行、丝路基金等开发性金融之外重要的商业金融渠道。

资料来源：《金融时报》，2015-06-26。

思考题与练习题

1. 掌握下列概念：外国债券　欧洲债券　固定利率债券　浮动利率债券　可转换债券
2. 债券评级的目的和债券信用评级的根据是什么？
3. 如何理解债券信用等级及含义？
4. 熟练计算债券的名义收益率、本期收益率和到期收益率。
5. 如何理解我国债券市场对外开放的意义？
6. 我们应以何种积极措施迎接债券市场的对外开放？

第十一章 我国的外汇信贷

本章主要介绍我国外汇贷款的含义、特点、种类及管理等内容。通过本章的学习，要求重点掌握外汇信贷的特点和种类，了解我国外汇贷款的发展及其作用，掌握外汇贷款的条件和管理程序。

学习要点

This chapter mainly introduces the meaning, features, types and administration of foreign exchange loan in China. By learning, we should master the features and types of the foreign exchange loan, know the development and function of our foreign exchange loan, familiarize the conditions and management procedure of it.

第一节　外汇贷款的含义、特点和作用

一、外汇贷款的含义

外汇贷款是外汇指定银行根据国家政策,利用银行自有外汇资金和吸收的国内外汇存款以及从国际资金市场或各国政府和国际金融机构筹措的外汇资金,向国内直接或间接创造外汇收入的企业提供的并按约定的利率和期限还本付息的贷款。它是经营外汇业务的银行在国家的方针、政策指导下,根据国民经济发展需要,将其所筹集持有的外汇资金贷给急需外汇资金的企事业单位,以支持其引进国外先进技术设备,进口国内短缺物资,从而达到促进企业技术改造、提高竞争能力、扩大对外技术交流、增加财政收入和出口创汇收入的目的。外汇贷款的资金来源渠道包括:我国海外和国内金融机构吸收的外币存款;外国银行存放在我国海外银行的外汇资金;金融机构按国际惯例向外筹资等。我国的外汇银行主要是中国银行等国有商业银行,同时,其他商业银行和中国进出口信贷银行也办理该项业务。

从严格意义上讲,我国的外汇贷款主要表现为国内金融机构(包括国内的外资金融机构)对国内客户(包括三资企业)的借贷活动,属于国内信贷范畴。但外汇贷款是我国利用外资的重要形式,与国际信贷密不可分,因此可以说是国际信贷在国内的延伸。就我国来说,利用外资主要有外国商业银行贷款、外国政府贷款、国际金融组织贷款、出口信贷、发行国际债券、国际租赁、合资经营、补偿贸易等多种形式。外汇贷款无论在性质和目的上,还是在使用原则和范围上都和这些利用外资的形式基本相同。所不同的仅仅是前述几种形式是对外资的直接利用,而外汇贷款则是通过有资格经营外汇业务的商业银行和其他金融机构间接利用外资。随着我国经济金融开放程度的不断加深,外汇信贷日益成为国内商业银行和金融机构的重要业务之一。

二、外汇贷款的特点

外汇贷款与国内人民币贷款相比,其基本属性是相同的,但又有自己的特点。

(一)借外汇还外汇

借款者向银行申请外汇贷款,应坚持借何种外汇、到期用该种货币归还贷款本息的原则。这是保证外汇资金完整和正常周转的前提。如果外汇银行借出的是外汇,而收回的却是本币,就会使外汇越来越少,影响外汇信贷业务的生

存和发展,影响国家的经济建设。因此,坚持借外汇还外汇这一原则十分重要。目前,外汇银行办理外汇贷款,主要以美元、英镑、日元、欧元、港元等作为借款货币。借款单位如以其他币种还本付息,必须按当时的外汇牌价折合成原借外币支付。如果借款人在使用外汇资金时需要换外汇币种,可按当时的外汇牌价将所借外汇兑换成需要用于实际支付的外币种类。

(二) 采用浮动利率计息

外汇银行在国内发放的外汇贷款,一般都采用浮动利率计息。目前的做法是按照伦敦银行同业拆借利率(LIBOR)来确定外汇贷款的基础利率,再加上银行经营管理成本和费用来最终确定外汇贷款的利率,因而借款人要承担利率变动的成本。银行组织运用外汇资金的成本构成包括组织外汇资金的成本加上银行的管理费用。我国外汇贷款利率要随着国际金融市场利率的变化而经常上下浮动,实行浮动利率。

(三) 借款人要承担汇率风险

根据我国现行结售汇制度的规定,对外业务往来的借款人在收入外汇时要售卖给外汇经营银行,需要外汇时,再从外汇银行购买。外汇资金在运动过程中要受三方面主要因素的影响,即外汇汇率的波动与本币币值以及其本币利率的变动。外汇汇率受国际金融市场变动的影响,一旦某种外汇汇率变动,则影响到借款人用汇成本的变化。

(四) 并不形成派生性存款

派生性存款是人民币贷款的特征,即在银行发放贷款后,借款单位将借款转入其往来账户以增加其存款,其后通过进货或其他支付使用其账户存款,又将它转变为另一方的存款,从而由贷款派生出新的存款。而外汇贷款则不同,一般不会形成派生性存款。按照我国外汇管理条例规定,我国国内企业一般不准开立外汇存款账户,即使企业向银行借取外汇贷款,也不能把贷款转为存款。具体使用外汇贷款时,外汇银行只能根据商务合同规定,如对外开出信用证等,从贷款账户直接对外支付,不存在将贷款转为存款后的支付问题。因此,外汇贷款一般不会形成派生性存款,这就限制了外汇贷款的使用。

(五) 借款人必须要有外汇收入或其他外汇来源

外汇贷款的目的主要是用于对外经济往来关系中的购买外汇支付需要,所以,一般而言,外汇贷款最终必须以外汇的方式收回。为了保证借外汇还外汇的顺利执行,借款人就必须有较为稳定的外汇收入或者有间接的外汇来源渠道。否则，到期则无法归还外汇贷款本息。

（六）外汇贷款会引起国内配套资金需求的扩张

我国是发展中国家，综合国力有限，外汇资金紧缺，因而对外汇贷款资金的使用一般有严格的要求。一般而言，我国的外汇贷款主要用于购买国际先进的技术、设备以及国内较为稀缺的材料等，这些技术设备的购置要求有与之配套的设施建设，这就必然会影响到本币贷款的需求量。因此，在外汇贷款业务的操作上，应严加控制，并要与人民币贷款业务统筹考虑，合理安排。

三、我国外汇贷款的发展

我国外汇贷款业务自1973年中国银行开办至今，大致经历了三个阶段。

（一）计划试办阶段（1973—1977）

这一阶段的具体做法如下。

1. 经营外汇信贷业务的银行只有中国银行一家。

2. 外汇贷款的形式是间接贷款，即中国银行将外汇贷款贷给外贸公司用于进口物资，企业以人民币向外贸公司购买进口物资，由外贸公司负责归还外汇贷款本息。

3. 外汇贷款的适用范围仅限于进口国内生产出口商品的企业所需的设备和原材料。

4. 外汇贷款采用固定利率计息，贷款货币为美元。

（二）总结经验阶段（1978—1979）

这一阶段的具体做法如下。

1. 外汇贷款的形式仍是贷给外贸公司的间接贷款。

2. 外汇贷款的适用范围开始扩大，从工业交通领域扩大到农、林、牧、副、鱼的养殖生产加工等领域。

3. 外汇贷款的审批权限开始下放，省（市）管辖中国银行分行可以审批5万美元以下的贷款项目。

4. 外汇贷款仍采用固定利率计息，贷款货币为美元。

（三）充实发展阶段（1980—1994）

这一阶段的具体做法如下。

1. 外汇贷款的形式改间接贷款为直接贷款。即由外汇银行将外汇贷给能创汇，能生产出口商品的企业，后又进一步扩大到有外汇来源，能偿还外汇贷款本息的单位。

2. 外汇贷款的适用范围进一步扩大。包括：引进先进技术，进口机械设备和材料，扩大商品出口能力；进口原材料、辅料加工出口；发展交通运输、旅游事业，对外承包工程；支持对外加工装配、补偿贸易；支持直接或间接创汇所需要的短期外汇周转资金。

3. 外汇贷款的审批权限进一步扩大，省（市）管辖分行、计划单列市分行可以审批300万至1 000万美元不等的贷款项目。

4. 外汇贷款种类进一步扩大，增办了特种外汇贷款、贴息外汇贷款、优惠外汇利率贷款、特有利率外汇贷款、卖方信贷贷款、外商投资企业贷款、政府混合贷款、国际银团贷款等，适应了各类企业对各种不同外汇资金的需要。

5. 外汇贷款货币由美元一种扩大到美元、英镑、日元、德国马克、法国法郎、港币六种。

6. 外汇贷款机构进一步扩大，由过去中国银行独家办理外汇贷款业务扩大到经外汇管理局批准的其他专业银行和非银行机构均可办理外汇贷款业务。到1993年年底，中国银行外汇贷款和投资金额为409.92亿美元，约占全国金融机构贷款规模的80%左右，有力地支持了我国经济建设的发展。

7. 颁布了《外汇（转）贷款登记管理办法》(1989年)。《外汇（转）贷款登记管理办法》主要是对国内外汇贷款实行登记制度，即债务人每借一笔贷款，都须逐笔到外汇局办理贷款登记；开立相关外汇账户及还本付息须经外汇局核准；等等。

（四）改革完善阶段（1994年至今）

这一阶段的具体做法如下。

1994年我国外汇管理体制和金融体制发生了重大改革，官方汇率与（外汇调剂）市场汇率并轨，实行银行结售汇，建立全国统一的银行间外汇市场，并实行以市场供求为基础的单一汇率。我国外汇银行的经营机制也发生了转变，国有专业银行向国有商业银行转化，并成立了政策性商业银行（如中国进出口银行），经营外汇业务的银行进一步增加。这些变革使外汇贷款也发生相应变化，以适应社会主义市场经济的发展需要。

2002年年底，国家外汇管理局发布了《关于实施国内外汇贷款外汇管理方式改革的通知》，规定自2003年1月1日起，在全国范围内调整国内外汇贷款的登记及管理方式，以方便企业利用国内外汇资金和金融机构进行债权管理。此次针对1989年发布的《外汇（转）贷款登记管理办法》中的外汇贷款管理方式而进行的改革，将原来的国内外汇贷款债务人到外汇管理局逐笔登记，改为由债权人集中登记；由原来的外汇局审核债务人开立国内外汇贷款专用账户和还本付息,改为由债权人自行进行真实性和合规性的审核。外汇局将通过对债权银行贷款登记及账户管理、还本付息操作的监控,实现对外汇贷款运作情况的管理。

国内外汇贷款管理方式的改革,减少了审批环节,简化了企业使用国内外汇贷款的管理手续,便利了银行向国内企业发放外汇贷款,有助于银行对贷款的管理与回收,有助于提高国内外汇资金的使用效率。

四、我国从事外汇贷款业务的金融机构

按照《中华人民共和国外汇管理条例》第二十七条规定,金融机构经营外汇业务须经外汇管理机关批准,领取经营外汇业务许可证。未经外汇管理机关批准,任何单位和个人不得经营外汇业务。经批准经营外汇业务的金融机构,经营外汇业务不得超出批准的范围。目前,我国从事外汇贷款业务的金融机构主要有以下三类。

(一) 国内商业银行

中国银行、中国工商银行、中国建设银行、中国农业银行是我国目前的四大国有商业银行,也是办理外汇业务的主要金融机构。其中,尤以中国银行历史最为悠久。中国银行成立于1912年2月,是中国历史最悠久的银行之一。1949年中华人民共和国成立,新中国政府接管了中国银行,明确中国银行归中国人民银行总行领导,并明确中国银行为中华人民共和国中央人民政府政务院特许的外汇专业银行。1979年3月13日,经国务院批准,中国银行从中国人民银行分设出来,中国银行成为中国人民银行监管之下的国家外汇外贸专业银行。1994年初,根据国家金融体制改革的部署,中国银行由外汇外贸专业银行开始向国有商业银行转化。其后,随着金融体制改革的进一步深化,国家放宽了对各家银行经营领域的控制,其他三家国有商业银行以及股份制商业银行也纷纷被批准为外汇指定银行,在外汇业务经营方面与中国商业银行享有平等地位,这打破了中国银行在外汇业务方面的垄断地位,形成了相互竞争的格局。

(二) 中国进出口银行

中国进出口银行成立于1994年,注册资本金总额为33.8亿元人民币(其中包括25亿元人民币,1亿美元),由国家财政全额拨给。中国进出口银行是直属国务院领导、政府全资拥有的政策性的国家出口信用机构,是我国外经贸支持体系的主要力量和金融体系的重要组成部分。经过10多年的发展,中国进出口银行已成为我国机电产品、高新技术产品出口和对外承包工程及各类境外投资的政策性融资主渠道,外国政府贷款的主要转贷行和中国政府对外优惠贷

款的承贷行,为促进我国开放型经济的发展发挥着越来越重要的作用。

(三) 外资商业银行

1979年,我国拉开了银行业对外开放的序幕,允许外资银行在华设立代表处。1981年,允许外资银行在深圳等五个经济特区设立营业性机构,从事外汇金融业务,并逐步扩大到沿海开放城市和所有中心城市。1996年12月和1998年8月,先后允许符合条件的外资银行在上海浦东和深圳经济特区试点办理人民币业务。1999年7月将上海、深圳外资银行试点办理人民币业务的范围扩大到所在地的临近省(区)。经过几十年的发展,在华外资金融机构的数量和业务规模不断扩大,已成为我国金融体系的重要组成部分。截至2005年9月底,共有20个国家和地区的69家外资银行在我国设立了232家营业性机构,在华外资银行资产总额为6 606.6亿元人民币,约占我国银行业金融机构资产总额的1.8%,外资银行机构的外汇贷款占国内金融机构全部外汇贷款的20%左右。外资银行在促进我国银行业改革与发展、支持我国经济建设方面发挥了重要作用。

2001年12月11日,我国成为世界贸易组织的正式成员,我国银行业的对外开放进入了一个新的发展阶段。根据世贸组织有关协议,我国将逐步取消对外资银行的限制。正式加入世贸组织时,我国取消了对外资银行办理外汇业务的地域和客户限制,外资银行可以对中资企业和中国居民开办外汇业务。逐步取消外资银行经营人民币业务的地域限制:加入时,开放深圳、上海、大连、天津;加入后1年内,开放广州、青岛、南京、武汉;加入后2年内,开放济南、福州、成都、重庆;加入后3年内,开放昆明、珠海、北京、厦门;加入后4年内,开放汕头、宁波、沈阳、西安;加入后5年内,取消所有地域限制。逐步取消人民币业务客户对象限制:加入后2年内,允许外资银行对中国企业办理人民币业务;加入后5年内,允许外资银行对所有中国客户提供服务,允许外资银行设立同城营业网点,审批条件与中资银行相同。加入后5年内,取消所有现存的对外资银行所有权、经营和设立形式,包括对分支机构和许可证发放进行限制的非审慎性措施;允许设立的外资非银行金融机构提供汽车消费信贷业务,享受中资同类金融机构的同等待遇;外资银行可在加入后5年内向中国居民个人提供汽车信贷业务;允许外资金融租赁公司与中国公司在相同的时间内提供金融租赁服务。截至2011年9月底,在华外资银行资产总额达2.06万亿元,外国银行在华设立了39家外资法人银行、93家外国银行分行和207个代表处。

五、外汇贷款的作用

外汇贷款的开办和发展,对于推动我国积极吸收外资,引进国际先进设备,促进出口创汇商品的生产,扩大对外经济技术交流,以及增加国家外汇收入,增强我国的综合国力等方面发挥着重要作用。具体如下。

第一，利用外资，促进对外开放。充分利用和吸收国外资金发放外汇贷款，是引进外资的重要途径，是实行对外开放政策的重要内容。外汇贷款的不断发展，充分实践和支持了我国的对外开放政策。

第二，引进国外先进技术设备，促进经济发展。通过利用外汇贷款，引进大量国际先进技术设备，支持了轻工、纺织、电子、建材、化工、创汇农业等行业的技术改造，支持了国家能源、交通、重要原材料、基础设施等方面的一大批重点项目，对于增强我国经济建设的后劲，壮大国家经济实力发挥着重要作用。

第三，促进出口，增加国家的外汇收入。我国的外汇贷款基本上都贷放给那些具有外汇偿还能力的出口创汇基地、外向型企业以及"三来一补"项目，为扩大出口，增加国家的外汇收入奠定了基础。

第四，有利于改善投资环境，吸引外资。良好的投资环境必须有完善的金融环境与之相适应。国内银行通过给中外合资经营企业、中外合作经营企业和外商投资企业提供股本贷款、出口打包贷款、抵押贷款、信用证结算贷款等，满足外商投资企业在我国的生产、经营和发展的资金需要，促进其在我国的业务顺利开展，为吸引更多的外商来华投资创造了条件。

第二节　外汇贷款的对象、条件和种类

一、外汇贷款的对象和使用范围

外汇贷款的对象是指那些生产出口商品，能够直接或间接带来外汇收入并具备还款条件的借款人。即直接生产出口商品的国内企业、中外合资企业、外商投资企业以及自身不创造外汇，但具有相应外汇来源能力的借款人都是外汇贷款的对象。

外汇贷款的主要使用范围如下。

第一，用于生产企业进口国内短缺的原料、辅助材料、零配件，并加工制造后出口创汇。

第二，用于引进国外技术，进口国内短缺的机器设备、材料，支持企业的技术改造，扩大适销对路的出口商品的生产能力，提高产品的质量，增加花色品种，改进包装、装潢，增强出口商品在国际市场上的竞争能力。

第三，用于能源的开发和利用，用于交通运输、通信等基础设施的建设，支持对外承包公司开展对外承包业务和促进我国旅游事业的发展。

第四，用于直接或间接创造外汇收入项目所需的短期固定周转外汇资金。

第五，用于支持加工装配、补偿贸易等事业的发展。

第六,用于支持农、副、水产、土特产以及畜牧业等出口创汇产品生产的发展。

第七,用于支付外汇贷款项目下的外汇订货的出国考察费用,在商务合同中明确规定的由我方负担的出国学习、培训费用或外国专家来华安装设备、培训技术人员的费用。

第八,用于支付外汇贷款项目下按离岸价订货的远洋运输费和还清贷款以前的各种外汇保险费。

第九,用于支持外商投资企业的合理外汇资金需要。

二、外汇贷款的条件

申请外汇贷款的借款单位除必须具备一般贷款的基本条件外,还必须具备下列条件,才能向银行申请外汇贷款。

第一,外汇贷款项目确属国内需要。外汇贷款资助项目一般用于国内急需而目前无法解决的项目商品或劳务方面。一般国内能够解决的,则不必通过大量外汇资金去国外购买。外汇贷款项目应符合花钱少、见效快、创汇高、还款及时的要求。

第二,贷款项目必须经过批准并纳入计划。申请使用外汇贷款时,按规定程序报有关部门批准,列入国家或地方的有关计划;用于支持国家经济战略重点的贷款项目,要纳入国家的有关经济建设计划;用于支持中小企业技术改造的项目,要纳入省、自治区、直辖市的中小企业技术改造计划;用于支持其他经济建设的项目,要按报批程序,分别纳入其他有关计划。

第三,国内配套条件要落实。使用外汇贷款购买技术和设备,国内配套的厂房、设备等环境条件要统筹考虑。对于具备国内配套条件而又急需外汇资金的项目要给予优先支持;对于国内配套条件不具备的项目不能给予贷款。保证所购项目到货后,即时投入营运,发挥效益。

第四,还款要有保证。借款单位必须具有可靠和外汇来源,并且贷款资金要用于真实的资金需求方面。借款人申请外汇贷款时,应提供有外汇收入的第三者担保,或者提供足值的国家法律允许的合法财产或所有权证明进行抵押或质押。

第五,经济效益良好。使用外汇贷款的单位,要有较高的经营管理水平,能充分发挥引进技术、设备、原材料的作用,能促进企业挖潜、革新、改造技术,能增强出口商品在国际市场上的竞争能力,为国家多创汇。

三、外汇贷款的期限、利率和费用

(一)外汇贷款的期限

对于国内企业进口原材料、辅助材料加工出口商品的流动资金贷款,期限一般为 1 年;用于进口设备及其制造设备的固定资金贷款,期限一般不超过 3 年;对于用于进口大型成套设备的贷款,由于国外交货时间长,国内基建、安装、试产等各阶段需一定时间,根据实际情况,贷款期限可延长一些,但最长不超过 5 年;其他贷款项目根据实际需要,贷款期限一般不超过 3 年。

外汇贷款期限的计算,一般从借款合同生效之日起至合同规定的还清全部本金、利息、费用之日止(含提款期、宽限期、还款期)。

(二)外汇贷款的利率

外汇贷款的利率分为浮动利率和优惠利率。浮动利率外汇贷款即以国际金融市场上的伦敦银行同业拆借利率(LIBOR)计息;优惠利率外汇贷款即低于伦敦银行同业拆借利率。

外汇贷款的利率,以国际金融市场上的利率及其在国际金融市场上组织资金的成本为基础,加上银行的管理费来确定;而对于使用外国买方信贷和其他信贷的利率,则以其协议利率为基础加一定利差来确定。外汇贷款一般实行按季结息,即每年 3 月 20 日、6 月 20 日、9 月 20 日和 12 月 20 日各结息一次。借款单位应按期支付利息,否则即将支付的利息转入贷款账户,并按复利计息。借款单位在规定的期限如不能归还贷款本息,可向银行申请展期。未经批准而不按期归还贷款本息的项目,做逾期处理。

(三)外汇贷款的费用

较大项目的固定资产类外汇贷款根据国际惯例酌情收取有关费用,包括承担费、管理费、律师费和杂费等。流动资金类的外汇贷款除贷款利息外,一般不另收其他费用。

四、外汇贷款的种类

(一)按照资金运用方式划分的外汇贷款种类

按资金运用方式不同,外汇贷款主要有以下几种。

1. 现汇贷款。现汇贷款又称自由外汇贷款,是银行以自主筹措的外汇向企业发放的贷款。这种贷款用"即期外汇",对任何国家都可以支付,在外汇市场上可以自由兑换成用于支付所需的货币。现汇贷款只对企业发放,凡是具有企业法人资格的经济实体,在银行开立账户,具有偿还贷款能力的均可以申请现汇贷款。与外国政府贷款和国外银行的买方信贷相比,现汇贷款用途广泛,可用于向任何国家或地区采购设备和材料。现汇贷款既可以满足企业流动资金方面的需求,也可以满足企业固定资产投资的需求。贷款种类既包括短期贷款,也包括中长期贷款。贷款币种包括美元、欧元、英镑、日元、港币等五种货币。贷款利率既可以采用浮动利率,也可以采用固定利率。浮动利率一般参照伦敦银行同业拆借利率加上银行筹资的综合成本及相应的利润确定。根据客户要求,银行也可以将现汇贷款的浮动利率掉期为固定利率。

现汇贷款又可细分为:①浮动利率外汇贷款。它是参照伦敦银行同业拆借利率(LIBOR),再加上银行一定的息差收益,构成的贷款利率。浮动利率贷款分为固定资产贷款和流动资金贷款。固定资产贷款主要用于引进技术设备的技术改造项目或基本建设项目,贷款期限一般为 3~5 年。申请固定资产贷款,项目须经有关部门批准立项,须有通过项目可行性研究报告的批复。流动资金贷款主要用于进口原辅材料及零配件等,贷款期限一般不超过 1 年。浮动利率贷款的利率是随时浮动的。浮动利率分 1 个月、3 个月、6 个月浮动三档,即企业向银行借款日确定的利率在 1 个月、3 个月或 6 个月内,不管在此期间内利率变动多大都固定不变,过了 1 个月、3 个月或 6 个月后,按浮动的利率计收利息。②优惠利率外汇贷款。一般指低于伦敦银行同业拆借利率的贷款,优惠息差一般由财政承担补贴。优惠利率外汇贷款的货币一般为美元。③贴息外汇贷款。这种贷款的利率大大低于浮动利率和优惠利率,贴息部分坚持谁立项谁贴息的办法执行。④特优利率外汇贷款。这种贷款的利率比贴息贷款的利率还低。

2. 买方信贷。买方信贷指由出口方银行或信贷公司向进口方的商人或进口方的银行提供的贷款,用于支付购货款的一种贷款形式。买方信贷又分为进口买方信贷和出口买方信贷两种。进口买方信贷是由国外出口商银行向我国进口商银行提供的贷款,主要用于支付进口商品贷款。出口买方信贷是我国银行向国外购货商或购货商银行发放的外汇贷款。买方信贷不受外汇货币种类的限制。

借款人必须是中国进出口银行认可的进口商或银行、进口国财政部或其他政府授权机构。借款人须资信良好,具有偿还全部贷款本息及支付相关贷款费用的能力。出口商必须是独立的企业法人,具有中国政府授权机构认可的实施出口项目的资格,具备履行商务合同的能力。出口的货物和服务符合出口买方信贷的支持范围。

出口买方信贷支持的商务合同必须经中国进出口银行审查认可,并满足以下基本条件:①合同金额在 200 万美元以上;②出口货物中的中国成分不低于 50%;③进口商以现汇支付的定金比例一般不低于合同金额的 15%,船舶项目不低于合同金额的 20%。

出口买方信贷主要用于支持我国进出口公司和出口企业所出口的国家允许的由中国制造的机电产品、成套设备、单机和其他机电产品。贷款所支持的出口设备应以我国制造的设备为主,其国产率成套设备应不低于 70%,船舶不低于 50%。成套设备及其他机电产品的贷款金额不超过商务合同总价的 85%,

船舶不超过商务合同总价的 80%。贷款金额中可包括适当比例的技术服务费、当地费用和第三国采购费用。

中国进出口银行买方信贷的期限从首次提款之日起,至贷款协议规定的最后还款日止,贷款期最长不超过 15 年。贷款利率参照经济合作与发展组织(OECD)公布的商业参考利率(CIRRs)执行固定贷款利率,或在伦敦银行同业拆借利率(LIBOR)的基础上加上一定利差后执行浮动利率。特殊情况可由借贷双方协商确定。借款人须向中国进出口银行支付管理费、承担费和风险费等贷款费用。

3. 福费廷。福费廷也称包买票据或票据买断,即由包买商(通常为商业银行或银行的附属机构)从出口商那里无追索权地购买已经承兑的,并通常由进口商所在地银行担保的远期汇票或本票。它的基本特点是一次性买断,无追索权,即该远期票据若到期无法兑现,银行不能向出口商追索。因此,这一业务有一定的适用范围限制:一是必须是议付信用证或开证行承兑信用证;二是在信用证条款上要求汇票付款人为开证行;三是付款期限一般最长不超过 1 年;四是开证行或承兑行具有良好信誉。福费廷是一种无追索权的贸易融资便利,借款人一旦取得融资款项,就不必再对债务人偿债与否负责,同时不占用银行授信额度。福费廷业务主要提供中长期贸易融资,利用这一融资方式的出口商应同意向进口商提供期限为 6 个月至 5 年甚至更长期限的贸易融资;同意进口商以分期付款的方式支付货款,以便汇票、本票或其他债权凭证按固定时间间隔依次出具,以满足福费廷业务的需要。

4. 政府混合贷款。该种贷款是政府贷款或赠款和出口信贷或商业银行贷款混合组成的一种贷款,是在出口信贷基础上发展起来的一种贷款形式,其目的是通过政府贷款来改变贷款的利率结构,降低利率,延长贷款期限,促进本国商品的出口竞争能力。政府混合贷款的综合利率比一般出口信贷的利率要低,而且大多数国家的政府混合贷款可提供商务合同金额 100% 的贷款额度。

5. 国际银团贷款。它是由一家或几家银行牵头,多家国际商业银行作为贷款人,按商定的条件向某一特定的借款人提供的大额信贷业务。我国的中国银行 1983 年开办了第一笔银团贷款业务。国际银团贷款一般牵涉外汇资金的数额大,期限长。

6. 对外劳务承包贷款。对外劳务承包贷款是为支持我国对外劳务承包企业对外承包工程和输出劳务及开展其他国际经济技术合作而发放的贷款,是以外汇贷款为主的一种业务。贷款对象主要是经过国务院或商务部批准有权从事对外工程承包和劳务输出的企业。目前中国银行对我国对外劳务承包企业发放的贷款种类有:项目贷款,短期周转贷款,保函额度和配套人民币贷款。项目贷款用于对外承包工程,劳务输出和其他对外经济技术合作项目所需的购置施工机具、施工材料及设备和安装、劳务等费用，贷款期限一般以承包国外工程的工期为依据，所以贷款期限较长，但一般不超过 5 年。短期周转贷款主要用于企业开展对外承包工程、劳务输出和其他对外经济技术合作的经营中短期周转资金的需求，贷款金额和贷款期限不与承包工程项目和工期直接挂钩，贷款期限不超过 1 年。保函额度主要用于企业在国际上竞争和承包工程时，由银行为其出具投标、履约和预付款等保函而为企业核定的对外保函额度。配套人民币贷款主要用于中国银行外汇贷款支持的对外承包工程所需的配套人民币资金。

（二）外商投资企业贷款

外商投资企业贷款是金融机构对中外合资经营企业、中外合作经营企业、外商独资企业在开办和运营过程中合理的外汇需求而发放的贷款的统称。在经济全球化过程中，随着我国对外开放的不断深入，我国境内的外商投资企业越来越多，外商投资企业贷款已成为我国外汇贷款的重要组成部分。

凡在中国境内注册的外商投资企业向贷款银行申请贷款，应具备下列条件：①持有中国工商行政管理机关颁发的营业执照，并在中国境内开立银行账户；②注册资本按期如数缴纳，并经依法验资；③董事会做出借款的决议和出具授权书；④固定资产投资项目已由计划部门批准；⑤有偿还贷款能力，并提供可靠的还款、付息保证，申请时应填写借款申请书，并提交相应的证明和资料。经贷款银行审查评估同意后，借贷双方协商签订借款合同。固定资产贷款一般不超过 7 年，流动资金贷款一般不超过 12 个月。

外商投资企业贷款的货币种类主要有：美元、英镑、日元、欧元、港元等。如因特殊需要，也可以提供其他可自由兑换的外币贷款。因在国内生产出口产品所造成的资金不足，也可以提供人民币贷款。

外商投资企业贷款可分为短期和中长期贷款两大类。外商投资企业在生产经营中，为完成生产和进口任务，对需要进口的部分原材料，以产品出口进行的补偿性贸易所需资金，或是在产品出口时，由于发运出口商品到出口货物款收回期间的占压款等情况所形成的外资企业正常运转时的短期资金不足，均可凭进口方开来的信用证和有关运输单据向国内银行申请贷款支持。外商投资企业为提高生产能力或改进技术，由国外引进成套设备或单机，因企业营运资本或投资资本不足可向银行申请中长期贷款。

外商投资企业贷款时必须有担保，担保又分为信用担保和其他担保形式。信用担保是指具备担保资格的担保人出具不可撤销的无条件担保，其他担保指借款人用物业股权等资产进行的抵押或质押保证。

（三）"三贷"外汇贷款

所谓"三贷"，是指外国政府、银行或其他金融机构的买方信贷、政府贷款和混合贷款。"三贷"外汇贷款是指国内银行根据协议接办的转贷上述三种贷款的业务。此类贷款必须严格按照转贷协议购买贷款提供国的资本性货物、技术及有关劳务。

"三贷"外汇贷款的对象和范围主要包括：①企事业单位以及被授权的政府部门。②用于基本建设项目和技术改造项目等。③符合中国银行总行对外签订买方信贷协议条件的，可申请买方信贷，纳入政府间"财政合作议定书"；符合总行对外签订的政府贷款或混合贷款协议条件的，可申请政府贷款或混合贷款。

"三贷"外汇贷款在出口国政府干预下，将银行信用与保险机制结合起来，为扩大出口提供"便利"，这是此项业务的基本特征。同时限定用于支持贷款提供国的资本性货物出口和技术服务，这是国际经济合作与发展组织（OECD）成员国订立的"君子协定"的规定，也是该项业务的另一重要特点。一般来讲，此种贷款金额较大，期限长，实行固定利率。

"三贷"外汇贷款的申办程序要分两种情况。

第一，买方信贷项目的贷款申请可按银行一般现汇贷款程序办理，即借款人按照项目的隶属关系，向银行提出贷款申请。

第二，政府贷款和混合贷款项目，可按下列程序办理：①借款人应按中央或地方隶属关系，分别向国家发改委、财政部或地方发改委、财政局提出使用贷款的申请，履行立项等手续；同时，向银行提出转贷的初步申请。②经国家主管部门审查同意的项目作为"备选项目"，由财政部代表中国政府对外提出"备选项目清单"，并与外国政府授权的部门谈判和签订"财政合作议定书"。③项目经外国政府评估确定并通知中国政府后，财政部和相关银行总行发文通知分行和借款人；借款人书面向分行提出正式申请，进入贷款的审查程序。

"三贷"外汇贷款的买方信贷利率按照经济合作与发展组织（OECD）"君子协定"的统一规定办理；政府贷款和混合贷款的利率按"财政议定书"的规定办理。"三贷"的费用分为"上游协议"项下费用和"下游协议"项下费用两部分。"上游协议"费用一般为管理费、承担费及信贷保险费用等；"下游协议"费用指银行的转贷费。目前的转贷费费率为：买方信贷0.7%，政府贷款1%，混合贷款1.2%。

（四）出国留学外汇贷款

出国留学外汇贷款是中国银行向借款人发放的，用于解决受教育人出国攻读硕士及硕士以上学位所需学杂费和生活费用的外汇贷款。中国银行出国留学外汇贷款的基本原则有两条：一是贷外汇还外汇；二是必须提供有效担保。

出国留学外汇贷款的基本条件包括：借款人必须是到国外攻读硕士及硕士以上学位的留学人员；贷款期限一般为1~6年；贷款金额为在出国留学所需学杂费和正常生活费用的80%以内；单笔贷款金额将不超过4万美元。

出国留学外汇贷款的利率按中国银行同档次贷款利率执行。期限在1年以内(含1年)的,按合同利率计息,遇法定利率调整时,合同利率不变;期限在1年以上的,遇利率调整,按中国银行关于利率调整的规定进行利率调整。

申请出国留学外汇贷款的人员必须具备以下条件:①年满18周岁,具有完全民事行为能力的自然人;②有当地常住户口或有效居留身份,有固定和详细的住址;③提供境外就读学校的正式录取通知书或接收函,学习期内所需学杂费的证明材料;④可提供银行认可的抵押物、质押物、保证人担保或购买履约保证保险;⑤存入不少于20%的自筹资金。

(五)外贸贷款

外贸贷款是外汇指定银行针对经营进出口业务的借款人为完成进出口贸易,在组织商品流转过程中及其生产过程中,对货币资金有合理需要而发放的人民币贷款。严格来讲,外贸贷款发放的货币是人民币,并非外汇贷款。但由于外贸贷款与出口创汇及国际结算业务结合紧密,在许多方面与外汇贷款有相似之处,故外贸贷款也属于一种特殊的外汇贷款。外贸贷款主要有以下几种。

1. 出口商品生产中短期贷款。这是为了满足出口商品生产企业进行技术改造,增添设备的资金需求而发放的贷款。凡属生产出口产品的外贸部门直属加工生产企业,全民和集体所有制的工业企业和农、副、土特产品的生产单位,用于在原生产条件基础上挖潜、革新、改造和为发展农、副、土特产品生产所需的设备(包括制造设备的材料)、种畜、种子等均可使用此项贷款。

2. 定额周转贷款。定额周转贷款用于解决企业在进出口商品生产或流转过程中正常合理的、经常占用的周转资金的需要。这类贷款主要是针对外贸、工贸企业在进行进出口贸易时应对商品流通环节资金不足而由银行发放的贷款。

3. 出口商品预购定金贷款。出口商品预购定金贷款是为了保证外贸企业组织出口商品货源而发放的贷款。由外贸企业申请此项贷款后预支给出口商品生产单位,用于订购出口适销商品。

4. 出口打包贷款。这是贷给进出口企业及有进出口权的工业企业,以信用证为保证,在货物装运出口前需要的短期资金周转贷款。这种贷款要逐笔申请,逐笔核贷。具体来讲,出口打包贷款是银行对办理进出口业务的外贸公司、工贸公司、生产企业、行业集团公司等企业在订立出口成交合同后,以尚在打包中而暂时没有达到可以装运出口程度的货物或以其从国外开来的有效信用证为抵押的一种短期贷款。这种贷款是银行为满足企业按期、按质、按量完成生产及出口交货任务的资金需要而发放的贷款。贷款最高额不超过国外进口商开出的信用证或签订合同所列商品的销售收入额。贷款期限一般是指从借款之日起到外销货款结汇日止的时间,一般不超过半年。

如图11-1所示,出口打包贷款的业务流程如下:①签约并约定以信用证

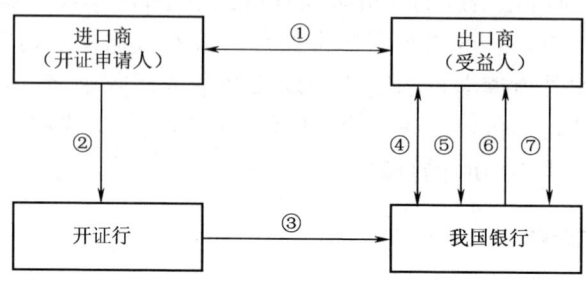

图11-1　出口打包贷款的业务流程

方式结算;②开证申请书;③开证;④通知信用证;⑤申请打包放款;⑥提供贷款;⑦还款。

5. 出口卖方信贷。出口卖方信贷是指出口方银行向本国出口商(卖方)提供贷款,以支持本国出口商向外国进口商赊销大型机器设备等资本性商品所面临的融资需要。出口卖方信贷是向外贸企业发放的一种中长期人民币贷款业务。出口卖方信贷的对象应是具有法人资格、经国家批准有权经营机电产品出口的进出口企业和生产企业。凡出口成套设备、船舶等及其他机电产品合同金额在100万美元以上,并采用1年以上延期付款方式的资金需求,均可申请使用出口卖方信贷。

出口卖方信贷属于优惠扶持性的政策性贷款,目前主要由中国进出口银行办理,具有官方性质,不以营利为目的。其特征主要表现在:贷款人的资本金由国家财政全额提供;贯彻国家产业政策、贸易政策、金融政策和财政政策,体现政府强有力的支持。中国进出口银行办理的出口卖方信贷的贷款种类主要有:①设备出口卖方信贷;②船舶出口卖方信贷;③高新技术产品(含软件产品)出口卖方信贷;④一般机电产品出口卖方信贷;⑤对外承包工程贷款;⑥境外投资贷款。

6. 出口押汇。出口押汇是指在国际贸易中,依托出口贸易的信用证或托收结算背景,银行以代表货权的单据作为质押,向出口商提供短期资金融通的业务。出口押汇可分为出口信用证押汇和出口托收押汇。出口信用证押汇指出口商凭借进口方银行开来的信用证将货物发运后,按照信用证要求制作单据并提交往来银行,以出口单据为质押,银行提供给出口商的短期资金融通。出口托收押汇指采用托收结算方式的出口商在提交单据,委托银行代向进口商收取

款项的同时,以托收单据为质押,银行提供给出口商的短期资金融通。

出口信用证押汇的银行收款的对象是银行,其风险小;而出口托收押汇的银行收款的对象是进口商,风险较大。我国商业银行在国际出口信用证业务中大多有出口押汇的实践,且倾向于做信用证项下的出口押汇。

出口押汇的业务流程如图 11-2 所示:①签订押汇协议;②提交押汇申请书及单据;③押汇款入受益人账户;④交单;⑤提示单据;⑥到期付款;⑦支付货款。

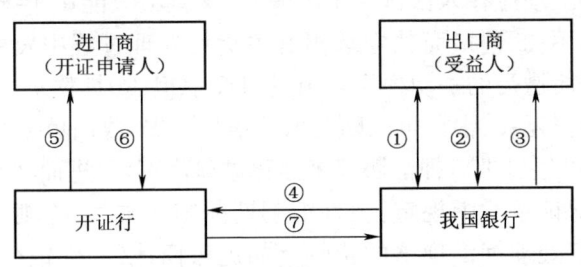

图 11-2 出口押汇的业务流程

7. 进口押汇。进口押汇是指银行在收到信用证或进口代收项下的单据时,应进口商要求向其提供的短期资金融通,即以该信用证项下代表货权的单据为质押,由银行先行代为对外付款。按基础结算方式划分,进口押汇可分为进口代收押汇和信用证项下进口押汇;按押汇币种分,可分为外币押汇和人民币押汇。进口押汇是一种专项融资,仅可用于履行特定贸易项下的对外付款责任。其押汇期限一般与进口货物转卖的期限相匹配,并以销售回笼款项作为押汇的主要还款来源。

进口押汇的业务流程如图 11-3 所示:①提出押汇申请;②签订押汇协议;③到期支付货款;④交单;⑤还款。

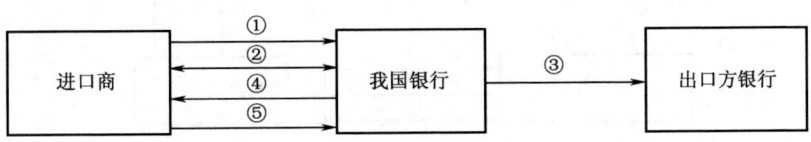

图 11-3 进口押汇的业务流程

银行在办理进口押汇业务时,应注意以下几点。

(1)根据开证申请人的资信状况来决定选择适当的担保形式。担保形式通常有保证、质押担保和信托收据等。

(2)运用信托收据融资,应注意信托收据内容的完整,包括:①转移所有权条款,即进口商在赎回信托收据之前货物所有权属于银行;②银行通过信托的方式委托进口商处理货物,进口商根据银行的要求收取并处理货物;③进口商只能以货主(出口商或银行)的名义将货物存仓、报关、保险、提货;④进口商处理货物后所获得款项应存入银行指定的账户,该款项只能用于抵偿对银行的债务而不得挪作他用;⑤进口商独立承担有关货物处理过程中发生的一切风险,银行因出借单据所遭受的一切损失均由进口商承担;⑥货款不足以抵偿债务时进口商承诺另行偿还;⑦银行可以随时取消信托收据,收回单据和货物。

(3)银行可以通过进口押汇协议来强化进口商责任,进而防范和控制风险。例如,在进口商保证条款中规定:在押汇到期前归还本息,否则,银行有权对其收取罚息,或有权处理押汇项下的货物。如进口商违约,则银行有权停止对出口商在银行办理的一切融资业务,并有权冻结其在银行的其他账户。

8. 出口票据贴现。出口票据贴现是出口商发货并取得国外进口商、开证行或其他汇票付款人已承兑汇票后,到当地银行将汇票以折扣价格取得资金的一种融资方式。银行支付的金额为汇票金额扣除从付款日至到期日及一定天数收汇时间的贴现利息。出口票据贴现是由银行提供贸易融资、应收账款催收、销售分户管理的一种综合性金融服务。

出口票据贴现的业务流程如图11-4所示:①签订贴现协议;②交单;③承兑;④申请贴现;⑤支付贴现净额;⑥提示单据;⑦到期付款;⑧到期支付票据金额。

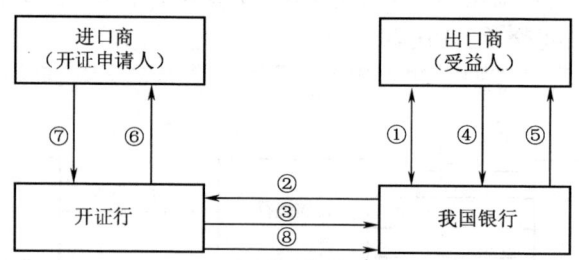

图11-4 出口票据贴现的业务流程

9. 国际保理业务。国际保理业务(International Factoring),又称保付代理业务,是指出口商以挂账、承兑交单等方式销售货物时,保理商买进出口商的应收账款,并向其提供资金融通、进口商资信评估、销售账户管理、信用风险担保、账款催收等一系列综合金融服务的方式。

我国银行开办的保理业务具体运作步骤如下:①出口商与进口商之间签订货物买卖合同;②出口商通过出口保理商向进口保理商申请进口商信用额度;③进口保理商对进口商进行资信调查评估;④出口保理商将进口保理商的资信评估结果通知出口商;⑤出口商向进口商发货,并将应收账款转让给进口保理商;⑥出口保理商可应出口商的要求向其提供融资,金额通常为发票金额的60%~90%;⑦在货款到期日,进口保理商向进口商收取货款,并将其转交出口保理商;⑧出口保理商在扣除融资本息及服务费后,将货款余额付给出口商;⑨若进口商到期无力付款,进口保理商在应收账款到期日后第90天赔付出口商。

国际保理的费率通常在0.5%~1.5%,具体费率高低主要取决于进口商的信用评级水平。

第三节 外汇贷款的操作和管理

一、外汇贷款的申请

借款人向银行申请外汇贷款,必须在相关建设项目或进出口项目的手续办妥以后,与银行洽谈,向银行如实介绍相关情况。银行在洽谈中,要了解项目的基本情况,分析借款项目建设是否符合经济发展要求,匡算项目的经济效益,对银行给予贷款支持的风险做出初步评价。在此基础上,银行如果对洽谈成果感到满意,则应向借款人表明建立信贷关系的意向。

借款人在接到银行传递的建立信贷关系的意向后,应填写外汇贷款书面申请书。借款人在向银行呈交书面申请的同时,应向银行递交与外汇贷款项目有关的下列资料。

第一,经有关部门批准的项目建议书、可行性研究报告、初步设计、总概算以及有关部门的正式批准文件。

第二,经过落实的各项资金来源的证明文件。

第三,自筹资金情况(使用银行贷款的项目企业自筹资金要占总投资的30%以上)。

第四,借款企业与有关部门签订的主要原材料、辅料、燃料供应合同或其他依据材料,有关部门提供的承诺文件及落实国内配套设施的合同及协议副本。

第五,产品销售预测和贷款项目经济效益预测的相关资料。

第六,归还外汇贷款的资金来源和具体的还款计划。

第七,担保单位出具的银行认可的不可撤销的担保函(或抵押担保书)。

第八,首次借款须提交营业执照、企业章程、法人证书及验资证明等。

第九,经有关部门或会计师事务所核准的上年度财会报告,以及申请贷款前一期的财会报告。

第十,两家以上银行共同贷款的项目,应有共同贷款银行与企业签订的保证各方权益的还款协议书。

第十一,银行认为必要的其他资料。

银行在接到借款人送交的贷款申请书及附属资料后,应在规定的时间内对申请理由、项目资料、项目的合法性及其项目的预测效益进行核实并认真分析论证。

二、外汇贷款的审批

(一)外汇贷款的贷前调查

贷前调查指借款单位向外汇银行正式提出贷款申请后,外汇银行对贷款项目是否符合贷款条件的审查。贷前调查是选准贷款项目,发放贷款的重要前提。贷前调查的主要内容如下。

1. 借款单位的基本情况和行业发展前景。
2. 进口物资是否符合国家有关政策规定,以及进口设备的先进性和适用性。
3. 产品的市场情况及发展前途。
4. 借款单位的经营管理水平及财务状况。
5. 国内配套条件是否具备。
6. 借款单位的外汇资金还款能力。
7. 借款项目投产后的经济效益。

(二)外汇贷款的审批程序

对于超过自身审批权限须报上一级行审批的各项外汇信贷业务,申报行应首先进行严格审查,分析效益及风险。对审查同意的业务,以行发文并经行长签名,附有关材料报上一级行。有权审批行按规定审查后批复申报行。银行应按贷款管理制度和外汇贷款办法的有关规定对借款人申请外汇贷款进行调查研究,还必须落实贷款条件,做到科学决策,保证贷款的经济效益。外汇贷款的审批权限的一般规定如下。

1. 外汇流动资金贷款的审批权集中在总行、一级分行及直属分行。其中,发放外汇中期流动资金贷款须报总行批准。

2. 外汇项目贷款和各类外汇转贷款的审批权集中在总行。

3. 对外担保业务,根据担保种类、担保期限和交存保证金比例的不同,由总行对一级分行和直属分行进行分别授权,二级分行仅行使调查和推荐职能。

(三) 外汇贷款的贷时审查

外汇贷款的贷时审查是指对借款单位是否按批准的贷款余额和用途使用贷款进行审查,以督促借款单位办理进口订货。贷款审查的过程包括从银行与企业签订贷款合同,各自享受并承担应尽的权利义务起,到企业需要的货物全部到货并正式投产前为止。外汇贷款的审查,除按照人民币贷款需要审查的内容进行审查外,还要注意以下几点。

1. 接到借款单位送来的订货卡片后,应根据批准的贷款金额、进口物资清单与订货卡片逐项核对,核对无误后方能盖章,以防止借款单位擅自增加进口商品的品种、数量而超出批准的贷款。

2. 应审查贷款项目所进口的物资是否办理了进口物资和建设安装期间的保险,以保障意外事故发生所造成的损失能及时得到补偿。

3. 接到进口货物单据,需要对外支付货款时,应认真审查支付凭证,核对进口物资的品种、数量是否相符,审查无误后方能办理对外支付手续。

4. 对于以保证方式担保的进出口押汇,还须对保证人的保证资格和代偿能力进行审查。以抵押、质押形式担保的押汇,须对抵押物、质押物的权属和价值以及实现抵押权、质押权的可行性进行审查。

5. 对于较大型的固定资产外汇贷款项目,还要进行项目评估。

(四) 审贷分离,分级审批制度

贷款银行应当建立审贷分离,分级审批的贷款管理制度。审查人员应当对调查人员提供的资料进行核实、评定、复测,提出意见,按规定权限报批。这种贷款的调查人员负责调查评估,贷款的审查人员负责贷款风险的审查,贷款的发放人员负责贷款的检查和清收的审、贷、查三分离的制度,就是审贷分离制度。分级审批制度就是借款人根据业务量的大小、管理水平和贷款风险度确定各级分支机构的审批权限,超过审批权限的贷款应当报上级审批的制度。

审贷分离的基本要求是商业银行在贷款管理上应将对贷款信用状况的调查和对贷款对象借款申请的批准权归属于不同的职能部门,这样可以使审查人员和贷款人员相互制约,增强工作责任心,互相监督,增加贷款决策的科学性,保证按照贷款人的风险度发放贷款,防止不正之风,从而减少外汇贷款的风险。国内银行的审贷分离制度主要有横向与纵向的审贷分离模式。横向审贷分离指的是同一级行内各信贷部门或信贷部门内部各岗位之间的审贷职责分离,纵向审贷分离是指不同级之间或同级行内部信贷部门与集体审贷组织间的审贷职责分离。纵向审贷分离的具体形式是通过在各级行设立审贷委员会，实行对大额、疑难贷款的集中审批制度。

分级审批的基本要求是商业银行应按其分支机构资产或负债规模和结构的不同，以及考虑各自经营管理水平的高低，确定与其经营状况相应的贷款审批权限。这样便于银行集中决策和分级管理，调动各方面的积极性，降低贷款风险。一般来说，商业银行的行长或董事长以授权方式确定其分支机构行长的审批权限，各分支机构的行长在授权限额内有权自行决定贷款的发放与否，而超过授权限额的贷款申请须报其上级有权审批部门决定。

三、外汇贷款的合同签订与担保

（一）外汇贷款合同的签订

外汇贷款批准后，银行与借款单位正式签订外汇贷款合同。根据国务院颁发的《借款合同条件》的有关规定，借款人在经银行通知后 30 天内不到银行签订借款合同；或从批准贷款之日起 3 个月内不能提出订货卡片；或从提出订货卡片之日起 3 日至 5 个月内不能对外签订商务合同，且又未提出展期理由的，银行有权撤销贷款。

贷款合同中要订明贷款金额、期限、利率以及双方的义务、权利和责任。借款人要保证按规定的用途使用贷款，并按分期还款计划还本付息。合同中还要订明陈述与保证、约定、违约、违约处理情事变迁和司法管辖以及贷款项下保险等条款。在当前银行同业竞争激烈的情况下，在信贷合同中还需订明有关贷款项下国际结算、往来账户、还款比例顺序等保障贷款银行业务利益的条款，贷款合同经双方法人代表签字，具有法律效力。双方必须严格执行，不得违反。

从外汇贷款合同的具体内容中可以看出外汇贷款具有以下特点：①借贷的标的是外汇资金；②利率参照国际金融市场，由当事人双方商定或参照中国银行公布的外汇贷款利率执行；③贷款方一般是经国务院批准经营外汇业务的银行或外国商业银行等金融机构；④当事人之间发生的争议与纠纷，一般使用贷款国法律解决。

外汇贷款合同是借贷双方最具权威性的法律文件。我国的借款企业除国家批准有进出口经营权的外，均不能直接对外签约成交。

外汇贷款的合同样本如下：

外汇借款合同

借款方：＿＿＿＿＿＿＿＿＿＿＿＿＿＿＿＿＿＿＿＿＿

地址：＿＿＿＿＿＿＿＿＿邮编：＿＿＿＿＿＿电话：＿＿＿＿＿

贷款方：_____
地址：_____ 邮编：_____ 电话：_____

甲方为引进国外先进技术设备进行技术改造,其项目已经由_____批准,特向乙方申请_____万美元(或其他外币)外汇贷款。按照贷款办法和有关规定,业经乙方审查同意,为明确经济责任,特签订本借款合同。

第一条 借款金额：甲方确认向乙方借得现汇_____万美元(或其他外币),买方信贷_____万美元(或其他外币)。

第二条 借款期限：现汇_____年_____月(从第一次用汇之日起到还清本息止)；买方信贷_____年_____月。按本合同所附的用款计划(略),乙方保证及时提供。如因甲方未按计划用款而造成乙方组织外汇资金的利息损失,甲方按乙方规定支付外汇承担费。

第三条 借款利息率为年息：现汇为_____%(按中国银行总行公布的浮动利率计息),按_____月浮动；买方信贷为_____%,按_____天计算。在借款期间,每半年计息期应计的利息,如甲方未能支付,则乙方直接借记甲方借款账户内,实行复息计算。由于计息增加的贷款额不占用贷款额度。

第四条 借款使用：在引进的技术设备成交后,应将合同副本送交乙方,甲方委托乙方全权办理进口开证,审单付款等事务。甲方保证本合同项下的外汇,不挪作他用,如果发生挪用,其挪用部分,乙方加倍收取利息。

第五条 借款偿还：甲方在借款期终止日,全部清偿贷款本息。甲方因故不能履行本合同规定归还借款时,由担保单位负责按期归还借款本息的外汇额度的相应等值的人民币(包括延期偿还的罚息)。对逾期未还的借款部分,甲方同意加付_____%的罚息。

第六条 本合同所附的《用汇、还汇计划》和《还汇(款)保证书》及甲方担保单位出具的保函是本合同的有效组成部分,在法律上具有与本合同同等的效力。

第七条 甲方应及时向乙方提供借款使用的有关情况、报表、资料,为乙方检查信贷工作提供方便,双方应积极合作,努力促成项目的早日建成投产。

第八条 本合同经甲乙双方签章后生效,到期结清本项债权债务时终止。合同正式文本一式两份,甲乙双方各执一份；副本_____份,送_____(有关单位)备案。

甲 方：_____(公章)　　　　乙 方：_____(公章)
代表人：_____　　　　　　　代表人：_____
____年____月____日　　　　　　　____年____月____日

(二) 外汇贷款合同的担保

外汇贷款的担保有两种形式：一是信用担保；二是抵押担保。

1. 信用担保。因为企业申请使用一般外汇贷款或转贷款,可由国内的经济实体提供担保;外商投资企业申请使用贷款,可以由境内的经济实体或境外的金融机构进行担保,合资企业可按中外双方投资比例,分别向贷款银行出具担保;申请使用银团贷款则要求有权对外提供担保的金融机构以及其他有外汇收入来源的企业法人,才能充当担保人。当银行各分支机构应借款人要求对外提供借款担保时,为了避免风险,在承担对外担保的同时,要求借款人向担保银行提供反担保,以保证银行的利益不受损害。

2. 抵押担保。抵押是借款人的自我担保,即以借款人自有的建筑物、机器、有价证券、应收款项、专利权、商标等为债务人做担保,债权人取得对上述资产的抵押物权。当债务人不能履行其偿还责任时,债权人可通过行使对抵押物的权力来清偿债务。从担保的有效性而言,抵押担保比信用担保更可靠。当借款人的债务取得优势的时候,债权人常要求采取抵押担保的形式。企业有变现能力的产成品,以及其他可转让权益都可作为抵押物。

(三) 签约与提款

外汇贷款必须使用统一、规范的贷款和担保合同格式,且内容要填写完整。审核贷款的手续必须完备。签订借款合同后,要求借款人在15日内到外汇管理局办理外汇贷款(外债)登记。商业银行必须查验外汇贷款登记证,办理提款和资金划付手续,监督借款人按照合同约定使用贷款。

四、外汇贷款的贷后检查与贷款的收回

外汇贷款发放后,贷款银行应当对借款企业和贷款项目的执行借款合同情况、资信状况和项目计划执行情况进行追踪调查和检查。贷款银行的检查人员在进行贷款后检查的过程中,要认真进行调查和检查,及时发现危及贷款安全的异常现象,提出处理和改进意见,对涉及贷款安全的有关问题,报经有关领导后督促借款人改进。

外汇贷款的贷后检查内容主要有以下几方面:进口设备和国内配套设备是否按计划和订货合同的规定及时到货和安装;建筑工程是否按计划和包工合同的规定施工并完成;工程质量是否符合要求;有无计划外工程;工程进度与用款进度是否相适应,有无挪用贷款情况;竣工及财务决算情况;正常年度生产和实现效益情况;是否按还款计划偿还贷款以及与项目有关的其他问题。

借款企业应当按照借款合同规定按时足额归还贷款本金并按期支付利息。使用外汇贷款的借款企业,有外汇收入的可用出口收汇直接进入外汇偿还专户偿还;没有外汇收入的,应在规定的时间内到外汇指定银行购买外汇后存入外汇偿债专户。按照外汇管理规定,要求借款人到所在地外汇管理局办理外汇贷

款(外债)还本付息核准手续。

借款企业不按合同规定归还贷款的,应当承担违约责任,并加付利息,任何单位和个人不得干涉。贷款到期时,如果借款企业无力偿还,采取保证方式的保证人必须立即履行偿还贷款本息的责任;采用抵押或质押方式的贷款,银行可根据法律规定的程序,变卖抵押物或质押物,并收回变卖所得,偿还贷款本息。

案例

让外汇贷款"全球通"

一、外汇贷款尚在发展阶段

当前,国内商业银行的外汇贷款业务仍处于初级发展阶段。相比而言,大型商业银行外汇贷款业务的发展普遍好于中小型银行。国内商业银行外汇贷款业务发展状况差异很大:作为国内国际化程度最高的中国银行,其外汇贷款业务具有明显优势,在本外币贷款余额中占比高达25.53%,领先于其他银行;招商银行、交通银行和平安银行外汇贷款业务占比在10%以上;民生银行外汇贷款业务占比最低,仅为4.82%。

为更好地了解国内银行业外汇贷款业务结构,本文挑选了中国银行和民生银行作为两个对照案例进行分析。

中国银行的外汇业务主要受益于其分布广泛的海外机构。2014年年末中行境内机构外汇贷款金额5 573亿元人民币,仅占全部外汇贷款的26.32%,其余73.68%的外汇贷款业务由海外机构贡献;从币种角度看,美元、港元和欧元为中行前三大外汇贷款币种,比重分别为61.49%、28.97%和3.17%,分布相对均衡。民生银行则秉持"民营企业银行、小微企业银行、高端客户银行"的战略定位,客户以中小企业为主,经营形式集中于进出口贸易,其外汇贷款业务主要是贸易金融类产品,业务结构相对单一;从币种角度看,民生银行的美元贷款占比为94%,港元次之,为5.12%,其他币种业务量很低,占比仅为0.88%。

整体来看,国内银行业外币贷款比重偏低,一定程度上反映出国内商业银行对外汇贷款业务的关注度不高。这除受企业金融需求的影响外,还有一个重要原因是外币业务收益率偏低。以中国银行为例,2014年该行国内外汇贷款平均利率为2.70%,较人民币贷款低353个基点;外汇业务净息差为1%,较人民币业务低146个基点。但目前国内利率市场化在不断向前推进,人民币业务净息差将趋于降低;同时,随着企业经营形式的多样化,外汇贷款业务盈利水平和重要性将趋于提升。可以预期,外汇贷款业务将逐渐发展成为商业银行重要的战略性业务,对于个别国际化程度高的银行,不排除成为其支柱性业务的可能。

二、外汇贷款面临增速下降

自 2013 年以来,外汇贷款增速出现持续下降,并持续低于人民币贷款增速。2013 年,外汇贷款增速为 13.70%,同比下降 13.20 个百分点;2014 年,外汇贷款增速降至 7.5%,同比下降 6.20 个百分点;2015 年 1 季度,增速进一步降至 4%,同比下降 8.2 个百分点。在此期间,人民币贷款增速稳定在 14% 左右。随着外汇贷款增速的下降,外汇贷款在社会融资规模中的地位也不断降低。2014 年,外汇贷款在社会融资规模中比重仅为 2.16%,较 2012 年大幅下降 3.64 个百分点。

笔者认为,外汇贷款增速下降主要是受进出口贸易低迷和人民币国际化两方面因素的影响。自 2011 年以来,我国进出口贸易增速持续下滑,导致贸易融资类外汇贷款增速下降,对外汇贷款整体增速产生较大负面影响。从外汇贷款行业结构看,采矿业、制造业、批发零售业等传统进出口贸易行业外汇贷款增速均出现快速下降,侧面印证了低迷的进出口贸易对外汇贷款的影响。

除进出口贸易外,人民币国际化对外汇贷款的影响也不容忽视,这种影响主要通过贷款的币种结构变化体现出来。

人民币国际化的起点是跨境贸易人民币结算,人民币结算项下一般采用人民币进行融资,对外汇融资具有明显的替代作用。自 2009 年 12 月试点以来,跨境贸易人民币结算发展迅速,截至 2015 年 3 月,跨境贸易人民币结算额累计达到 18.34 万亿元。经常项目项下跨境人民币结算占进出口总额的比例由 2010 年的 2.51% 快速提升至 24.70%。在跨境贸易人民币结算项下,外币贸易融资和人民币贸易融资此消彼长,是近年来外汇贷款增速下降的重要原因之一。

在跨境人民币贸易结算快速增长的同时,资本项目下的人民币结算、人民币互换协议、离岸人民币市场等也取得重要突破,人民币国际化已经向纵深化发展。2011—2014 年,人民币直接对外投资结算金额从 201.5 亿元增长至 1 865.6 亿元,增长了 8.26 倍;同期,人民币货币互换金额由 13 012 亿元扩张至 31 182 亿元,增长 1.4 倍。由此人民币海外项目贷款、人民币海外并购贷款、人民币跨境银团贷款等人民币境外信贷产品也快速发展,亦对外汇贷款产生一定的挤压效应。

在人民币国际化过程中,人民币汇率的变化对企业融资币种的选择有着重要影响。当市场中存在较强的人民币升值预期时,市场参与者更愿意持有外币负债。2005 年人民币汇率形成机制改革以来,人民币基本处于单边升值状态,企业更愿意进行外币融资,融资期限内外币的贬值可以有效降低融资成本,对于外汇贷款规模的扩大具有较强的刺激作用。然而,自 2014 年以来,人民币汇率双向波动加剧,单边升值的态势被打破,基于人民币升值预期下的外币贷款需求也随之减弱。

三、外汇贷款需要另辟发展路径

一是要淡化外汇贷款的独立性，侧重于对本外币贷款业务进行一体化规划。在人民币国际化之前，外汇贷款与人民币贷款的差别在于一个主打跨境和境外、一个局限于境内，其发展受到不同市场活动的影响和制约，需要单独制定外汇贷款发展策略并进行产品创新。随着人民币的国际化推进，人民币越来越多地用于跨境和境外支付，外汇贷款与人民币贷款的差别逐渐淡化，更多只是币种的不同而已。因此，适当淡化外汇贷款的独立性，站在本外币贷款的视角进行一体化业务规划更为必要。

二是外汇贷款业务要有前瞻性，主动降低对贸易类融资的依赖度。随着跨境人民币贸易结算的快速发展，外汇贷款过度依赖贸易类融资的发展模式不可持续。要主动适应国内企业"走出去"不断加速的现实，积极推动跨国并购贷款、跨国银团贷款以及全球产业链融资等产品的研发，逐步提高外汇贷款中"对境外贷款"的比重。

三是依托于银行业国际化发展的需要，鼓励支持境外分支机构加大对境外本地客户的拓展力度。当前，国内银行业境外分支机构的经营高度依赖境内外联动业务，对当地客户拓展力度和能力均严重不足。我国银行业国际化经营虽起步较早，但和发达国家国际化银行相比差距较大，所以国内银行要从建设国际一流银行的高度出发，不断提高境外分支机构叙做本地业务的能力。

资料来源：薛洪言，《中国外汇》，2015(10)（节选）。

思考题与练习题

1. 什么是外汇贷款？外汇贷款的特点是什么？
2. 什么是现汇贷款？
3. 什么是"三贷"外汇贷款？
4. 出口打包贷款是如何操作的？
5. 什么是进口押汇和出口押汇？
6. 国际保理业务是如何操作的？

第十二章 国际信贷的风险管理

国际信贷的风险管理是国际信贷管理的重要内容之一,它除了具有国内信贷的所有风险以外,还包括了国家风险和利率风险等。通过对国际信贷风险的管理,银行可以规避或者减少由于各种不确定因素变化所造成的损失。本章要求重点掌握国际信贷风险的种类和国际信贷风险管理的含义,掌握国际信贷风险评估分析的内容和方法,了解国际债务危机产生的原因、影响和解决途径,熟悉国际信贷风险管理的方法和新趋势。

学习要点

International credit risk management is one of the important content for international credit management. Besides all the risks of internal credit, it also includes country risk and interest rate risk, etc. By managing international credit risk, the bank can avoid or reduce the costs caused by some uncertain factors. In this chapter, we should carefully master the kinds of international credit risk and the meaning of international credit risk management, master the content and methods of international credit risk evaluation, understand the reason, influence and solution of international debt crisis, be familiar with the new direction and methods of international credit risk management.

第一节　国际信贷风险管理概述

一、风险的含义

要理解风险,就要理解风险和不确定性、风险和危险的区别。

风险是指对某一未来事项不能确定其最后的具体结果,只能估计出种种可能性,而各种可能性有大有小,且不一定与实际结果相符,所以就存在风险。不确定性是指对某一未来事项因为不了解情况而无法做出估计。当然,风险与不确定性之间有一定联系。由于存在不确定性才会产生风险,而风险中确实含有某些不确定性,不能确定某一未来事项的具体结果。

也有人认为,风险就是未来遭受损失的可能性。即某一未来事项的最后结果从损益方面来看,可能是无收益或亏损,或者可能是实际收益低于预期收益,这是一种片面的理解,这实际上并不理解风险与危险的差异,两者的不同之处在于,危险仅指那种有危害的可能性,坏的可能性;而风险纯粹是一种不确定性,它既包括好的可能,又有坏的可能。如上所述,某一未来事项产生的结果有多种可能性,各种可能性的概率不同,由于客观因素变化,概率也在变动。所谓存在风险是指估计某一未来事项的结果可能是好,也可能是坏,好坏各占多少百分比。

从理论上说,风险不一定指损失,也可能指得益。这样风险就可以定义为预期结果的不确定性与变异性,即实际结果比预期结果好或者坏的概率。如果对某一未来事项完全了解,可以确切地估计出具体结果,则不存在风险问题。尽管从理论上讲,风险既指可能遭受的损失,也指可能获得的收益,但是从实际应用来看,风险多指可能遭受的损失。

二、国际信贷风险的种类

国际信贷涉及不同的国家,不同的资金借贷市场,不同的借款人与贷款人,不同的中介金融机构,不同的币种,不同的利率,不同的费用,不同的金额,不同的期限等。随着时间的推移,各种因素都可能发生变化,实际结果往往无法确定或与预期结果存在差异,这就使国际信贷存在风险。

国际信贷是一种跨国界的经济行为,其风险较之国内信贷更大、更难预测。一般来说,国际信贷风险可分为两部分,一部分为国家风险,主要包括政治风险和经济风险,另一部分是信贷风险,或称商业风险,包括汇率风险、利率风险、信用风险、金融管制风险和其他风险。

(一) 国家风险

国家风险是指在国际经济活动中发生的,与国家主权行为相关的,超出债权人控制范围并能给其造成经济损失的可能性。国家风险起源于国际信贷活动,其直接原因是商业银行的跨国贷款活动受到发展中国家无力或不愿意偿付外债的威胁,商业银行担心出现外债违约,便致力于国家风险评估方法的研究,以预防债务危机。

国家风险的含义包括:①国家风险并不是一般的信贷风险,而是国际信贷所特有的一种风险,只存在于国际信贷;②国家风险是由于借款国本身的原因造成的,而这些原因主要指借款国政府不履行责任和其所实施的政策法令,如宣布限制或延迟偿还债务,发生政变,实行资金冻结,实行外汇管制等;③国家风险涉及的借款人可以是一国政府或政府机构,也可以是该国的国有和私营企业;④国家风险涉及的贷款人一般都是外国的私营金融机构。

国家风险对贷款人来说,是一种难以防止和规避的风险。除非事前做出充分估计,认为这笔国际信贷存在国家风险的可能性很大,贷款人不予贷款,以避免风险外,事后似无补救办法。因为贷款人一般都是银行或银团,并不具有可以同借款国或借款人所在国相抗衡的力量,一旦遭受国家风险,贷款人无能为力。出于这个原因,贷款人特别重视对国家风险的评估。

国家风险主要反映借款国存在无力偿还债务的可能性,无力偿债一般表现为以下四种情况。

1. 临时性拖欠,即借款人临时延迟偿付本息。这一般是行政上或技术上的原因造成的,例如,资金管理不善,这种拖欠通常很快就会解决。这是无力偿债中最轻微的一种。但在目前各国频繁发生债务危机的形势下,这也可能是随后会出现更严重的无力偿债的一种先兆。

2. 重新谈判,即借款人对其即将到期的贷款同贷款人进行重新谈判,通常是重新谈判新的、较为宽松的贷款条件。它又分为:①重新安排还款期限(Rescheduling)。包括对即将到期的贷款进行谈判,以推迟还本付息,延长偿还期限或进行分期偿还等。②再融资(Refinancing)。包括对即将到期的贷款进行谈判,由贷款人提供一部分新贷款,使借款人能偿还旧货款等。③重新调整贷款结构(Restructuring)。包括对即将到期的贷款进行谈判,重新调整贷款的期限结构,使贷款期限由短变长,改变连续多年的偿还期限等。进行重新谈判时,这三种方式往往结合在一起,这是近年来最常见的处理无力偿债的方式。

3. 延缓偿债(Moratorium),即借款国单方面宣布不履行其全部或部分债务责任,暂停债务的还本付息,等情况改善后再行偿付。例如,1982年8月墨西哥单方面宣布无力偿还到期债务,从而导致拉丁美洲的债务危机,进而引发国际债务危机。采用这种方式会大大损害借款国信誉,使其不能再在国际资金市场上筹借资金。因此,除非万不得已,借款国一般不会采用这种做法。

4. 拒绝偿付(Repudiation),即借款国终止履行其债务责任,通俗的说法就是赖债。如一个国家的新政府不承认其以前政府举借的外债,就属拒绝偿付。这是一种特殊的无力偿债。通常是由于战争或革命引起的政府更迭而出现的。例如,俄国革命后,苏联政府拒绝偿付沙皇所欠的外债。

国家风险主要涉及两个国家,即借款人所在国与贷款人所在国。如果这笔国际信贷有第三国担保,国家风险也会涉及该第三国。因此,国家风险可分为:①直接国家风险,指借款人所在国的国家风险。②间接国家风险,指担保人所在国的国家风险。这是指担保人并不在借款人所在国的情况。如担保人所在国就是借款人所在国,则仍属直接国家风险。

国家风险涉及政治、经济和金融等方面的因素,这些因素直接或间接地影响借款机构或个人偿还外债的愿望和能力。因此,国家风险一般包括:①政治风险。这是由非经济因素或政治上的原因引起的。政治上的原因是多方面的,例如,一国发生革命、叛变、叛乱、动乱、战争,采取敌对行动等,或出现政府更迭而拒绝偿付外债,或颁布不利于清偿外债的法令条例,如宣布资金冻结,禁止转移资金,使借款人或借款国不能履行债务责任。②转移风险。这是由于经济方面的原因。更确切地说,是由于一国的经济政策造成的风险。国际信贷一般都是以外国货币计值,需用外汇资金偿付。假如一国短缺外汇资金,采取经济政策禁止或限制外汇资金外流,就会使借款人无法对外债还本付息。③金融风险。该风险主要来自公共债务状况、预算与收支平衡、汇兑与币值稳定、银行系统稳定等方面。

(二) 主权风险

主权风险涉及主权国借款,即某国政府借款,或由主权国担保借款的一种特殊风险,是指主权国政府可能会行使主权干预借款偿还的风险。例如,某国政府宣布暂停偿还一切外债。这一风险的特点是,贷款人不可能借助法律诉讼程序求得解决,因为借款人和贷款人所在国的法律不同,有时甚至相互矛盾,而且借款国还可享有主权豁免权,豁免诉讼或不执行对方的判决。因此,主权风险是一种典型的法律风险。这就是为什么有人认为主权风险不同于国家风险的原因。但也有人认为主权风险应包括在国家风险内,认为它就是一种国家风险。

(三) 信贷风险

信贷风险又称商业风险,它是指借款人因经营不善而无力偿债的可能性。

信贷风险包括利率风险(市场风险)、外汇风险、通货风险、管理风险(又称内部风险)和信用风险等。

1. 利率风险是指因市场利率变化而引起资产价格变动或因银行协定利率跟不上市场利率变化所带来的风险。当市场利率上升时,债权人所持现金的机会成本就加大,因长期贷款原定利率较低而蒙受损失。反之,市场利率下降,贷款利率也因相对较高而致使需求不旺。

2. 外汇风险,也称汇率风险。它是指由于汇率变化而使借贷双方或其中一方蒙受损失的可能性。外汇风险集中表现为选用何种货币的问题,这对于借贷双方都十分重要。

3. 通货风险,又称购买力风险。它是由于通货膨胀、物价上升引起货币贬值而带来的风险。该风险对借贷双方都会带来某种程度的损失。银行由于具有作为债权者和债务者的双重身份,这种风险的损益有时会相互抵消。但对于借贷差额较大的银行来说,本金与利息的贬值是不容忽视的。

4. 管理风险,又称内部风险。这是借贷双方由于人为错误、设备故障、内部贪污等导致损失的可能性。它通常有四种表现:战略决策失误风险;新产品开发风险;营业差风险;贪污盗窃风险。

5. 信用风险,又称违约风险。它是指因借款人偿债能力不足而给贷款人带来损失的可能性。通常可分为一般信用风险和国家信用风险。一般信用风险是指作为借款人的企业或个人出现因无力偿还所贷款项,而使贷方受损的可能性。国家信用风险包括在国家风险中。国家信用风险主要由贷款人承受。信贷风险,特别是外国货币风险既可由贷款人承受,也可由借款人承受,更可由借款人和贷款人共同承受,这取决于国际信贷的计值货币是哪国货币。

三、国际信贷风险管理的含义

国际信贷风险管理(Risk Management)的基本含义是指国际信贷授信方在从事国际信贷交易时,通过风险识别、风险估计、风险处理等方法,并通过预防、回避、分散、转移等方式对其面临的风险进行有效的控制和处置,从而减轻或避免经济损失,保证信贷资金安全的一系列措施总和。风险管理包括两层含义:一是在风险一定的条件下收益最大化,二是在收益一定的条件下风险最小化。在国际信贷风险管理中有以下几点值得注意:①国际信贷风险管理的主体是贷款人,管理程序由风险的识别、衡量、分析、控制和处置等环节组成;②国际信贷风险管理的重点是单一资产风险管理,对于集合性风险的管理,商业银行将其置于机构内部风险管理的体系之中;③国际信贷风险管理要体现成本和效益相匹配的原则,最佳的风险管理技术应是管理成本最低,管理效益最好的;④国际信贷风险管理是过程管理和动态管理,从信贷决策开始到债权得到完全偿付为止。

近几十年来,国际信贷风险管理经历了一个曲折而又复杂的历程。1974年,十国集团成立了"巴塞尔银行业监管委员会",在国际银行业管理领域达成的《巴塞尔协议》等为国际银行界认同。近20年来,国际银行业风险管理围绕《巴塞尔协议》大致走过了下面的历程。

第一,1975年《巴塞尔协议》规定:母国应对在其司法权管辖范围之内的跨国银行进行总体监管。

第二,20世纪80年代初,受债务危机的影响,银行普遍开始注重对信用风险的防范与管理,1988年《巴塞尔协议》规定银行资本与风险加权资产之比不得低于8%,核心资本与风险加权资产之比不得低于4%,其核心内容是对国际化程度较高的银行提出了最低资本充足率的要求。《巴塞尔协议》的制定和推广,为进行有效银行监管提供了依据,对防范与化解银行业风险,维护银行体系的稳定发展发挥了积极作用。此后,巴塞尔委员会又根据市场发展变化,几度对《巴塞尔协议》做出修订,内容分别涵盖了表外项目交易、市场风险以及多边远期外汇交易涉及的资本要求等。

第三,20世纪90年代以后,衍生金融工具及交易迅猛增长。据统计,交易所交易的衍生工具在1986—1995年增长了13.86倍,而柜台市场衍生工具在1990—1995年增长了4.21倍。银行利用衍生工具可以改变金融工具的风险特征,将风险头寸移至表外,甚至将其金融活动在不同司法体系之间转移,在一定程度上逃避了监管,市场风险日益突出。针对这种情况,巴塞尔委员会修订了《巴塞尔协议》,提出风险价值法,将重点由对一系列比率的控制转向了确保银行有足够能力管理与控制风险。此前,银行的资本充足率要求取决于资产与负债头寸大小而非风险暴露本身,新的"风险价值法"(Value-at-risk Methodology)允许银行运用自己的风险管理模型对其在特定交易日所能承受的总损失做出估计与控制,并规定最低资本要求为银行风险价值的某一倍数。由于良好的风险管理将降低资本充足率要求,因而这种方法能够促进银行进行积极的风险管理。

第四,伴随着经济全球化,金融市场的创新也接连不断,新产品的开发、新业务的开展、新市场的开拓以及新客户的开发给银行带来了新的利润空间,但也使银行面临着更多的金融风险。出于规避风险的要求,银行要控制和转移风险,这从根本上改变了国际银行业风险管理的理念和模式,对风险管理体系提出了更新的要求。巴塞尔委员会于2004年正式颁布的《巴塞尔新资本协议》,认为有效的银行管理、市场自律和监管,是确保国际银行业在复杂多变的金融环境中安全和稳定的基础。与1998年的协议相比,新协议草案更加注重银行通过自身开发的内部风险管理模型来确定其所需的监管资本的重要性,规定了银行计算信用风险、市场风险和操作风险资本要求的方法,包括标准法或相应的内部评级法、内部模型法和内部质量法,并允许符合规定条件的银行使用内部方法。据研究表明,银行根据标准法计算所需的监管资本,远远超出根据内部方法或模型计算所需的风险资本,采用标准法配置风险资本的银行在竞争中处于劣势地位。一些主要的国际大银行已开始建立自己的内部风险测量与资本配置模型。

四、国际信贷风险管理的程序

国际信贷风险管理主要包括风险识别、风险衡量、风险分析、风险控制和事后信息反馈等几个步骤。

第一,风险识别。什么是风险的真正问题,就像医生看病一样,要找清真正的病变部位。也就是说,什么对于企业来说是风险,究竟是利润力下降还是新的战略执行带来的问题,了解这一点非常重要。不但要界定风险的性质,还要界定它的影响;究竟风险是明显的还是隐蔽的,是长期的还是短期的,这些都是需要考虑的问题。

第二,风险衡量。也就是要衡量风险的广度和深度。风险识别了以后,就要确定风险涉及的范围。具体有哪些因素和资源是受相关影响的,需要做小心处理。要分析受影响的相关因素各自受影响和互相影响的深度。要分析哪些是主要的导致问题产生变化的关键因素,是需要考虑的;哪些是次要的因素,对问题的影响微乎其微,可以简化忽略。

第三,风险分析。也就是建立模型的过程,把上面的分析结果制成模型,以便于后面的应用。在广义上说,风险分析是一种方法,是一种定性的和定量的估计风险对于决策情况影响的方法,使用的大量技术都混合了定性和定量两种技术。在给定了最可能出现的结果后,这些方法中任何一种的目的是帮助决策者选择行动方针。

第四,风险控制。就是对进行了风险识别和风险评估之后测出的风险进行处理和控制的过程,风险控制既是商业银行风险管理的重要内容,同时也是商业银行内部控制的核心内容。

第五,事后信息反馈。就是对风险管理的效果及产生的效应进行分析、整理和评价。

第二节 国际信贷风险的评估与评级

一、国际信贷风险评估的内容

国际信贷风险评估分析的内容很广。它分析各种风险的有关组成因素及其变化,其目的是为了预测借贷双方未来能承受风险的程度,对国际信贷决策有十分重要的作用。

(一) 国家风险评估的内容

国家风险评估的内容如下。

1. 评估国家风险首先是分析导致政治风险的一些主要因素,实质上是分析这个国家的政治稳定性、社会环境以及对外关系。这主要从以下几方面进行分析。

(1) 宪法。宪法是一个国家的根本大法。根据宪法可以了解这个国家的社会制度、国家体制、国家机构、选举制度等。

(2) 国内政策。主要分析国内政策对政治稳定性的影响,如经济体制及其运行情况,国内政策的配合,政府更迭时国内政策有无变动,民族、种族、宗教、劳工政策的执行情况等。

(3) 对外政策。主要分析对外政策对政治稳定性的影响,如参加什么集团组织,外交政策的偏向性,对外关系的睦邻友好程度,对外政策的独立性等。

(4) 社会安定。主要分析刑事案件情况、就业情况、失业率、文盲率、社会保险制度的健全性等。

(5) 其他。如分析有无第三国插手进行颠覆活动等。

2. 分析导致经济风险的一些主要因素。

这主要从以下几方面进行分析。

(1) 经济政策。主要分析是开放性的还是封闭性的,对外资是鼓励还是限制,是否实行贸易管制、外汇管制,中央银行的独立程度等。

(2) 财政政策。主要分析预算政策和税收政策,特别是进出口税率、出口补贴等。

(3) 经济动态和发展。主要分析人均国民生产总值、国民生产总值年增长率、贸易条件、自然资源、自然灾害、物价水平、通货膨胀率、货币供应量增长率、国内储蓄率等。

(4) 国际收支。主要分析国际收支顺差、逆差,经常项目顺差、逆差,资本流动情况,外债总额,未偿还债务余额,国际储备总额及其增减情况等。

(5) 其他。主要分析外来因素,如别国的贸易壁垒、国际商品价格趋势、供求情况、国际资金市场的资金供求、利率趋势、国际运输费用情况,世界经济周期的变化情况等。

(二) 信贷风险评估的内容

信贷风险评估的目的主要在于了解借款者的履约能力和意愿,这与国内信贷基本相同。主要是根据借款人的财务报表分析其偿债能力。通过财务报表分析,可以掌握借款人的资金来源和运用、债务变化、盈亏状况、现金流量等,从而了解借款人的财务实际状况及其清偿贷款的能力。

1. 如果借款人是企业,应该掌握以下几个关键性的比率。

(1) 流动比率。其计算公式为:

$$流动比率 = \frac{流动资产}{流动负债}$$

这一比率反映借款人偿付流动负债,即短期负债的能力。通常为 2 或者 1.5 左右较为合适。达不到这个比率,则偿付能力有问题。流动比率是一个粗略的指标,比较而言,速动比率则更为可取。速动比率的计算公式为:

$$速动比率 = \frac{速动资产}{流动负债}$$

速动资产是指现金和立即可变换现金的资产,如应收账款与有价证券等。这一比率反映借款人迅速偿还流动负债的能力。一般以 1 或略大于 1 为合适,如小于 0.5,则说明偿债能力很差。

(2) 债股比。债股比即债务对自有资本的比率。这是反映企业稳固性的一个重要指标,表明对债权人的保障程度。债股比的计算公式为:

$$债股比 = \frac{债务总额}{资本净值}$$

这一比率并无统一标准,可以是 0.5,1,1.5,甚至更高些。例如,一笔贷款用于特定项目的建设,在项目建设期间或项目尚无足够的现金收入之前就需偿还贷款时,债股比可适当减低。如项目的赢利率很高,要求较高的债股比是可行的。

(3) 长期债务偿还比率。长期债务偿还比率的计算公式为:

$$长期债务偿还比率 = \frac{净利润+折旧费+投资性费用摊提}{长期债务还本付息额}$$

这一比率也是一个重要指标,可以确定长期借款的还本付息能否按贷款协议规定分期偿付而不会影响企业所需的营运资金。一般认为可接受的比率为 1.5~3.0。如果长期债务逐步减少而并未举借债务,则这一比率就会增大。

2. 如果借款人是银行,分析其清偿能力则应掌握以下比率。

(1) 清偿能力比率。其计算公式为:

$$清偿能力比率 = \frac{流动资产}{存款与其他短期负债} \times 100\%$$

这一比率反映银行借款人能随时以流动的、立即可以变现的资产来偿还短期债务的能力。一般认为这一比率为 15%~25% 是合适的。如高于这一比率,则显示银行的获利率受到影响,因为可在短期内随时售出的流动资产一般获利较少。如低于这一比率,则显示银行准备用于清偿流动负债的流动资产偏少,清偿能力有问题。另外,银行借款人可以通过向中央银行融通资金或同业拆借短期资金来临时解决其清偿能力不足的问题。

(2)贷款与存款比率。其计算公式为:

$$贷款与存款比率 = \frac{贷款总额}{存款总额} \times 100\%$$

这一比率反映银行借款人所吸收的存款有多大部分被用于提供贷款。这是分析其清偿能力的一个间接指标。如这一比率为80%左右,则是可取的。如超过100%,则表明银行借款人对存款的被提取并无充分的现金准备做保障。如低于70%,则表明银行借款人或是吸收存款过多,或是贷款业务较少,这对银行的获利率会有影响。

(3)股本与借款比率。其计算公式为:

$$股本与借款比率 = \frac{股本}{借款总额} \times 100\%$$

银行借款人的自有资金是偿还借款的保证,贷款人掌握这一比率就可以了解它提供贷款所能获得的保障程度。在正常情况下,这一比率略高于100%。

(4)贷款损失准备与贷款比率。其计算公式为:

$$贷款损失准备与贷款比率 = \frac{贷款损失准备}{贷款总额} \times 100\%$$

这一比率越高,表明银行借款人在其贷款业务方面出现的困难越严峻。比率若超过1%,就是对银行借款人的清偿能力发出了警报。

除掌握企业和银行借款人的上述比率外,由于信贷风险还包括外国货币风险,因此,还应分析借款人的外汇收入和支出、持有外汇的币种、国际外汇市场的汇率变动趋势等。

二、国际信贷风险的识别

对于国家风险进行识别,首先必须收集和处理大量的国家风险资料,由专业人士进行细致分析。但是,这样做的成本非常高,因此只有少数大银行或跨国公司才有能力来从事这项分析工作。而大多数情况下,小型企业和机构只能依靠间接情报来源或别人的分析结果来做出自己的分析和判断。其中,国家风险指数是一项重要的间接情报来源。在世界上的所有指标体系中,下列几种比较具有代表性。

(一)富兰德指数

富兰德指数是一种反映国家风险大小的评价指数,以 0~100 来表示。指数越高,表示国家风险越低,信誉越高。该指数是定量、定性体系的综合指标,它分别由定量评级体系、定性评级体系和环境评级体系构成,如表12-1所示。

表 12-1　　　　　　　　　　富兰德指数的构成与内容

体　　系	权　数	内　　容
定量评级体系	50%	外汇收入,外债数量,外汇储备状态,政府融资能力
定性评级体系	25%	经济管理能力,外债结构,外汇管理态度,政府廉洁程度及政府应付外债困难的措施
环境评级体系	25%	政府风险指数,商业环境指数,社会政治环境指数

富兰德指数基本上包括了主要债务国和贸易国的风险环境分析,因此,它是国际信贷参与者进行国家风险分析的重要依据。

(二) 国家风险国际指南

国家风险国际指南(International Country's Risk Guide,ICRG)是由美国纽约的国际报告集团编制的风险分析指标体系,每月发布一次。该指南中国家风险分为三个部分,即政治、金融和经济三部分,其权数分别是50%,25%和25%。评分时的总分为200分,即金融100分,其余各50分,指标模式为:

$$CPFER = 0.5 \times (PF + FF + EF)$$

式中,$CPFER$ 为政治、金融及经济综合指标,以 0~200 分表示,分数越高表示风险越低;PF 为全部政治指标,包括领导权、法律、社会秩序及官僚化程度等13项指标;FF 为金融指标,包括停止偿付、融资条件、外汇管制、损害程度及政府毁约等5项指标;EF 为全部经济指标,包括物价上涨、偿付外债、汇率及国家清偿能力等6项指标。

(三) 日本公司债研究所国家等级表

日本公司债研究所国家等级表是日本公司债研究所中每年定期公布的国家风险结果。它为日本投资者或贷款人了解各国的国家风险服务。主要采用的是评分制,用0~14分表示,0分表示国家风险最低。

国家风险并不是一个常量,而是一个变量,因此需要不断修正研究结果,最后根据综合评分的结果,确定该国的风险等级序列。国家风险需要在研究许多其他国家风险资料的基础上才能完成。

三、国际信贷风险的评估方法

国际信贷风险的评估主要指的是国家风险的评估。一般指评价一个国家是否会出现债务清偿问题,其基本方法是定性分析和定量分析。

（一）国家风险定性分析方法

国家风险定性分析方法包括完全定性分析、结构定性分析和清单分析等。

1. 完全定性分析。这是指一种非固定格式的国家风险分析报告，分析内容随国家的不同而变化。完全定性分析报告是对一国经济、政治、社会状况及其展望的一种研究。在国家风险评估者寻求适应其自身发展需要的完善评估系统的进程中，此类评估构成了国家风险评估的一个中间步骤。完全定性分析的优点是方法直观、简便，易于掌握。但由于该方法缺乏一种适用于所有国家的确定分析框架，从而较难进行国家间风险的比较，而且，这种评估方法不可避免地带有追溯性和非预测性，不利于国家风险的预测和控制。

2. 结构定性分析。这是指依据包括定义范围和一些统计分析而写出的标准格式的国家报告。结构定性分析报告集中分析被评估国家经济和政治风险两方面的状况。经济风险分析主要通过基本背景因子、当前内部指标、当前外部指标和长短期信用等方面的分析，考察受信国家未来的经济形势。关于政治风险，一般考察因素包括政府类型、政治交替的秩序性、民族关系、与主要贸易伙伴的关系以及长期社会和政治趋势等。编写国家报告的分析人员使用一种"国家表"。该表提供所要考察的六个方面的内容：内部经济指标、国际收支平衡状况、对外资产、债务结构、新债总额、债务指标。内部经济指标给出国内经济政策方面的信息，通常包括经济规模（人口、人口增长、GDP、人均 GDP）指标，增长指标（GDP 增长率、失业率）和通胀指标（消费价格指数、货币供给增长率、财政赤字/ GDP）。结构定性分析的优点是国家风险分析形式趋于标准，它使得各国家间风险在定性意义上的比较成为可能。

3. 清单分析。清单分析为一张需要回答待评估国家风险的统计或问题表，问题表包括一系列待评估国家的经济、金融、社会和政治指标。这些指标区分为加权和非加权两种。对加权指标，依据分析人员对相关指标的优先强调程度，为每一变量赋予权重；对非加权指标，所有变量权重相同。由于所选择的变量是定量的或量化的，因此，每一国家能有一个加总的分值。所考察的国内经济变量有 GNP、人均 GNP、人均 GNP 增长率、通货膨胀率、货币供给增长率、投资/收入比率、预算额、固定资本构成等；外部经济变量有出口及出口增长、进口及进口增长、国际储备、储备/进口、贸易和经常账户余额、债务清偿率、IMF 借款、债务清偿支付款、偿付/总外债、国际储备中黄金所占份额、贸易在 GDP 中所占份额、短期信贷在总信贷中所占比例、外债总额等；社会和政治变量有政治稳定性、国家体制、法律建设和民族矛盾等。清单分析方法的主要优点是：分析指标的量化，使国家风险的评估相对客观。另外，由于所有被分析国家均有一个国家风险总得分值，这使得各国家间风险的比较更加方便。此方法的主要缺点是国家风险评价的主观色彩较浓,具体表现在分析指标权重的赋值上。

(二) 国家风险定量分析方法

国家风险定量分析指运用计量经济学和统计方法评估国家风险。此方法被认为是一种评估国家风险较客观、系统和可进行相互比较的技术。定量方法通常把估计一个国家履行债务清偿能力的概率作为一套独立变量或解释变量的函数。定量分析所遇到的主要问题是因变量的选择,能够解释引起债务清偿问题的经济变量的识别和最合适的统计技术的选择等。评估国家风险最常用的统计方法有判别分析法和 LOGIT 分析法,所研究的问题主要是借款国家按期偿还债务,还是拒绝偿还债务或是重新安排债务。

1. 判别分析法。分类问题或判别问题是给定特点的客体被归在几个可选择总体中的一个。在国家风险分析中,判别分析即判别借款国家是属于重新安排类还是非重新安排类。为使借款国家分在两类相关总体中成为可能,所要做的第一件事是选择足够大的属于两类总体中的国家样本,构造判别函数,然后通过判别函数对借款国家进行判别。判别函数的构造为 n 个解释变量的线性组合,即:

$$Z = f(X_i) \quad (i=1,2,\cdots,n)$$

或:

$$Z = \sum W_i X_i \quad (i=1,2,\cdots,n)$$

式中,Z 为判别函数;X_i 是 n 个解释变量的向量;W_i 是依附于解释变量的权数或系数。

通过把选择的独立变量带入判别函数,一个一般函数式即可估计出来。在一般函数估计中,因变量是债务重新安排,解释变量(自变量)是那些与解释为什么会引起债务清偿问题有关的变量。证明具有统计显著性和合适正负号的变量将出现在判别函数中。通过判别函数的估计,可计算出所研究的每一个借款国家的 Z 值。每个重新安排和非重新安排国家的 Z 值的计算,可使我们获得一个每组的 Z 值概率分布。在进行分类的过程中,需要确定临界 Z 值,即 Z_3。当 $Z<Z_3$ 时,这个国家被归为拒绝偿还债务或债务重新安排组;当 $Z>Z_3$ 时,这个国家被归为履约组。为使线性判别函数能够以最优方式判别两组国家的能力,W_i 应按两组间方差与两组内方差之比最大的方式确定。此分类方法将产生两类误差,即类型 I 和类型 II。类型 I 误差是被预测为履约的国家发生了拒绝偿还债务或债务重新安排;类型 II 误差是被预测为拒绝偿还债务或债务重新安排的国家却按时履约。通过计算这两类误差的损失和概率,能够建立预期的损失函数。通过预期损失最大化的迭代,可以确定判别函数和临界值 Z_3。

2. LOGIT 分析法。LOGIT 分析法是处理二元事件的一种统计分析方法。

适用于国家风险评估的 LOGIT 分析特指是否进行国家债务重新安排这一二元事件。在 LOGIT 分析中,债务重新安排的概率与几个经济变量有关,即:

$$Y_i = \sum b_j X_{ij} \quad (i = 1,2,\cdots,n; j = 1,2,\cdots,m)$$

式中,Y_i 是表示债务重新安排出现的变量即因变量;m 是解释变量的数目;n 是观测值的数目。

在 LOGIT 模型中,首先需要应用统计方法(如最大似然估计技术)估计出此种形式的一个方程。所计算出的因变量 y 按下述方式转换成一个债务重新安排概率指标:

$$PR = PR\ (Y_i = 1) = \frac{1}{(1+e2Y)}$$

式中,PR 代表债务重新安排概率指标;e 是自然对数的底数;概率指标值变化范围为 0~1。

预测的 Y 指标值越高,在国家解释变量值条件下,表明其出现债务重新安排的概率越大。同样,确定选择阀(门限)概率 P_3 是必要的,高于阀概率值时,预测会发生债务重新安排;否则,不会发生债务重新安排。与判别模型不同的是,在某种程度上 P_3 的选择是随意的,而判别临界值 Z_3 是由判别函数确定的。P_3 通常按照误差总损失量最小的原则确定。当没有被预测债务重新安排的国家发生债务重新安排时,我们称产生了类型Ⅰ误差;反之,称为产生了类型Ⅱ误差。

3. 因变量和显著性解释变量的选择。在出口信用保险业务实践中,分析某一国家风险的大小,最直观的方式是看该主权国履行被保险合同的能力,比如其偿还进口某一成套设备贷款的能力较强,我们可以认为其主权贷款违约可能性较小,即国家风险较低。而借款国家彻底违约和拒绝支付债务的情况是非常少见的,因此,作为主权贷款违约的替代,大部分统计研究所采用的因变量是外债的重新安排。贷款重新安排是借款国家和贷款国家就展延现存主权外债到期日所达成的协议。此协议相对彻底违约来说,对授信国家是一件好事,因为一个目前存在的净值收益被记录下来了。因此,如果一个模型的目的是估计违约概率,用重新安排作为彻底违约替代就相当牵强。但是,如果统计模型作为一个早期预报模型,标示由于借款国家恶化的经济状况,从而导致出现重新安排协议的可能,那么,重新安排概率则是一个优良的因变量。解释变量的选择随模型的不同而发生变化。但我们能够鉴定的三个主要的因果变量组是:标示债务负担或外债状况的变量组;标示流动性状况的对外贸易变量组;国内经济变量或指标组。这些指标包括债务清偿率(分期偿还本息/商品和劳务出口收入)、应付外债与商品和劳务出口收入之比、应付债务(或外债)与国民生产总值 GNP(或国内生产总值 GDP)之比、债务分期偿还额与总应付债务之比、人均承付贷款率(一定年份的契约新债务与人口之比)、债务清偿支付款与付出款之比、经常项目逆差与商品和服务出口之比、进口与储备之比、支付外债与国际储备之比、进口与国民生产总值之比、出口增长率、资本流入与债务清偿之比、人均收入和人均收入增长率、人均国内生产增长率、货币供给增长率、通货膨胀率、消费价格指数、国内信贷与 GDP 之比、投资与国民(国内)收入之比、总固定资本形成与 GDP 之比和相对购买力平价等。解释变量几乎均采用相对值,说明相对指标在国家风险分析中较为合理,尽管这些解释变量均对解释债务重排有着直接的经济意义,但在运用某一模型分析时,仅选用其中的几个。需要特别指出的是,由于缺少对政治解释变量的量化处理,因而使得运用统计模型评估国家风险带有一定的局限性,这是未来出口信用保险在评估国家风险时需要解决的问题。

四、国际信贷的风险评级

(一) 国家风险评级

由于国家风险涉及的因素较多,需要专门人员对这些因素进行分析,做出评估。国家风险的大小通过评级来确定。

《国际信贷风险》杂志将各国的风险列为 1~7 个等级,从等级 1 的"危险"逐次降低至等级 7 的"风险良好",中间依次为等级 2 的"风险极高"、等级 3 的"高风险"、等级 4 的"风险较高"、等级 5 的"中等风险"和等级 6 的"低风险"。

风险评级的一般做法是对各个选定的变量如政治稳定性、经济政策、财政政策等打分。打分共分五个分数级,即 10,8,6,4,2 分,分别表示很好,好,一般,差,很差。每个变量打两个分数,一个是短期评分,一个是中期评分。每个评分还需要乘上权数,得出总评分。各个变量的权数须经过不断分析、研究、实践,才予确定。

根据总评分的高低,将被评估国家分成五级,总评分最低的国家为风险很大,依次为风险大、风险中等、风险小、风险很小(总评分最高的国家)。对第一类国家,贷款人一般不会提供贷款,除非是两国关系特殊,如原来是殖民地,后来独立了,宗主国对其提供政府贷款,这种贷款并不考虑国家风险。第五类国家对贷款人来说最理想,因为不会出现无力偿债的问题。

根据不同的风险等级,就可确定承担风险的最大限度,即确定国家限额。各贷款人对某一特定国家所确定的国家限额并不相同,这取决于贷款人自身的情况,如资金情况、贷款战略、传统关系等。

国家风险评级可分为两个层次:第一个层次是对各国的国家风险进行评级;第二个层次是根据评级结果对不同风险等级的国家给予不同的交易信用额

度，并拟定相应的风险管理方案。通常，商业银行采用外部评级法和内部评级法对国家风险进行评定：①外部评级法。即商业银行直接采用外部评级公司的评级结果对国家风险进行管理。目前，全球有一些著名的评级机构定期对外公布其国家风险评级结果，如环境风险信息机构的国家风险评级、《欧洲货币》的国家风险评级等。评级机构运用不同的方法将特定国家一系列定性和定量的信息整合为一个单独的指标以反映国家风险的高低。②内部评级法。银行分析家选择宏观和微观的经济变量和比率进行分析，这些变量和比率在解释一个国家的违约概率方面是非常重要的。应用关于国家违约的历史数据考察何种变量最具特征性，以确认一套关键变量，这些变量可显示国家风险程度。主要的考察变量包括清偿力指标、流动性指标、国民经济发展指标、经济管理水平指标等。在挑选主要变量之后，一般将国家分为违约国家和履约国家两组。然后，管理者应用统计分析模型判定哪些变量能够在债务重组与非债务重组中起重要作用。一旦主要的变量及其相对重要性或权重被确定下来，就应当对各变量的当期价值进行考察，从而鉴别当前政府负债质量的好坏以及政府贷款申请人的风险等级。

(二) 信贷风险评级

信贷风险评级阐述的主要是对银行的资信评级。为了便于广大机构与个人投资者购买银行发行的债券或以其他方式对银行投资，目前世界上主要有三个资信评估机构对各国主要银行的资信进行较深入的分析并给予资信评级。

这种对银行的资信评级可能是银行自愿的，即如果该行想以债券形式筹资，并认为一个较好的评级有助于其发行债券，则会采取自愿方式。而有些银行认为不需评级它们也可在某些国际资本市场上发行债券。如它们经常定期或不定期地发行债券，资信评级机构也可能应投资者的要求，主动对发行债券的银行进行评级，这是一种非自愿方式。在自愿方式下，银行为此要向评级机构交付一笔费用，并向其提供详细业务及财务资料。而在非自愿情况下，评定机构得不到被评银行的协助，对该行的了解必然有限，其评定结果就可能不够客观。但不管怎样，由于这些评级公司的专业水平很高，评定结果对我们还是很有参考价值的。

国际上目前三个主要的评级机构是美国的标准普尔(Standard)公司，穆迪(Moody's)投资服务公司和惠誉国际信用评级(Fitch Ratings)有限公司，这三个评级机构在地区上各有侧重。前两家重点是美国银行，惠誉国际信用评级有限公司的重点是欧洲及远东地区的银行。在方法上，前两家是对每个银行的每笔发债，根据其性质和期限单独评级，而惠誉国际信用评级有限公司是对发债行本身的信用进行评级。

第三节　国际债务危机

一、国际债务危机产生的原因

国际债务危机是指20世纪80年代初期以来，一系列非产油国家无力偿还到期外债（主要是国际银行贷款），从而导致国际银行业陷入资金危机并严重危及国际金融及货币体系稳定的现象。

国际债务危机产生的原因包括内因和直接原因。

（一）债务危机产生的内因

债务危机产生的内因如下。

1. 债务国盲目借取大量外债，不切实际地追求高速的经济增长。20世纪70年代世界经济衰退和石油价格上涨使许多非产油国出现了严重的国际收支赤字，而石油美元的大量过剩，使得国际金融市场的利率非常低，很多发展中国家在此时向国际金融市场借取了大量的外债；同时，许多海湾地区以外的产油国家以为石油出口收入可观，今后偿债问题绝不会出现，更借取了大量国际商业银行贷款来推动国内的大型建设项目。这样，当20世纪80年代初期世界经济转入严重衰退、石油价格大幅度下跌时，债务危机便爆发了。

2. 国内经济政策失误。许多重债国自20世纪70年代以来采取扩张性的国内经济政策和不适当的汇率、外汇管制措施，其货币定值过高，使得本国出口商品的国际竞争能力被严重削弱，加重了国际收支的不平衡，并导致了国内资金的不断外逃。80年代初期，国际金融市场上的利率水平上升到前所未有的高度，世界贸易处于停滞状态。而那些重债国国内的利率仍很低，仍采取扩张性的经济政策以维持经济高速增长，巨额的财政赤字只能依靠超量的货币供应来弥补。这一方面促进了资金的加速外逃，国际储备枯竭，另一方面也导致了严重的通货膨胀。

3. 所借外债没有得到妥善管理和高效利用。陷入债务危机的国家在世界经济景气时期借入了超出自身偿还能力的大量贷款，并且没有形成合理的债务结构，短期债务和商业银行贷款比重过大。同时，利率也多为浮动利率，从而加重了外债的负担。这些国家的外债统计和监测机构及制度也不健全，机构效率低。

4. 陷入债务危机的国家外债资金的使用效率极低，没有把外债资金全部有效地用于生产性和创汇营利性的项目，不能保证外债资金投资项目的收益率高于偿债付息率。外债的增长速度远高于国民生产总值的增长速度。

(二) 债务危机产生的直接原因

债务危机产生的直接原因如下。

1. 20 世纪 80 年代初以发达国家为主导的世界经济衰退。以美国为首的发达国家为了转嫁危机,纷纷实行严厉的贸易保护主义,减少从发展中国家的进口。发展中国家出口收入的下降导致它们偿债能力的下降,从而引发了债务危机。

2. 国际金融市场上美元利率和汇率的上浮。主要西方发达国家实行紧缩的货币政策以克服通货膨胀,使得国内金融市场利率提高,吸引了大量的资金,又使其货币的汇率上升。发展中国家所借外债的利率多数为浮动利率,故高利率和高汇率大大加重了发展中国家的偿债负担。

3. 国际商业银行贷款政策的影响。当国际商业银行手中有大量的石油美元时,为寻求出路,不得不转向国外放贷。而此时发展中国家不顾世界经济的衰退,仍然借入大量外债以大力发展国内的长期大型建设项目。而当时国际商业银行普遍认为国家信誉高,于是整个 20 世纪 70 年代至 80 年代初,国际商业银行对发展中国家的贷款迅速增加。但 1982 年后,国际贷款风险增大,商业银行大幅度减少了对发展中国家的贷款,这又加剧了发展中国家的资金周转困难,推动了国际债务危机的形成和发展。

二、国际债务危机的影响

债务危机严重干扰了国际经济关系发展的正常秩序,是可能导致国际金融体系混乱的一大隐患,尤其对危机爆发国的影响更是巨大,会给经济和社会发展造成严重的后果。

(一) 国内投资规模会大幅缩减

为了还本付息的需要,债务国必须大幅度压缩进口以获得相当数额的外贸盈余。因此,为经济发展和结构调整所需的材料、技术和设备等的进口必然受到严重抑制,从而造成生产企业投资的萎缩,甚至连正常的生产活动都难以维持。

债务危机的爆发使债务国的国际资信大大降低,进入国际资本市场筹资的渠道受阻,不仅难以借到条件优惠的借款,甚至连条件苛刻的贷款也不易借到。同时,国际投资者也会视危机爆发国为高风险地,减少对该国的直接投资。外部资金流入的减少,使债务国很难筹措到充足的建设资金。

危机爆发后,国内资金的持有者对国内经济前景持悲观态度,也会纷纷抽回国内投资,这不仅加重了国家的债务负担,也使国内投资资金减少,无法维持促进经济发展应有的投资规模。

(二) 通货膨胀会加剧

债务危机爆发后,流入债务国的资金大量减少,而为偿债流出的资金却越来越多。资金的流出,实际上就是货物的流出,因为债务国的偿债资金主要是依靠扩大出口和压缩进口来实现的。由于投资的缩减,企业的生产能力也受到影响,产品难以同时满足国内需求与出口的需要。为还本付息,国家将出口置于国内需求之上。另一方面,进口商品中的一些基本消费品也大幅减少。当国内市场的货物供应量减少到不能满足基本要求,以致发生供应危机时,通货膨胀就不可避免了。此外,在资金巨额净流出、头寸短缺的情况下,债务国政府往往还会采取扩大国内公债发行规模和提高银行储蓄利率等办法来筹措资金。但筹措到的资金相当大的一部分是被政府用于从民间购买外币偿还外债,必然造成国内市场货币流通量增多。由于这部分资金较少用于投资,不具有保值性,更无增值的效应,这样,在公债到期偿还或储户提款时,国家银行实际并无能力偿还或付款,于是不得不更多地发行利率更高、期限更短的新债券,并扩大货币发行量,在这种情况下就会产生通货膨胀。

(三) 经济增长会减慢或停滞

为制止资金外流,控制通货膨胀,政府会大幅提高利率,使银根进一步紧缩。而为偿债需兑换大量的外汇,又使得本币大幅贬值,企业的进口成本急剧升高。资金的缺乏及生产成本的上升,使企业的正常生产活动受到严重影响,有的甚至破产、倒闭。投资下降,进口减少,虽然有助于消除经济缺口,但生产的下降势必影响出口的增长。出口若不能加速增长,就无法创造足够的外汇偿还外债,国家的债务负担也就难以减轻。这些都会使国家经济增长的速度放慢,甚至会使国家经济出现较大幅度的倒退。

(四) 社会后果严重

随着经济衰退的发生,大批工厂、企业倒闭或停工停产,致使失业人口剧增。在高通货膨胀的情况下,职工的生活也受到严重影响,工资的实际购买力不断下降,对低收入劳动者来说,更是入不敷出。失业率的上升和实际工资水平的下降使债务国人民日益贫困化,穷人群体越来越庞大。另一方面,因偿债实行紧缩政策,债务国在公共社会事业发展上的投资经费会越来越少,人民的生活水平也会日趋恶化。因此,人民的不满情绪与日俱增,他们反对政府降低人民的生活水平,反对解雇工人,要求提高工资。而政府在债权银行和国际金融机构的压力下,又不得不实行紧缩政策。在此情况下,民众会用游行示威甚至暴力的方式来表示对现状的不满,从而导致政局不稳和社会动乱。

(五) 对国际金融体系的影响

债务危机的产生对国际金融体系运作的影响也是十分明显的。

第一,债权国与债务国同处于一个金融体系之中,一方遭难,势必会牵连另一方。债权人若不及时向债务国提供援助,就会引起国际金融体系的进一步混乱,从而影响世界经济的发展。

第二,对于那些将巨额贷款集中在少数债务国身上的债权银行来说,一旦债务国倒账,必然使其遭受严重损失,甚至破产。

第三,债务危机使债务国国内局势急剧动荡,也会从经济上甚至政治上对债权国产生不利影响。在这种情况下,债权人不得不参与债务危机的解决。

三、解决国际债务危机的措施

如何采取措施,防范、化解危机,是各国极其重视的问题。一般来说,解决债务危机的措施有以下几种。

(一) 债务重新安排

当一国发生债务危机而无力偿还外债时,解决方法之一就是与债权人协商,要求将债务重新安排。这样,一方面债务国可以有机会渡过难关,重整经济;另一方面,债权人也有希望收回贷出的本金和应得的利息。

债务重新安排主要通过两个途径进行:官方债务重新安排,一般通过巴黎俱乐部(Paris Club)来进行;商业银行债务重新安排,由商业银行特别国际财团(有时称为伦敦俱乐部)来组织。

1. 官方债务重新安排。官方债务重新安排是由"巴黎俱乐部"负责安排的。"巴黎俱乐部"会议的主要作用在于帮助要求债务重新安排的债务国和各债权政府一起协商寻求解决的办法。通常,参加"巴黎俱乐部"的债务国,要先接受 IMF 的经济调整计划,然后才能向会议主席提出召开债务重新安排会议。获得重新安排的借款只限于政府的直接借款和由政府担保的各种中长期借款,短期借款很少获得重新安排。典型的重新安排协议条款包括:将现在所有借款的 80%~100% 延长时间偿还,通常有 4~5 年的宽限期,然后分 8~10 年的时间偿付。至于利率方面,会议不做明确规定,而由各债权国与债务国协商。此外,其中有一小部分采用再融通的方式解决,即借新债还旧债。

2. 商业银行债务重新安排。商业银行债务重新安排在某种意义上比官方债务重新安排更复杂。因为商业贷款的债权银行数目可能十分庞大,每家银行自然都会尽最大努力去争取自己的利益。而且,商业贷款的种类很多。例如,欧洲债券市场的首次外债重新安排中,债权人以不同贷款形式分成三个集团:一是债券的持有人;二是中长期的银团贷款债权人;三是短期信贷的债权人。它们经过将近2年的时间才达成初步的协议。商业银行主要对本期或1年内到期的长期债务重新安排,有时也包括到期未付的本金,但对利息的偿还期不予重新安排,必须在偿还利息欠款后,重新安排协议才能生效。债务重新安排后典型的还款期为6~9年,包括2~4年的宽限期。利率会高于伦敦银行同业拆借利率。

债务重新安排协商会议要求各债权银行共同寻求一个大家都能接受的方案,同时实事求是地衡量债务国所处的经济、金融形势,拟定一个符合债务国偿还能力的还款协议。通常,银行要求债务国在完成政府官方债务重新安排后,才去完成商业贷款重新安排。债务重新安排给了债务国喘息的时间,并使债务国有可能将大量到期债务转为中长期债务。但从根本上说,重新安排债务,虽能解一时之急,却不能从根本上解决债务危机。由于债权银行在计息标准、货币构成和偿还期限等方面所做的让步,是以不损害自己的利益为前提的,因此,债务国负债总额不可能因债务重新安排而大量减少,只是变成"缓期执行"而已。

(二) 债务资本化

债务资本化是指债务国将部分外债转变为对本国企事业的投资,包括债务转换股权、债务转用于资源保护以及债务调换等,从而达到减少其外债的目的。

1. 债务转换股权(Debt-for-equity)。债务转换股权是1983年以来出现的解决债务国部分债务的办法。其基本步骤为:①由政府进行协调、转换的债务须属于重新安排协议内的债务。债权方、债务方和政府各方经谈判同意后,委托某中间机构将贷给公共或私人部门的贷款向二级市场打折出售。有时外国银行亦把债权直接打折售给债务国中央银行。②投资人向债务国金融当局提出申请。在取得同意后,即以这一折扣价买下这笔债务,然后到债务国中央银行按官方汇率贴现,兑换成该国货币。③投资人使用这笔兑换成该国货币的资金在该债务国购入股权进行投资。于是这笔债务便从债务国的外国贷款登记机构处注销而转入股票投资登记机构。

除由政府进行协调解决的债务交易外,还有不经政府协调的债务人与投资者之间的直接交易。由外国投资者从国际二级市场上以折扣价购进尚未到期的债券,而债务人则用本国货币提前支付这些外债。当转换完毕后,双方即在一定期限内通报债务国中央银行,注销外债。有些到期外债还通过国内证券交易所公开拍卖,由债券持有人通过提出折扣进行竞争,从债务国中央银行处换取该国的货币进行投资。

债务资本化方式有以下优点:①无须动用外汇就可减少债务,并可引进先进技术和提高就业率;②可在一定程度上缓解债务国缺乏资金的困难;③可吸引外逃资金回国参加建设。

债务资本化的不利影响有:①债务转换股权如采用过多,引进过量外资,将导致一些部门的控制权逐渐落入外国公司之手,出现经济被外资控制的局面;②如果政府通过全国的银行系统筹措债务转换所需的资金,势必造成债务国的货币供应量大增,刺激通货膨胀,使货币贬值,对汇率也会产生不利的影响;③单纯通过国内资本市场进行融资以满足债权对股权转换的资金需求,会导致国内流通资金的紧张,产生利率上升的压力;④债务额过于庞大的国家没有这么多投资机会,因此这种方法不能被广泛采用。

2. 债务转用于资源保护(Debt-for-nature)。债务转用于资源保护是指通过债务转换取得资金,用于保护自然资源。这种措施是由世界野生物基金组织主管科研的副会长托马斯·E. 勒夫乔埃于1984年提出的。具体做法为:世界野生物基金组织同债务国金融机构、中央银行、政府资源管理机构或私人自然资源保护组织达成原则协议,确定调换成当地货币的汇率及管理和使用这笔资金的代理机构,然后以其收到的捐赠资金从私人银行或二级市场上以折扣价购进债务后,转售给债务国资源管理机构或私人自然资源保护机构,并向该国中央银行兑换成该国货币,然后再交给资源保护机构用于环保项目投资。

3. 债务调换(Debt Conversion)。债务调换指发行新债券以偿付旧债。具体做法有:一国以债券形式举借新债,出售债券取得现款,以便在二级市场上回购债务,或直接交换旧债。这种方案的设想是,相比现存债务,如果新债券能以较小的折现率出售,那么其效应将是减少债务而不必使债务国动用大量外汇储备。但这种方法受限于一国的债务信用程度及资本市场的发达程度。

第四节 国际信贷风险的控制和管理

一、国际信贷风险的控制

国际信贷风险控制是指通过各种经济、技术手段使风险降低、分散和转嫁的过程。风险控制是风险识别和估计的最终目的,其基本手段有以下五种。

第一,风险回避。这是指事先预料风险产生的可能性,判断导致其实现的条件和因素,在国际信贷中应尽可能地避免或改变资本的流向。常见的方法有:放弃对风险较大国家的信贷计划;我行我素,不受任何国际政治和经济因素的干扰;等等。

第二,风险抑制。这是指采取各种措施减少风险实现的概率及经济损失程度。常见的方法有:当集团面临偿债危机时,若判断属于非流动性危机,则停止对其新增贷款等。

第三,风险集合。这是指在大量同类风险发生的情况下,投资者联合行动,以分散风险损失,从而降低防范风险的成本。

第四,风险自留。这是指对一些无法回避和转移的风险采取现实的态度,在不影响国际信贷根本或大局利益的前提下,把它们承担下来。

第五,风险转移。这是指风险承担者,通过若干技术和经济手段,将风险转移给他人承担。其方法有保险和非保险两种。前者是指以向保险公司付保险费为条件,将风险转移给保险公司。后者是将风险转移给其他单位,如信托投资公司、担保行和承包商等。

上述五种控制风险的方法,内容不同,作用也不同。在实践中选择风险控制方法的依据,应是使投资者以最小的风险控制成本,获得同样的或较多的安全保障和经济利益。

二、国际信贷风险的管理

(一)国际信贷风险管理方法

风险管理(Risk Management)的基本含义是指人们用系统的、规范的方法对风险进行识别、计量以及处理和控制的过程。风险管理主要包括风险识别、风险衡量、风险分析、风险控制和事后信息反馈等几个步骤。

虽然,近年来随着证券市场的发展和金融产品的不断创新,国际金融市场上信贷流量中的"主流"已由银行贷款转为可上市买卖的债券,但这并不意味着各国商业银行就此放松了对国际信贷风险的控制和管理。实际上,银行的管理者及理论界人士一起,已设计并相继采用了许多新的、更加有效的防范商业银行信贷风险的方法。

1. 资产组合管理。马柯维茨的资产组合理论,是指在证券投资领域利用分散投资原理,借助于数学方法寻找如何建立证券组合,并从中选出比较满意的组合的途径,从而解决收益与风险的矛盾。而许多信贷专家认为该方法也同样适合于商业银行的信贷管理。因为实行资产组合管理可以根据各种市场、客户、产品、信用和经营条件,预测和控制可能产生的风险度,进而达到分散和控制住整体风险的目的,特别是在银行的信贷产品较多时,该方法所发挥的作用就显得尤为突出。资产组合管理的具体操作程序是:银行首先根据其发展战略和经营计划,确定目标市场与客户群及其风险度,然后再确定出授信方式的搭配,贷款的种类、币种、贷款展期的可能性以及贷款组合的集中程度等。由以上分析不难发现,资产组合管理实为一种分散风险的方法。银行通过采取金额分散、产业分散、地区分散的贷款策略,以减少信贷风险,从总体上保证了银行贷款的收益。

2. 信贷产品衍生工具的运用。伴随着金融市场及金融创新活动的不断发展,西方国家的商业银行充分抓住了这个契机,利用各种信贷资产衍生产品来规避信贷风险,并已取得了明显的成效。其中的两种产品为:①信贷资产违约期权。银行为减少信贷资产的风险损失,可以向另一家银行购买一份信贷资产违约期权,一旦贷款到期无法收回,期权购买方银行就有权从卖方银行获得一定的补偿。②金融利息掉期。当一家银行发放一笔贷款后,即与另一家银行达成协议,按协议规定,在贷款期限内,前者需按一定的派生存款比率向后者支付由贷款形成的派生存款利息。若贷款发生违约,后者将向前者支付一定的违约金。

(二) 国际信贷风险的预防和补救

国际银行业在经历了20世纪80年代的不景气和90年代初期的剧烈动荡后,已呈现出生机勃勃的上升势头。1994年,在9 550亿美元的国际金融市场借款总额中,银团贷款首次突破2 000亿美元的大关,达到2 080亿美元,而1989年的数据仅为1 211亿美元。由此可见,虽然西方的银行家为在如今国际银行业的激烈竞争中立于不败之地,纷纷采取了业务多样化和全能化的发展战略,导致其传统的信贷业务在某种程度上呈萎缩态势,但若对其做纵向比较,仍可以看出国际信贷市场无论在规模还是在品种的多样化、多层次化方面都远非20世纪80年代所能及。

在这种世界经济和金融的大环境下,我国金融业的对外开放也已进入了一个崭新的时期。大多数的国内银行都有了自己的国际业务部,都在积极参与国际市场上的投融资活动,尤其是在银团贷款、出口信贷等方面。但我们必须认识到,就目前来看,虽然我国银行的国际信贷业务中出现的坏账问题没有国内信贷业务严重,但这主要是由于国内银行大都刚刚涉足该领域,且业务量不大,还无法与国内信贷相提并论,其中存在的问题还没有时间和机会暴露出来,对此银行界绝不能掉以轻心。另外,国际信贷是一种跨国界的经济行为,其风险与国内信贷相比更大且更难预测,而且两者在风险管理的策略选择上虽有相同之处,但也不完全相同。鉴于此,各商业银行更应未雨绸缪,早做准备,以免发生大的损失。

1. 加强信用评估和分析,以防范风险。信用评估和分析是信贷决策的基础工作,也是其主要依据,分析的焦点一般集中在贷款对象的偿还能力和具体贷款项目的经济可行性两方面上。西方银行业根据不同的借贷对象相应采取了不同的分析方法:①若借款主体为个人,通常采用所谓的"5C"法(Character,Capital,Capacity,Collateral,Condition)和"LAPP"法(Liquidity,Activity,Profitability,Potentialities);②若借款主体为国家,在对其进行经济形势、产业结构、国际收支状况等政治、经济各方面的分析后,可以通过一系列的指标,对该国的偿债能力和具体的贷款项目所面临的宏观经济形势进行总体评估。

2. 慎重选择币种和计息方式,以防范汇率和利率风险。在防范汇率风险上,贷款人可以要求以硬币作为借贷货币以及采用外汇保值条款、物价指数保值条款或者是外汇交易保值等形式以达到目的。对于利率的风险管理,贷款人在制定出合理的利率水平的条件下,可采取浮动利率或者是利率期货、利率协定和欧洲货币期货合同的方式来消除由于将来市场利率变动而带来的风险。

3. 选择适当的贷款方式,以规避风险。常用的信用贷款、抵押贷款和担保贷款等几种信贷形式,在风险的防范上各有利弊,因此在方式的选择上,商业银行要依据贷款对象或者每一项目风险程度的不同,采取不同的方式。在从事国际信贷业务的过程中要严格控制信用贷款,完善经济担保贷款,全面推行抵押贷款。与此同时,对担保贷款和抵押贷款要严格遵守有关法规,各银行的操作要规范化,以真正达到规避风险的目的。

4. 加快贷款证券化的步伐,以转移风险。贷款证券化是指银行将那些流通性较低或可靠性较差的贷款,按照一定的折扣率转让给专门的中介机构,中介组织再把购来的贷款组合起来,以此为担保发行证券,然后,再利用发行证券的收入购入新的贷款。这种做法有利于银行贷款风险的转移,提高了资产质量,同时能及时回笼资金,加速周转。在当前,贷款证券化是银行处理不良贷款的有效措施,如美国的美洲银行和梅隆银行都曾采用过这种方法。

5. 建立贷款风险保险制度,以分散风险。具体来说就是由保险公司开办贷款风险保险,一旦出现不良贷款,保险公司就要按保险合同中的有关条款规定负一定的赔偿责任,以分担一部分银行的损失。我国目前若要实行该制度,其途径不外乎有以下三种:在国际金融市场上寻求合作伙伴;在国内成立带有政策扶持性质的专业贷款风险保险公司;国内已有的保险公司增设有关此类业务的新险种。目前比较可行的选择途径仅为前两种。原因主要是由于目前贷款风险较大,国内的各保险公司从自身利益出发可能不愿意承担该业务或者实在无财力承担。另外，就算是有商业保险公司承接了该业务，投保人所需缴纳的高额保费也会使银行望而却步。因此，我国在成立存款保险公司之后，也应相应成立带有政策扶持性质的贷款风险保险公司，协助商业银行分散风险，这也有助于整个金融业的稳健运营。

6. 适当增强商业银行自留风险的能力，即加强银行自行承担客户不能按期归还贷款本息的财务损失的能力。要做到这一点，关键就在于呆账准备或坏账冲销的提取比例应有所提高。因此，在国内信贷和国际信贷风险都加大的现实情况下，应在呆账准备金提取、坏账冲销上赋予商业银行更多的自主权。另外，商业银行也应多渠道地筹措资本金，尽早达到8%的比率，以增强自身抵御风险的能力。

7. 加强内部控制制度建设，从根本上减少风险发生的可能性。内部控制作为一种自律机制，包括组织结构（职责的界定、贷款审批的权限分离和决策程序）、会计规则（对账、控制单、定期试算）、"双人原则"（不同职责的分离、交叉核对、资产双重控制和双人签字）以及对资产和投资的实际控制四方面的内容。通过建立和健全有效的内部控制制度，商业银行一方面可以确保把风险控制在适当的范围内，另一方面也有利于其自身发展战略和经营目标的实现。

8. 强化金融监管部门在风险管理中的作用。首先，银保监会作为金融管理监管者，有权制定审慎法规并利用其要求来控制风险。这些规定涉及资本充足率、贷款损失准备金、资产分类、流动性和内部控制等诸多方面，目的就是要规范银行行为，防止其无限度地增加风险。其次，中央银行作为国家货币政策的制定者和实施者，还要尽可能地消除各种宏观经济风险的影响，保持经济的稳定发展。

（三）国际信贷风险管理新趋势

在新的国际经济环境下，国际银行业的运行环境发生了很大的变化。传统的风险管理方式已显得难以应付，国际银行业在风险管理方面进行了积极探索，出现了一些新的理念、方法和特点。

1. 风险管理上升到银行发展战略的高度。由于近年来国际银行业面临的竞争越来越激烈，风险环境也越来越复杂，一些大银行由于风险管理失败而遭受巨额损失，甚至破产倒闭，银行股东及经理们以及监管部门都已深刻认识到风险管理对银行生存和发展的重要性。银行管理的最高决策层已将风险管理纳入战略计划。

2. 推行全面风险管理。所谓全面风险管理是指对整个机构内各个层次的业务单位以及各个种类的风险的通盘管理。1997年东南亚金融危机爆发以来,国际金融业风险出现了一些新的特点,即损失不再是由单一风险造成的,而是由信用风险、市场风险、利率风险、流动性风险等综合影响的结果。由此全面风险管理引起人们的重视,而且成为国际银行业风险管理的一个重要趋势。如在新的巴塞尔协议框架中,除传统的信用风险外,还加强了对市场风险、利率风险和操作风险管理的要求,并鼓励各大银行采取积极的、全面的风险管理方法。随着世界经济活动的变化,企业经营特征、资本运作形态也发生了深刻的变化,子公司、关联公司、跨国公司等复杂的资本运营模式使风险的表现形式更为复杂和隐蔽,以审核借款人的财务报表为主要内容的信用风险管理方法已经不能适应防范风险的要求,这就要求树立全面综合的风险管理思想,把风险管理的视角从一个企业扩大到国际上整个行业、市场、政策和环境的变化。

3. 加强银行内部控制的制度建设。近年来发生的多起金融动荡或银行危机,尤其是银行破产倒闭案,尽管成因多样,但几乎无一例外地根源于银行制度——主要是银行内部控制制度这一根本性、基础性的因素。其他因素则是通过银行内部控制制度这个内因起作用的。这使得国际银行业和各国监管机构越来越重视银行内部控制制度的健全性和有效性。从实质上看,以银行业风险监管为核心的巴塞尔体系,始终包含着银行内部控制的思想。1988年的《巴塞尔协议》将内部控制思想具体化到资本充足率的问题上。1997年的《核心原则》进一步拓展了银行内部控制的思想、理论和方法。

4. 完善信息披露制度。真实、准确、及时、充分地获取和处理各种信息,对于国际银行业的监管和风险管理至关重要,它是对银行业实施监管的一个基本前提。因此,完善信息的披露制度也成为国际银行业加强监管的一个重要趋势。

5. 管理技术上趋于量化和电子化管理。与传统风险管理主要依赖定性分析,管理模式明显体现出主观性和艺术性的特点不同,当前的风险管理越来越重视定量分析,大量使用数理统计模型来识别、衡量和监测风险。这使得风险管理越来越多地体现出客观性和科学性的特征。现代信息技术在风险管理中发挥着越来越重要的作用。

6. 银行监管的规范化和全球化。对银行采取事前、事中、事后的规范化的监管程序,是国际银行监管的一个重要趋势,在具体操作过程中,主要有预防性措施、援救性措施和事后补救措施等。随着银行业国际化进程的加快,金融风险在国家之间转移、扩散的趋势在不断增强,加强金融监管的国际合作也变得日益重要和迫切,全球监管成为大势所趋。

7. 重视组合风险管理。国际银行业的变革与发展以及新的国际银行业监管原则对整个国际银行业的风险管理提出了前所未有的挑战,并对已有的风险管理体系提出了更新和更高的要求。银行组合风险管理是迎接这一挑战,实现银行所有者权益最大化和提高银行竞争力的重要的风险管理技术。银行传统的信用风险度量方法属于个体分析,信用分析只是建立在个体信用风险收益的基础上,没有考虑个体信用对整个信用组合的风险收益可能产生的影响。相反,组合风险管理是以信用组合为出发点对银行面临的信用风险进行度量和管理,它不仅考虑了个体信用对银行信用组合预期收益率的作用,而且包括个体信用对组合风险的影响,即个体信用之间的信用相关和损失相关。

案例

希腊债务危机

2008年10月,全球金融危机来势汹汹,希腊政府承诺提供至多280亿欧元(约合385亿美元)资金,以帮助其银行部门安然度过危机。

时任希腊财政部长乔治—阿洛格斯古菲斯表示,主要目的是挽救银行业和金融机构,但要保护希腊经济免受此次危机冲击。这些措施是欧盟国家协同合作,以支持银行业并解冻信贷市场努力的一部分。并且,他强调,此项援救计划不会对政府赤字产生影响。就在一年后的2009年10月初,希腊政府突然宣布,2009年政府财政赤字和公共债务占国内生产总值的比例分别达到12.7%和113%,远超欧盟《稳定与增长公约》规定的3%和60%的上限。情急之下,希腊主要通过借新债还旧债来解决当下的债务问题。截至2009年12月,希腊债务达到2 800亿欧元。

紧接着,鉴于希腊政府财政状况显著恶化,全球三大信用评级机构惠誉、标准普尔和穆迪相继调低希腊主权信用评级,将希腊的长期主权信用评级由"A-"降为"BBB+"。这不仅引发了希腊股市大跌,还拖累欧元对美元比价走低。

自此,希腊债务危机正式拉开序幕。

2009年12月17日,希腊财长帕潘德里欧证实该国财务情况十分严峻,表示该国政府将竭尽全力削减赤字。希腊首都爆发严重骚乱。据希腊当地财经日报报道,希腊政府通过私募发行5年期浮息债券又筹得20亿欧元资金。该债券收益率较6个月期欧洲银行同业拆息高2.5%。

2010年3月3日,希腊政府提出新的财政紧缩方案,削减公务员薪酬,提高多种税收,预计可以为政府增收节支48亿欧元。但是,政府的举动引起了公职人员的不满,导致全国大罢工的发生,罢工导致航空交通及公共医疗服务大受影响,全国铁路交通陷入瘫痪。据了解,希腊有85亿欧元的10年期国债将于5月19日到期,帕潘德里欧坦言,眼下希腊无力从市场直接筹措到资金。

2010年4月23日,德国总理默克尔表示,希腊需要同意严格的条件以换取该财政援助。截至目前,欧洲各国在援助希腊问题上迟迟不能达成一致意见。

2010年5月9日,国际货币基金组织(IMF)批准向希腊提供300亿欧元(约合400亿美元)救助贷款,以帮助这个深陷债务危机中的欧洲国家。

2011年7月22日,欧洲峰会召开,就希腊救助问题进一步达成共识,欧元区领导人统一向希腊提供1 000亿欧元新融资。欧盟峰会草案显示,暂定将欧洲金融稳定基金(EFSF)期限从7.5年延长至最少15年,将EFSF基金利率下调至3.5%。草案就新的希腊救助达成一致意见,草案并称,EFSF将能够通过向政府提供贷款来对金融机构进行资本重组,EFSF相关条款也适用于爱尔兰和葡萄牙。EFSF是否可以入市干预二级市场,取决于欧洲央行的注入。草案还显示,民间领域参与第二轮希腊救助的三个方案,即回购债务、展期、互换依然接受讨论。

2012年1月28日,希腊总理卢卡斯·帕帕季莫斯试图寻求政党领导人支持艰难的改革,提出希腊必须进行谈判来确保期待已久的债务减免协议的签订的签订。2月6日,德国总理默克尔督促希腊迅速接受条款,获得EU/IMF救援。2月9日,希腊政府领导人在与希腊三大联合政党、欧盟和国际货币基金组织督察员及领导人进行艰难的会谈后,最终达成协议,实行紧缩措施,确保救助所需。3月1日,希腊总理卢卡斯·帕帕季莫斯决定放弃领取工资,以在国家债务危机深重时做出表率。

思考题与练习题

1. 什么是风险?什么是信贷风险?什么是国际信贷风险?
2. 国际信贷风险管理的含义及其程序是什么?
3. 国际债务危机产生的原因及其影响是什么?
4. 国际信贷风险管理的程序是什么?
5. 解决国际债务危机的措施有哪些?
6. 简述国际信贷风险评估的内容。

附录　专业名词中英文汇编

A

acceptance credit　承兑信用
advance　预付款
African Development Bank, AFDB　非洲开发银行
agent　代理人
agent bank　代理行
agent fee　代理费
amount of issue　发行额
Asian Development Bank, ADB　亚洲开发银行
Asian Development Fund　亚洲开发基金
assignment　购买合同转让书
at par　等价发行
available period　提款期

B

bank credit　银行信贷
bond　债券
borrower　借款人
broker　经纪人
Buffer Stock Financing Facility, BSFF　缓冲库存贷款
Build-Operate-Transfer, BOT　"建设—经营—转让"
Build-Own-Operate, BOO　"建设—拥有—经营"
Build-Own-Operate-Transfer, BOOT　"建设—拥有—经营—移交"
buyer's credit　买方信贷

C

capacity　能力
capital　资本
Capital Recycling Loan　（日本）"黑字还流"贷款

Caribbean Development Bank, CDB 加勒比海开发银行
character 品德
collateral 担保
commercial credit 商业信用
commercial paper 商业票据
commitment fee 承诺费
Compensatory & Contingencing Facility, CCF 补偿与应急贷款
condition 环境
construction company 项目建设的工程公司或承包公司
convertible bonds 可转换债券
cost-plus-loan pricing model 成本加成定价模型
credit 信用、信贷
credit line agreement 信用安排限额
credit risk 信贷风险
credit tranche 信用部分贷款
customer profitability analysis model 客户赢利分析模型

D

debt-for-equity 债务转换股权
debt-for-nature 债务转用于资源保护
debt conversion 债务调换
deposit facility agreement 签订存款便利
direct syndicated loan 直接银团贷款
domestic financial market 国内金融市场

E

euro bond 欧洲债券
euro-currency market 欧洲货币市场
euro notes 欧洲票据
European Bank for Reconstruction and Development, EBRD 欧洲复兴开发银行
exclusive jurisdiction 专有管辖权
export credit 出口信贷
export credit agency 出口信贷机构
export credit insurance 出口信贷保险

export credit insurance premium 出口信贷保险费
Export-Import Bank of United States 美国进出口银行
extended fund facility 中期贷款

F

feasibility study 可行性研究
federal fund rate （美国的）联邦基金利率
finance lease 金融租赁
financial intermediary 金融中介人
fixed rate bond 固定利率债券
floating charges 浮动抵押
floating rate notes 浮动利率债券
foreign bond 外国债券
Foreign Direct Investment, FDI 外国直接投资
forfeiting 福费廷

G

general purpose credit line 一般用途信用限额
Governing Law 准据法
government loan 政府贷款
grace period 宽限期
Grant Element, GE 赠与成分
guarantor 担保人

H

HIBOR 香港银行同业拆放利率

I

indirect syndicated loan 间接银团贷款
information memorandum 信息备忘录
insurer 保险公司
Inter-American Development Bank 泛美开发银行
intermediate and long-term credit 中长期银行信贷
internal credit 国内信贷
International Bank for Reconstruction and Development, IBRD 国际复兴开

发银行

 international banking credit　国际银行信贷
 international bond　国际债券
 international credit　国际信贷
 International Development Association, IDA　国际开发协会
 international direct investment　国际直接投资
 international factoring　国际保理
 International Financial Corporation, IFC　国际金融公司
 international financial market　国际金融市场
 International Fund for Agricultural Development, IFAD　国际农业发展基金组织
 international indirect investment　国际间接投资
 international investment　国际投资
 international lease　国际租赁
 International Monetary Fund, IMF　国际货币基金组织
 Islamic Development Bank, IDB　伊斯兰开发银行
 issue price　发行价格

J

 Japan Special Fund　日本特别基金
 jurisdiction　司法管辖权

L

 lead bank　牵头行
 lender　贷款人
 leveraged lease　衡平租赁
 LIBOR　伦敦银行同业拆借利率
 limited-recourse project financing　有限追索权项目融资

M

 maintenance lease　维修租赁
 management fee　管理费
 maturity　偿还年限
 memorandum of sale　销售备忘录
 mixed credit　混合贷款

moratorium 延缓偿债
mortgage 抵押
multinational banks 跨国银行

N

no recourse project financing 无追索权项目融资
non-tax Lease 非节税租赁
Nordic Investment Bank, NIB 北欧投资银行
normal credit tranche 普通贷款

O

off-shore finance market 离岸金融市场
Official Development Assistance, ODA （日本的）官方开发援助
oil facility 石油贷款
operation lease 经营租赁
ordinary capital resource 普通资金
out-of-pocket expense 杂费
over par 溢价发行
Overseas Economic Cooperation Fund, OECF 日本海外经济协力基金,简称协力基金

P

participating bank 参与行
paying agency agreement 支付代理协议
penalty 罚金
petrodollar 石油美元
prime loan rate （美国的）优惠放款利率
prime rate markup pricing model 基准利率加点模型
project company 项目公司
project credit line 项目信用限额
project finance 项目贷款或项目融资
project financing 项目融资
project sponsor 项目发起人
prospectus 发行章程
purchaser 项目产品买主或设施用户

R

repayment period 还款期
repudiation 拒绝偿付
reserve tranche 储备部分贷款
revolving underwriting facilities 循环承销安排
risk management 风险管理

S

service lease 服务性租赁
shopping basket credit 购物篮信用
short-term credit 短期银行信贷
SIBOR 新加坡银行同业拆放利率
Structural Adjustment Facility, SAF 结构调整贷款
subscription agreement 承销认购协议
supplementary financing facility 补充贷款
supplier （原材料及设备）供应商
supplier's credit 卖方信贷
syndicated loan 银团贷款
systematic transformation facility 体制转换贷款

T

Technical Assistance Special Fund 技术援助特别基金
true lease 节税租赁又称真实租赁
trust deed 信托契据,又称为"信托证书"
Trust Fund 信托基金
trustee 受托人

U

under par 低价发行

V

value-at-risk methodology 风险价值法(Var法)

W

World Bank 世界银行

Y

Yankee Bond 扬基债券

Z

zero-coupon bond 零息债券

参考文献

[1] 潘淑娟. 国际信贷——理论、实务、国际惯例与法律[M]. 北京:中国金融出版社, 2003.

[2] 布赖恩·克拉克, 等. 国际信贷管理手册[M]. 李月平, 等, 译. 北京:机械工业出版社, 2003.

[3] 刘舒年, 萧朝庆. 国际信贷[M]. 成都:西南财经大学出版社, 2003.

[4] 陈锡荣. 新编国际信贷[M]. 北京:中国环境科学出版社, 1996.

[5] 沈锦昶. 国际信贷概论[M]. 北京:中国财政经济出版社, 1996.

[6] 雷声, 吴开祺. 国际信贷教程[M]. 北京:中国金融出版社, 1994.

[7] 郭玉军. 国际贷款法[M]. 武汉:武汉大学出版社, 1998.

[8] 谢成德. 国际金融实务[M]. 北京:中国金融出版社, 1990.

[9] 吴惠琴, 傅晓岚. 国际经济与金融案例评析[M]. 广州:广东经济出版社, 2000.

[10] 叶文振. 国际租赁学[M]. 太原:山西经济出版社, 1999.

[11] 刘舒年. 国际信贷[M]. 2版. 成都:西南财经大学出版社, 2003.

[12] 刘玉操. 国际金融实务[M]. 大连:东北财经大学出版社, 2001.

[13] 马根发. 国际信贷[M]. 北京:中国金融出版社, 1998.

[14] 姜波克. 国际金融新编[M]. 2版. 上海:复旦大学出版社, 1997.

[15] 简·休斯, 斯科特·麦克唐纳. 国际银行管理:教程与案例[M]. 刘群艺, 李新新, 译. 北京:清华大学出版社, 2003.

[16] 马之稠. 国际银行学概论[M]. 上海:复旦大学出版社, 2001.

[17] 中国工商银行公司业务部银团贷款处. 银团贷款实务讲座[J]. 中国城市金融, 2002(1~4).

[18] 蒋先玲. 项目融资[M]. 北京:中国金融出版社, 2000.

[19] 孙黎, 刘丰元, 陈益斌. 国际项目融资[M]. 北京:北京大学出版社, 2000.

[20] 苏综祥. 国际结算[M]. 北京:中国金融出版社, 1998.

[21] 朱箴元. 国际金融[M]. 西安:陕西人民出版社, 2004.

[22] 经济合作与发展组织(OECD). 关于官方支持的出口信贷的指导原则协议[C]. 1978.

[23] 沈悦. 金融市场学[M]. 北京:科学出版社, 2004.

［24］李富有．国际金融概论［M］．西安：陕西科学技术出版社，2000．
［25］曹龙骐．金融学［M］．北京：高等教育出版社，2003．
［26］于立新．国际金融学［M］．北京：经济科学出版社，1998．
［27］米什金．货币金融学［M］．北京：中国人民大学出版社，1997．
［28］陈雨露．国际融资实务［M］．北京：北京经济学院出版社，1996．
［29］韩民春，安烨．国际金融［M］．北京：中国人民大学出版社，2005．
［30］国际清算银行(www.bis.org)．
［31］银行家杂志(www.the banker.com)．